高等职业技术教育校企合作双元教材
高等职业技术教育轨道交通类专业系列教材

城市轨道交通票务管理
（含实训工单）

主　编　陈燕琴　郑世燚
副主编　江衍煊　黄　虹　季　芳　游铠威　丁爱珍

西南交通大学出版社
·成 都·

图书在版编目（CIP）数据

城市轨道交通票务管理：含实训工单. 1，城市轨道交通票务管理 / 陈燕琴，郑世燚主编. -- 成都：西南交通大学出版社，2024.11. -- ISBN 978-7-5774-0144-7

Ⅰ. U293.22

中国国家版本馆 CIP 数据核字第 2024K5C562 号

Chengshi Guidao Jiaotong Piaowu Guanli (Han Shixun Gongdan)
城市轨道交通票务管理（含实训工单）

主　编／陈燕琴　郑世燚	策划编辑／陈　斌
	责任编辑／宋浩田
	封面设计／何东琳设计工作室

西南交通大学出版社出版发行
（四川省成都市金牛区二环路北一段 111 号西南交通大学创新大厦 21 楼　610031）
营销部电话：028-87600564　028-87600533
网址：http://www.xnjdcbs.com
印刷：四川森林印务有限责任公司

成品尺寸　185 mm×260 mm
总印张　21.5　总字数　536 千
版次　2024 年 11 月第 1 版　印次　2024 年 11 月第 1 次

书号　ISBN 978-7-5774-0144-7
套价（全 2 册）　58.00 元

课件咨询电话：028-81435775
图书如有印装质量问题　本社负责退换
版权所有　盗版必究　举报电话：028-87600562

前 言
PREFACE

随着城市化进程的不断加速，轨道交通在现代城市交通体系中发挥着越来越重要的作用。高效、安全、便捷的轨道交通系统不仅改善了人们的出行方式，也提高了城市的运转效率，进而为城市可持续发展提供了有力支撑。在轨道交通运营系统中，票务组织与管理作为连接乘客与运营服务的关键环节，其重要性不言而喻。

教材紧扣城市轨道交通行业的发展脉搏，紧密围绕轨道交通票务组织与管理岗位的实际工作内容进行精心编写。在内容的选择与编排上，力求做到全面、系统、实用，以满足不同层次的学习需求。

（1）教材注重立德树人引领作用，积极融入习近平新时代中国特色社会主义思想。习近平总书记高度重视交通运输事业的发展，强调交通基础设施建设具有很强的先导作用。以习近平总书记的重要指示精神作为教材学习指引，将不忘初心、勇担使命、敬业爱岗、严于律己、安全服务、创新开放等发展理念贯穿于学习的全过程。

（2）教材密切结合城市轨道交通运营作业实际，深入剖析了票务组织与管理作业的各个环节，介绍轨道交通票务运作管理和设备操作的相关内容。全书共分7个项目：城市轨道交通票务系统、城市轨道交通车票与票务政策、城市轨道交通票务设备基础、城市轨道交通车站票务运作、城市轨道交通车站票务管理、城市轨道交通票务事务处理、票务违章与票务事故处理。教材岗位针对性强，理论与实际紧密相连，易于上手和加深学习者对岗位流程的认知。

（3）教材紧跟时代发展步伐，注重电子票务、移动支付、大数据分析等前沿技术在票务领域的应用介绍，倡导绿色发展、开放共享发展理念，为学习者提供前瞻性的视野，鼓励学习者勇于探索创新票务服务模式，提升票务工作的智能化水平。

（4）教材在编写过程中力求语言简洁明了、通俗易懂，同时注重图表的运用，以增强教材的可读性和直观性。无论是初学者还是有一定经验的从业人员，都能够轻松理解和掌握教材中的内容。

本教材旨在为职业教育轨道交通相关专业学习票务设备操作与票务组织知识的学生、轨道从业人员以及对轨道交通领域感兴趣的读者提供全面、系统且实用的知识指导。

书中参阅并引用了城市轨道交通运营行业专家、学者的著作、文献、论文等成果，文末列出主要参考文献目录，在此向相关作者及提供帮助的专家学者表示衷心的感谢。囿于编者学识水平有限，本书难免有不足之处，敬请读者批评指正，以便修改与完善。

作 者

2024 年 8 月

目录
CONTENTS

项目一　城市轨道交通票务系统 ·············· 001
　任务1　城市轨道交通票务系统概述 ·············· 002
　任务2　自动售检票系统基础认知 ·············· 006
　任务3　城市轨道交通路网中央计算机系统 ·············· 012
　任务4　票务清分规则与方案 ·············· 015
　任务5　城市轨道交通线路中心计算机系统 ·············· 025
　任务6　城市轨道交通车站计算机系统 ·············· 027
　任务7　自动售检票系统终端设备 ·············· 038

项目二　城市轨道交通车票与票务政策 ·············· 046
　任务1　城市轨道交通票卡基础 ·············· 047
　任务2　城市轨道交通票务政策 ·············· 064

项目三　城市轨道交通票务设备基础 ·············· 074
　任务1　自动售票机功能与结构 ·············· 075
　任务2　自动售票机日常操作与维护 ·············· 082
　任务3　自动检票机功能与结构 ·············· 100
　任务4　自动检票机的日常操作与维护 ·············· 115
　任务5　半自动售票机功能与结构 ·············· 122
　任务6　半自动售票机日常操作与维护 ·············· 127
　任务7　虚拟票卡设备 ·············· 137
　任务8　城市轨道交通票务设备安全常识 ·············· 149

项目四　城市轨道交通车站票务运作 ·············· 159
　任务1　城市轨道交通车站票务岗位 ·············· 160
　任务2　车站票务设备巡视作业 ·············· 167
　任务3　客服中心售票服务作业 ·············· 170
　任务4　客运值班员客运服务作业 ·············· 176
　任务5　值班站长票务检查和审核工作 ·············· 180

项目五 城市轨道交通车站票务管理 ·············· 185

- 任务 1 票卡配发流转 ············· 186
- 任务 2 票卡安全管理 ············· 190
- 任务 3 票卡使用与交接 ············ 195
- 任务 4 现金日常管理 ············· 199
- 任务 5 票款管理 ··············· 204
- 任务 6 备用金管理 ·············· 210
- 任务 7 现金交接作业 ············· 212
- 任务 8 车站票务备品管理 ··········· 216
- 任务 9 票务报表与台账 ············ 224
- 任务 10 票务账务填报及管理 ········· 246

项目六 城市轨道交通票务事务处理 ·············· 254

- 任务 1 票卡类的普通乘客票务处理 ······ 255
- 任务 2 设备类的乘客票务处理 ········· 263
- 任务 3 票务设备故障应急处理 ········· 268
- 任务 4 非正常运营模式下的票务应急处理 ··· 272
- 任务 5 票务应急处理预案与实施 ········ 279

项目七 票务违章与票务事故处理 ·············· 291

- 任务 1 票务差错处理 ············· 292
- 任务 2 票务违章与票务事故 ·········· 296

参考文献 ························ 305

项目一　城市轨道交通票务系统

【项目描述】

随着城市化进程的加快，轨道交通已逐渐成为我国城市公共交通出行的主要方式之一，有序规范的城市轨道交通运营为乘客提供安全、便捷、舒适的出行提供了重要的保障。其中，票务管理与组织工作是城市轨道交通运营的重要工作内容之一，是保证运营生产收益和运营服务质量的关键。票务管理与组织工作涉及人、事、物等多个方面，而随着时代的进步，负责票务管理与组织工作的城市轨道交通票务系统已实现了基于计算机和信息技术的自动售检票系统的管理模式。因此，票务工作人员不仅要熟知工作岗位职责，还需要熟知票务系统的管理规范和操作规则。

【教学目标】

1. 知识目标

（1）认知城市轨道交通票务系统的管理内容与管理层级。
（2）了解自动售检票系统的发展历程。
（3）熟知自动售检票系统的架构与各子系统的功能。
（4）认知票务清分系统和票务清分规则与方案。
（5）熟知城市轨道交通车站计算机系统的结构与功能。

2. 能力目标

（1）理解城市轨道交通票务系统与自动售检票系统的关系。
（2）学会进行票务清分规则的应用。
（3）理解票务系统的票务数据生成、记录与传输过程。
（4）学会操作车站计算机系统进行车站票务运作情况的记录跟踪、统计分析与组织管理。

3. 素质目标

（1）培养学生实事求是的科学态度和严谨细致的工作作风。
（2）锻炼学生的沟通协调能力，培养与人协作的团队精神。
（3）培养学生自主学习和可持续发展能力。

4. 思政目标

通过本项目的学习，使学生在认知城市轨道交通票务系统的管理内容、系统构成及功能的基础上，让他们树立"强国有我、创新作为"的理念，激发学生交通强国战略的信心，形成不畏苦难、扎根一线、脚踏实地、开拓创新的做事态度。

任务 1　城市轨道交通票务系统概述

动画：轨道交通票务系统

▶【任务导入】

任务名称	世界城市轨道交通票务系统发展概况

任务概况：

世界上城市轨道交通票务系统主要包括：印制纸质人工售检票系统、印制纸票半自动售检票系统、一次性磁票自动售检票系统、重复使用磁票售检票系统、接触式智能卡自动售检票系统、非接触式智能卡自动售检票系统等，下面以东京地铁为例。

东京地铁于 1927 年 12 月开通银座至浅草寺路段，东京由此成为亚洲最早拥有地铁的城市。如今，东京地铁票制为磁卡票，票种有单程票、一日票、月票、多次票和 SF 储值票等。单程票有效期为 1 天，多次票和月票享有优惠，所有票种都可灵活使用和换乘。东京地铁自动售票机出售普通车票、回数券、1 日通票、PASMO 卡等车票。投入硬币或纸币，点击触控式屏幕，选择路线以及票价和按下相应按钮即可购票。售票机旁有英文标注的票价表。进出站通常采用常开式双向闸机，多名乘客可以一次将多张车票投入闸机进行检票，最多可同时识别 9 张车票。在自动检票口附近有自助补票机，操作非常简单，乘客将车票插入补票机后，会显示出不足金额。自助补票后，拿取新车票，将它插入检票插槽后便可出闸。东京地铁票务管理特点如下。

1. 系统收益清分统一简洁

东京轨道交通行业的 20 家地铁和私铁公司等组织成立了一个 PASSNET 联盟，制定各公司之间的票务清分原则，按月结算。各家公司的收入数据统一提交给第三方公司进行清分，根据清分结果进行银行划账。

2. 换乘处理灵活

乘客在车站可以购买单程票或换乘票、月票和储值卡。

▶【学习任务相关知识点】

城市轨道交通票务系统是轨道交通运营公司为了能给乘客提供快捷、优惠、舒适的出行，有效进行票务收入管理，合理配置运营系统（运营设备、运营模式）资源而建立的一套满足城市轨道交通票务运作与管理需求的系统。

在城市轨道交通运营网络中，交通票务系统是城市轨道交通票务收入和结算的基础。城市轨道交通票务系统主要是制定票价等运营策略，对车票制作、车票出售、进站检票、出站检票和补票、罚款等营收信息进行有效管理。随着系统功能外延的不断扩展，城市轨道交通票务系统也承担起了对运营状况进行监控管理的职责。合理的票务机制能有效地吸引客流和提高运营主体的运营效益。

一、轨道交通票务管理系统的发展历程

城市的轨道交通票务管理体系的发展大致经历了以下四个阶段：

第一阶段：轨道交通运营初期人工管理阶段。这个阶段主要体现为使用印制纸质人工售检票系统、印制纸票半自动售检票系统。纸质票卡票制单一、票务管理作业效率比较低。

第二阶段：自动售检票系统单线运作阶段。这个阶段城市轨道系统中的每条线路票务管理作业独立运行，采用计程、计时票价制，车票媒介包括磁卡和 IC 卡。

第三阶段：自动售检票系统网络化阶段。城市中多条线路的票务管理系统实现互联互通，采用计程、计时票价制，车票媒介采用非接触式 IC 卡（Integrated Circuit，集成电路），可实行付费区内直接换乘和多元收益方的精细清分，能实现与公共交通卡、手机钱包等的兼容，通过"一卡通"实现与其他公交系统进行收益结算。

第四阶段：自动售检票系统智能化阶段。随着互联网技术应用及网络传输能力提升，互联网票务平台及官网 App 已成为自动售检票系统新型架构的一部分。该阶段，智能手机得到广泛应用，生物识别技术不断发展，车票出现了如二维码车票、人脸识别车票等形式的虚拟化票卡，同时支付方式也实现了多样化。随着城市间联系的不断加强，市域铁路也成为各城市轨道交通发展的趋势之一，为实现区域间城市之间的互联互通，票务系统也由单城市逐步向城市圈互联互通转变，城市间的"互联网+"自动售检票系统也逐步标准化和统一化。随着人脸识别等生物识别技术在轨道交通 AFC 系统的逐步应用，地铁票可实现乘车实名制，并可通过与公安部门的互联对接推行票检一体化，构建信用后付费的体系，从而建成更加智能、便捷、高效的自动售检票系统。

二、城市轨道交通票务系统的功能

城市轨道交通票务系统本着"快捷、方便""以人为本"的宗旨，主要实现以下功能：
（1）有利于提升城市轨道交通行业的社会形象和服务区域形象。
（2）提高运营管理水平，保障票务收益。
（3）有利于管理责任落实，保证交易数据和票务信息的安全。
（4）简化操作，方便出行，提高乘客的出行效率。
（5）提供准确的客流及票务统计分析数据。
（6）减少现金交易、人工记账及统计工作，提高准确率和效率。

三、城市轨道交通票务系统的业务管理

通过自动售检票系统可以实现高效、顺畅的票务系统业务管理，整个自动售检票系统主要包括：票卡管理、规则管理、信息管理、账务管理、模式管理和运营监督等。

1. 票卡管理

票卡就是乘客使用的车票，用于记载乘客的出行和费用信息，是乘车的有效凭证。票卡管理就是对票卡的发行、使用、更新等全过程进行的有效管理。票卡发行及其使用主要包括车票编码定义、车票初始化、车票的赋值发售、车票的使用等。

2. 规则管理

为保证票务系统能够在多部门和多环节高效运行，就必须制定一套科学、严密的规则、流程，包括票价策略、结算规则、权限管理和操作流程等。票价基本政策主要指轨道交通运营企业对计价方式、乘车时限、乘车限制、乘车优惠等方面的规定。

3. 信息管理

信息化是自动售检票系统的基本特征之一。为进行有效的管理和为决策提供可靠的信息，需对系统收集的基础数据进行深度挖掘、加工，开展统计分析并发布信息。

4. 账务管理

账务管理是对系统内的票务收入进行汇缴、清算、入账等过程的管理，包括账户设置票款汇缴、登账稽核、收益清算、资金划拨和对凭证进行有效管理等。

5. 模式管理

模式管理就是针对不同的运营状况、条件所作出的相应操作行为的选择和实施，可实现正常运营模式、降级运营模式、紧急放行模式以及相配套的运营管理。

6. 运营监督

运营监督是通过系统设备以及所具有的完整、严密、及时的信息流对运营状况进行实时跟踪监督，以提高运营质量和服务水平。它包括信息传输状况监督、客流状况监督、调配监督、收款监督及收益监督等。

四、城市轨道交通票务系统与自动售检票系统的关系

城市轨道交通票务管理系统是自动售检票系统的必要环境和基础，自动售检票系统是城市轨道交通票务系统的实现手段之一，能够有效提高城市轨道交通票务系统的管理水平和效益。

自动售检票系统与票务管理系统的对应关系主要表现在客流、票制、统计与结算、车票处理等方面。

（一）客　流

自动售检票系统可根据交易信息为决策或规划提供客流信息。通过系统整理分析原始数据和信息能力，把票务系统与其他信息管理系统相结合，通过票务系统的信息挖掘，可以进一步了解区域客流特征，不仅可为管理提供量化的决策依据，也可为相关的经济行为提供客流行为支持，提高服务或管理决策的针对性和准确性。

（二）票　制

自动售检票系统根据票务政策的计费原则和计费方式进行售票、检票和统计。针对单一票制、计程票制和综合票制等，应结合不同的票制原则及相应的优惠措施制定执行方案。

（三）统计与结算

票务统计与结算的基础是交易数据。线路每天的客流量是该线路各站的单程票、储值票及特殊票的进站数及换乘至该线路人数之和。各线日车票收入以各线各站的单程票发售收入、储值票的出站扣费与当天补票收入之和，减去退票款后，按乘客在各换乘线路乘坐的情况核算。

自动售检票系统可对客流量、票务收入及单程票的使用进行统计和分析，并编制相应的报表；对不同线路或不同收益载体进行票务收入清分，对路网系统与其他兼容系统进行清分，并可通过银行结算系统进行及时结算。

（四）车票处理

车票处理包括对单程票、储值票和特殊票的处理。一般情况下，单程票是当日当站使用的车

票，通常要制定退票规则，包括是否允许退票、退票时间要求、手续费的收取等。当储值票和特殊票不能正常使用时，可到车站客服中心处理，由当班站务员进行查询、分析并作相应处理。

▶【知识链接】自动售检票系统常见术语缩略语

表 1-1-1　自动售检票系统常见术语解释

常见术语	英文全称	中文全称
AFC	Automatic Fare Collection System	自动售检票系统
ACC	AFC Cleaning Center	城市轨道交通清分中心
LCC	Line Central Computer	线路中央计算机
SC	Station Computer	车站计算机
AGM	Automatic Gate Machine	自动检票机/闸机
TVM	Ticket Vending Machine	自动售票机
BOM	Booking Office Machine	半自动售票机
PCA	Portable Card Analyzer	便携式验票机
E/S	Encoder/Sorter	编码/分拣机
SLE	Station Level Equipment	车站终端设备
SJT	Single Journey Ticket	单程票
SVT	Store Value Ticket	储值票
UPS	Uninterruptible Power Supply	不间断电源
AC	Alternating current	交流电
DC	Direct current	直流电
SAM	Secure Access Module	安全存取模块
—	Black List	黑名单
—	Normal Service Mode	正常服务模式
—	Out of Service Mode	暂停服务模式
—	Restricted Service Mode	限制服务模式
—	Online Service Mode	在线模式
—	Offline Service Mode	离线模式
—	Maintenance Mode	维修模式
—	Time Override Mode	时间免检模式
—	Date Override Mode	日期免检模式
—	Fare Override Mode	车费免检模式
—	Enter or Exit Override Mode	进出站次序免检模式
—	Train Disruption Mode	列车故障模式
—	Emergency Mode	紧急模式
—	Contact-less Integrated Circuit Card	无触点集成电路卡
SAU	Secure Access Module	安全存取模块
ACS	Access Control System	门禁系统

任务 2　自动售检票系统基础认知

▶【任务导入】

任务名称	北京地铁 AFC 系统发展

任务概况：

1971 年 1 月 15 日，北京地铁一期工程线路开始试运营，乘客可凭单位介绍信在各车站购票，单程票价为一角。1985 年，北京城市轨道交通就开始进行自动售检票系统的可行性研究，但应用较晚。2003 年 12 月 31 日，地铁 13 号线投入使用北京第 1 套单线自动售检票系统，这是一套基于磁票的 AFC 系统，集成商为日本信号公司，系统单程票为一次性纸质磁票。

2005 年，北京市政府提出轨道交通路网内一卡通行、无障碍换乘的构想，该票务系统也增加了对一卡通储值卡的支持。

2006 年 5 月，1、2 号线、八通线建立了简易 IC 卡（非接触式智能卡）系统，作为日后路网 AFC 系统的过渡。

2007 年 10 月，全路网通过简易 IC 卡系统实现了一卡通行、无障碍换乘。同时，13 号线的单线 AFC 系统也退出了历史舞台。

2008 年 6 月 9 日，北京地铁全部实行自动售检票系统（AFC），在真正意义上实现了"一卡通行、一票通行"和无障碍换乘。系统单程票为可以回收使用的薄型 IC 卡，支持一卡通储值卡的使用，纸质车票退出历史舞台。时至今日，城市轨道交通票务管理系统已发展成为自动化程度高、功能完备的 AFC 系统。虽然 AFC 系统的费用只占了城市轨道交通建设费用组成很小的一部分，但从功能角色来看，AFC 系统却是保证城市轨道交通安全有序运营的支撑系统之一。

▶【学习任务相关知识点】

自动售检票系统（Automatic Fare Collection System）简称为 AFC 系统。2007 年颁布的国家标准《城市轨道交通自动售检票系统技术条件》（GB/T 20907—2007）中定义：自动售检票系统是基于计算机、通信网络、自动控制等技术，实现轨道交通售票、检票、计费、收费、统计、清分、管理等全过程的自动化系统。AFC 系统是一个涉及面广、集成度高、应用性强和社会影响大的票务信息采集与处理系统，涉及计算机、嵌入式、机电一体化、通信网络、数据库、数据处理、信息安全和系统集成等相关技术的集成应用，也是轨道交通领域面向乘客服务的典型综合性应用系统。

AFC 系统是城市轨道交通运行中普遍应用的现代化联网收费系统，AFC 系统不仅应用于轨道交通领域，还有更多的应用场合，包括大型公共场馆（体育馆、歌剧院等）、旅游景点、机场等领域。

一、自动售检票系统的发展历程

国外经济发达城市的轨道交通，已普遍采用了自动售检票管理系统，并发展到相当先进的技术水平。代表性的自动售检票系统企业有美国 CUBIC、韩国三星、日本信号等。1967 年，世界上第一套 AFC 系统在法国巴黎地铁安装使用成功。

国内轨道交通自动售检票系统的发展经历了从无到有的过程，最初是采用国外的自动售检票系统。1979 年，香港地铁首条线路开通时就采用了 AFC 系统，这也是中国的首个 AFC 系统。1999年2月16日，广州地铁1号线开通试运营的同时，也投入使用了美国CUBIC公司的AFC系统。上海轨道交通1、2号线的AFC系统也是由美国CUBI公司提供的，是国内第一套投入商业运营的AFC系统。该系统于1998年9月先在1号线安装调试，并于1999年3月1日正式开通运营。虽然在运营过程中这套AFC系统体现出了高效便捷的特点，但是完全依靠进口的种种弊端也逐渐显现出来：造价昂贵，运营费用高；国外企业的关键技术不公开，造成系统的维护和升级困难；备品备件不足，售后服务难以及时保障等。2008年6月9日，北京轨道交通路网AFC系统投入使用，实现了真正意义上的"一卡通行、一票通行"和无障碍换乘。

近年来，得益于轨道交通行业以及我国计算机技术和信息技术的快速发展，我国开展了大量票务系统的开发研制工作，生产出多种形式的产品，票务管理技术水平也在不断提高。目前，我国城市轨道交通AFC的技术已与城市一卡通接轨，实现城市内甚至城市区间的一卡通行。一卡通系统已拓展到多个城市的交通领域中，如在上海乘坐公交、地铁、出租车、轮渡等均可采用一卡通，其他城市如北京、广州、南京、大连等也都实现了公交、地铁交通的一卡通。

随着现代信息技术和软件技术的发展，大部分城市已通过对网络中心ACC系统进行升级扩建，建设互联网支付平台，可通过扩展支持"银联""支付宝""微信"等多种移动端支付方式，并支持自动售票机二维码扫码等互联网支付的方式。地铁既有线路、在建线路及未来建设线路接入互联网支付平台，实现地铁自动售检票系统"互联网+"的多元化新兴支付业务。

"互联网+"模式下的移动端支付方式快速发展，有效解决了购票效率低、客流高峰期排队购票时间长、车票单次使用成本高等问题，使AFC系统更好用、更便捷，为乘客提供更便捷、更安全的出行服务。

二、城市轨道交通自动售检票系统组成结构

网络化运营的城市轨道交通系统通常采用分级集中式架构的AFC系统，在线路式架构的基础上设置一个路网中心（ACC，即AFC Clearing Center，因路网中心担负清分功能，所以也称清分中心），该路网中心负责获取全线路交易数据，确定各线路换乘结算方式的数据公共接口，并对各线路的跨线交易数据实时清分。

分级集中式架构自动售检票系统的路网中心（ACC）直接与各独立线路售检票系统的线路中央计算机系统LCC连接，路网中心负责对各独立的线路进行清分、统计和管理。

采用分级集中式架构的AFC系统可以实现路网不同线路的换乘和清分，满足路网捷运化和信息化的需求，同时可以实现对全路网票款和客流的全面管理。

分级集中式AFC系统结构自上而下可以分为五层架构：第一层为清分中心计算机系统（ACC），第二层为线路中央计算机系统（LCC），第三层为车站计算机系统（SC），第四层为车站终端设备，第五层为车票。分级集中式架构自动售检票系统的架构形式如图1-2-1所示。

（一）路网中央计算机系统（ACC）

路网中央计算机系统是对城市整个路网进行运营管理和票务管理的系统。

城市轨道交通路网计算机系统又称为轨道交通票务清分计算机系统（ACC），是城市轨道交通网络化运营条件下AFC系统的管理中心，是全路网票务系统的汇集层，负责完成账务清分、数据管理、客流分析、运营参数管理、安全管理、票卡发行、票务管理、系统监控、

公共信息发布及与外部系统互联等功能，可适应多线路自动售检票系统联网运营模式。城市轨道交通票务清分系统还负责与轨道交通以外的系统（如公共交通卡清算中心、银行卡交换中心等）进行互联和数据交换。轨道交通票务清分系统是整个 AFC 系统中功能最复杂，数据处理要求和安全性要求最高的系统，技术实施难度很高。

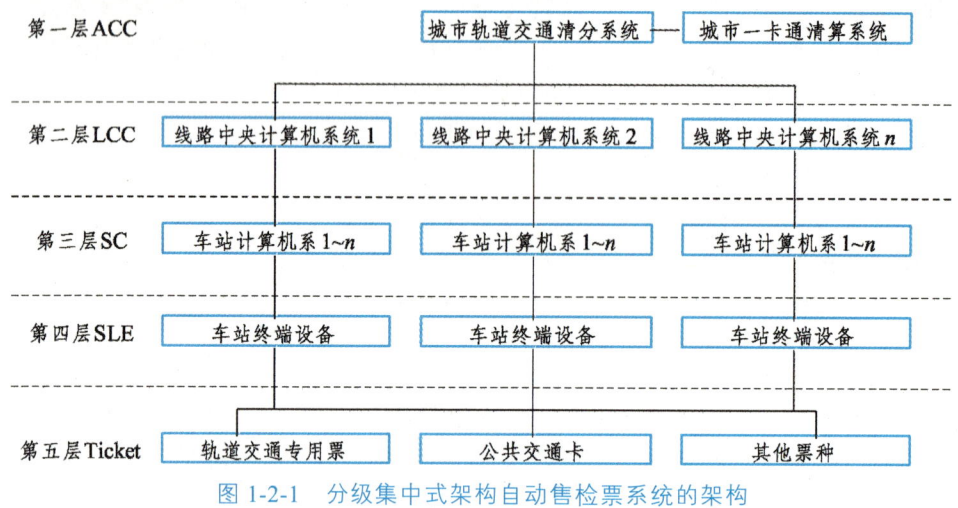

图 1-2-1 分级集中式架构自动售检票系统的架构

（二）线路中央计算机系统（LCC）

线路中央计算机系统（LCC），负责线路自动售检票系统自动运行监控和票务信息管理，包括采集汇总转发、分类统计、客流分析、营收款统计以及与路网其他中央计算机数据处理系统的数据交易转发、对账和结算等处理；还需具有与外部卡发行商清算系统之间的通信接口，包括外部卡在本线路内的各种票务数据转发、确认双方票务交易数据的一致性、日常统计对账和财务结算等处理。

（三）车站计算机系统（SC）

车站计算机系统（SC），负责把车站内的各种自动售检票系统的终端设备产生的票务交易数据、设备运行状态和维护日志等上传给线路中央计算机系统，并接收线路中央计算机系统下传的各种运行参数和命令等。车站计算机系统中的车站计算机负责与本站各类自动售检票终端设备的通信和接收自动售检票终端设备主动发送的票务交易数据和设备状态等数据，下发运行参数和相关命令等。车站计算机系统具有独立的自动售检票运营监控、票务监控和分类统计等管理功能。

（四）终端设备（SLE）

终端设备（SLE），是由各种售票设备和检票设备组成，配置在地铁车站站厅，面向乘客的设备。将根据票务规则验证车票和进行车票费用处理，收集票务信息并上传，同时接收车站计算机系统的命令和参数。

自动售检票系统终端设备按照用途的不同可以划分为：分拣编码机、自动检票机、自动售票机、半自动售/补票机、自动查询机、便携式验票机等类型。

（五）车票媒介

车票媒介目前经常采用的有视读印刷票、机读印刷票、磁票、智能卡等。采用的票卡会影响最终选用的票务终端设备。

由于车票媒介决定了终端设备的选型，所以车票媒介的选择是一个非常重要的环节。目前，选用非接触式 IC 卡作为轨道交通车票已是大趋势，并被广泛使用。

三、分级集中式自动售检票系统的网络结构

（一）基本架构形式

分级集中式网络结构是在线路式架构的基础上设置一个路网中心，路网中心负责获取全路网交易数据，确定各线路的换乘结算方式和数据公共接口，并对各线路的跨线交易数据进行实时清分，分级集中式结构的自动售检票系统的路网中心直接与各独立线路售检票系统的线路中央计算机系统连接，路网中心负责对各独立线路进行清分、统计和管理。路网中心负责全路网所有线路售检票系统单程票/储值票换乘交易数据的收集、处理、清分和清算，负责路网所有线路外部交易数据的收集、转发、处理、清分和结算，负责路网车票的统一编码和管理，负责与外部卡清算中心统一接口的处理。线路中央计算机系统负责线路交易数据的收集、处理、分析和管理，并与路网中心交换数据。清分交易数据的管理由路网中心与线路中央计算机系统共同完成。

（二）特点分析

从技术的角度来看，分级集中式架构清晰，可以实现路网不同线路的换乘清分，满足路网捷运化和信息化的需求。

从运营管理的角度看，分级集中式架构的售检票系统可以实现对全路网票款、客流的全面管理，可实施收支分开的管理。

从投资的角度来看，分级集中式架构的自动售检票系统由多套线路售检票系统和一个路网中心构成，路网中心负责与线路售检票系统的连接，同时也负责与外部卡清算中心的连接。由于只建设一个路网中心（考虑主备系统），所以相应的投资也较少，即采纳此架构建设的票务系统在总投资上将相对较少。

（三）传输技术要求

1. 传输系统

自动售检票的传输系统包括路网传输系统、线路传输系统和中央系统与外部系统连接的外网传输系统。轨道交通的传输系统是自动售检票系统运行的业务平台，自动售检票系统的中央计算机局域网络和车站局域网通过传输系统连接在一起，构成自动售检票系统的网络系统。

（1）路网传输系统。

路网传输系统是在路网范围内连接所有线路的自动售检票系统，负责中央系统与线路系统之间的信息传输，它是轨道交通路网的传输系统。路网传输系统是轨道交通的专用传输系统，在线路传输上负责所有线路传输系统的连接。

（2）线路传输系统。

线路传输系统是线路自动售检票系统信息传输的通道，负责与所有车站连接，传输车站系统与线路系统之间的信息。它是线路的传输系统，也是轨道交通的专用传输系统。

（3）外网传输系统。

外网传输系统负责路网自动售检票系统的中央系统与外部相关系统的连接，如公共交通票卡清分系统和银行结算系统，负责清分和结算信息的传输。

2. 计算机局域网

在车站范围内，车站的计算机系统与售票终端、检票终端及其他终端的连接是通过计算机局域网实现的。另外，中央系统和线路系统内部的计算机也是通过局域网连接的。

中心局域网是整个计算机网络的核心，担负着整个计算机系统的数据存储、网络管理、业务分析、资源共享等核心业务，对设备的可靠性、安全性有极高的要求。

车站局域网同样要求安全、可靠，当网络发生故障时，只影响数据的上传及计算中心对车站终端设备的实时监控，各终端设备仍能独立运行一段时间，不会使售检票系统陷入瘫痪。车站网络系统不考虑过多的冗余处理，只担负本站的票务管理、统计分析报表及终端设备的监控，业务数据保存的时间较短。

四、发展 AFC 系统的意义

自动售检票系统的便捷和准确性大大优于传统的纸票售票方式，它可以克服人工售检票模式中固有的速度慢、财务漏洞多、出错率高、劳动强度大等缺点；还能防止假票，杜绝人情票，防止工作人员作弊，提高管理水平，减轻劳动强度，发展 AFC 系统不仅是地铁和交通系统发展的一个趋势，也是城市信息化建设的一个重要体现。

1. AFC 系统延伸了轨道交通运营服务

AFC 系统可实现自主购票、自助充值、自主刷卡入闸，有效减少乘客排队等待时间，满足了乘客的个性化需求。随着服务设施的不断升级，对城市轨道交通运营服务的延伸起到了推进作用。

2. AFC 系统拓宽了轨道交通运营市场

利用 AFC 系统的票种开发功能，可针对不同乘客群体推出包括计次票、纪念票等票种，从而提高刷卡率，并可以通过票价、时间段、区域段、统计参数的调整，灵活计费，利用票价杠杆作用让乘客感到实惠，拓宽运营市场。

3. AFC 系统完善了轨道交通运营管理

AFC 系统在轨道交通运营管理中处于关键地位，对企业经济管理、数据分析、票务审核、客流调查、票务秩序等各个方面起着举足轻重的作用。自动售检票系统不仅节约人力成本，而且能实现票务交易数据的实时上传、存储、分析与统计，对了解客流变化、调整车辆运行、优化车站资源配置等都提供了准确统计分析的基础资料，进而保证运营数据的准确，实现对企业管理思路的调整和决策的积极作用。

AFC 系统采用票、款分离的层级票务审核模式，线路中心票务审核功能可以对每一个车站的票务运作情况进行审核，包括票款交接、车票发售以及票款结账等情况，也可以实时监控硬件设备状态，如车站自动售票机的纸币回收箱、纸币找零箱、硬币找零箱的更换以及闸机、自动售票机的运行状态。

AFC系统是维护票务秩序的保障，乘客刷卡时，闸机会显示所持车票基本信息，通过灯色及声音提示区分不同票种车票，如储值票、员工票。

五、基于互联网的自动售检票系统

随着互联网的快速发展和广泛应用于各行各业，已经让人们的生活更加方便、出行更加便利快捷、环境更加宜居，"互联网+"成为未来各行各业运营模式创新的新引擎。移动互联网和传统的城市轨道交通出行相结合，即"互联网+"与AFC融合，移动互联网的支付方式以及电子车票的应用让购票/乘车更加方便快捷，能够减少现金兑换和找零作业，进行客流分析、监控与预测，推送实时信息，整合消费数据，打造增值服务平台。并留存实名信息，主动分析预警，定位服务目标，提高安保效率。

基于移动互联网支付的购票乘车，实现客流分析、监控和预测等这些功能需要一个后台系统的强力支撑。云平台基于互联网金融的大背景而设计，并结合银行、支付公司等不同行业的互联网金融经验，将云平台定位为城市轨道交通行业的传统自动售检票系统的补充系统来构建，既立足现有支付业务需求，又考虑了企业未来"泛金融"可能存在的业务机会，因此，平台解决方案在应用场景、架构层级设计以及核心账户模块等方面为客户提供了灵活的扩展能力和丰富的适应能力，如图1-2-2所示。

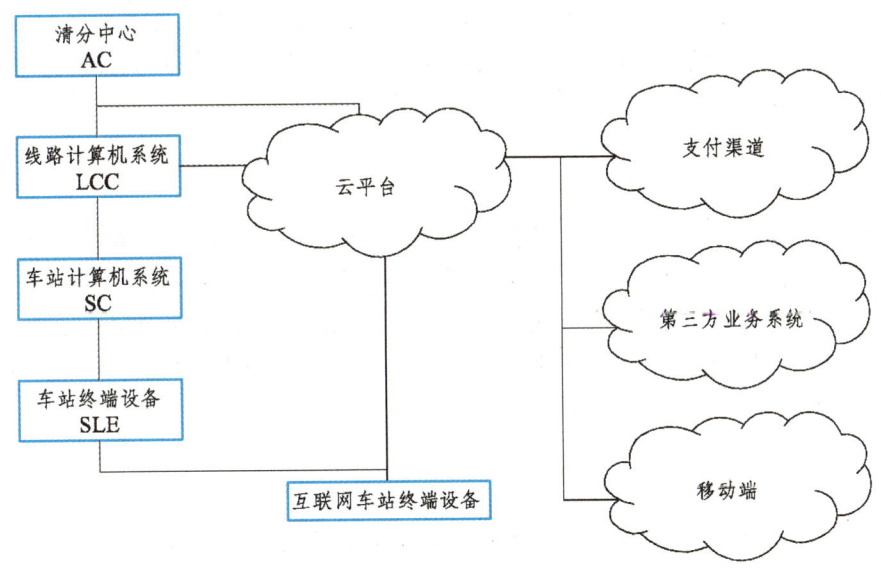

图1-2-2　移动互联网下的自动售检票系统结构

▶【实训任务】

任务名称	调研我国城市轨道交通票务系统发展现状
任务目标	能够理解城市轨道交通票务系统的功能与结构，熟悉我国城市轨道交通票务系统的发展现状
任务要求	实训任务最终以PPT的形式展示，要求图文并茂，对于展示的主题有说服力

任务 3　城市轨道交通路网中央计算机系统

▶【任务导入】

任务名称	杭绍地铁"无缝连接"
2022 年 4 月 29 日 12 时，绍兴地铁 1 号线主线通车。对于绍兴而言，这是一条极具象征意义的融杭之路，加速了绍兴融入杭州都市区，构建了绍兴城区至杭州城区 1 h 交通圈。至此，一条总长度接近 150 km，横贯杭州都市区，包含杭州地铁 5 号线、16 号线以及绍兴地铁 1 号线在内的"超长地铁线"基本成型，将杭州主城区、未来科技城、萧山、临安以及绍兴主城区、柯桥等地紧密地联系在一起。 　　"一次购票、一轮安检、一票换乘"的"付费区换乘"，最好地注释了杭绍地铁的"无缝连接"。 　　绍兴地铁 1 号线与杭州地铁 5 号线付费区换乘，指的是乘客在换乘站下车后，无须通过出站闸机，直接经换乘通道或平台到另一站台层换乘候车。两地地铁将同时支持通过单程票、两地市民卡、公交卡以及支付宝二维码等方式进行付费乘车。 　　绍兴、杭州两市地铁线路各自成网，且运营主体不同，在两个独立线网及清分系统中实现两市的票、卡和码的付费区换乘，这在全国 40 余个地铁城市或类似区域城市中尚属首次。	

▶【学习任务相关知识点】

　　城市轨道交通清分计算机系统又称为路网中央计算机系统，是全路网系统的汇集层，简称为 ACC 系统，即 AFC Clearing Center。ACC 是 AFC 系统的核心部分，并且与城市通卡中心相连，主要承担轨道交通票卡发行、票务收入的汇总、清分、资金划拨和线网 AFC 系统的运行监督。同时，它还负责处理一卡通车票在轨道交通中应用的清分和管理及对整个线网客流信息的汇总分析，以及与外部票卡之间的财务清算等。

一、城市轨道交通清分计算机系统构成

　　城市轨道交通 ACC 系统是城市轨道交通网络化运营条件下 AFC 系统的管理中心，是全路网票务系统的汇集层，负责路网运营管理的主要信息管理。一般而言，每个城市的轨道交通投资仅会建设一个轨道交通票务清分系统，负责路网运营管理的主要信息管理系统，主要设备包括服务器、网络设备、磁盘阵列、磁带库、工作站、打印机、车票编码/分拣机（E/S）、不间断电源（UPS）等。

二、城市轨道交通清分计算机系统功能

　　城市轨道交通 ACC 系统是城市轨道交通线网 AFC 系统各线路各类数据汇总、处理的唯一中心，服务于轨道交通内部系统，可完成 AFC 系统各种运营参数的统一协调管理，收集系统产生的交易数据，进行清分和对账；ACC 是 AFC 系统运行状态监控管理中心及系统各线路之间和对外统一的技术接口，具有 AFC 系统票务客服以及对外信息服务和管理功能。因此，它又承担了城市通卡管理中心的部分功能，接收城市通卡管理中心有关的票卡参数，完成各接入系统的清分收益，并将结果提交给城市通卡中心和银行。

　　它的基本职能包括监督、清分、协调、管理、分析决策 5 个方面的内容，其中清分、协调、管理为其核心职能。

监督职能是指为轨道交通制定统一的技术规范，如编码规则、票卡结构、票卡技术要求、用户界面、操作流程、数据接口等，并监督技术规定的执行情况与服务的质量。

清分职能包括对各联网线路"一票通"收益做清算、对账、系统安全管理及有关数据处理和各联网线路与IC卡公司之间的"一卡通"清算、对账等业务。

协调职能包括线网之间的协调以及对外协调。在正常运营情况下，ACC对各线路运营起监控作用，并提供协调各线路的票务服务；在降级或紧急情况下，ACC负责协调各线路的运营。ACC代表轨道交通线路负责向其他部门和单位进行票务事宜的联系和协调工作。

管理职能是指票卡管理以及制定管理办法。ACC为各线路统一制定、发行和管理轨道交通专用车票，实现互联互通。同时，ACC针对票务规则、紧急预案等制定统一的管理办法。

分析决策职能是指统计分析与辅助决策。ACC是城市轨道交通数据中心，是网内掌握完整数据的中心，可对客流数据（如进出站客流量、换乘客流、分时分方向断面客流等各类客流信息）和收费数据进行数据挖掘，为ACC系统动作的政策制定提供依据。

根据城市轨道交通ACC系统的职能，ACC的核心业务包括票务管理系统、运营管理系统和清分清算管理系统。

（一）票务管理系统

票务管理系统提供票卡库存管理、票卡调配管理、票卡编码分拣、票卡跟踪及黑名单管理功能。

（1）车票类型定义：制定票卡的种类、使用规则。

（2）车票初始化编码：通过车票编码/分拣机（E/S）对空白票卡进行初始化编码。

（3）车票发行：根据运营需要，完成车票发行。

（4）车票分拣：根据车票类型、日期等条件进行分拣。

（5）车票的调配管理：车票库存、各线路车票的发放、回收和调拨。

（6）票卡跟踪：可实现对车票使用信息的跟踪与记录。

（7）黑名单管理：维护系统的黑名单，接收一卡通系统的黑名单。

（8）安全管理：生成轨道交通专用票的密钥，将所生成密钥下载到SAM卡；管理SAM卡的发放、回收、销毁；充值SAM卡激活认证。

（二）运营管理系统

运营管理系统负责实现参数管理、运营模式管理、线路监控和设备监控等功能。

（1）客流统计与分析：可以进行各种客流报表的制作，进而实现客流分析和预测。

（2）运营注册：注册下级线路、车站及设备，以实现相关管理，注册内容包括编号与IP地址等。

（3）系统运营模式管理：制定轨道交通AFC系统的运营模式（正常模式、降级模式、紧急模式），完成运营模式的查询、控制与下发。

（4）票价制定：制定轨道交通路网票价方案，完成票价表的生成及下发。

（5）运营参数管理：制定、修改、下发由ACC控制的系统参数。

（6）时钟管理：与标准时钟源同步时钟，并将时钟信息下发，实现路网内计算机、设备的时钟同步。

（7）实现交易数据采集、认证及稽核：采集各线路上传的交易数据，对交易数据的合法性进行验算认证；对轨道交通专用票卡交易序号连续性、卡余额连续性及卡余额合法性进行稽核。

（三）清分清算管理系统

清分清算管理系统是城市轨道交通 ACC 系统的核心。它根据规定的清分规则进行交易数据的清分，并以批处理方式完成清分、结算、资金划拨凭证及报表数据生成等功能。清分清算管理系统可以接收传入的消费数据，对消费数据进行有效性验证，核对消费数据和设备数据，并计算总收入额和运营商之间的清分结果。系统将交易数据与原始的交易进行比较，对错误或有差错的交易进行统计，并给出原因；对于正常的交易数据，则按清分规则进行处理，分别计入各设备的账户。

系统会根据交易类型进行结算、清分处理，与"一卡通"卡相关的交易，会根据一卡通公司的交易清算对账的相关规定执行。所有"一卡通""一票通"的交易都会在 ACC 内部进行清算，并为各线路运营商生成清算报表。

任务 4　票务清分规则与方案

▶【任务导入】

任务名称	数字人民币在城轨票务中的应用

　　数字人民币由中国人民银行发行，是有国家信用背书、有法偿能力的法定货币。法定数字货币的研发和应用，有利于高效地满足公众在数字经济条件下对法定货币的需求，提高零售支付的便捷性、安全性和防伪水平，助推中国数字经济加快发展。

　　目前数字人民币已在公共交通、批发零售、餐饮文旅、政务缴费等领域形成一批涵盖线上线下、可复制可推广的应用模式。试点城市均在探索及扩大数字人民币的应用场景。

　　2019 年年底，数字人民币在特定地区启动试点测试，截至 2021 年年底，数字人民币的试点场景已超过 132 万个，覆盖生活缴费、餐饮服务、交通出行、购物消费、政务服务等领域。开立个人钱包 2 087 万余个、对公钱包 351 万余个，累计交易笔数 7 075 万余笔、金额约 345 亿元，城轨交通领域已经初步具备成为数字人民币典型应用场景的条件。

　　另据统计，2021 年全国城市轨道交通累计布放了自动检票机 108 828 通道，自动售票机 43 191 台，半自动售票机 15 358 台，互联网取票机 3 841 台。以上几类设备总量前六位的城市分别是上海、北京、成都、深圳、广州和杭州，均在前三批数字人民币试点城市中。以上几类设备作为数字人民币场景应用最为丰富的终端，与乘客直接交互，结合轨道交通交易小额多频的特点，数字人民币在轨道交通的应用场景将有广阔空间。

　　2022 年 4 月 2 日，人民银行宣布了包括宁波在内的新一批数字人民币试点城市，宁波也在开展数字人民币试点工作方案中着重指出公共交通场景。公共交通具有资金流通快、覆盖范围广、获客体量大、发生频率高等多个特点，是数字人民币使用频率较高的场景之一。同时进一步落实《中国城市轨道交通智慧城轨发展纲要》（简称"发展纲要"），通过数字人民币技术与城轨交通 AFC 相融合，在提升票务服务智能化水平、打造智慧乘客服务体系、建设智慧城轨、推广和扩大数字人民币使用等方面都具有重要的现实意义。

▶【学习任务相关知识点】

一、清　分

　　清分也叫清算，指清分中心 ACC 按照一定的清分规则将合法交易数据对应的资金进行清分，并将清分的结果详细列示出来。

　　票务清分是指把服务接受者上缴的全部收益，按照各服务提供者的贡献进行有效的利益分配，实质上是依据一定原则计算并分配轨道线网中各运营实体的经济贡献，关键是制定相对合理的清分原则。

　　清分模型由清分主体、清分原则、清分比例三大要素组成。

（一）清分主体

　　清分主体是指收益分配的主体。常见的清分主体有运营主体、线路主体、区域主体和发卡主体四类。目前国内的主流是按线路进行清分，然后按线路所属运营企业进行清算。

（二）清分原则

清分原则是指路径选择原则，即如何确定乘客选择的乘车路径。常见的清分原则有路径最短原则、时间最少原则、换乘最少原则等。

（三）清分比例

清分比例是指各清分主体的收益分配比例。当按清分原则确定乘车路径后，就需量化路径中各清分主体所提供的运营服务质量，然后根据"多劳多得"的原则进行收益分配。

二、影响清分的因素

影响清分的因素可以分为四类，即乘客社会经济因素、乘客出行特征因素、轨道交通路网因素以及其他因素。

（一）乘客个人基本因素

乘客个人基本因素主要包括乘客的年龄、职业及收入水平等。

1. 年　龄

通常，年龄较大的乘客由于身体原因，在进行路径的选择时更希望选择换乘次数少且乘坐方便舒适的路径。

2. 职　业

职业因素对乘客路径的选择具有一定的影响，一般情况下，离退休人员更希望选择换乘次数少，且方便舒适的出行路径，这与年龄因素的影响是一致的。另外，学生和工薪阶层更倾向于选择出行时间最少的路径。

3. 收入水平

通常，随着收入水平的提高，乘客对于方便、舒适和安全等方面的要求更高，因此对于收入较高的乘客来说，在其路径选择中更希望选择换乘次数少且方便舒适的路径。

（二）乘客出行特征因素

乘客出行特征因素主要包括出行距离、出行目的以及出行时间等。

1. 出行距离

出行距离是指乘客每次乘坐城市轨道交通的出行距离。通常，不同的出行距离会对乘客选择路径产生一定的影响。例如，在长距离出行的时候，乘客一般会选择有换乘的方式来节省总的出行时间；而短距离出行的时候，乘客一般希望能够一次性直达，避免换乘。

2. 出行目的

乘客对路径的选择也会受到乘客出行目的的影响。比如常规的公务或上班出行对时间要求比较高，此类出行更希望能够通过换乘来节省总的出行时间；而以探亲访友为目的的乘客一般不会太在意出行时间的长短，而更在意出行过程中的方便、舒适等因素。

3. 出行时段

乘客在不同的出行时段会有不同的路径选择。出行时段主要分为高峰与平峰。在高峰时段，由于出行客流量比较大，车厢内和车站的乘客也很多，每次换乘需要上下车以及走行一段距离，所以需要消耗一定体力。通过调查发现，乘客在不同时段对不同长度的出行里程，其换乘的敏感度是有差别的。因此，可以根据客流高峰时段的预测，调整工作日不同时段乘客路径的选择，从而更加真实地反映乘客的路径选择。

（三）轨道交通路网因素

1. 路网结构

随着城市轨道交通线路网络化的形成，线路之间相互交叉连接，极大地提高了路网的连通能力，也为乘客在站与站之间的出行路径提供了更多选择。这就要求在确定清分规则的时候充分考虑乘客出行路径选择多样性的特点，采用切实有效、贴近实际的清分方法，最终实现运费在做出经济贡献的各运营主体之间进行合理分配。

2. 换乘便利性

换乘便利性主要体现为乘客在乘坐城市轨道交通过程中的换乘距离、次数、时间等方面的便利程度。当乘客有多条路径可供选择且各路径的旅行时间相差不大时，换乘便利性会对乘客的路径选择产生一定影响，进而影响运费的清分。

换乘便利性主要包括换乘次数和换乘时间两方面的内容。对于换乘次数来说，在各条有效路径的出行时间相差不大的情况下，换乘次数越少的路径被选择的概率越大。乘客会在路径的旅行时间和换乘次数之间权衡考虑。换乘时间包括换乘步行时间和换乘候车时间两部分。在旅行时间相近的多条路径中，乘客倾向于选择换乘时间较少的路径。

3. 运营模式

（1）单路径单运营商。

单一有效路径由一家运营商负责运营。单路径单运营商的情况下，运费清分较为简单，乘客此次出行的运费按照清分规则应全部划归唯一路径所涉及的唯一的运营商所有。

（2）单路径多运营商。

单一有效路径由多家运营商负责运营。单路径多运营商的情况下，由于负责运输任务的是多家运营商，因此，可以按照各自承担的运距比例将运费清分。

（3）多路径单运营商。

某OD之间可以有多条有效路径，并且各条有效路径均由一家运营商负责。多路径单运营商情况下，首先应该将运费在多条路径之间分配，然后每条路径所得的运费再分配给唯一的运营商。

（4）多路径多运营商。

某OD之间有多条有效路径，并且由多家运营商负责其中有效路径的运营。多路径多运营商的情况下运费清分较为复杂，具体分两步计算。首先，把该OD间的运费在多条可选路径之间分配；其次，针对每条路径，根据所涉及的各运营商的运距比例分配该路径的运费所得。

4. 出行时间

出行时间是乘客从出发地到达目的地所需要的全部时间，包括乘车时间、换乘时间等。

（1）乘车时间。

乘车时间是指乘客从上车到下车时，只在上车站与下车站之间线路上花费的时间。出行路径是由路段组成的，因此，一次出行的乘车时间就等于组成该路径的所有路段运行时间之和。

（2）换乘时间。

换乘时间是指乘客从一条轨道交通线路下车时起，经过换乘路线（含通道、扶梯等），到达另一条轨道交通线路，经候车后登上另一条线路上的列车离开时止的时间。换乘时间包括换乘步行时间、换乘候车时间。

如果乘客从出发地到目的地存在多条路径可以选择的情况，一般出行时间越短的路径被出行者选择的概率越大。

5. 运营时间

城市轨道交通路网中的各条线路的运营时间可能不完全相同，有的线路运营时长为18 h，有的线路运营为16 h，因此，OD之间路径的运行时间应该处于路径涉及线路同时运营的时段。

根据各条路径的运营时间，确定一天中不同时段由不同路径参与该OD的运费清分方案，因此，运营时间对于运费清分的影响是比较容易明确的。

（四）运营商运营因素

运营商运营因素主要是指由于运营商提供的差别化服务，导致出现乘客出行需求中质量需求的变化，进而影响乘客路径选择的特征。它体现出了乘客对不同运营商的服务差异程度的理解以及由此产生的路径选择偏好。

1. 票价

根据线网票价政策调整的趋势，认为"票价与实际选择路径无关"既是轨道交通无障碍换乘的基本特性，也是票务收益清分的基本考虑点。即：城市轨道交通网中，路网内所有线路采用统一票价制度，即OD点之间的票价是确定票价，因此票价对路径选择的影响可以忽略。

2. 安全性

安全性是指运营商保证乘客使用其轨道交通线路的安全程度。

3. 方便舒适性

舒适性和方便性参数是指乘客在使用轨道交通时能享受到的一些舒适功能。基本内容包括：是否拥挤、环境是否良好、是否有空调、车内座椅的舒适程度、站内设施的布局合理程度等。

4. 正点率

正点率是指运营商在运输组织时，提供给乘客出行的客运产品，即运行列车的准时程度。

高的正点率会节约乘客的时间，满足乘客出行对于时间的需求。

三、清分规则与清分模型

城市轨道交通运营收益，是根据清分规则来计算各个收益方的收入，根据收集的城市轨道交通自动售检票系统单程票和"一卡通"所产生的交易和审计数据进行数据清分、对账和结算，进行线路之间的票款清分和数据挖掘，辅助各个业务部门进行分析决策。城市轨道交通主要收益来源形式是单程票的收益和"一卡通"的收益，两者的处理办法如下。

单程票运营收益：

清分系统根据当日单程票所有出站扣款记录上的进出站信息，按城市轨道交通路网的统一清分标准计算各个收益方的运营收入。对于单程票信息收益不全而不能进行清分的可疑消费收益，直接进入待清分的账户。常遇到的信息收益不全的情况有单程票发售收入和出站扣款不一致，存在差异，或者单程票本身存在可疑的交易。全路网单程票收益计算公式如下：

$$全路网单程票收益 = 单程票发售收入 + 单程票各类更新收入$$

"一卡通"运营收益：

清分系统根据当日"一卡通"所有出站扣款记录上的进出站信息，按城市轨道交通路网的统一清分标准，计算各个收益方的运营收入，并且有手续费时同样要进行清分。对"一卡通"信息收益不全而不能进行清分的可疑消费收益，直接进入待清分账户（注："一卡通"待清分账户中的收益没有扣手续费）。对不涉及换乘站点的同站进出的运营收益，统一计入本站所属收益方，如果是换乘站，则按比例将收益划分给该站的所属各收益方。

（一）清分规则

城市轨道交通形成多线路网络运营后，乘客从某起始地（O）到达某终点（D）存在多条路径可选择。乘客在选择出行路径时通常会受票价因素、时间因素、距离因素、换乘方式等影响。基于这些影响因素，主流的清分原则可归纳为4类。

1. 路径最短原则

路径最短原则是指乘客从某起点到某终点，乘客会选择距离最短（或经站数最少）的路径为最终的出行路径，即把该乘客的贡献清分给该乘客的起点站、终点站和换乘站（如有则清分），清分给该路径经过的线路。这种规则符合目前绝大多数地铁的收费模式和乘客习惯。

2. 时间最短原则

时间最短原则是指乘客从某起点到某终点，所花费时间最短，则确定该乘客走此路径，即把该乘客的贡献清分给该乘客的起点站、终点站和换乘站（如有则清分），清分给该路径经过的线路。由于出行时间包括了行车时间、等待时间和换乘时间，容易造成清分规则的复杂化。因此，相对路径最短法而言，最短时间法过于复杂，不利于算法的简便可行。

3. 换乘次数最少原则

换乘次数最少原则是指乘客从某起点到某终点，其换乘次数最少，则确定该乘客走此路径，即把该乘客的贡献清分给该乘客的起点站、终点站和换乘站（如有则清分），清分给该路径经过的线路。这种思路也在一定程度上符合乘客习惯，适合作为路径最短规则的补充。

4. 所用车费最少原则

所有车费最少原则是指乘客从某起点到某终点，乘客会选择费用最少的路径，即把该乘客的贡献清分给该乘客的起点站、终点站和换乘站（如有则清分），清分给该路径经过的线路。但由于目前国内几乎所有的轨道交通收费体系中两点的票价均为固定值，所以这种规则并不普遍适用于我国。

（二）换乘方式及票务清分

城市轨道交通线路之间进行换乘时，根据是否有进、出检票的记录，换乘方式包括无标记换乘和有标记换乘两种形式。

1. 无标记换乘

（1）无标记换乘概述。

无标记换乘模式也就是无缝换乘模式、一票换乘或多线路联乘。乘客只需在起点站根据目的地购买一张车票后，凭允许进站的单程票或储值票进站，经由不同运营企业经营的线路时，在付费区换乘不再刷卡，便可以直接连续地在不同线路上乘车，此种换乘方式只经历一次进出站的检票，在换乘车站无须再经历进出检票过程，在乘客出站时系统无法确定乘客的乘车路径，乘客有多条路径可以选择。由于不同的线路可能分属于不同的运营主体，所以运费收入归属不同的路径会涉及不同运营主体的利益。

（2）无标记换乘清分。

无标记换乘的一个显著特点是乘车路径的多样化。在路网中，乘客从进站到达出站，经过的路径和运营线路有多种选择。由于路径的不确定性，清分时可以采用路径算法、数理统计算法或模糊算法，来确定各运营线路的票款收益。

目前，上海市采用的运费清分方法是基于乘客路径选择的最短路径清分方法。

2. 有标记换乘

（1）有标记换乘概述。

有标记换乘是每次换乘都需要先出付费区进行换乘，乘客需要重新购票再次检票进站，即乘客在换乘车站（或通过换乘通道）需经历一次进出检票过程，增加了乘客的不便，降低了整个轨道交通系统的吸引力。但是有标记换乘可以通过辅助手段准确记录乘客的乘车路径，整个乘车路径中所涉及的换乘站点会被准确记录下来，不同的运营线路之间独立收费，因此有标记换乘的城市轨道交通不涉及清分问题。

（2）有标记换乘的清分。

乘客在换乘时记录了乘客的进站交易数据、出站交易数据、路径数据，在自动售检票系统中可以获得换乘交易的一条完整的路径数据，根据路径数据，清分系统能够精确地清分各运营线路的收益，但经过换乘站时必须在车票上留有换乘标志信息，并经车站计算机上传给有关系统集中处理。

实际情况下，城市轨道交通运营线路可能归属于不同的运营商，所以客流分配之后的运距分配也会有所不同。在进行换乘时根据车站OD路径上的运营模式，存在以下几种模式：
① 单路径单运营主体：OD之间只有一条合理的路径，并且该路径只涉及一个运营商。
② 单路径多运营主体：OD之间只有一条合理的路径，并且该路径涉及多家运营商。
③ 多路径单运营主体：OD之间有多条合理的路径，并且各条路径只涉一个运营商。
④ 多路径多运营主体：OD之间有多条合理的路径，并且其中有的路径涉及多家运营主体。

（三）清分权重确定

根据确定的清分规则，确定出每一对起讫点（OD）之间的有效路径，并进一步确定有效路径中的每一个节点（站点）对该路径的贡献比重，即清分权重。

清分权重通常可以采用以下方法确定。

1. 路程权重法

在乘车路径确定以后，把构成该路径的各相关线路中的乘车路程占总路程的比例作为该线路占总交易额的比例，即该线路的权重系数。

2. 站数权重法

在乘车路径确定以后，把构成该路径的各相关线路中的乘车站数占总站数的比例，作为该线路占总交易额的比例，即该线路的权重系数。

3. 分区权重法

在乘车路径确定以后，把构成该路径的各相关线路中的区域数占总区域数的比例，作为该线路占总交易额的比例，即该线路的权重系数。

一般而言，清分权重的确定还需要结合城市轨道交通的票务政策。

（四）基于乘客出行影响因素的清分模型

根据合理的换乘清分规则，建立符合实际情况的清分模型，可实现票务收入及时、公平的清分，促进各运营商及时正确入账运营收入，同时可提高各收益主体的资金效益。通过科学、合理的清分，可以充分、客观地反映城市轨道交通路网的客流情况特别是各线路、各车站、各断面和各方向路径的客流情况。

目前已存在的清分模型，总结起来大致分为四种：人工分账的清分理论模型、理想情况下的清分理论模型、最短路径的清分理论模型、多路径概率选择模型。不同的清分理论模型适用于不同的清分情况。考虑到乘客在选择出行路径时通常会受票价因素、时间因素、距离因素、换乘方式等影响，因此，基于乘客出行影响因素的清分方法逐渐成为各城市轨道交通主流的清分模式。

基于乘客出行影响因素的清分方法是通过分析乘客的出行行为，考虑影响出行路径选择的因素并建立出行广义费用函数，在此基础上确定乘客OD站点之间的一条或多条可能路径，进而根据这些路径中各相关运营商所承担的运营里程来确定其运费清分比例。这种方法比较复杂，但可以更加客观、准确地反映实际出行路径情况，提升了运费清分的公平性。最短路径的清分理论模型和多路径概率选择模型就是基于乘客出行影响因素的清分方法诞生的代表模型。

1. 最短路径法

最短路径是指任何两站之间旅行时间（包括区间运行时间和换乘时间）最短的路径。该方法将两站之间的客流全部分配给最短路径，客流对应的运费收益按照经营最短路径的运营商所经营线路的占比进行清分结算，最终分配给各运营商。

假定某个 OD 之间的最短路径为 j，则 n 个营运商在此 OD 之间的收益为：

$$C = q \cdot [a_{j1}, \ a_{j2}, \ \cdots, \ a_{jn}]$$

式中　q——某个 OD 之间实际的车票票面金额；

a_{jk}——最短路径 j 中第 k 个运营商参与运营的比例。

该方法由于以最短路径作为乘客最终的出行路径，无须考虑 OD 之间的其余路径，因此较为简单，比较适用于路网规模不大、结构简单、清分精度要求不是很高的情况，最短路径法可以作为确定运费清分比例的可行方案。但其不足之处在于只根据时间要素进行路径选择分析，而忽略了影响乘客出行路径选择的其他主客观因素，同时一个 OD 对只选用唯一的路径进行清分计算，不能体现乘客选择的多样性，不能真实反映实际情况。

目前，上海市采用的运费清分方法是多路径影响法。基于乘客路径选择的最短路清分方法即在 OD 之间寻找乘客出行的最小费用路径，将全部流量分配给该路径，再根据不同运营企业在该路径上所承担的路程比例来计算相应的清分比例。

2. 多路径选择概率法

无标记换乘情况下，路网中不同线路站点之间换乘可能存在多条路径，只选取最短路径无法真实地反映实际的乘客出行路线，进而在清分中会使得利益在各运营商中的分配产生不公之处。多路径选择概率法考虑了乘客出行路径的多样性，通过确定几条乘客可能选择的合理性路径，根据一定的方法确定每条路径的客流分配比例，进而结合各线路承担的运营里程计算出清分比例。

假定某 OD 之间有 m 条可选路径，n 个运营商，第 k 个运营商在第 j 条路径上承担的运营服务比例为 a_{jk}，那么 $\sum_{k=1}^{k=n} a_{jk} = 1, (0 < a_{jk} < 1)$。

各运营商参与各路径的运营服务比例可用矩阵 A 来表示：

$$A = \begin{bmatrix} a_{11} & \cdots & a_{1n} \\ \vdots & a_{jk} & \vdots \\ a_{m1} & \cdots & a_{mn} \end{bmatrix}$$

q 为 OD 之间实际的车票票面金额，则每条线路得到的收益为 Q_j，即：

$$Q_j = q \times p_j$$

式中　p_j——OD 之间乘客选择路径 j 的概率。

则运营商的清分收入为：

$$C = Q \times A = [Q_1, \ Q_2, \ Q_3, \ \ldots, \ Q_m] \times \begin{bmatrix} a_{11} & \cdots & a_{1n} \\ \vdots & \ddots & \vdots \\ a_{m1} & \cdots & a_{mn} \end{bmatrix}$$

该方法通过分析乘客的出行行为，考虑了乘客出行路径的多样性，实际上包含了最短路径法。这种方法更切合实际地反映了乘客的出行情况，充分照顾到路网运营中作出贡献的运营商利益，从而根据这些路径中各相关运营商所承担的运营里程来确定其运费清分比例，其目标是更加科学、准确、客观地分配运费收益，体现公平原则。

清分比例并不是一成不变的。在运营一段时间中，通过各类业务统计信息、相关决策分析信息所得到的结论可以影响此清分比例。一旦轨道交通路网发生变化，如新增线路、车站角色变化（从非换乘站变为换乘站）时，均表示路网拓扑结构改变。这时可以重新调用清分模型计算模块，重新生成新拓扑结构下的清分规则表。清分表的调整并非直接面对乘客，可以独立于系统日常数据处理功能，也与票价表的制定无关。因此其更新频率是每隔半年或一年进行一次调整，经过一段时间的运营后会逐渐达到接近合理的状态。

▶【实训任务】

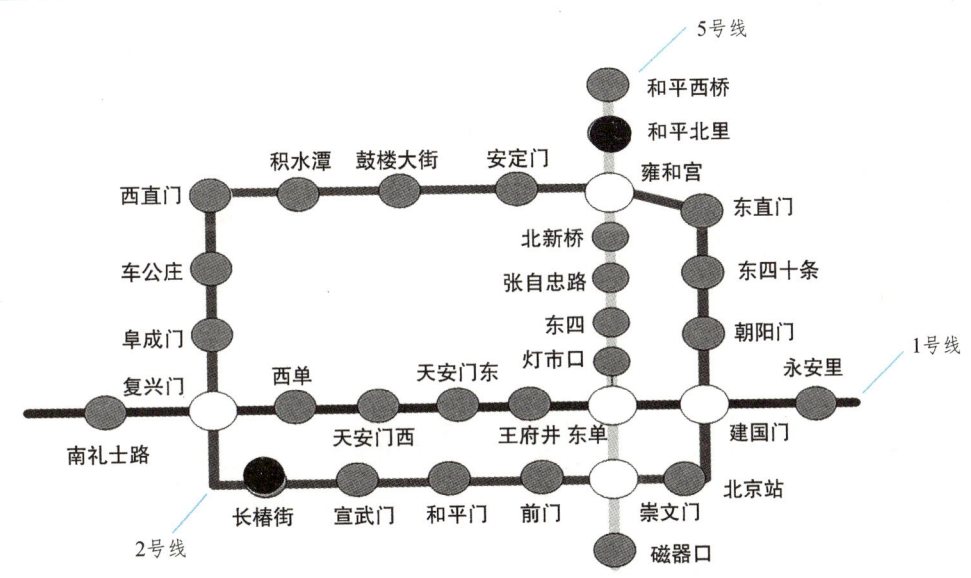

图 1-4-1　北京地铁线路局部图

图 1-4-1 是北京地铁 1 号线、2 号线和五号线的部分线路图，图中如果乘客出行的起讫点为二号线的"长椿街"和五号线的"和平北里"，那么乘客根据自身需求和地铁线路的实际情况，一般会选择以下三条路径：

路径 1：长椿街—崇文门—建国门—雍和宫—和平北里。
路径 2：长椿街—复兴门—西直门—雍和宫—和平北里。
路径 3：长椿街—崇文门—东单—雍和宫—和平北里。

请思考以下问题：
（1）哪条路径被乘客选择的最多？
（2）哪条路径票务清分最多？
（3）哪条路径票务清分最少？

根据长期的数据分析、现场调查，对每条路径的加权因子及每条路径被乘客选用的概率进行验证与修正，逐步靠近，由此计算出比较符合实际的清分比例。表 1-4-1 是已根据加权因子给出三条路径中路径1和路径2的配流比例，以及在三种路径中，每条线路所占的运营里程的比例。

表1-4-1 各线路配流情况

路径	换乘次数	出行站数	配流比例	运营商承担的运距比例		
				1号线	2号线	5号线
1			9.68%			9%
2			80.64%		89%	
3					36%	

根据以上信息，填充表1-4-1的空缺部分，并计算出三条路径中各线路的清分比例。

任务 5　城市轨道交通线路中心计算机系统

▶【任务导入】

任务名称	香港地铁自动售检票系统的应用

香港地铁自 1979 年采用自动收费系统以来，除了精简运营人员、改善乘车秩序、提高服务质量、树立企业形象、提高经济效益以外，还积累了大量的运营数据。基于这些数据，香港地铁建立了高效运营的大型数据库系统，极大提高了企业管理水平。此大型数据库系统主要采集 AFC 系统的客流、车票交易和设备运行数据等内容。基于这些数据，可以为轨道交通线路的运营提供许多决策支持工作。以节假日客流预测为例，数据库中存储了过去 5~10 年的历史同期数据，依据这些数据，可以生成各种数据报表，如：过去 5 年节假日的日客流数据、高峰时间段以及其客流数据、节假日前后的客流数据。这些数据可以以全轨道交通线路、某一条轨道交通线路、某一个或几个车站、某一个或几个时间段等方式体现，从多个角度计算分析客流数据，为即将到来的节假日提供客流趋势信息，为 AFC 系统的合理运营提供解决预案。如预测到某时间段内客流将有可能超过运营能力，或者预测到客流高峰时间段将在何时出现，可以提前调整运营配车时间，确保完成乘客运输任务；或预测到某些车站会出现进站高峰客流，提前增设运营人员，减少乘客排队购票时间；或预测到客流量超过线路负荷，提前采取某些客流限制措施。通过对数据库所存数据的调用、分析、统计和处理，可提供 AFC 系统运营、交通量、收入、设备管理和车票流程等相关信息，为 AFC 系统运营方向的决定、人力资源的有效分配、设备的预防性整修计划等各种决策提供必要支持。

▶【学习任务相关知识点】

一、线路中心计算机系统构成

线路中央计算机系统是 AFC 系统的线路控制中心，负责从车站收集交易数据、设备状态数据、客流量数据，以及生产报表和对账等，并将数据初步处理后通过线路中央计算机服务器上传至清分系统（ACC）进行清算。接收清分系统的命令与参数，并将其下发到各车站系统；同时，LCC 也管理和下发线路级的命令及系统参数，完成本线路的票务管理，具备票卡的库存管理和调配等功能。它是 AFC 系统数据处理和数据上传中极为重要的一个部分，是整个 AFC 系统中承上启下的重要环节。

线路中央计算机系统（LCC）是各线路票务系统的线路中央层，主要由结算系统、线路运营管理系统、数据交换系统、报表管理系统、网络管理系统、网络设备及各部门操作员管理工作站（包括票务管理、财务管理、计划管理、审核管理等终端工作站）、UPS、打印机等组成。

二、线路中心计算机系统功能

线路中央计算机系统主要负责线路交易数据的收集、处理、分析和管理，与路网中心交换数据，并与路网中心计算机系统共同完成交易数据的清分工作。基本功能如下。

（一）交易处理功能

主要是收集、统计、分析、查询线路各车站的交易数据和收益数据，跟踪车票的使用情况，与车站计算机交易数据核对，实现上传数据完整性审核功能。

交易数据是乘客使用票卡时，由站级 AFC 系统的设备所产生的数据（包括交易、收益等数据）经过车站计算机上传。

（二）系统监控功能

LCC 系统能集中监控站级 AFC 系统的运作，包括对 AFC 系统的通信、运作及故障等状态的监控。系统中各站设备的运作状态信息应能通过监控屏准确、实时地显示。实时查询车站设备状态及数据。在必要时，操作员可以打印所监控的设备状态。LCC 系统与时钟系统同步，并将时钟信息下达到车站计算机系统。

（三）参数管理功能

LCC 系统提供完善的运营参数管理功能，包括管理和控制自动售检票系统在运营、设备配置以及票务等方面的参数。

（四）设备管理功能

线路中的车站因为建设或运营需要，会处在启用或停用状态，车站有固定的通信联络方式，只有在线路 LCC 注册、认证及授权后才投入运营，注册成功后可以接受 LCC 的监视，完成 LCC 内部及接入系统间的网络管理；在投入运营前，应保证该站所有终端和设备的软件与当前版本一致。注册后的车站在 TVM 售票地图上可以显示，是否启用取决于系统参数的设置。

（五）统计报表功能

LCC 系统生成销售、客流和运行分析报表等统计报表。报表周期包括日报表、旬报表、月报表、季报表、年报表及自选报表。清算报表需要基于清算日期及运作日期建立，具有系统及数据的自动备份和恢复功能。

（六）安全管理功能

LCC 系统是票务安全工作的保障。LCC 系统内用户权限管理，规定了操作员参数生成、下发与生效。操作员权限是以参数的方式进行管理和维护的，由各条线路的 LCC 系统下发到站级 AFC 设备，可对车站操作员进行账号、角色、权限配置。操作员只能对权限范围内的功能进行操作。

（七）系统管理功能

LCC 系统具有设置和管理本线路系统和终端设备的操作权限，系统集中统一对 LCC 内部及接入系统间设备部件进行维护管理的功能，系统具备通过网络对系统设备的软件进行更新的功能。

任务 6　城市轨道交通车站计算机系统

▶【任务导入】

任务名称	地铁车站的智慧发展
任务概况： 　　地铁车站是市民出行的服务窗口、是地铁标建设的重要基础、是运营管理的基本单元，面对不断加大的客运压力，车站运营管理效率亟待提升。如何最大限度地减少简单的人力投入，充分利用高科技手段提供智慧服务是新时代地铁治理面临的主要挑战。现如今，乘客愈加追求更安全、更便捷、更舒适的交通出行方式，强调个性化服务和丰富的多元性乘坐体验，在较长乘坐时间区间享受精准的咨询服务和生活服务。智慧新车站的建设就是为了满足这些与日俱增的需求，体现地铁建设及运营管理水平。 　　智慧新车站就是在原有的数字化、智能化车站的基础上，充分利用人工智能、大数据、云计算、AIoT、数字孪生等新一代技术，面向乘客提供全方位体验、面向维保提供智能运维数据支撑、面向站务提供全景管控、面向管理提供决策支持，实现更安全的运营、更智慧的服务、更高效的管理目标，在全息感知、智能分析、全景管控、精准便捷、主动进化五个方面开展智慧系统建设工作。 　　智慧车站的核心是新一代综合监控系统。新一代综合监控系统支持泛在连接，车站的设备和系统可以通过工业现场总线、工业以太网、物联网等多种方式接入系统，实现数据的采集和信息感知。 　　综合监控系统是智慧车站的基础支撑系统，包括车站和中心两个部分。乘客和运营管理人员通过车站工作站、中心工作站、车站大屏、移动站务、RFID 标签、乘客 App 来访问综合监控系统以享受到各种服务，同时信息化系统提供室内定位功能、并预留对外接口实现与其他系统的对接。	

▶【学习任务相关知识点】

一、城市轨道交通票务车站计算机系统

城市轨道交通票务车站计算机系统，英文全称为 Station Computer，简称 SC，设置在车站控制室、票务室和 AFC 设备室。SC 是将一个车站的自动售票机、半自动售票机、进/出口闸机等 AFC 车站终端设备联系在一起，用于收集存储本站各种终端设备产生的交易和审计数据，为车站运营提供即时数据查询及终端设备状态监控，准确生成各种运营报表，同时肩负着为线路中央计算机及时上传本站设备数据的任务。

（一）车站计算机系统 SC 主要设备

车站计算机系统的主要设备包括 SC 服务器、SC 工作站（包括监控工作站、票务工作站、维修工作站）、交换机、IBP 盘（综合后备盘）上的 AFC 系统紧急按钮、打印机等。

（二）车站计算机系统 SC 主要功能

车站计算机系统主要负责对本车站内部的所有设备进行实时监控并可对车站 AFC 系统运营、票务、收益及维修等功能进行集中管理。

（1）接收线路中央计算机系统的运行参数、运营模式及黑名单等，并下传给车站终端设备。

（2）接收线路中央计算机系统下传的设备更新软件，通过车站系统网络对车站终端设备

的软件进行更新。自动完成与中央计算机及各终端设备的时钟同步。

（3）采集车站终端设备的原始交易数据和状态数据，并上传给线路中央计算机系统。

（4）对车站终端设备进行实时监控，并能显示设备的通信、运行状态及故障等信息。

（5）完成车站各类票务管理、数据处理、业务统计、实时监视系统运营、接收和发送运营指令，以及设备监控、时钟同步。

（6）保存不少于7个运营日的业务数据和系统数据，并进行备份。

（7）记录、审核与应用系统和数据库安全性有关的事件。

二、车站计算机系统 SC 操作

车站计算机系统是设置在城市轨道交通沿线各车站站点的车站票务信息的管理系统，主要负责对车站终端设备进行状态监控，收集本车站站点产生的交易和审计数据，规定系统的数据管理、运营管理及系统维护管理的技术要求。

（一）SC 主界面

打开车站 SC 工作站电脑，启动 SC 系统，进入主界面，如图 1-6-1 所示，主界面显示当前车站 AFC 系统设备的布局图，并且主界面下方会显示相关的报警信息。在右侧操作栏显示设备种类，通过分组列表可以精确查询各组设备的运行情况。

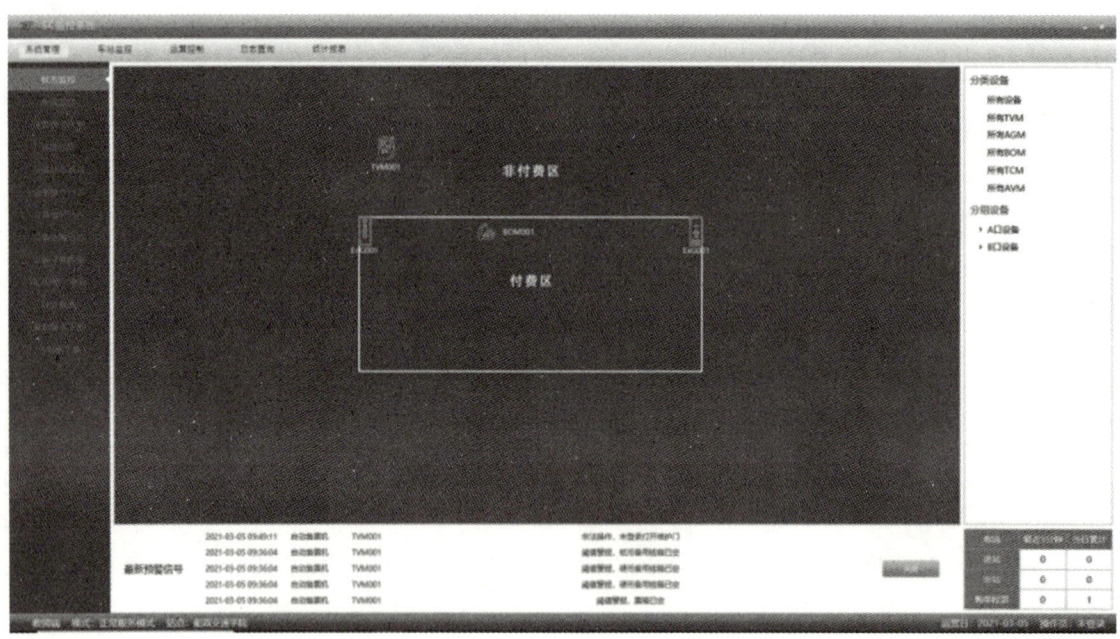

图 1-6-1　SC 主界面

（二）SC 系统操作

下面以捷安高科公司的 AFC 系统——车站计算机系统软件为例，介绍地铁车站计算机系统功能与操作。该系统主要包括系统管理、车站监控、运营控制、日志查询和统计报表 5 个子功能模块。

1. 系统管理

点击电脑界面左上角"系统管理"选项,下拉菜单包含用户登录、用户签退、修改密码、退出系统,如图1-6-2所示。

(1)系统登录。

选择用户登录,输入登录的用户名以及密码进行验证。验证通过即可登录系统进行操作。如图1-6-3所示。车站计算机系统为每个操作员都设定了唯一的账号(ID)和密码,任何人使用设备,都必须使用自己的ID账号和密码登录设备,才能进入设备的操作界面进行业务操作。

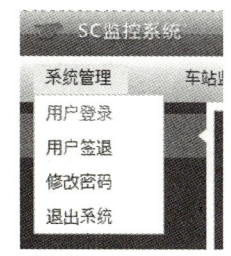

图1-6-2　SC系统管理菜单

图1-6-3　SC登录界面

(2)用户签退。

单击"系统管理"下的"用户签退"按钮,可退出SC系统登录。

(3)修改密码。

单击"系统管理"下"修改密码",跳转到修改密码界面,输入旧密码、新密码、确认密码,点击"确定",即可修改密码。如图1-6-4所示。

图1-6-4　SC修改密码界面

（4）退出系统。

单击"系统管理"下的"退出系统"按钮，退出 SC 监控系统。

2. 车站监控

车站计算机系统可以实现对车站现场自动售票机、半自动售票机和闸机等状态的监视和控制。单击电脑界面的"车站监控"选项，下拉菜单包含状态监控、客流监控、设备状态查询、线路信息，如图 1-6-5 所示，主要负责车站运作、客流、设备及线路的实时监控。

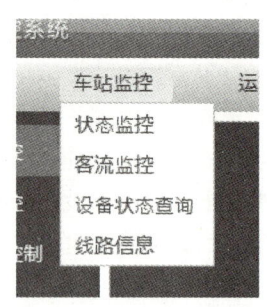

图 1-6-5 SC 车站监控菜单

（1）状态监控。

状态监控下可以查看城市轨道交通线路车站中车站设备的运营状态。

单击"车站监控"下的"状态监控"，或者单击主界面左侧的快捷导航按钮中的"状态监控"按钮，弹出线路信息窗口，如图 1-6-6 所示。

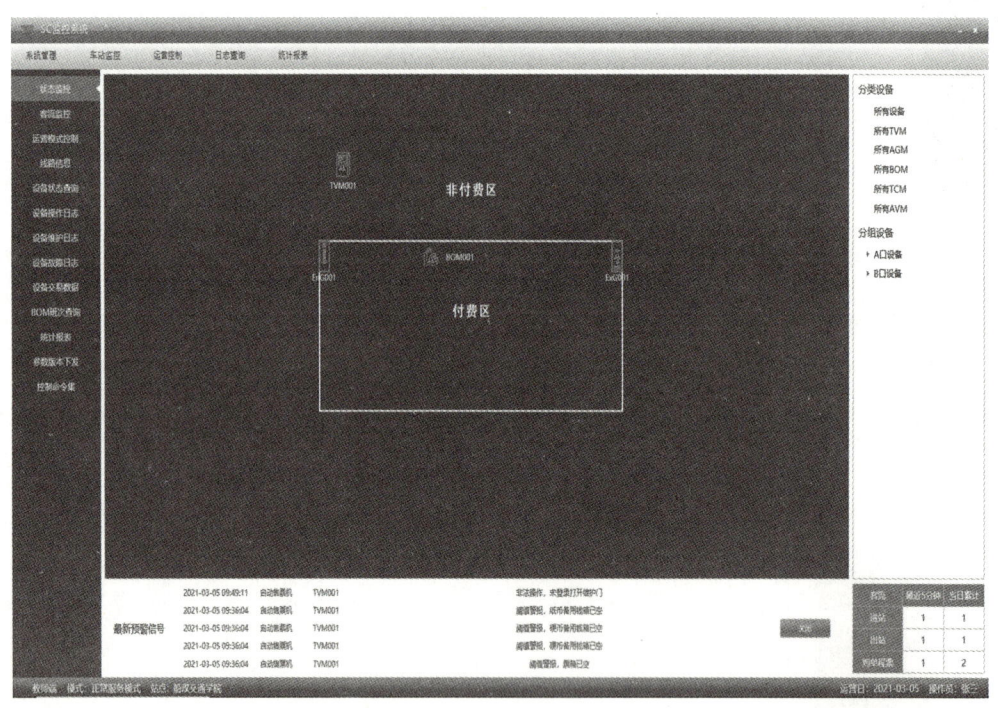

图 1-6-6 SC 状态监控界面

右键点击设备，可以控制设备的服务状态，进行设备的开始和停止服务的设置；可以点击查看细节，查看设备的具体模块状态；还可以查看设备的交易信息，如图 1-6-7 所示。

（2）客流监控。

客流监控可以查看车站的实时客流统计图以及历史客流统计图，如图 1-6-8 所示。

图 1-6-7 SC 设备状态监控菜单

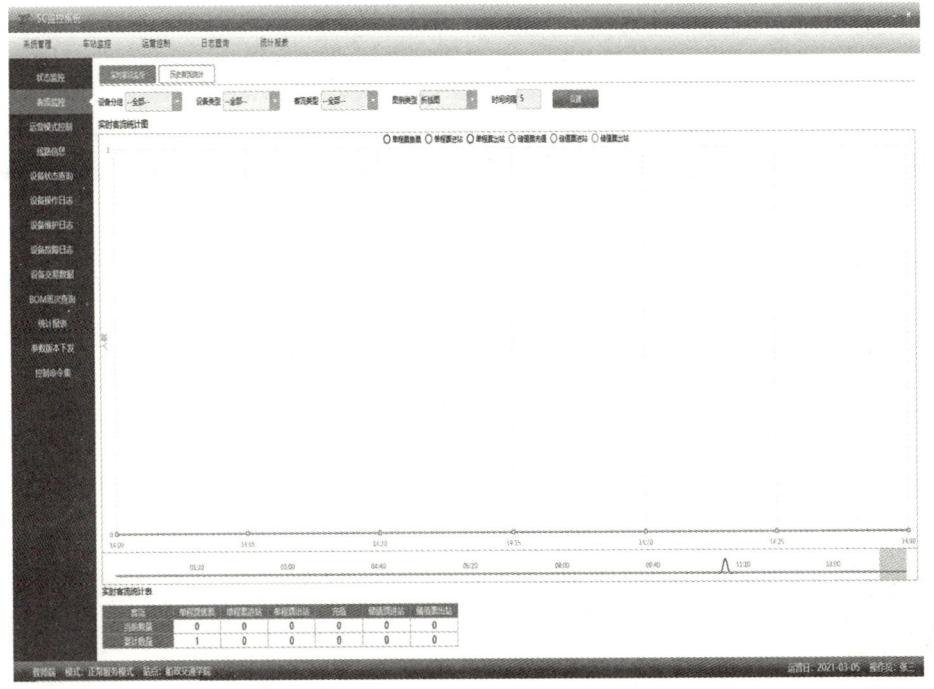

图 1-6-8　SC 客流监控界面

通过设置设备分组行中的相关信息，可以对数据进行筛选，然后将筛选后的数据绘制曲线显示在界面中。

点击历史客流统计按钮，可以查看历史客流曲线。通过设置开始时间、结束时间、设备类型、设备分组、客流类型等，可以对数据进行筛选，然后将筛选后的数据绘制成图像。

（3）设备状态查询。

点击"车站监控"选项下的"设备状态查询"菜单，可以查询车站设备各模块的状态，如图 1-6-9 所示。通过对设备类型、设备编号以及部件名称的选择，可以对显示结果进行筛选。

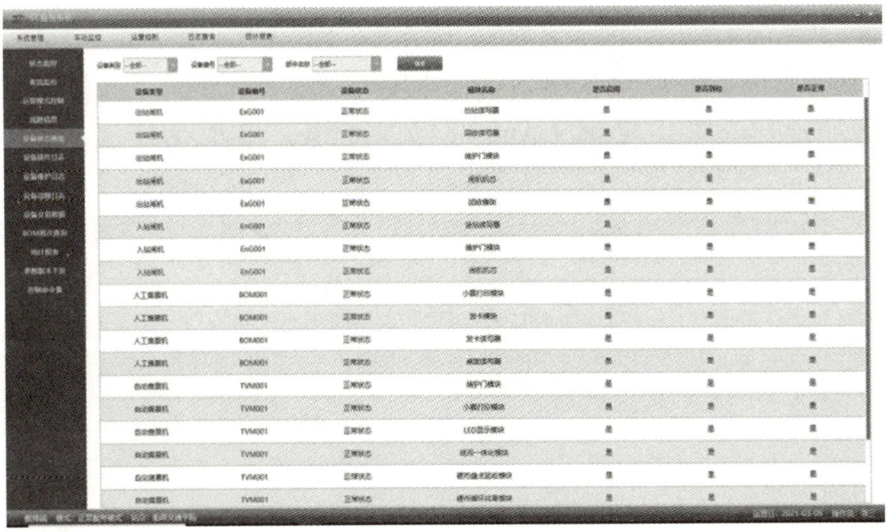

图 1-6-9　SC 设备状态查询界面

（4）线路信息。

点击"车站监控"选项下的"线路信息"菜单，查看线路上其余车站当前的车站状态。如图 1-6-10 所示。

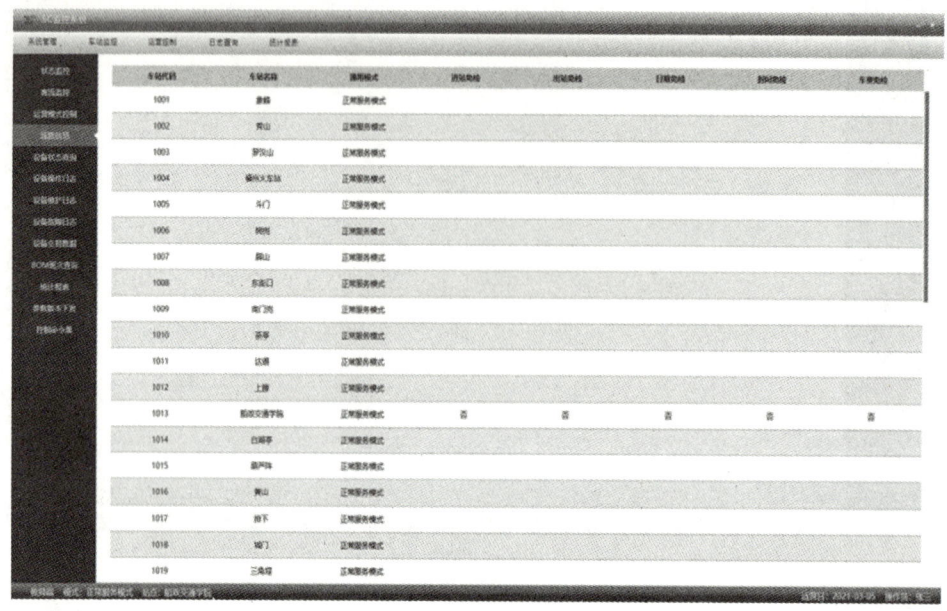

图 1-6-10　SC 线路信息查询界面

3. 运营控制

单击电脑界面的"运营控制"选项，如图 1-6-11 所示，下拉菜单包含控制命令集、运营模式控制、参数版本下发。

（1）控制命令集。

控制命令集下，可以通过编辑控制指令，控制设备在指定时间切换对应的模式，如图 1-6-12 所示。点击"新增"按钮输入编号，描述，选择命令类型，勾选设备列表，然后选择生效或者失效，选择命令集出发时间，信息都完成后点击保存按钮。

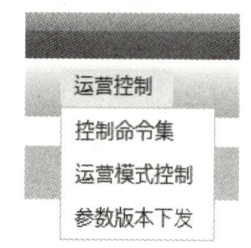

图 1-6-11　SC 运营控制界面

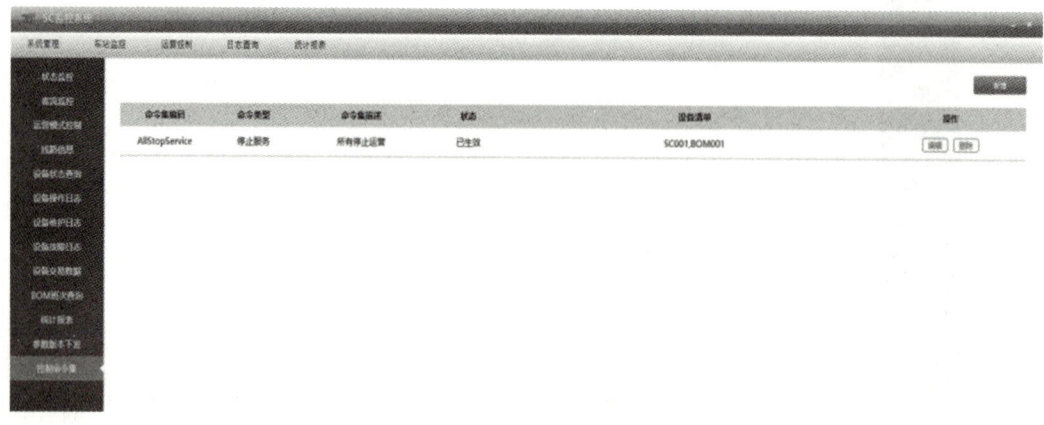

图 1-6-12　SC 控制命令集主界面

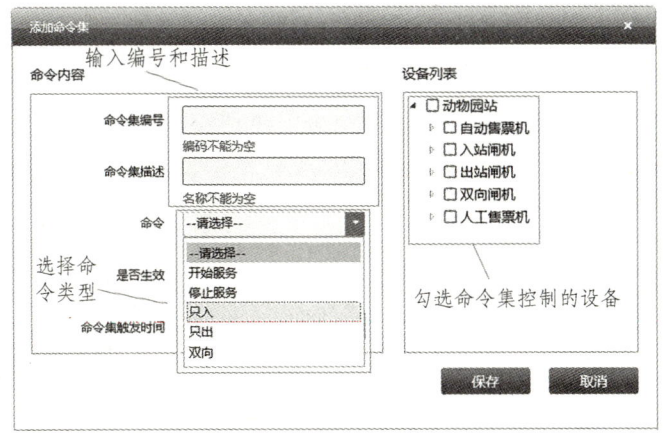

图 1-6-13　SC 控制命令集操作界面

（2）运营模式控制。

点击"运营控制"选项下的"运营模式控制"菜单项，可以实现对车站 AFC 设备运行状态的控制和变更。选中控制模式，然后点击发送按钮即可变更模式。如图 1-6-14 所示。

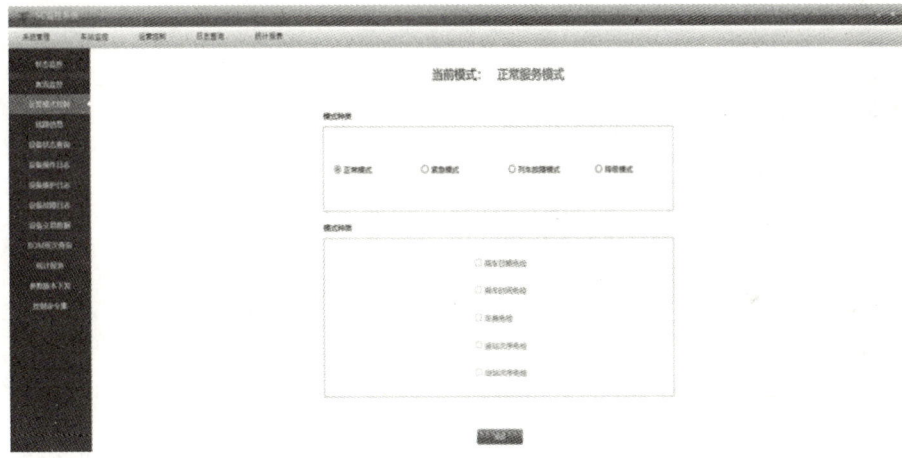

图 1-6-14　SC 运营模式控制操作界面

（3）参数版本下发。

点击"运营控制"选项下的"参数版本下发"菜单项，可以查询下发的设备版本，如图 1-6-15 所示。

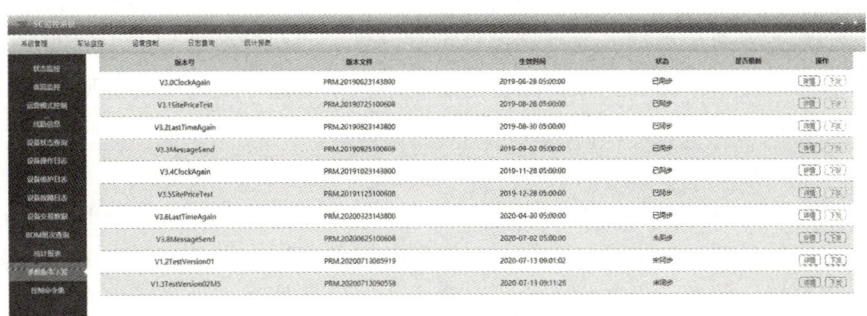

图 1-6-15　SC 运营模式控制操作界面

4. 日志查询

单击电脑界面的"日志查询"选项，下拉菜单包含设备操作日志、设备故障日志、设备交易数据，如图 1-6-16 所示。

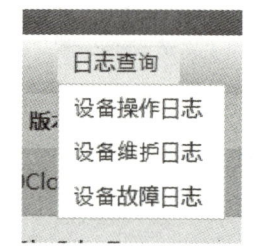

图 1-6-16　SC 日志查询选项

（1）设备操作日志。

点击"日志查询"选项下的"设备操作日志"菜单项，可以查询 AFC 设备进行的操作记录，如图 1-6-17 所示。首先在界面左上方选择日期，如果需要查看指定类型的设备，则在设备类型中选中需要查看的类型，如果只查看指定设备，则在设备编号中选中指定设备编号。选择条件设置好后，点击"搜索"按钮，就会在界面中显示相应的信息。

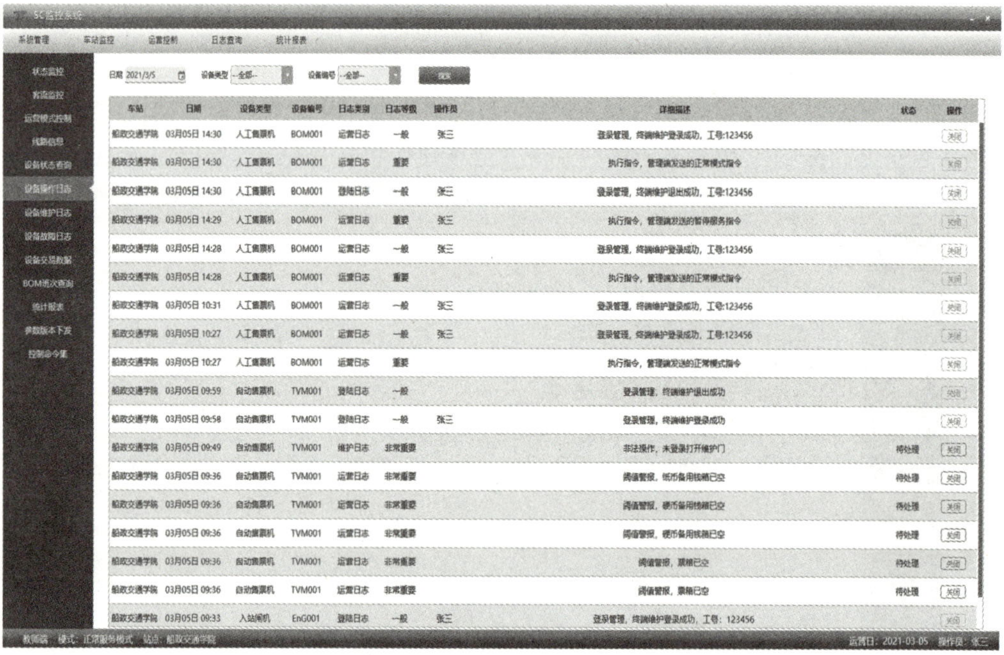

图 1-6-17　SC 设备操作日志界面

（2）设备维护日志。

点击"日志查询"选项下的"设备维护日志"，可以查询 AFC 设备开展过的维护操作记录，如图 1-6-18 所示，在操作界面左上方选择日期，如果需要查看指定类型的设备，则在设备类型中选中需要查看的类型，如果只查看指定设备，则在设备编号中选中指定设备编号，如果想要查看指定交易类型的记录，则在交易类型栏中选择指定的交易类型即可。选择条件设置好后，点击搜索按钮，在界面中显示相应的信息。

（3）设备故障日志。

点击"日志查询"选项下的"设备故障日志"，可以查询 AFC 系统设备的故障记录信息。在界面左上方选择日期，如果需要查看指定类型的设备，则在设备类型中选中需要查看的类型，如果只查看指定设备，则在设备编号中选中指定设备编号。选择条件设置好后，点击搜索按钮，就会在界面中显示相应的信息，如图 1-6-19 所示。

图 1-6-18　SC 设备维护日志界面

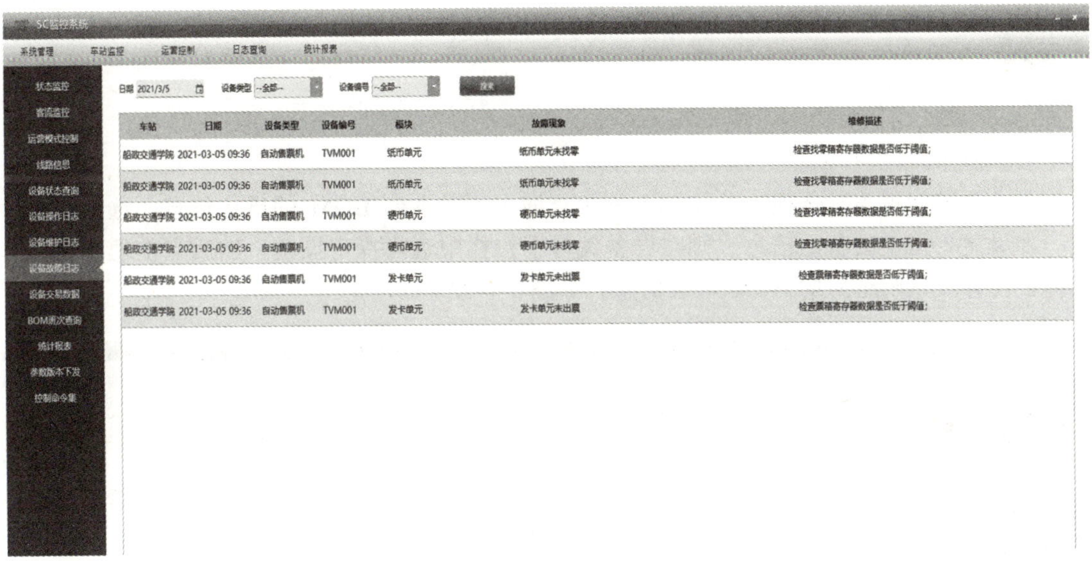

图 1-6-19　SC 设备故障日志界面

5. 统计报表

点击电脑界面的"统计报表",下拉菜单包含设备交易数据、BOM 班次查询、统计报表,如图 1-6-20 所示。

（1）设备交易数据。

点击"统计报表"选项下的设备交易数据,可以查询 AFC 系统设备的交易数据信息。在界面左上方选择日期,如果需要查看指定类型的设备,则在设备类型中选中需要查看的类型,如果只查看指定设备,则在设备编号中选中指定设备编号,如果想要查看指定交易类型的记录,则在交易类型栏中选择指定的交易类型即可。选择条件设置好后,点击搜索按钮,就会在界面中显示相应的信息,如图 1-6-21 所示。

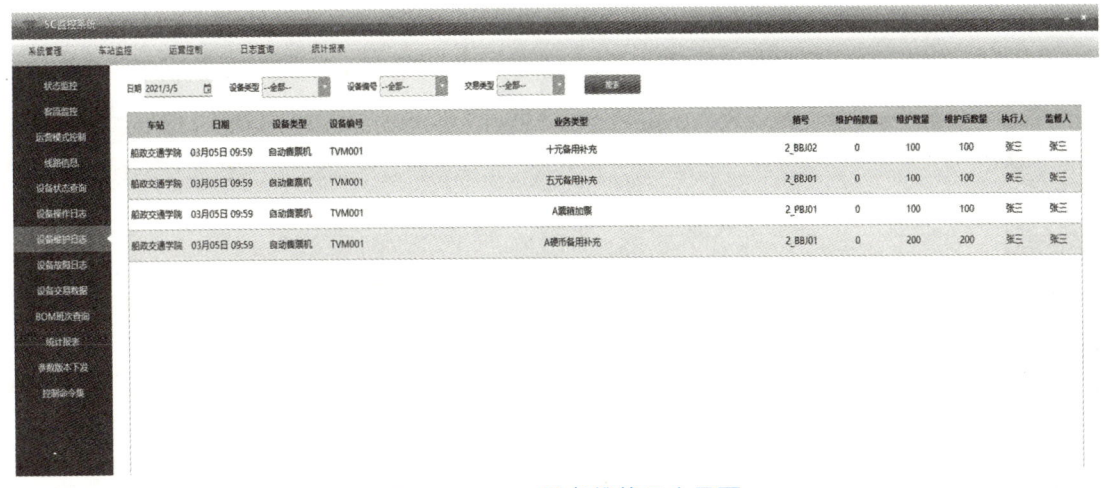

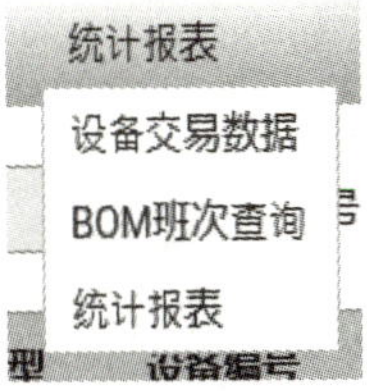

图 1-6-20　SC 统计报表界面

图 1-6-21　SC 设备交易数据查询界面

（2）BOM 班次查询。

点击"统计报表"选项下的 BOM 班次查询，可以查询 BOM 的班次信息。选择筛选日期，如果需要指定设备的信息，则在设备编号下拉栏中选择指定设备，然后点击搜索按钮，界面上就会显示筛选后的 BOM 班次信息，如图 1-6-22 所示。

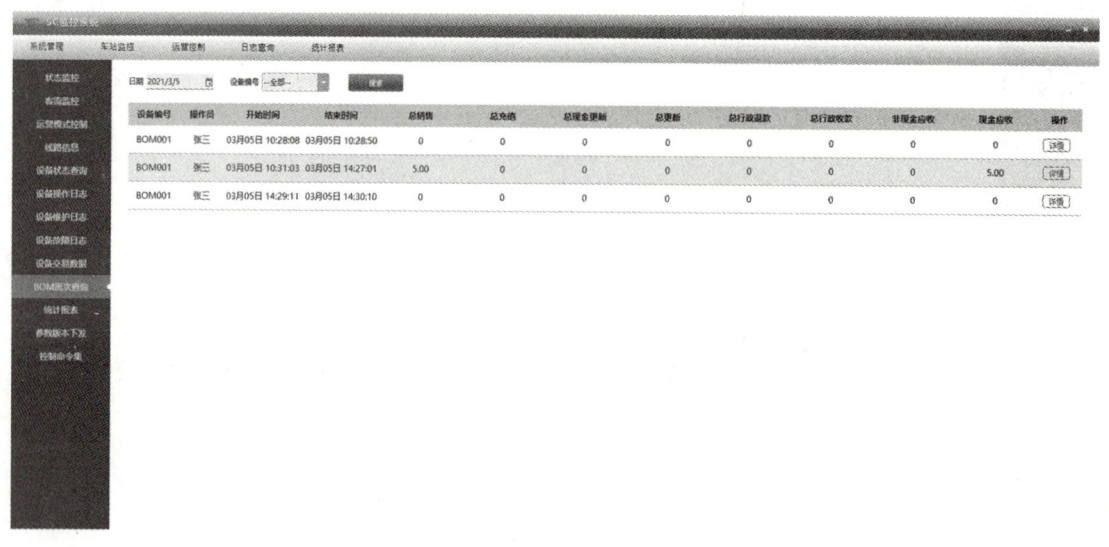

图 1-6-22　SC 系统 BOM 班次查询界面

（3）统计报表。

点击"统计报表"选项下的统计报表，可以查询统计数据生成报表文件进行查看或者打印。首先在界面左侧选择报表的种类，然后设置查询条件，最后点击查询按钮。在弹窗中选择报表文件的保存路径，然后点击确定按钮就会在指定路径下生成文件，如图 1-6-23 所示。

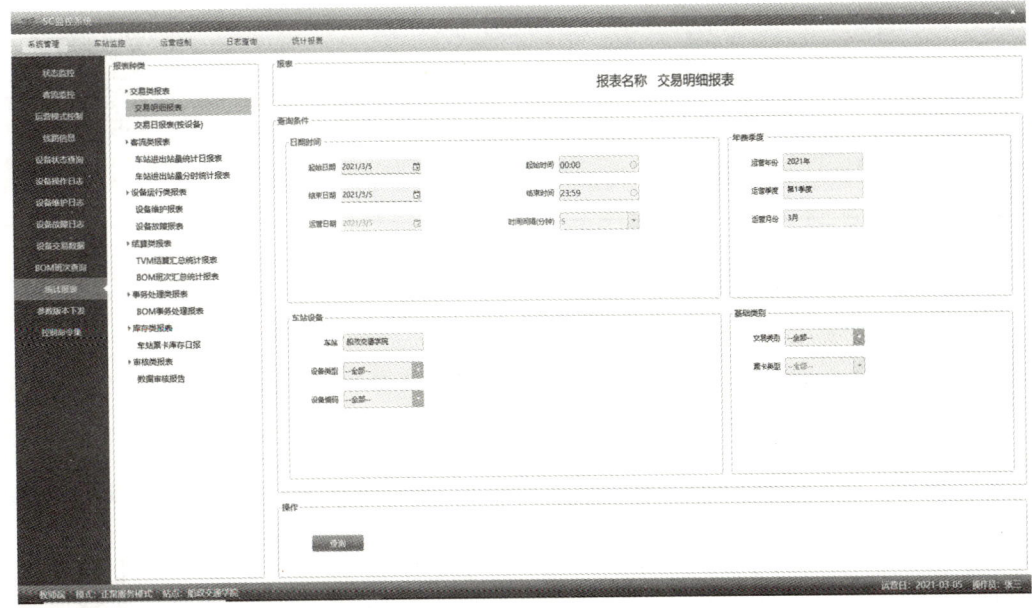

图 1-6-23　SC 统计报表界面

（三）SC 系统管理

车站计算机系统的操作管理由车站当班值班站长和值班员共同负责。日常运营情况下，车站计算机应全日开启。运营开始前，由值班员负责车站计算机系统的登录并确认站级设备是否开启，同时由巡站人员现场确认站级设备是否处于正常服务模式。运营过程中，通过 SC 工作站实时监控车站各种设备的状态，当设备出现故障或报警状态时，值班员应及时确认报警设备号和报警原因，根据不同原因分别安排处理。每日运营结束，值班员需将车站 AFC 系统各设备设置为关闭服务状态。车站设备出现故障或紧急情况时，由值班员或值班站长在车站计算机上设置执行相应的降级模式或紧急模式。

▶【实训任务】

根据表 1-6-1 列出的任务单完成"车站计算机系统操作"的工作任务。

表 1-6-1　车站计算机系统操作任务单

实训场地	车站票务室
操作人员	客运值班员
操作设备	车站计算机系统
工作任务	1. 登录车站计算机系统（SC）。 2. 通过 SC 系统进行车站票务设备监控。 3. 通过 SC 系统进行车站票务设备运营状态查询。 4. 通过 SC 系统进行车站客流数据查询。 5. 通过 SC 系统进行票务报表查询。

任务 7　自动售检票系统终端设备

动画：AFC 系统的运维管理

【任务导入】

任务名称	地铁车站售检票布局设计

任务概况：

下图是某地铁站售检票机设计布置图，请分析以下布置存在哪些不足，该如何调整？

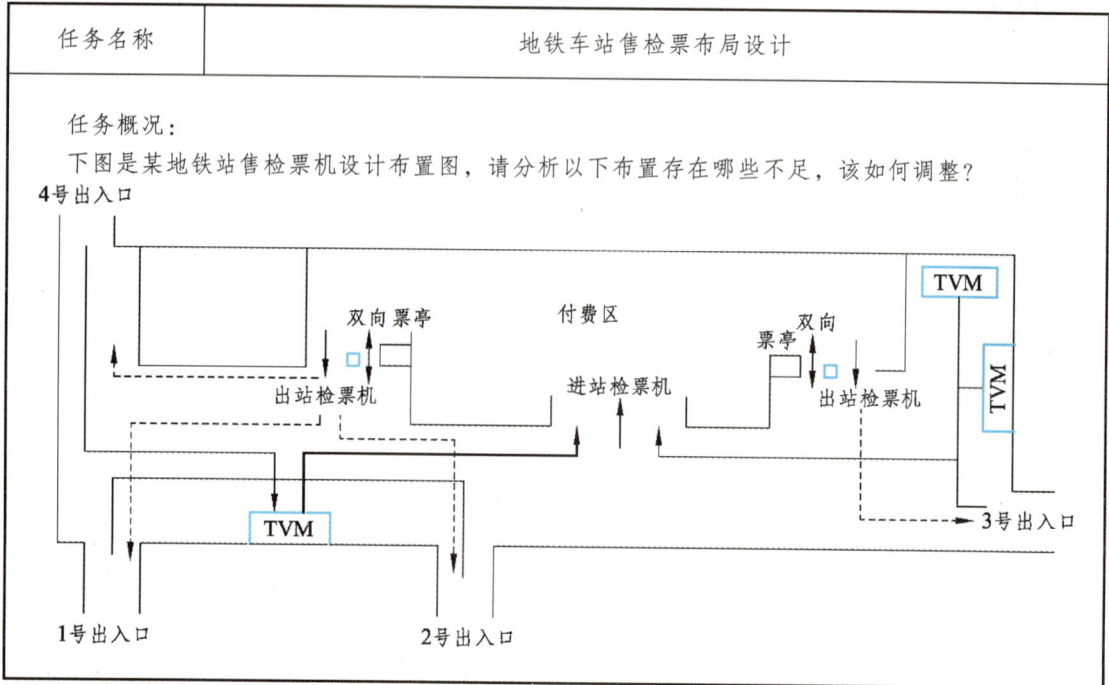

▶【学习任务相关知识点】

一、自动售检票系统终端设备

（一）票务终端设备组成

自动售检票系统的便捷性和准确性大大优于传统的纸票售票方式，克服了人工售检票模式中固有的速度慢、财务漏洞多、出错率高、劳动强度大等缺点；在防止假票、杜绝人情票、防止工作人员作弊、提高管理水平、减轻劳动强度方面表现优异，不仅是轨道交通系统发展，也是城市信息化建设的重要体现。

自动售检票系统（AFC）功能的实现离不开安装在车站站厅的车站终端设备。直接为乘客提供售检票服务的设备，包括自动售票机、自动检票机、半自动售票机、便携式检/验票机、自助查询机等。

1. 自动售票机（TVM）

自动售票机一般安装在站厅层非付费区的显眼位置，它的主要作用是供乘客自助购买单程票和充值，它能够识别纸钞、硬币并自动找零。具备模拟显示线路的乘客显示屏和方便乘客操作的触摸屏，同时可显示票价和投币信息，如图 1-7-1 所示。

图 1-7-1　自动售票机

2. 自动检票机（AGM）

自动检票机安装在站厅层，用来区分付费区与非付费区，自动检票机以内的为付费区，以外为非付费区。它的作用主要是指引乘客自助检票，判断乘客所持票卡的真伪，计算乘客乘车费用并扣费；监控乘客通行，给乘客提供指导，对不规范的乘客通行行为进行报警提示。过闸方式主要分为：持卡/票过闸、二维码过闸、人脸车票过闸，如图 1-7-2 所示。

图 1-7-2　自动检票机

3. 半自动售票机（BOM）

半自动售票机是系统业务功能较为齐全的终端设备，一般设置在车站的客服中心内，由站务员操作，可以对付费区和非付费区的乘客提供服务，它能实现系统的多种业务，包括发售、分析、充值、退款、交易查询等处理。如图 1-7-3 所示。

图 1-7-3 半自动售票机

4. 便携式检/验票机

便携式检/验票机是为应对地铁站出现大客流，加快乘客通行速度，专门对乘客使用车票进行检票和验票的设备。其被设计为方便车站人员携带，能对乘客所持一票通、城市一卡通车票等车票进行有效检查，便携式检/验票机为离线工作设备，应有外接数据传输接口与 SC 进行数据通信，下载所需的系统参数，上传交易记录并具备严格的权限管理功能，如图 1-7-4 所示。

图 1-7-4 便携式检/验票机

5. 自助查询机（TCM）

自动查询机安装在地铁车站非付费区，供在轨道交通内使用的地铁专用票及城市"一卡通"的自助查询验票及发布地铁通知信息等服务。自动查询机操作界面采用触摸屏操作方式，由 LC 下载乘客服务信息，可以回溯车票内记录的使用历史，包括票种、购票时间、进站时间、出站时间、进站地点、出站地点、扣费金额、剩余金额、有效期等。每笔交易信息应逐条显示。对有问题的交易记录应有醒目的提示。自动查询机在进行车票查询时，能对车票的有效性进行检查，如有问题，能显示原因，并提示乘客去客服中心处理。

（二）票务终端设备功能

自动售检票系统（AFC）终端设备是实现具体售检票业务的操作设备，负责进行车票发售、进站检票、出站检票、充值、车票分析等读/写交易处理。它们按不同的功能各自独立运行,同时设备内配有独立的就地控制装置,在与系统通信中断的情况下,现场 AFC 设备能独立运作,并保存一定时间范围内的设备运营数据。

二、车站自动售检票终端设备配置与布局

车站自动售检票终端设备如何配置与布局,是城市轨道交通票务系统要掌握的重要内容。车站自动售检票终端设备配置包括确定 AFC 系统设备的选型和配置数量两部分内容,车站自动售检票终端设备布局则是用以解决 AFC 系统设备空间布置的问题。

(一)影响车站 AFC 系统设备配置与布局的主要因素

1. 高峰小时进出站客流

根据客流统计资料数据分析,车站客流的进出站高峰小时出现时间与断面客流的高峰小时出现时间通常不同,车站客流的进站高峰小时与出站高峰小时出现的时间通常不同,工作日高峰小时进出站客流通常大于双休日高峰小时进出站客流,因此,一般采用工作日高峰小时进出站客流作为计算车站 AFC 系统设备配置的依据。

2. 车站 AFC 设备使用能力

车站 AFC 设备能力是指车站 AFC 设备在单位时间内(通常为 1 min)的出票张数或通过人数等。

车站 AFC 设备通过能力可以分为设计能力和使用能力。设计能力是理想状态下的设备能力,根据 AFC 系统文件提供的数据确定。比如检票机的设计能力,主要取决于票卡读写时间、闸门开启时间和乘客通过闸门时间等。但实践中,由于乘客特性、使用熟练程度、设备利用不均匀等原因,车站 AFC 系统设备的使用能力小于设计能力。因此,在 AFC 系统设备配置数计算时,应考虑其使用能力。

3. 站台与站厅层设计布局

站台、站厅层设计布局主要包括站台类型、车站控制室的位置、升降设备的位置和车站出入口的布置等。

站台、站厅层设计布局对付费区及检票机的设置有较大影响,从而影响车站 AFC 设备的配置和布局。比如,岛式站台车站的付费区的自动扶梯、步行楼梯设置在站厅的中央区域,客流量比较大的车站,在收费区两侧布置验票机,会增加检票机数量。

(二)车站 AFC 系统设备布置应满足的要求

(1)正确设置售检票位置:售检票设备位置与出入口、楼梯应保持一定距离。
(2)售检票位置根据出入口数量相对集中布置,并满足客流流向要求。
(3)每个付费区内至少设置 1 台半自动售票机,每个出入口的检票机数量不应少于 2 个通道。

(三)车站票务相关设备设施的布置原则

(1)自动售票机、验票机安装在非付费区,与车站出入口、进闸机位置相协调,以方便乘客使用、不影响安全疏散为原则。

（2）进出站和双向闸机设置在付费区和非付费区的分隔带上。进、出站闸机的通道净距不小于 520 mm，双向闸机标准通道净距为 520 mm，宽通道闸机通道净距为 900 mm。

（3）半自动售票机安装在车站客服中心（售票亭）内，客服中心（售票亭）通常设在付费区和非付费区的分隔带上，方便处理付费区和非付费区售票、充值、补票和车票更新等业务。

（4）车站终端设备按近期设备数量布置，并预留远期设备安装位置和安装条件。

（5）进闸机、出闸机的布置应满足每组闸机不少于 4 通道的要求，尽量集中布置。

（6）应考虑尽量减少购票、进站、出站等客流的交叉，同时充分考虑客流量及运营管理的需求，分别规划相应的购票、进站及出站功能区，功能区要预留足够的缓冲区域，结合站厅的实际布置，适当进行调整。

（7）每组自动售票机数量不少于 3 台。

除了客流、列车行车对数、设备通过能力等客观因素外，城市轨道交通 AFC 系统终端设备数量的确定还应根据实际运作的经验，以及结合车站建筑结构对现场设备数量的确定作进一步完善，根据实际情况对 AFC 系统终端设备作出合理配置，才能充分发挥 AFC 系统的功能和作用。

（四）车站票务相关设施设备布局

车站设施设备布局必须重视站内人流组织的问题，在进出站检票机、售票机等 AFC 设备的布置方面，要防止出现人流交叉的情况，注重进出站检票机与站内楼梯及电扶梯的位置关系。典型的车站布局如图 1-7-5 所示。

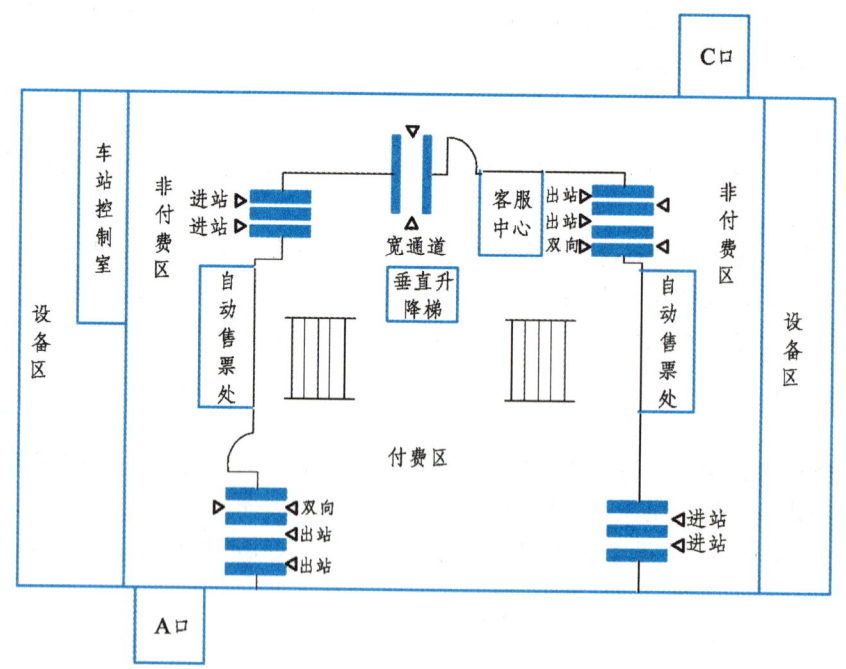

图 1-7-5　典型的车站布局

▶【任务解析】

1. 案例分析

案例图中车站站厅票务设备布局虽然遵循了出站闸机尽量靠近出入口布置的原则,但是明显没有考虑客流组织、客流交叉的情况,导致了客流交叉点多,特别是2、3号出入口的客流量非常大,而进出站客流的交叉是不利于客流疏散的,并且该布局方案在自动售票机有排队的情况下,出口闸机位置可能阻塞,造成客流出站困难,因此建议调整进出站检票机。

2. 改进方案

将案例中的站厅设备布局调整为如图 1-7-6 所示,将原来出站检票区调整为进站检票区,原来进站检票区调整为出站检票区,能有效减少客流交叉点,避免出站客流与大客流方向的出入口的交叉,加快客流进出站速度,既使在自动售票区有排队的情况,也不影响乘客便捷出站。

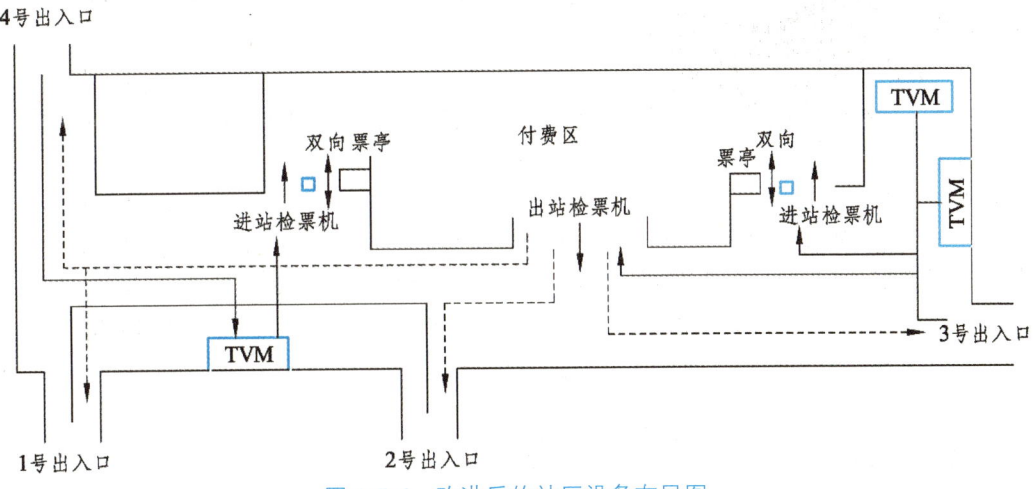

图 1-7-6　改进后的站厅设备布局图

▶【实训练习】

一、单选题

1. 清分清算是分级集中式 AFC 系统中(　　)具备的功能。
   A. SC　　　　　B. LCC　　　　　C. ACC　　　　　D. BOM
2. 以下哪个选项不属于车站计算机系统的功能?(　　)
   A. 可实现与一卡通公司的清分清算
   B. 采集车站终端设备的原始交易数据和状态数据,并上传至线路中央计算机系统
   C. 对车站 AFC 终端设备进行实时监控
   D. 接收线路中央计算机系统的运行参数、运营模式及黑名单等,并下传至车站终端设备
3. 以下哪个选项不属于路网中央计算机系统的功能?(　　)
   A. 票卡管理以及制定管理办法

B. 采集车站终端设备的原始交易数据和状态数据，并上传至线路中央计算机系统
　　C. 对各联网线路"一票通"收益做清算、对账、系统安全管理及有关数据处理
　　D. 对各线路运营起监控作用，并提供协调各线路的票务服务
4. 以下哪个选项不属于线路计算机系统的功能？（　　）
　　A. 与路网中心交换数据，并与路网中心计算机系统共同完成交易数据的清分工作
　　B. 对 AFC 系统的通信、运作及故障等状态的监控
　　C. 具有设置和管理本线路系统和终端设备的操作权限
　　D. 车票编码/分拣机（E/S）对空白票卡进行初始化编码
5. （　　）是指制定一套科学、严密的规则、流程，包括票价策略、结算规则、权限管理和操作流程等。
　　A. 票卡管理　　　B. 规则管理　　　C. 信息管理　　　D. 财务管理
6. （　　）对系统的票务收入进行汇缴、清算、入账等过程的管理。
　　A. 模式管理　　　B. 运营监督　　　C. 信息管理　　　D. 财务管理
7. AFC 系统采用（　　）的层级票务审核模式线路中心票务审核功能可以对每一个车站的票务运作情况进行审核。
　　A. 票款分离　　　B. 票款一体　　　C. 票款统一　　　D. 票款合流
8. （　　）安装在站厅层，用来区分付费区与非付费区，自动检票机以内的为付费区，以外为非付费区。
　　A. TVM　　　B. AGM　　　C. TCM　　　D. BOM
9. （　　）主要负责对车站终端设备进行状态监控，收集本车站站点产生的交易和审计数据，规定系统的数据管理、运营管理及系统维护管理的技术要求。
　　A. ACC　　　B. LCC　　　C. SC　　　D. BOM

二、多选题

1. 轨道交通 ACC 系统包含以下哪些功能。（　　）
　　A. 监督　　　B. 清分　　　C. 协调、管理　　　D. 分析决策
2. 轨道交通常见的清分原则有（　　）。
　　A. 路径最短原则　　　　　B. 时间最少原则
　　C. 运营费用最低原则　　　D. 换乘最少原则
3. 轨道交通路网运营模式包括（　　）。
　　A. 单路径单运营商　　　　B. 单路径多运营商
　　C. 多路径单运营商　　　　D. 多路径多运营商
4. 乘客出行的时间包括（　　）。
　　A. 列车运营时间　　　　　B. 乘车时间
　　C. 换乘时间　　　　　　　D. 购票时间
5. 轨道交通车站票务设备包括（　　）。
　　A. TVM　　　B. BAS　　　C. AGM　　　D. BOM

三、名词解释

1. 自动售检票系统
2. 清分清算
3. 线路中央计算机系统
4. 换乘时间

四、简答题

1. 简述轨道交通票务系统的业务管理。
2. 简述分级集中式 AFC 系统的层次结构。
3. 简述车站计算机系统的概念及功能。
4. 简述影响车站 AFC 系统设备配置与布局的主要因素。

项目一实训练习答案

项目二　城市轨道交通车票与票务政策

【项目描述】

城市轨道交通车票既是城市居民出行乘车的凭证,也是城市轨道交通运营管理重要信息的载体,它与客流、客运收益等信息的掌握密不可分,是整个城市轨道交通票务系统运作的重要媒介。本项目通过介绍车票票卡的发展历程、票卡的不同媒介和相应的票务运作机制,使学生认知城市轨道交通的车票票卡在运营管理过程中的重要性。

【教学目标】

1. 知识目标
(1)了解城市轨道交通车票票卡发展历程。
(2)认知不同媒介的票卡结构与使用场合。
(3)熟知不同运营模式的票卡类型及使用方式。
(4)认知城市轨道交通票价的制定规则。
(5)熟知城市轨道交通票价相关政策。

2. 能力目标
(1)理解不同媒介票卡的工作原理。
(2)学会不同运营模式的票卡的运作规则。
(3)理解票价制定的流程。
(4)能够熟练运用票价相关政策进行票务事务处理。

3. 素质目标
(1)培养学生实事求是的科学态度和严谨细致的工作作风。
(2)锻炼学生的沟通协调能力,培养与人协作的团队精神。
(3)培养学生自主学习和可持续发展能力。

4. 思政目标
通过本项目的学习,使学生在认知城市轨道交通车票票卡类型与运作规则的基础上,引导学生树立"有国才有家、责任勇担当"的理念,形成团结一致、积极乐观、共同建设新时代社会主义国家的做事态度和行为习惯。

任务 1　城市轨道交通票卡基础

▶【任务导入】

任务名称	乘客违规乘车
某日，重庆地铁网络运管中心执法大队在 1、6 号线小什字车站，针对违规使用敬老卡、学生卡、爱心卡等票卡乘坐轨道交通的行为开展了票卡稽查活动。执法人员本着"以人为本、以劝为主"的原则，耐心向乘客解释《重庆市轨道交通条例》等相关法律法规以及违规使用票卡的后果。同时，车站工作人员积极、认真引导乘客有序刷卡进出站，保障车站秩序稳定。通过近一个小时的稽查，执法人员共查处了违规使用的票卡 12 张（其中敬老卡 3 张、爱心卡 2 张、爱心优惠卡 4 张、免费卡 3 张），对违规乘车乘客采取了调查及教育等措施，并按相关规定给予补足全网最高票价和对违规票卡进行暂扣的处理。	
思考问题	轨道交通运营企业如何处理乘客违规乘车事件？

▶ 学习任务相关知识点

当前，城市轨道交通已经成为各大中城市居民出行的主要工具之一，特别是在城镇化的城市发展趋势下，城市轨道交通不仅较好地满足了城市居民中长距离的出行需求，还进一步推进了区域城市化的发展。城市轨道交通客流量的高速发展，随之而来的是高信息量，以及乘客在优质服务上的更高追求，这也使得城市轨道交通车票随着需求的变化而不断变化。

乘客需要付费购票才能够乘车，票卡是乘客使用的车票，用于记载乘客出行和费用信息，是乘坐轨道交通的有效凭证。票卡记载了乘客从购票开始到完成一次旅行所需要的费用、乘车时间和乘车区间等信息。

一、票卡发展历程

城市轨道交通车票先后经历了不带条形码的纸票、带有可识别条码的纸票、磁卡和智能 IC 卡的改变进程。目前城市的轨道交通使用的车票媒介主要是非接触式智能卡。随着计算机、网络通信、大数据处理等技术的不断发展，虚拟票卡（二维码票、人脸识别票）也逐渐成为城市轨道交通运营的主要车票媒介。

（一）纸　票

城市轨道交通发展初期，车票的主要形式是事先在车票上印刷相关的车票信息。常见的纸质车票有普通纸票和条形码纸票。

1. 普通纸票

普通纸票是指将车票的所有信息直接印制在纸质车票上，由票务人员视读确认。票面上的基本信息包括：车票编号、出票站点、乘车日期、乘车区间、票款金额、时间限制以及换乘等，如图 2-1-1 所示。

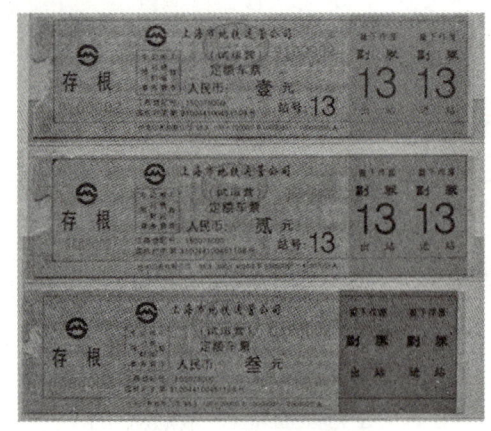

图 2-1-1 普通纸票

图 2-1-2 普通纸票结构

普通纸票的信息只能读取，不能写入，因此无法用作储值票，只能作为单程票或特殊用途的车票。印刷纸票适用于人工售检票的票务运作模式，每张纸票相当于一张定额发票，只能为乘客提供一次乘车的服务，因此普通纸票的使用寿命只有一次。普通纸票在作为单程票使用时，由存根、主券、进站副券和出站副券构成。乘客在进站时，检票人员撕下存根，将其余部分交给乘客，存根是地铁车站内部进行收益稽核时会使用到的；进/出站副券分别是乘客在进、出站检票时提供给检票人员检查的；主券则是最后留给乘客，供乘客收藏或作为报销凭证使用的。

2. 条形码纸票

条形码纸票是将车票的相关信息通过条形码编码存储，条形码（barcode）是将宽度不等的多个黑条和空白，按照一定的编码规则排列，用以表达一组信息的图形标识符。此类纸票由条形码扫描仪完成信息识别（条形码扫描器只能读取条码标识的信息而不能改写）。目前，条形码纸票主要用在我国干线铁路运输上。

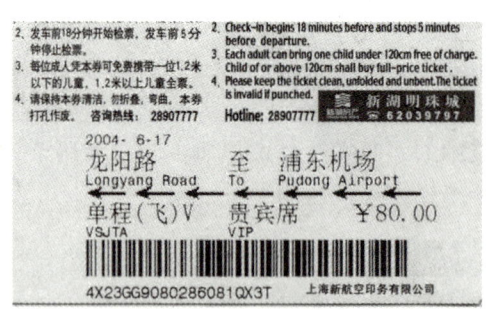

图 2-1-3 带有条形码的票卡

条形码系统是由黑白条形组成、制作及扫描读取组成的自动识别系统。扫描需要扫描器，扫描器利用自身光源照射条形码，再利用光电转换器接受反射的光线，将反射光线的明暗转换成数字信号。在条形码车票中，车票的信息是通过条形码编码来实现的。

条形码纸票具有信息存储量较大、自动识别速度较快、读码效率较高、纠错能力较强的特点，可提高检票系统的处理速度和识别性能，有利于车票的自动化检测。但条形码车票只能在购票时记录站名和发售时间，无法记录进站时间和闸机编号等及时统计信息，对计时制管理的票务系统有一定的影响。

条形码的大小、长短可以任意调节，能够打印在狭小的空白空间。在纸票上增加条形码虽然会增加车票的成本，但同时可提高防伪能力和检票效率。由于条形码的信息量有限，可以拷贝复制，在一些安全性不高的场所可适当使用。读写过程中，在某些客流量不大的场合，可不采用吞吐卡设备，直接在激光扫描平台上扫描条码，操作简单成本较低，维护和使用也比较方便。

对于出票系统的打印机而言，其技术要求就是出票速度快。因此，一般将票面的一些固定信息预先印刷在票面上，在出票时仅打印当时的必要信息，以减少打印量，提高打印速度。

现今的地铁票卡使用中，纸票仍作为辅助车票在票卡流通中占有一席之地，如应急票、大客流专用票、纪念票、试乘票等。这类票卡均具有一次性使用的特点，因此在特殊情况下，纸票与磁卡票和 IC 卡票相比具有制作成本低、使用效率高等优势。但纸质车票需要通过人工完成售检票作业，工作量会随着客流量的增加而增大，工作效率低且不可循环使用，有一定程度的资源浪费。

（二）磁性票卡

磁性票卡是通过卡片上的磁性载体记录相关的车票信息，由磁卡读写设备读取车票信息，既可读又可写。

1. 磁卡的结构

磁记录介质是由高强度、耐高温的塑料或纸质涂覆塑料制成的，能防潮、耐磨，且有一定的柔韧性，携带方便，使用较为稳定可靠。通常，磁卡的一面印刷有说明提示性信息，如插卡方向；另一面则有磁层或磁条，具有 2 个或 3 个磁道，以记录有关信息数据。为了简化设备结构，大部分系统的磁卡上还会有定位孔槽等标识，如图 2-1-4 所示。

图 2-1-4 磁介质车票

磁卡上的磁涂层（磁条）是一层薄薄的、由排列定向的铁性氧化粒子组成的材料。用树脂黏合剂将它们严密地黏合在一起，并黏合在诸如纸或塑料这样的非磁基片媒介上，便形成了纸质磁性票卡或塑制磁性票卡。

2. 磁卡记载信息

磁条可以用来记载字母、字符及数字信息。通过黏合或热合，与塑料或纸牢固地整合在一起形成磁卡。磁条中所包含的信息一般比长条码大，如图 2-1-5 所示。常见的磁条上有 3 个磁道，称为 Track1、Track2、Track3。磁道 1（Track1）与磁道 2（Track2）是只读磁道，在使用时磁道上记录的信息只能读出而不允许写或修改。磁道 3（Track3）为读写磁道，在使用时可读可写。

磁道 1 可记录数字（0~9）、字母（A~Z）和其他一些符号（如括号、分隔符等），最大可记录 79 个数字或字母。

磁道 2 和 3 所记录的字符只能是数字（0~9）。磁道 2 最大可记录 40 个字符，磁道 3 最大可记录 107 个字符。

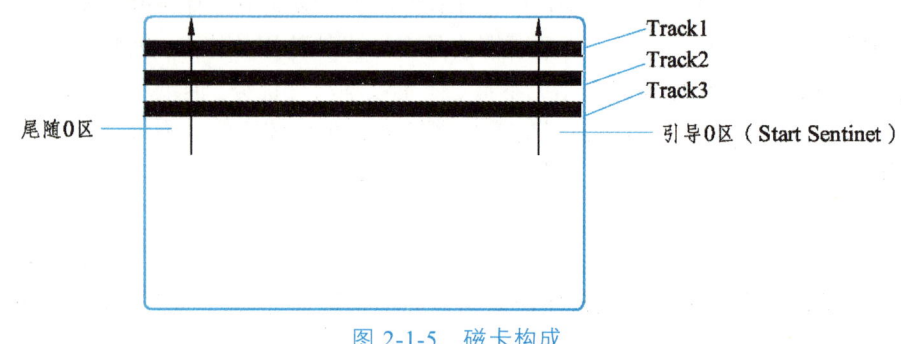

图 2-1-5　磁卡构成

3. 磁卡的优缺点

磁性票卡于 20 世纪 70 年代开始普及应用，现如今在自动售检票系统中应用已久，技术相对成熟。其具有以下优缺点，如表 2-1-1 所示。

表 2-1-1　磁卡的优缺点

	优点	缺点
磁卡	① 实现机读，提高了自动化程度； ② 票卡生产方便，成本较低； ③ 可以循环使用，降低能源消耗	① 票卡成本相对较高，虽然可实现回收重复使用，但需要对客票进行消毒处理、提供报销凭证、客票回收后清空与分配等工作，增加了负担与成本。 ② 磁卡是接触式读写，需要投入大量人力物力对磁头进行消磁和除尘清洗。 ③ 需要精密度较高的识别设备，设备造价较高，维护人员素质要求也较高，另外，由于机构动作频繁，造成机械磨损后的维护成本较大。 ④ 磁条的读写次数有限，当磁卡使用到一定次数后，会对磁条的读写产生影响。 ⑤ 磁卡使用中容易受到诸多外界磁场因素的干扰而改变存储内容。 ⑥ 由于密钥随票携带，极易被拷贝伪造，安全性不高

(三)智能卡车票

智能卡是指在卡片中嵌入了集成电路芯片或智能卡,可以利用芯片中的集成电路存储单元来进行数据存储和处理工作。智能卡车票就是将车票的所有信息储存在票卡的集成电路芯片中,可以由智能卡读写设备读取车票相关信息。智能卡信息存储量大,且可读可写,安全性更高。可以封装成纽扣、钥匙、饰物等特殊形状。智能卡不仅具有智能性又便于携带,已成为现代信息处理和传递的新型工具,并已广泛应用于众多领域。

智能卡按其与外界数据的交换界面不同,可分为接触式 IC 卡、非接触式 IC 卡和双界面卡。

1. 接触式 IC 卡

(1)接触式 IC 卡的结构。

接触式 IC 票卡是通过 IC 卡读写设备的触点与 IC 卡的触点接触后进行数据的读写,由微处理器、操作系统、加密逻辑、串行 EEPROM 及相关电路组成。接触式 IC 卡一般由基片、接触面及集成电路芯片构成。

① 基片:大多是采用 PVC 材质,也有部分采用塑料或是纸制。

② IC 卡接触面:属于金属材质,一般采用铜制薄片,集成电路的输入输出端连接到大的接触面上,便于读写器的操作,大的接触面有助于延长卡片使用寿命,触点一般有 8 个,有的智能卡则被设计成 6 个触点。

③ IC 卡集成电路芯片:通常非常薄,在 0.5 mm 以内,直径大约 0.25 cm,一般为圆形(也有方形),内部芯片一般有 CPU、RAM、ROM、EEPROM 等部件。

接触式智能卡(IC 卡)如图 2-1-6 所示。

图 2-1-6 接触式智能卡

(2)接触式 IC 卡与磁卡比较。

接触式 IC 卡在外形上与磁卡相似,但是它与磁卡在数据存储的媒介上是不同的。磁卡通过卡上磁条的磁场变化来存储信息,而接触式 IC 卡通过嵌入卡中的电擦除式可编程只读存储器集成电路芯片(EEPROM)来存储数据信息。与磁卡相比较,接触式 IC 卡具有如表 2-1-2 所示的优缺点。

表 2-1-2　接触式 IC 卡的优缺点

	优点	缺点
接触式 IC 卡	① 存储容量大，是磁卡的 160 倍。 ② 安全保密性好，数据读取、修改、擦除，都需要密码。 ③ CPU 卡具有数据处理能力，可以对数据进行加密、解密。 ④ 强抗磁性、抗静电及抗各种射线的能力，强抗机械、化学破坏的能力。 ⑤ 寿命较长，其相关设备的成本也较磁卡低	① 读写卡时因磨损导致接触不良，进而引起数据传输错误，并缩短了卡和读写器的使用寿命。 ② 集成电路芯片其中一面裸露在卡片表面，易造成芯片脱落，静电击穿，弯曲、扭曲损坏等问题。 ③ 卡触点产生的静电可能会破坏卡中的数据，存在因环境腐蚀及保管不当，造成卡触点损坏使 IC 卡失效。 ④ 接触卡的通信速率较低，以及插拔卡的动作延误，造成每一笔交易需要较长的等待，严重限制其在快速响应场合的应用

2. 非接触式 IC 卡

非接触式 IC 卡，又称射频卡，诞生于 20 世纪 90 年代初，与 IC 卡设备无电路接触，而是通过非接触式的读写技术进行读写（如光或无线技术），因此，拥有磁卡和接触式 IC 卡不可比拟的优点。它是将一个射频接口电路和感应天线集成到原有 IC 卡芯片中，并封装到塑料材质内，因此非接触式 IC 卡无外露部分。

非接触式 IC 卡成功将射频识别技术和 IC 卡技术结合起来，可实现无线传输能量和数据，解决了无源（卡中无电源）和免接触的难题。靠近读写器表面到一定距离范围（通常为 5~10 mm），便可依靠无线电波的传递实现数据的读写操作。由非接触式 IC 卡所形成的读写系统，无论是硬件结构，还是操作过程都得到了很大的简化，同时借助于先进的管理软件，可脱机的操作方式，使得数据读写过程更为简单。

非接触式 IC 卡是无电源的，在读写器对卡进行读写操作时，读写器会产生两部分的信号：一部分是电源信号，卡线圈接受电源信号后，经过有关电路产生瞬间能量来供给芯片工作；另一部分则是指令和数据信号，指挥芯片完成数据的读取、修改、储存等，并将信号返回给读写器。

（1）非接触式 IC 卡结构。

非接触式 IC 卡由集成电路、感应天线和封装材料构成，由集成电路芯片、感应天线组成，封装在一个标准的 PVC 卡片内，芯片及天线无任何外露部分。卡片读写器则一般由单片机、专用智能模块和天线组成，并配有与 PC 的通信接口、打印口、I/O 接口等，应用领域更加广阔，如图 2-1-7 所示。

图 2-1-7　非接触式 IC 卡

（2）非接触式 IC 卡的优缺点。

非接触式 IC 卡不仅具有存储容量大、安全性高、应用范围广（一卡多用）、网络参数要求低等特点，而且还呈现出更高的可靠性、可并行处理、操作简单等优点。因此，非接触式 IC 卡特别适用于公路自动收费系统、公共交通自动售检票系统和电子钱包等应用场景。随着制造成本的降低，封装形式的多样化，其应用范围也越来越广。

非接触式 IC 卡与传统的接触式 IC 卡相比，在继承了接触式 IC 卡优点的同时（如大容量、高安全性等），又克服了接触式 IC 卡无法避免的缺点（如读写故障率高，由于触点外露而导致的污染、损伤、磨损、静电以及插卡这种不便的读写过程等）。非接触式 IC 卡完全密封的形式及无接触的工作方式，使之不受外界不良因素的影响，从而使用寿命完全接近 IC 卡芯片的自然寿命，因而卡本身的使用频率和期限以及操作的便利性都大大高于接触式 IC 卡。非接触式 IC 卡具有如表 2-1-3 所示的优缺点。

表 2-1-3　非接触式 IC 卡的优缺点

	优点	缺点
非接触式 IC 卡	① 可靠性高。卡片与读写器之间无机械接触，避免了由于接触读写而产生的各种故障。卡片表面无裸露芯片，无须担心芯片脱落、静电击穿、弯曲损坏等问题，既方便了卡片印刷，又提高了卡片的使用可靠性。 ② 操作方便。不必插拔卡，无须接触便可读取卡片信息，非常方便用户使用。读写器可以从任意方向完成操作，大大提高了使用速度。 ③ 防冲突。具有快速防冲突机制，能防止数据干扰，读写器可以"同时"处理多张卡，提高了应用的并行性，进而提高了系统工作速度。 ④ 加密性能好。非接触式卡的序列号是唯一的，出厂前已将此序列号固化，不可再更改。同时，采用双向验证机制，即读写器验证 IC 卡的合法性，而 IC 卡也验证读写器的合法性。非接触式卡在处理前要与读写器之间进行三次相互认证，而且在通信过程中所有的数据都被加密。此外，卡中各个扇区都有自己的操作密码和访问条件。 ⑤ 可以适合于多种应用。非接触式卡的存储器结构特点使它一卡多用，能运用于不同系统，用户可根据不同的应用设定不同的密码和访问条件	① 需要非常高级别的私密保护和数据保护。 ② 制作成本较高

3. 双界面卡（CPU 卡）

双界面卡是基于单芯片的、集接触式与非接触式接口为一体的智能卡，这两种接口共享同一个微处理器、操作系统和应用数据 EEPROM。卡片包括一个微处理器芯片和一个微处理器相连的天线线圈，由读写器产生的电磁场提供能量，通过射频方式实现能量供应和数据传输。

（四）虚拟车票

虚拟车票主要是指通过网络支付获取虚拟凭证（二维码、短信信息等），乘车人凭此代替原本的纸质车票登车。购买电子车票仍然是以货币为媒介的商品交换，只不过支付货币的方式发生了变化，不再是现金支付，而是通过网络支付获取虚拟凭证，所以改变了商品交换的方式。

1. 二维码电子车票

二维码电子车票是基于二维码技术，将乘客交通信息写入二维码中，并进行加密组装成的一种交通车票载体。乘客可使用 App、小程序（城轨公司指定 App、微信、支付宝等）等多种轨道交通场景支持的入口进行注册开通，实名认证并绑定对应的支付方式，开通二维码乘车功能，即可获取二维码电子车票，实时完成二维码乘车扣费。

（1）使用规则。

乘客进、出闸时，打开 App，选择对应功能后，将手机上显示的二维码对准通行通道右侧闸机的指定二维码扫描区域，闸机验证通过后闸门开启，乘客即可通过闸机。二维码票据的通用规则如下：

① 二维码电子车票仅限单人使用，使用过程遵循"一人一码""一进一出"的原则。

② 支付账户要求：使用第三方支付方式如微信、支付宝或银行卡账户等直接代扣的用户，应符合并满足第三方支付软件的相关规定及操作规范，目前的支付方式为先享后付，如果用户因账户余额不足或信用额度不足未完成本次交易支付，在下次乘坐地铁时，App 将不会生成二维码，乘客必须完成支付后才可再次乘车。

③ 乘客进、出站使用 App 进行异码切换，即使用不同支付渠道产生的二维码电子车票进出站时，扣费规则按照调整方案执行；即分别按照两笔单边交易进行扣费，每笔单边交易扣除线网最低单程票价。

（2）二维码电子车票的优点。

二维码车票的出现，让乘客免去了现金兑换和找零的烦恼，减少了排队的时间，乘车更加方便快捷；城市轨道交通运营管理者则因此简化了设备，减少车站的现金管理，同时能整合消费数据，打造增值服务平台，留存乘客实名信息，提高安保效率，大大提升运营企业服务水平。越来越多的城市轨道交通票务系统都已经引入并使用二维码电子车票。二维码电子车票的主要优势有：

① 减少城市轨道交通运营车站购买设备和进行设备维护的费用，加快乘客在车站的流动性。

② 当乘客进、出闸成功扫码后，App 将通过乘客绑定的支付渠道扣取本次行程产生的费用，扣费成功后 App 自动推送信息告知乘客行程和扣费信息，这种付费方式大大改善了乘客的出行体验感。

③ 使用二维码电子车票的乘客，信息与车票绑定，如果后续车辆在运营期间发生安全事故或需要进行流行病学跟踪调查，可以依据乘客电子车票信息直接找到乘客，有效减少乘客乘车安全风险。

④ 与各种旅游地图结合，满足外来游客日常出行的基本要求。

2. NFC 虚拟卡

NFC 近场通信技术是一种近距离无线通信技术，由非接触式射频识别（RFID）及互联互通技术整合演变而来，其通过在单一芯片上结合感应式读卡器、感应式卡片和点对点的功能，能在短距离内与兼容 NFC 设备进行识别和数据交换。

NFC 与 RFID 的主要区别在于 RFID 只能实现信息的读取和判定，而 NFC 技术则可实现信息交互；在应用方面，RFID 更多地应用在生产、物流、跟踪、资产管理上，而 NFC 则主要应用在门禁、公交、手机支付等领域内。因此，一般认为 NFC 是 RFID 的进化版本。

基于 NFC 技术应用于公共交通支付领域的手机移动支付产品，适用于带有 NFC 功能的手机。乘客支付扣费时，通过绑定在云端的附属银行卡（借记卡），实时完成线下移动支付。如广州的羊城通 NFC 手机虚拟卡、合肥的"合肥通"NFC 手机虚拟卡等。

▶【知识链接】"合肥通"NFC 手机虚拟卡

"合肥通"NFC 手机虚拟卡是指合肥城市通卡股份有限公司联合各品牌手机厂商发行的，基于 NFC 技术、SE 全终端设备并符合住建部、交通运输部行业标准的移动终端虚拟卡产品。

1. 使用指南

（1）用户需要先通过手机钱包 App 对虚拟卡进行充值，方可刷卡消费。

（2）手机虚拟卡不记名、不挂失，若用户将手机丢失，不支持卡片挂失和卡内余额找回，故用户应妥善保管手机设备。

（3）若用户更换新的手机，需通过钱包 App"卡片迁移"功能，提前在原手机上移除卡片，再通过原手机账户将虚拟卡转移到用户名下的另一台同品牌手机设备中。

2. 合肥通手机 NFC 虚拟卡优惠政策

公交之间换乘、公交地铁换乘等都有优惠。刷合肥通手机 NFC 虚拟卡与合肥通普通卡享受同等优惠。合肥通 NFC 开卡可以享受：

（1）地铁：乘坐合肥地铁享受 9 折优惠。

（2）公交：乘坐合肥公交享受 7 折优惠。

（3）换乘优惠：① 公交之间换乘，3~90 min 内乘坐常规公交车刷卡免费换乘 3 次；② 公交地铁换乘，坐地铁与公交车时，在正常刷卡优惠的基础上，享受 1 次换乘优惠：③ 地铁换乘公交车的，以进站刷卡时间起算，90 min 内刷同一张卡换乘常规公交车优惠 0.5 元；④ 公交车换乘地铁的，以首次公交刷卡时间起算，90 min 内刷同一张卡换乘地铁优惠 0.5 元。

3. 生物特征识别车票

生物特征信息是指人体所固有的生理特征，例如人脸、指纹、声纹、虹膜、手型、掌纹、指静脉、视网膜、DNA 等，此外还包括人的行为特征，例如按键习惯、步态等。生物特征识别技术，是指通过计算机利用上述生物特征信息，结合光学、声学、生物传感器和生物统计学原理进行个人身份鉴定的技术。虽然生物特征信息种类众多，但兼顾采集成本、效率、便捷程度等，并非所有生物特征都被经常用到。

使用最广泛的生物识别是"指纹"。指纹信息获取成本低，识别技术上非常成熟，指纹识别模块小巧，可以灵活应用于各种设备和场景（包括移动场景下使用便携设备）；不过由于其为物理接触式，有在略有侵犯性（按手印），遇水和油时，识别成功率降低，老人也可能由于手指磨损，导致识别困难等问题。而且，某些情况下，难以分辨指纹识别的行为是在指纹所有人的主观意愿下还是被动意愿下进行的。

与指纹识别相比，人脸识别精准度更高，非接触式接触不仅令个人体验佳，而且可配合个人的动作（摇头眨眼之类）来明确主体的真实性。

虹膜信息难以复制，辨识率高，精准度高于人脸识别（一般情况下），但是在光源不足时会受到影响，而且它对图像采集设备的要求不低。也就是说它的获取成本相对前两者更高，所以使用范围受限。

DNA 识别是根据人体细胞中 DNA 分子的结构人人各异的特点来进行身份鉴别的，是所有身份鉴别方法中最权威的，但 DNA 识别有一定延时性，所以也难以在实时的场景中应用。

生物特征识别车票是以人脸、指纹、指静脉等生物特征识别技术为载体的车票类型，乘客通过手机App、小程序、线下生物特征识别注册终端设备进行注册开通，并绑定对应的支付方式，实时完成生物特征识别和车票乘车扣费。

生物识别技术方便、高效，无须记住密码或钥匙，又具备个体识别的唯一性，配合现代计算机的技术实现，提升了工作效率，真正带来了生活便利。

二、票卡类型

目前，城市轨道交通自动售检票系统使用的车票一般分为两大类：在轨道交通全路网可用的票卡，简称"一票通"票，由轨道交通指挥中心负责采购与发行；在城市公共交通范围可用的票卡，简称"一卡通"卡，由市政公交一卡通公司负责采购与发行。"一票通"票和"一卡通"卡的媒介都是非接触式IC卡。

"一票通"票包括单程票、出站票、福利票、定值纪念票、车站工作票及其他预留票种。

"一卡通"卡包括非记名成人卡、纪念票、员工卡及其他预留票种。

（一）车票状态定义

（1）根据车票出入站状态来分，有"已入站"和"未入站"两种状态。

① "已入站"是指乘客入站时，车票经进站闸机刷卡后所处的状态。

② "未入站"是指车票初始化后，经过自动售票机或半自动售票机售出，但未进站刷卡使用所处的状态。

（2）根据车票从发售和回收来看，分为"已售""未售"和"回收"三种状态。

① "已售"是指车票经由售检票设备售出时所处的状态，预制单程票经过初始化赋值后也处于"已售"状态。

② "未售"是指车票经过初始化后配发至车站且未经车站发售前所处的状态。

③ "回收"是指单程票由出站闸机回收后所处的状态，或经过半自动售票机进行退卡操作所处的状态。储值票经过半自动售票机进行退卡操作后也处于"回收"的状态。"回收"状态的单程票可供车站循环发售。

（二）使用功能不同的票卡

1. 单程票

单程票是指乘客以一定金额购得一次服务履行承诺，只可进行一次进站和一次出站行为的车票。单程票一般是车票当日当站有效，隔日无效，不予退票。进站时通过刷进站检票机的读卡区读卡感应，出站时要插入出站检票机回收孔进行回收；单程票如果超出规定站台数目，需要补票；如果少于规定站台数目，不退剩余的钱。

单程票根据应用的角度不同又可分为普通单程票、应急单程票、优惠单程票和纪念单程票。

（1）普通单程票。

普通单程票是单程票中使用最广的一种车票，乘客购票时完成对票卡的赋值，当日当站（按参数设置）限时限距使用，出站回收。如图2-1-8和2-1-9所示。

图 2-1-8　筹码型单程票

图 2-1-9　筹码型单程票

（2）应急单程票。

应急单程票一般有两种形式：一种是预制单程票，经过编码分拣机或半自动售票预先对车票赋值，通过人工发售，此类应急单程票的使用方法和普通单程票相同，只是由于对车票预先进行了赋值，其管理上等同于现金管理，在有效期内每个车站都可以使用。预制单程票可以弥补大客流情况下或售票设备故障时售票能力不足的问题。另一种是应急编码票，是将车票进行应急专用编码，在进站时发放给乘客，当乘客在到达站出站时根据乘坐情况补票，出站时回收，该方式可以解决进站时大客流冲击导致车站售票能力不足的问题。

（3）优惠单程票。

优惠单程票是根据条件给予一定折扣和优惠的车票，如批量购买或针对某项活动时给予一定的优惠。

（4）纪念单程票。

纪念单程票是为某种主题专门制作的纪念性单程票卡，可供收藏，另定价发售，在有效期内使用，不计程，出站不回收。

2. 储值票

储值票是指车票内预存一定资金，在金额足够的情况下，可多次使用的车票，每次使用时根据相应的计价规则扣除乘车费用，出站不回收。储值票一般由城市轨道交通运营公司发行。如图 2-1-10 所示。

图 2-1-10　石家庄地铁储值票

储值票一般分为记名储值票和不记名储值票。记名储值票卡内保存有持卡人的个人信息，如持卡人姓名、性别、身份证号码等；卡面也可根据需要印刷持卡人的姓名、性别、身份证号和照片等信息；记名储值票可挂失，可以享用信用消费和信用增值及其他特殊服务。不记名储值票票面无持卡人的信息，使用后如果无污损，通常可以将车票退还给发卡公司以便重新发行使用。

储值票按照使用功能的不同又可分为普通储值票、优惠储值票和纪念储值票。

（1）普通储值票，它是储值票中使用最多最广泛的一种车票。可以反复充值使用，每次使用根据费率表扣费。

（2）优惠储值票，是根据条件给予一定的折扣和优惠的车票。如老人票、学生票等。

（3）纪念储值票，为某种题材专门制作的纪念性票卡，可供收藏，另定价发行，在有效期内使用，不计程，出站不回收。纪念票一经售出概不退换。

3. 许可票

许可票是不同于单程票和储值票的特殊票种，由运营方根据某种特殊需要，针对某些群体的特殊要求，以吸引或方便他们来乘坐地铁为目的而发行的，赋予特定的使用许可的一种车票，在限定的条件下具有一定的优惠。

（1）车站工作票：供轨道交通相关从业人员工作使用的车票。

（2）测试票：是一种对自动售检票系统设备进行维护诊断用的特殊车票，只能在设备属于维护模式由维修人员测试设备时使用。

（3）计次票：被赋予固定乘车次数许可，在规定的时间及许可范围内可以重复使用，未使用的次数不能累加到下一个周期使用的车票。通常该票种在使用时只计次数，不计里程。

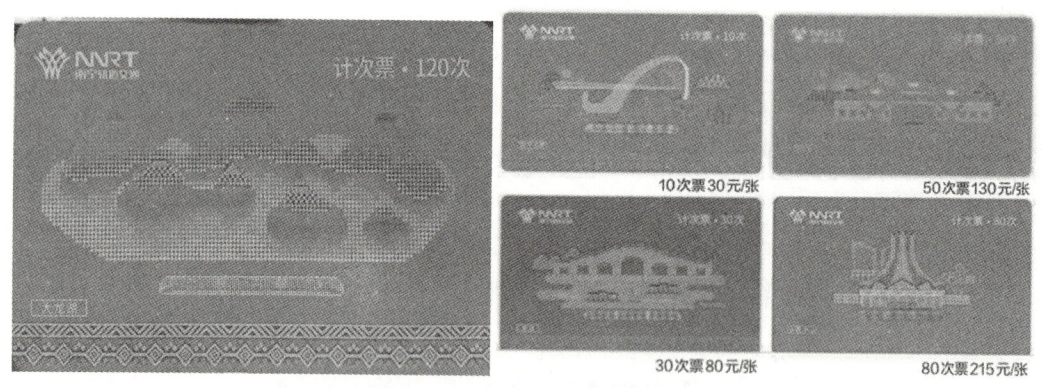

图 2-1-11　南宁轨道计次票

（4）出站票：在特殊情况下，如丢失单程票、单程票损坏等，由工作人员处理后发给乘客，用于本站出闸的票卡。

4. 一卡通

一卡通是利用先进的计算机、通信、信息处理、IC卡技术及安全保密等技术手段建立的，以售卡、充值、结算为中心业务的服务平台，该系统采用非接触式IC卡作为支付介质，应用了市政、公共交通等领域。一卡通是轨道交通自动售检票系统中的车票介质，按照统一规则、统一卡片类型及统一管理模式在轨道交通线路中使用。

一卡通系统是信息化城市的重要组成部分，真正的一卡通应该能覆盖城市居民生活各个领域的支付和支持身份认证，完成公用事业的预收费，以及金融、旅游、医疗等多个领域的快速结算和支付，并保证各领域的身份认证和信息存储查询。

　　一卡通公司发行的一卡通卡除可以在轨道交通路网内各车站进、出站使用外，还可以在一卡通公司规定的范围内使用。

　　一卡通卡在有效期内可以多次使用、反复充值；当一卡通卡卡内余额大于或等于最低票价时可以进站乘车，出站时则根据计费标准扣除一次乘车费用。一卡通卡每次乘车过程中仅限1人限时使用。一卡通卡的一次完整使用过程必须在同一运营日内有一次进站记录和出站记录。

　　乘客持余额不足的一卡通卡不能正常进站时，购买单程票或充值后刷卡进站。乘客持不能正常使用的故障卡，需要到一卡通客服中心处理，一卡通过期卡可以进行充值激活或在BOM上进行激活操作；乘客持损坏或无法正常读取的一卡通卡无法正常出站时，需要询问乘客进站车站并依据乘客所述进站地点，发售一张付费出站票，乘客持票出站。

　　地铁车站只办理一卡通普通储值卡（学生卡除外）的售卡、充值、退卡业务；地铁车站只为纪念卡、正规渠道购买的异形卡、手机一卡通卡办理充值业务。由一卡通公司发行的一卡通一般只能在一卡通公司授权的一卡通客服中心及地铁车站客服中心才可以办理售卡、充值、退卡、故障卡处理等业务。如图2-1-12和2-1-13所示。

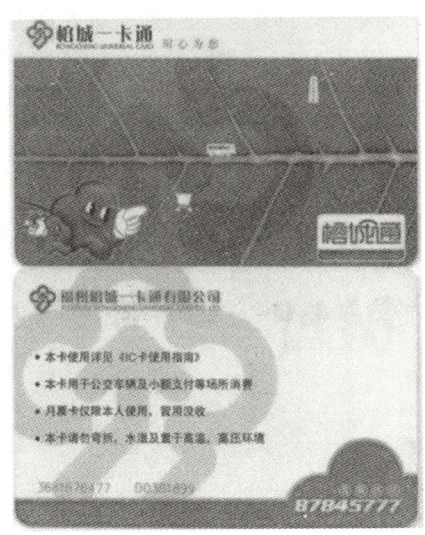

图2-1-12　榕城一卡通

图2-1-13　无锡一卡通

表2-1-4　不同功能票的适用范围

序号	票种		发行机构	出站回收	挂失	限当日使用	是否可充值
1	单程票	普通单程票	轨道交通运营公司	√	×	√	×
		应急单程票		√	×	√	×
		优惠单程票		√	×	√	×
		纪念单程票		×	×	×	×

续表

序号	票种		发行机构	出站回收	挂失	限当日使用	是否可充值
2	储值票	普通储值票		×	√	×	√
		优惠储值票		×	√	×	√
		纪念储值票		×	√	×	√
3	许可票	车站工作票		×	√	×	×
		测试票		×	×	√	×
		计次票		×	×	×	×
		出站票		√	×	√	×
4	一卡通		一卡通发行公司	×	√	×	√

▶【知识链接】

为进一步加快建设现代化国际城市，全面推广绿色出行，在福州市委市政府领导下，由市大数据委、市交通局指导安排，福州地铁联合福州市市民卡公司古厝集团下属的公交集团以及康驰、闽运等三家公交企业，于 2022 年 5 月起在 e 福州 App 上推出地铁公交联票优惠活动。

在优惠活动期间，乘客可享受以优惠的价格购买地铁公交联票，刷码乘车，在使用有效期内不限次乘坐地铁、公交出行。以团体年卡为例，仅需 1 000 元即可享受全年不限里程、不限次数乘坐福州地铁、公交。

【联票含义】本次推出的地铁公交联票，为电子计期联票，在购买激活后可在有效期内无限次乘坐地铁和公交。

【联票使用范围】购买后可用于地铁全线网及市本级公交企业（公交集团、康驰公司、闽运公交）所属的市辖区一元一票制和两元一票制公交线路（不含长安片区专线）。

【联票种类和价格】首期推出的地铁公交联票票种为地铁公交三日票、周卡、月卡、季卡、年卡和团体年卡，并将以极优惠的活动价格出售。

表 2-1-5 福州地铁公交联票

电子联票票种	优惠售价/元	使用有效期/d	购买方式
地铁公交三日票	50	3	e 福州
地铁公交周卡	88	7	e 福州
地铁公交月卡	160	30	e 福州
地铁公交季卡	410	90	e 福州
地铁公交年卡	1 200	365	e 福州
地铁公交团体年卡	1 000	365	团体机关、企事业单位团体购票 50 张（含）以上，线下购买。工作日 9:00～12:00、15:00～17:00 拨打 0591-86302774 办理业务

(三）常见票卡形状

目前，非接触式 IC 卡主要分为方卡型、筹码型或者其他形状的异型卡。

1. 方卡型

方卡型 IC 卡其外形和磁卡比较相似。其尺寸规格如表 2-1-6 所示。

表 2-1-6　卡片型车票的尺寸规格

种类	尺寸规格								
	长/mm		宽/mm		厚/mm		切角半径/mm		
	最小	最大	最小	最大	最小	最大	最小	最大	
储值票	85.47	85.72	53.92	54.03	0.68	0.84	2.88	3.48	
单程票					0.40	0.58			

持方卡型车票的乘客进站时，将卡型车票放置在检票机读写器的有效距离内，若车票有效，检票机阻挡装置自动开启，乘客即可入站。出站时，乘客在出站检票机上插入车票，通过车票回收装置，由其传输机构送入检票机，传输过程中检票机读写器读取卡内信息，有效时则自动开启阻挡装置，允许乘客出站，单程票则进入票箱回收。

方卡型车票的优点是大小适中，符合一般乘客的使用习惯，乘客操作舒适。

其缺点包括：① 乘客使用时，卡片容易弯曲报废。易粘污垢，不利于车票的传送和读写，清洗工作量较大。② 售票机和检票机车票传输装置采用马达驱动、皮带传输，结构复杂，建设成本较高。③ 储值票和单程票都采用方卡型，乘客易混淆储值票和单程票，一方面影响出站检票及通行速度，另一方面会造成票卡流失。

2. 筹码型

筹码（TOKEN）型 IC 卡是一种直径为 30 mm、厚度为 2 mm 的圆盘形状的票卡，是一种由非金属材料制成，嵌装集成电路芯片及天线，通过电感耦合的方式与筹码读写器进行操作的 IC 卡。世界上第一家使用筹码型 IC 卡单程票（TOKEN）的地铁公司是广州地铁。

持筹码型 IC 卡的乘客进站时，将车票放在检票机读写器的有效距离内，若车票有效，检票机阻挡装置会自动开启，乘客即可入站。出站时，乘客在出站检票机上投入车票，车票靠自身重量滑落，其间检票机读写器会自动读取卡内信息，车票有效，则自动开启阻挡装置，允许乘客出站。

筹码型车票的优点：① 有塑料封装保护，即使票面稍有损坏依旧可以使用。② 与储值票区别明显，不会被乘客误带走。③ 采用重力驱动（自由落体原理和圆形滚动原理进行传输），设备结构简单，维修成本低。其缺点是尺寸较小，使用时容易丢失，在运营初期，筹码的大量流失，会给企业经济带来一定的损失。

3. 异形卡

由于个性特殊的需求，很多城市轨道交通运营公司的要求印制不受尺寸的限制，这就使得在世界各国出现不少形形色色的"怪异"卡，此类卡被称为异形卡。其中的长方形、正方形、三角形、椭圆形等几何形卡,被称为"非标准卡";把动物形状、娃娃形状等一些特别形状卡称为"准异形卡"。相对而言,"准异形卡"的制作工艺要比几何体难度更大一些。

异形卡并不是指某种类型的卡。通俗地说,形状上非规则的都可以称为异型卡。异型卡内可以封装各种各样的芯片,也就是说可以具有多种不同功能。

图 2-1-14 洛阳地铁"神都行"可折卡

(四)智能 IC 卡安全机制

IC 卡的芯片是一种集成电路芯片,其安全性是 IC 卡安全性的基础,在芯片的设计阶段应提供完善的安全保护措施。

1. IC 卡用芯片攻击方向

一般来说,对 IC 卡用芯片的攻击主要有以下几种:

(1)通过电子显微镜对存储器或芯片内部逻辑进行扫描,直接进行分析读取。

(2)通过测试探头读取存储器内容。

(3)通过从外部获取的接口直接对存储器或处理器进行数据存取。

(4)激活 IC 卡用芯片的测试功能。

IC 卡用芯片的安全技术要从物理上防止以上攻击,物理保护的实施强度以实施物理攻击者所消耗的时间、精力、经费等与其获得的效益相比作为标准。

2. 自动售检票 AFC 系统安全问题

在自动售检票 AFC 系统中,安全问题主要包括以下几个方面的内容:

(1)车票安全:防止伪造、克隆、篡改、泄密、偷盗。

(2)设备安全:防止偷盗后对车票进行价值或复制,防止业务程序被攻击改变,防止重要参数及数据被改变。

(3)数据安全:防止篡改、窃取、丢失、抵赖。

(4)系统安全:防止攻击、破坏、泄露重要信息。

通过出站闸机回收,重新进入 BOM 机或 TVM 机进行发售。在整个使用过程中,IC 卡处于两种状态:在乘客手中以及从单程票采购、初始化、发售、回收、循环运输等环节。对于 IC 卡储值票,经过 BOM 机、TVM 机等设备发售到乘客手中,将一直在乘客手中重复使用,直至被收回。以上两种情况,IC 卡在乘客手中时有更大的安全风险。但就整体而言,单程票处在安全范围内的比例要比储值票大,因为储值票由于其储值金额可能较大,所以被攻击的可能性更大。

3. IC 卡的安全保障环节

IC 卡的安全由三个不同层次的安全保障环节组成:一是芯片的物理安全技术,二是卡片制造的安全技术,三是卡的通信安全技术。这三个方面的技术共同作用形成卡的安全体系,保证卡片从生产到使用的安全。PKI 能够使位于世界上任何地方的两个人通过互联网来进行通信,而且能够保证通信双方身份的真实性以及相互交换信息的安全性。IC 卡和 PKI 之间的联系在于密钥及相关数字证书的存储,卡片载有持卡人的数字证书和私有密钥,可通过 PKI 技术实现身份识别和信息加密运输。这种技术对实现 IC 卡的安全交易提供了更多的选择,具体方法如下:

(1)通过烧断熔丝,使测试功能不可再被激活。
(2)高/低电压的检测。
(3)低时钟工作频率的检测。
(4)防止地址和数据总线的截取。
(5)逻辑实施对物理存储器的保护。
(6)总线和存储器的物理保护层等。

▶【任务解析】

《重庆市轨道交通乘坐规则(修订)》第二条规定:"轨道交通实行一人一票制。进入进站闸机后遗失车票,人为损坏车票,使用过期、伪造、涂改车票或者利用其他欺骗手段乘车的,视为无票或持无效车票乘车,由轨道交通运营单位按照线网最高票价收取票款。"客服中心站务员在为乘客处理此类票务事务时,一定要做好票务规则的解释工作,保证乘客对票务规则的了解。

任务 2　城市轨道交通票务政策

▶【任务导入】

任务名称	票务政策执行不到位引发投诉案例
	某地铁站有乘客拨打服务热线投诉某车站的工作人员业务不熟，称其持相关残疾人证件乘车时，边门工作人员表示该乘客不符合免费乘车条件，不予免费乘坐。经该乘客坚持，工作人员用对讲机让车站当班值班站长处理此事，值班站长到场检查证件后也表示乘客凭所持证件不能免费乘坐。该乘客非常气愤，认为车站员工非常不熟悉业务，要求对相关人员进行处理，否则将向媒体反映或者通过法律途径解决。 经客服人员调查后证实，该乘客所持证件符合免费乘车条件，乘客投诉属于有责投诉。应回复乘客，并为车站的错误行为进行道歉。
思考问题	案例事件的起因及解决措施是什么？

▶ 学习任务相关知识点

轨道交通票价政策涉及社会各个方面的效益，也是城市轨道交通生存和发展的重要制约，其定价有别于以营利为目的的产品的定价方式，既要考虑其经济效益，还要有利于其社会效益的发挥，同时作为公共政策，需由政府价格主管部门决定，并应保持中长期的稳定性，避免政策的反复调整，影响政府的公信力。票价是指车票的价格，票制是指票价的结构。票制和票价是轨道交通系统票务管理中相辅相成的两项内容。

一、城市轨道交通票制

票制是指票价的结构，目前轨道交通常用的票制分为基本票制和辅助票制两大类。城市轨道交通系统的基本票制主要有单一票制、计程票制、区间票制、计时票制 4 种。

（一）单一票制

单一票制，是指不论乘客乘车距离，全线都只发售一种票价车票。这种票制的优点是售票速度快，检票实行单检制，即进站检票、出站不检票，可减少车站作业人员，票务管理作业简单，综合成本较低。缺点是不利于吸引短途客流，不能体现出行距离与运营成本之间的关系，不满足多乘坐多付费及合理分担原则。2014 年 12 月，北京地铁取消了除机场线以外全路网 2 元/人次的票价，结束了"2 元任意坐"的时代。全线网单一票制由于"无论乘车距离多少票价均固定"的特点，不利于城市轨道交通的健康、可持续发展。

（二）计程票制

计程票制是按照乘客乘车的距离计算乘车费用和发售不同票价车票。计程票制可以在票价和乘距之间建立较公平合理的联系，符合合理分摊的原则。该票制遵循"递远递减"收费模式，即乘车距离越远，每千米收费越少。计程票制又可分为里程计程票制和区段计程票制。

1. 里程计程票制

里程计程票制是将每一千米作为基本计价单位，累计加价的计程票制。里程计程票制的优点是收费标准精确合理,规模较大的交通网络中能够精确反映价值与价格的关系,有效地兼顾长、短途乘客的需求,实现客运量与运输能力之间的平衡。但是要想保证收费标准精确合理,就必然要制定多个收费等级,加上计费难以取整,导致此种票制的系统复杂程度很高,必须依托高效的自动化设备。在实际应用中,轨道交通运营企业的票务管理和实际操作烦琐,乘客使用十分不便。

2. 区段计程票制

区段计程票制是以规定里程作为基本计价单位,累计加价的计程票制。区段计程票制有效地弥补了单一票制和里程计程票制的缺陷。这种票制基本上能够反映价值与价格的关系,兼顾长、短途乘客需求。同时,设置的收费等级相对较少,计费易于取整。在运用中,既减轻了运营企业票务管理和实际操作的复杂程度,又能够方便乘客使用。鉴于区段计程票制的多种优势,在各国城市轨道交通网络规模不断扩大的基础上,这种票制逐渐被各运营企业广泛应用。

例如:福州地铁票价实行里程分段计价票制。起步价为 5 km(含)2 元;超过 5 km 后,5~15 km(含),按每 5 km 加收 1 元计价(不足 5 km 按 5 km 计价);15~29 km(含),按每 7 km 加收 1 元计价(不足 7 km 按 7 km 计价);29 km 以上,按每 9 km 加收 1 元计价(不足 9 km 按 9 km 计价)。

(三)区间票制

区间票制是按照乘客乘车的区间数或车站数计算乘车费用,发售不同票价车票。在设定的起步区间基础上,每增加若干区间便递增票价。这种票制是单一票制和计程票制的折中制式,因而兼有它们的特点。大多数城市在轨道交通运营初期,运营线路站间距相对均匀,按区间分段计价票制相对公平且简便直观、便于操作,有助于促进客流稳步发展。但随着线网规模的增加,尤其是在伴随着城镇化开通站间距较大的线路(快线、郊区线)后,按区间收费票制已不适合区间距离差别比较大的线路,且无法实现同网同价,必将面临调整。

(四)计时票制

计时票制是按照乘客在轨道交通系统付费区的停留时间进行计算车费的票制。计时票制一般作为以上几种票制的辅助形式。例如在计程票制下,针对每一张特定区间的车票,设定一个合理的有效时间段,如果乘车时间超过规定时间,乘客必须重新购票。设定有效时间段时,必须使乘客既能有充分的时间到达目的地,又不会在轨道交通系统中停留过长的时间。计时票制的优点是车票计时可以有效地减少乘客在轨道交通付费区中不必要的停留,减轻轨道交通系统的拥挤状况。目前,我国大部分的城市轨道交通运营公司一般采用计程与计时相结合的票制。例如福州地铁规定:乘客每次乘车从进闸到出闸的有效时限为 180 min。超过有效时限时,乘客除支付当次车程费用以外,还须按出闸站线网最高单程票价补交票款。

按区间分段计价与按里程分段计价均考虑了"递远递减"的原则,我国的轨道交通的票价制定也是考虑了"同网同价、递远递减"的原则,即考虑了所有线路统一收费标准(部分特殊线路除外),且乘坐距离越远,轨道交通票价越高,平均费率越低。

二、票价确定

票价收入是城市轨道交通系统中最主要的收入来源。票务收入由客流量和票价两方面所决定。对于客流量固定的情况，可通过票价的适当提高来有效增加票务收入。但是从经济学的角度来看，票价也是影响客流量的主要因素，票价上涨会在一定程度上降低客流量，因此，票价的增减会直接对客流量产生影响，进而影响到票务收入，将在很大程度上决定了轨道交通运营企业的经营状况。轨道交通票价制定应该以"公益为先、兼顾效益"为原则，正确处理乘客、企业和政府三者之间的关系，充分考虑乘客的承受能力、企业的经济效益、政府的调控能力，最大能力做到市民、企业、政府三方的平衡。

（一）票价制定的影响因素

1. 城市扩容因素

伴随着城市扩容发展的趋势，城市人口和面积的不断增加，扩容后的城市更接近于大都市区的概念，即由大城市和存在较高通勤联系的邻近县市组成的区域。城市化进程的加快，增加了城市对外扩张距离，城市轨道交通的客流吸引能力也随之增强，城市居民出行距离变远，城市轨道交通的乘车票价也会相应提高。

2. 成本因素

城市轨道交通成本通常由工程建设成本、运营成本和财务费用组成。

（1）工程建设成本，是指城市轨道交通在运营之前，所投入的建造城轨交通项目的总成本。成本投入越大，投资者期望回收的利益和报酬就越大，在制定票价时会间接产生重要的影响。

（2）运营成本是指城市轨道交通在运营过程中直接产生的各项支出，包括各种燃料、物料、用具等在运营过程中的实际消耗，以及折旧费、修理费等。在轨道交通运营过程中，运营维护费用高，投资者势必通过提高票价来满足自身的利益需求。

（3）财务费用是指因运营企业资本管理和运作、筹集资金而产生的各种费用。包括管理期间产生的利息、汇兑等以及企业在运作过程中为筹资而出现的其他财务费用等。

3. 票价因素

城市轨道交通票价，主要受到政府财力、客流量、居民收入水平、乘客心理定价、其他交通运输方式可替代性和票价等因素的影响。

（1）政府财力：城市政府财政收入越高，用于发展城市轨道的建设和运营资金将越多，那么城市轨道交通票价就越低，对乘客出行的吸引力将越大。

（2）居民收入水平：居民收入水平与乘客对价格的敏感度最密切相关。一般来说，居民收入水平越高，票价承受能力越强。

（3）乘客心理定价：是指乘客对城市轨道交通票价的心理预期。乘客会权衡支出与所接受的服务，如果乘客认为物超所值，能承受的价格也就较高。

（4）其他城市轨道交通替代性及其票价状况：城市公共交通系统中，每一种公共交通方式通常会面临着其他公共交通运输方式的竞争，因此会在一定程度上影响城市轨道交通的车票价格上限。

（5）客流量：客流量作为影响票价的重要因素，根据供需理论，客流量会随着价格的增高而呈现递减。反之，票价降低则会刺激客流量增加。

（二）票价的确定原则

城市轨道交通票价制定应以"公益优先，兼顾效益"为原则，正确处理乘客、企业和政府三者之间的关系，充分考虑"乘客的承受能力、企业的可持续发展、政府的调控能力"，促进企业利润可持续性和最大化。因此，在制定城市轨道交通票价时可以考虑以下原则。

1. 公益优先原则

轨道交通票价定价应顺应民生对出行方式的多样化需求，充分考虑市民的经济承受能力，运营初期，要凸显轨道交通的公益性定位。

2. 充分考虑乘客承受能力原则

轨道交通需要充分满足大部分市民的交通需求，价格政策要充分考虑大众的承受能力。

3. 合理比价原则

轨道交通比价关系中包含了和不同公共交通方式之间的比价关系。鉴于轨道交通具有安全、快捷、准点和舒适的特点，票价定位应略高于地面公交，低于出租车，这也是各城市合理制定轨道交通票价的通行原则。它既可以促使轨道交通公司把满足乘客的需求作为运营服务的第一选择，在社会效益最大化的前提下兼顾企业的发展，也可引导市民提高出行质量，逐步实现对轨道交通"高性价比"的认同度。

4. 可持续发展原则

轨道交通建设成本和运营成本大，实现收支平衡的周期长，合理收益见效缓慢，因此票价的制定不同于一般产品的价格制定，应在兼顾政府投资有限财力的同时，既要维护乘客的利益，还要考虑企业的长远持续发展、发挥城市公共交通的组合优势，提高城市交通整体效率。

（三）票价的确定流程

由于轨道交通是城市居民的出行方式之一，其运营过程中具有自然垄断的特点，因此，政府应该对城市轨道交通的票价进行有效的监管，才能更好地满足城市居民的出行需求。在有关法律法规中提出，城市轨道交通票价的定价应当在合理范围之内，并且还要实施"企业报价、政府核价、公众议价"的票价制定和调整听证制度。目前，我国城市轨道交通票价和听证程序如下：

（1）轨道交通运营单位需要根据自己的需求以及各方面的规定来制定票制票价，并向有关部门提交诸如定价书面申请报告等相关材料。

（2）参照相关法律法规，城市价格主管部门需要对提交的申请报告进行审核，并实施相应听证。

（3）政府在决定定价决策时还要协调审查单位按照一定的需要来调整票价，在必要时候可以重新组织听证。

（4）最后由城市价格主管部门公布票价，并实时监测票价的执行情况，除此之外还要保持跟踪调查。

三、票务政策

（一）优惠政策

车票优惠政策是城市轨道交通企业根据不同政策文件及乘客情况，在乘车费用上对不同乘客给予的让利举措，有些是从市场营销的角度出发制定的，如给乘客的乘车费用积分优惠；有些是从社会效益的角度出发制定的，如给予学生、老人的乘车折扣优惠；有些是依据政府的福利要求制定的，如特定时间给予老人免费乘坐地铁的优惠。下面以贵阳市城市轨道交通票务政策为例，其在乘车优惠政策方面的规定如下。

1. 免费乘车政策

（1）残疾人凭第二代"中华人民共和国残疾人证"和居民身份证办理爱心卡可免费乘坐贵阳市城市轨道交通；革命伤残军人、因公致残的人民警察凭"中华人民共和国残疾军人证""中华人民共和国伤残人民警察证"和居民身份证办理爱心卡可免费乘坐贵阳市城市轨道交通。

（2）现役军人凭"中国人民解放军军官证"或"中国人民解放军士兵证"，可通过专用免费通道免费乘坐贵阳市城市轨道交通。

（3）70周岁及以上老年人持"老年人优待证"和居民身份证办理老人卡可免费乘坐贵阳市城市轨道交通。

2. 折扣优惠政策

（1）贵阳市行政区域内小学、中学学生持《学生证》和居民身份证可办理学生卡享受贵阳市城市轨道交通单程票价5折优惠。福州地铁规定持榕城通普通卡刷卡乘坐地铁时可享受单程票价9折优惠。

（2）每位成年人可免费带1名身高不足1.3 m的儿童乘车，超过1名时按超过人数购买单程票。

（3）持普通储值卡乘车可享受贵阳市城市轨道交通票价9折优惠。

▶【知识链接】福州地铁的乘车优惠政策

（1）伤残警察、现役军人、残疾军人、离退休军人、国家综合性消防救援队伍人员、残疾人凭本人有效证件免费乘车。

（2）65周岁及以上老年人，不分国籍、不分地域，持本人"福州市敬老卡"或本人有效身份证件免费乘车。

（3）一名成年人可免费携带一名身高不足1.3 m或身高超过1.3 m但未达到法定入学年龄的学龄前儿童（凭有效证件）乘车，超过一名时按超过人数购买车票。

（4）持榕城通普通卡刷卡乘坐地铁可享受单程票价9折优惠。

（5）福州市中小学生持本人"榕城通学生卡"刷卡乘坐地铁可享受单程票价5折优惠。

（6）法律法规规定应减免车费的按规定执行。

（7）其他票价优惠按市政府相关规定执行。

3. 地铁公交换乘优惠

为了更有效地推动城市公共交通优先发展策略的落地实施，越来越多的城市开始推行地铁公交换乘优惠政策。目前，实施地铁公交换乘优惠的有上海、深圳、重庆、杭州、青岛、南宁、合肥、宁波、南京、常州、福州等多个城市。不同的城市根据各自城市公共交通发展情况制定不同的换乘优惠政策。比如：上海规定了换乘优惠时段为 120 min。公交车和地铁之间，在 120 min 内乘客由公交换乘地铁或者由地铁换乘公交均可优惠 1 元，而上海公交线路为 4 位数的社区巴士定价为 1 元，因此，当地铁换乘社区巴士时，可以享受换乘免费。深圳地铁规定换乘优惠时段为 90 min，对于使用"深圳通"的乘客，在刷卡后 90 min 内，在不同的公交线路间、在公交线路与地铁间、在地铁与公交线路间换乘，在刷卡优惠的基础上，给予 0.4 元/人次的换乘优惠。

▶【知识链接】宁波：高价换低价免费，低价换高价补差价

宁波绝大多数公交线路为 2 元一票制，普通卡为六折价 1.2 元，有少部分线路为分段计价线路。

宁波地铁起步价为 2 元 4 km，晋级里程分别为 4、5、7、9……千米，每晋一级分别增加 1 元，持公交卡打 9.5 折。

换乘优惠时段为 90 min。

以乘客首次刷卡（以 IC 卡记录为准）时间起算，90 min（含）换乘优惠范围内的公交、轨道线路，享受 1 次换乘优惠。具体规则如下：

（1）轨道换乘公交，以轨道进站刷卡为计时起点，常规公交上车刷卡为计时结点，间隔 90 min（含）以内的，享受 1 次换乘优惠。

（2）公交换乘轨道，以常规公交上车刷卡为计时起点，轨道进站刷卡为计时结点，间隔 90 min（含）以内并刷卡出站的，享受 1 次换乘优惠。

对于从高票价换乘到低票价的，换乘免费；对于从低票价换乘到高票价的，换乘时按规定收取两者折扣票价间的差额。

（二）车票使用政策

车票使用政策包括票种、车票的购买及办理、车票的有效期、车票的使用规则、退票原则、票务事务处理原则等。

1. 票 种

票种是指城市轨道交通企业提供给乘客使用的车票类型，如单程票、储值票、计次票等。例如：福州地铁票务规则规定适用于该票务规则正常使用和异常处理的车票，包括：① 由福州地铁发行的车票，包含单程票、期限票、计次票等；② 由福州市民卡公司发行的榕城一卡通储值卡，包含榕城通普通卡、榕城通学生卡、福州市敬老卡等；③ 由全国各相关城市发行的符合交通运输部互联互通标准的交通联合卡；④ 由 e 福州及其他第三方平台发行或开通的福州地铁出行乘车二维码车票；⑤ 由 e 福州平台开通刷脸出行功能的福州地铁人脸车票；⑥ 其他与福州地铁签订协议准许在福州地铁使用的车票或特别车票。

2. 车票的购买与办理

普通单程票在车站自动售票机进行发售，普通储值票在车站客服中心或者城市轨道交通运营公司授权的代售点售卖。

3. 车票的有效期

车票的有效期是指乘客购买了一张车票后，在车票所含有的余值充足的条件下，可以用于乘坐地铁的有效期限。

普通单程票一般是购票当天有效，而储值票的有效期则可能是一段比较长的时间，优惠卡在规定的时间内有效。

4. 车票的使用规则（乘车限制）

车票的使用规则是指乘客持有效车票乘坐地铁时必须遵守的原则，车票实行"一人一票、一进一出"制（即乘客须使用同一张车票或使用同一客户端的二维码车票或使用同一人脸车票进、出闸机，一张车票不可多人同时使用，不可多个票卡混用）。乘客每次持票进闸到出闸间有时间限制，一般为 120～180 min，乘客持车票乘车时，应遵守进站检票—出站验票—再进站检票—再出站验票的"一进一出"顺序，还是可以任意进出，以及乘客在乘坐地铁时允许携带的物品范围、体积及质量等规定均属于车票的使用规则。储值类车票余额低于线网最低票价时将不能刷卡进站，须充值或使用其他车票。

无票或持无效车票乘车时，按出闸站线网最高单程票价补交票款；持伪造或者变造的优惠乘车证件及冒用他人优惠乘车证件乘车的，按出闸站线网最高单程票价补收票款，并按照应补票款的 5 倍加收票款。

5. 退票退款原则

乘客购买车票后，根据票务管理规则或者指定条件可以办理退票退款。正常情况下，只限在本站当日发售的单程票，无进、出站信息可办理退票。一般情况下由于地铁原因引发的退票，可以办理退票退款。比如：福州地铁规定因地铁运营故障、突发事件等原因未能完成运输服务的情况，受影响乘客可在当日起七日内至任意地铁车站办理退款（期限票和免费票种除外）或者免费更新业务。

6. 问题票处理原则

当乘客所持有的车票不能正常进出站时，称这张车票为问题车票。城市轨道交通企业对问题车票制定了相应的处理规定。例如，当乘客持一张单程票乘坐地铁的过程中出现了车票过期、车票余值不足、车票超时、车票折损等问题时，应该按什么规定来进行处理，处理时是否需要收取费用等。

▶【知识链接】青岛地铁车票交易不完整如何处理

（一）地铁 App 电子票（乘车码、同行码、日票）

打开青岛地铁 App【乘车码】界面，点击【自助补站】，根据提示补齐本次进或出站记录后，下次才可正常使用 App。如图 2-2-1 所示。

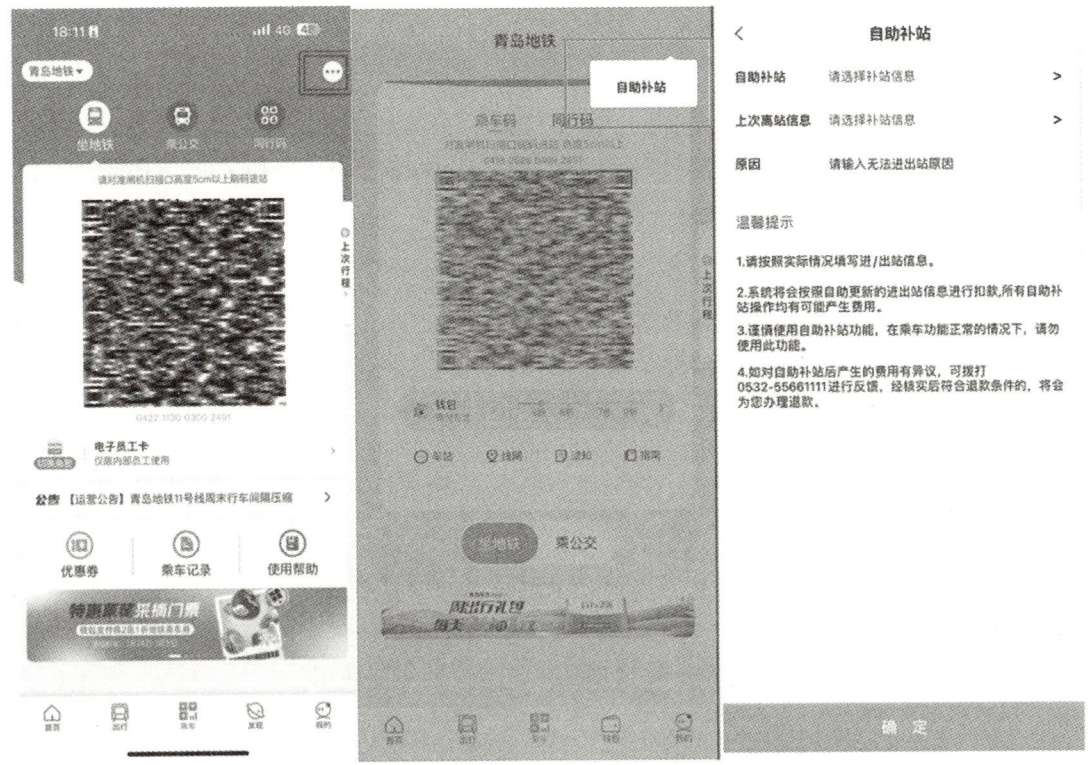

图 2-2-1　青岛地铁 App 电子票自助补站操作

(二) 单程票、琴岛通、实体日票

持以上票卡的,需到服务中心处理,服务中心工作人员根据上次刷卡情况进行相应处理。

(三) 异地互联互通卡(卡面有交通联合标志)

进站前若有非青岛市的进站记录,则不可在青岛地铁使用,可下载青岛地铁 App 或购票进站。

若卡在青岛地铁使用期间存在单边交易的情况,应及时到青岛地铁服务中心处理,以免影响后续使用。

图 2-2-2　青岛地铁异地互联互通卡

▶【任务解析】

1. 案例分析

（1）边门负责人员对免费乘车政策不熟悉，不会识别免费乘车证件。

（2）值班站长受理后未与乘客进行有效沟通，对免费乘车政策掌握不清，未能及时纠正错误，导致投诉。

2. 改进措施

（1）车站工作人员要熟悉相关的票务优惠政策。

（2）车站值班站长和乘客的沟通要及时，有效。

▶【实训练习】

一、单选题

1. 纸票的（   ）部分是地铁车站内部进行收益核算时使用。
   A. 主券　　　　B. 存根　　　　C. 副券　　　　D. 主券和副券
2.（   ）是最后留给乘客，供乘客收藏或作为报销凭证使用。
   A. 主券　　　　B. 存根　　　　C. 副券　　　　D. 主券和副券
3. 目前城市轨道交通运营企业普遍使用的实体票卡媒介是（   ）。
   A. 纸票　　　　B. 磁卡　　　　C. 非接触式智能卡　　　D. 接触式智能卡
4. 关于纪念单程票，以下说法正确的是（   ）。
   A. 出站回收　　　　　　　　　B. 只能在规定的有效期内使用
   C. 按里程计费　　　　　　　　D. 可延期使用
5.（   ）是按照每一公里作为基本计价单位，累计加价的计程票制。
   A. 单一票价　　B. 里程计程票制　　C. 区段计程票价　　D. 计时票制

二、多选题

1. 根据车票出入站状态，车票可以分为（   ）。
   A. 已售出　　　B. 已入站　　　C. 未入站　　　D. 已回收
2. 应急单程票一般有两种形式，包括（   ）。
   A. 预制单程票　B. 应急编码票　C. 纪念单程票　D. 优惠单程票
3. 以下车票使用说法正确的有（   ）。
   A. 普通单程票在车站 TVM、客服中心进行购买
   B. 纪念单程票可以在车站 TVM 上购买
   C. 车票实行"一人一票、一进一出"制
   D. 单程票只限在本站当日发售，无进、出站信息可办理退票
4. 关于一卡通的使用说法正确的有（   ）。
   A. 一卡通卡除可以在轨道交通路网内各车站进、出站使用外，还可以在一卡通公司规定的范围内使用

B. 一卡通卡在有效期内可以多次使用、反复充值

C. 一卡通卡每次乘车过程中可以供多人使用

D. 乘客持余额不足的一卡通卡不能正常进站时，购买单程票或充值后刷卡进站

5. 非接触式智能卡的缺点有（　　）。

A. 芯片容易受损　　　　　　　　　　　B. 无法写入信息

C. 需要非常高级别的私密保护和数据保护　D. 制作成本较高

三、名词解释

1. 单程票
2. 单一票制
3. 区段计程票制
4. 许可票

四、简答题

1. 简述二维码电子车票的含义及获取方式。
2. 简述城市轨道交通票价制定的原则。
3. 简述筹码型车票的优缺点。
4. 简述二维码电子车票的主要优势有哪些。

项目二实训练习答案

项目三 城市轨道交通票务设备基础

【项目描述】

自动售检票系统扮演着售票员、检票员、会计、统计员、审计员等角色。整个系统以票卡为基础，利用计算机管理系统完成购票、检票、计费、收费、统计的全部过程，可减少票务管理人员的投入，减少人为造成的差错，提升售检票管理效率，并为乘客带来便捷舒适的服务。本项目全面介绍了自动售检票系统的终端设备组成、基本功能、工作原理、日常操作简单故障处理方法以及巡视巡检作业，以便初学者对售检票系统进行深入认识，了解系统设计思路，掌握 AFC 系统主要设备和主要技术指标，熟练完成自动售票系统终端设备的日常运作、故障解决与应急处理，为以后从事相关工作打好坚实的理论基础和拥有熟练的业务技能。

【教学目标】

1. 知识目标

(1) 熟记电气设备用电安全和设备维修操作安全常识。
(2) 认知车站自动售检票系统设备的组成。
(3) 理解车站自动售检票系统的基本功能。
(4) 理解车站自动售检票系统的工作原理。
(5) 熟知车站自动售检票系统简单故障的处理方法。
(6) 熟知车站自动售检票设备大面积故障或服务能力不足的应急处理流程。

动画：AFC 系统结构

2. 能力目标

(1) 能够展示电气设备运营及维修安全防护操作。
(2) 分析自动售检票系统的功能原理。
(3) 熟练完成自动售检票系统设备的日常操作。
(4) 熟悉自动售检票系统设备常见故障处理方法。
(5) 能够正确处理自动售检票系统服务能力不足的应急情况。

3. 素质目标

(1) 培养学生实事求是的科学态度和严谨细致的工作作风。
(2) 培养学生安全生产、优质服务的工作意识。
(3) 培养学生认识问题、分析问题和解决问题的能力。

4. 思政目标

通过本项目的学习，学生在认知城市轨道交通自动售检票系统设备组成、日常操作、故障处理及应急处理的基础上，树立"与时俱进、乐学善学"的理念，让学生"善于发现问题、勤于思考问题、乐于解决问题"，引导学生形成积极的劳动态度和养成良好的劳动习惯，保持终身学习的意识，在工作岗位中为乘客提供更高质量、更安全便捷的服务。

任务 1　自动售票机功能与结构

▶【任务导入】

案例名称	自动售票机吞币事件
某地铁某车站自动售票机出现故障,导致乘客购票被吞币,工作人员为乘客开白条乘车。2022年2月12日中午12时许,一乘客进入某地A地铁站准备前往B地铁站。乘客通过自动售票机自助购票,投入10元纸币后,售票机只吐出6枚一元硬币,但未见出票。随即,该乘客到A车站站厅客服中心求助。工作人员在询问情况后交给他一张盖有"A站"红色印章的纸条,手写"到B站,请放行"等字样,解释可凭此纸条出站。乘客乘车到B站后,到B客服中心出示纸条,工作人员将其放行。该乘客后来将此事发布到网上后,引发网友热议。	
思考问题	案例中地铁工作人员的处理方式存在哪些问题?

▶【学习任务相关知识点】

　　自动售票机（Ticket Vending Machine，TVM）布置在车站站厅层非付费区的购票区域,如图 3-1-1 所示,乘客可以通过操作人机交互操作界面,选择用纸币、硬币以及移动支付工具自助完成不同票价的单程票购买以及储值票或一卡通充值。

图 3-1-1　地铁自动售票机

一、自动售票机功能

　　自动售票机 TVM 可以实现售票、充值作业的自动化,减少城市轨道交通运营企业的人力成本,自动售票机主要实现如下功能:

　　(1) 接受乘客的购票选择,发售有效单程车票。

　　(2) 向车站计算机上传车票处理交易、设备运行状态数据,接受车站计算机或线路中央计算机下传的命令、票价表、黑名单及其他参数等数据,并对版本控制参数执行自动生效处理。

　　(3) 具备自动接受硬币、纸币、银行卡以及电子支付等支付方式中的一种或数种,并具备硬币找零或硬币、纸币找零的功能。

　　(4) 在与线路中央计算机及车站计算机通信中断时,应能在离线运行模式下工作,并保存数据;在通信恢复后,应自动上传未传送的数据。

(5)有些自动售票机具有对"一卡通"和"地铁专用储值票"进行充值的功能。
(6)对设备的工作状态进行自动检测,并对设备接收的现金及维护操作进行管理。

二、自动售票机的结构

为了保证自动售票机在运营期间能够处于正常服务状态,要求车站站务人员要熟悉其结构并能熟练操作自动售票机。

(一)TVM外观结构

自动售票机机壳采用不锈钢材质,表面光滑。人机操作界面是基于人机工程学和友好操作界面进行设计的,可通过触摸屏、语音提示等手段进行人机交互,具有多种交互界面,界面提示人性化,符合大众购票习惯,操作和使用方便容易。TVM机外观如图3-1-2所示,TVM是乘客自助式购票的操作设备,它的外观结构包括设备状态显示屏、乘客操作显示屏、硬币投币口、纸币投币口、取票/找零口、充值卡插卡口等设置。自动售票机的外观还有显示乘客购票流程、兑零提示及设备异常提示等信息的功能。自动售票机外观部件及功能如表3-1-1所示。

图 3-1-2 自动售票机外观结构

表 3-1-1 自动售票机外观部件

部件	功能
状态显示屏	显示设备工作部件的状态,如暂停服务、正常服务等
乘客显示器	自动售票机人机界面操作的主要部件,主要显示线路、站点、票价等信息,供乘客购票时选择目的站、购票张数以及支付方式等
硬币投币口	购买单程票投入硬币口
纸币投币口	购票或充值的纸币投入口
储值卡口	储值卡或一卡通充值插卡口
取票找零口	领取车票及零钱的位置
打印纸口	打印凭条出口

（二）TVM 内部结构

自动售票机内部结构主要由纸币处理模块、硬币处理模块、票卡处理模块、主控单元、电源模块、打印机及维护单元等构成。自动售票机的内部结构如图 3-1-3 所示，TVM 机内部逻辑结构如图 3-1-4 所示。

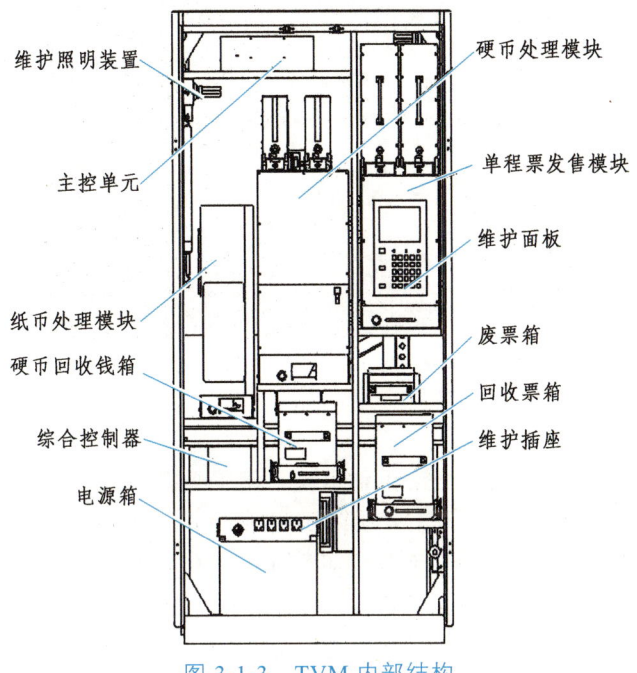

图 3-1-3　TVM 内部结构

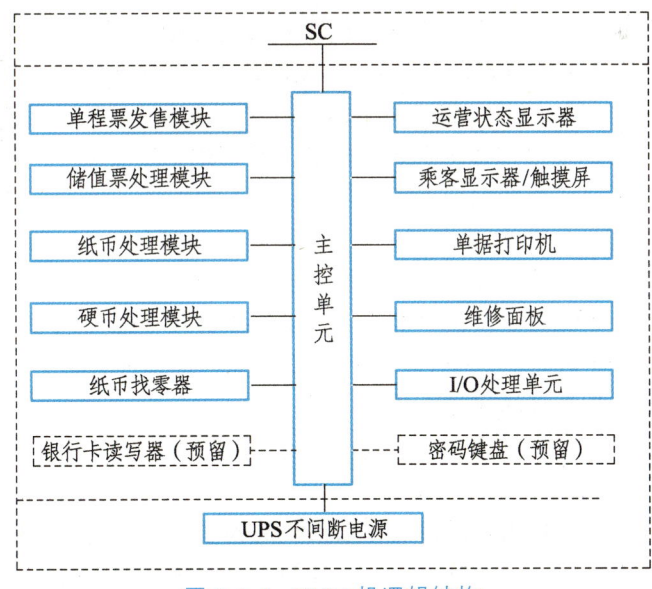

图 3-1-4　TVM 机逻辑结构

1. 主控单元

自动售票机的主控单元是一台工控机，采用 32 位工业级计算机，24 h 全天连续工作，具有良好的阻抗电磁噪声性能和数据存储功能。主控单元负责控制设备内部各单元协调工作，实现车票处理、现金处理、数据通信和状态监控等功能。

图 3-1-5　TVM 工控机

2. 纸币处理模块

纸币处理模块是自动售票机的纸币识别单元，用于乘客购票投入纸币的识别、接收、退币、回收等动作。如图 3-1-6 所示，纸币处理模块中的纸币识别设备一般至少可以识别六种纸币（同一面值但不同版本的纸币将被认为是两种纸币），识别币种可通过参数设置，一般带有缓存功能。纸币识别设备通常包括投币口、传输装置、纸币识别器、暂存器和纸币钱箱等部件。纸币通过投币口后，纸币传输装置会将纸币输送到纸币识别模块，识别模块对纸币进行面额和防伪标记的识别，合法的纸币将被送入纸币暂存器，不合法（无法识别）的纸币通过退币口退回给乘客。如果乘客取消交易，纸币暂存器内的纸币可以从退币口（也可能是投币口）返还给乘客。乘客确认交易后，纸币暂存器内的纸币将被转入纸币钱箱内。

纸币钱箱采用全密封的结构，通过两把安全锁来保证现金安全。当纸币钱箱从安装座上拆下时（即固定用安全锁打开时），钱

图 3-1-6　纸币处理模块

箱入口将自动关闭，从而保证更换钱箱的工作人员无法直接接触到纸币。只有使用另一把钥匙才能将钱箱打开，清点收到的现金。

纸币处理模块的工作原理描述如下：

（1）纸币处理器收到接收纸币指令，投币口处绿色指示灯亮，提示机芯工作正常，可以插入纸币。

（2）乘客将纸币平整地插入投币口处，纸币机芯模块对插入物进行初步判断，如认定为纸币，则打开投币口电动机，吸入纸币，并自动纠正没有垂直插入的纸币。

（3）吸入的纸币进入传输通道，在纸币识别区经传感器识别其合法性及面额特征，并采用先进的纸币识别方法对其真伪进行判断，如果纸币是真币且符合接收要求，将会被存放在纸币暂存区；如果为假币或非法纸币，将直接由退币口退还给乘客。

（4）如果本次购票交易成功，则将暂存区的纸币传送至缓冲区（压钞区），压入钱箱存储；如果交易失败或取消交易，则将暂存区的纸币由退币口退还给乘客。钱箱设有位置检测传感器，可以对钱箱已满或将满的状态进行判断。如果钱箱已满，纸币处理模块关闭进币口，停止接收纸币。

3. 纸币找零模块

纸币找零模块是先将固定面额的纸币存放入纸币找零钱箱内，可以为乘客提供纸币找零服务。当自动售票机同时存在纸币找零、硬币找零设备时，一般采用先用纸币、后用硬币的找零原则，即需要找零的金额小于找零用纸币的面额时，才会使用硬币找零。

纸币找零模块一般配有两个纸币找零钱箱，通过箱内传感器和配套的软件，实现"将空"以及"空"的信号检测，并上传主控单元。

4. 硬币处理模块

硬币处理模块是自动售票机的硬币处理单元，用于接收乘客购票投入的硬币，并完成硬币的识别、接收、找零、退币回收等动作。通过硬币找零设备与硬币识别设备一体化设计方法，可以提高处理速度和优化硬币模块的结构。硬币识别设备用于识别硬币的真伪，硬币找零设备负责为乘客提供硬币的找零功能。

（1）硬币识别设备包括硬币鉴币器、硬币传送机构、硬币钱箱。硬币鉴币器一般识别5角和1元面值的硬币，硬币传送机构用于硬币的退出和回收，硬币钱箱用于储存硬币。

（2）硬币找零设备比较复杂，一般包括循环找零钱箱、补充找零钱箱、硬币回收钱箱、硬币暂存器、换向器、凸轮、通道及支架等组成。当乘客投入的纸币金额大于实际购买车票的金额需要找零时，硬币模块控制循环找零机构或补充找零机构从找零钱箱中导出零钱至找零口。

① 暂存器设置在硬币识别器的下面，负责暂存通过了识别的硬币，如果乘客取消操作，硬币暂存器会把投入的硬币通过找零口返还给乘客。如果乘客确认最终交易，暂存器将硬币倒入循环找零器以实现循环找零功能。

② 循环找零钱箱是可以存储乘客投入的硬币，并实现找零功能的机构。当循环找零钱箱满时，硬币会倒入硬币回收钱箱储存。

③ 补充找零钱箱是使用人工添加的硬币（地铁专用备用金）来找零的机构，通常在未设置循环找零钱箱或循环找零钱箱内的找零硬币不足时使用。补充找零钱箱用于储存硬币并进行找零，为保证有足够的硬币（人工添加的硬币），确保找零功能正常，应定期向补充找零钱箱内补充一定数量的硬币，如图3-1-7所示。

④ 硬币回收钱箱用于收集溢出或盘出的硬币。运营过程中循环找零钱箱溢出的硬币会回收至硬币回收钱箱，运营结束后，运营人员通过自动售票机的清币功能将循环找零钱箱和补充找零钱箱中保存的硬币清空，被清出的硬币回收到硬币回收钱箱中，以便于车站管理人员进行清点。

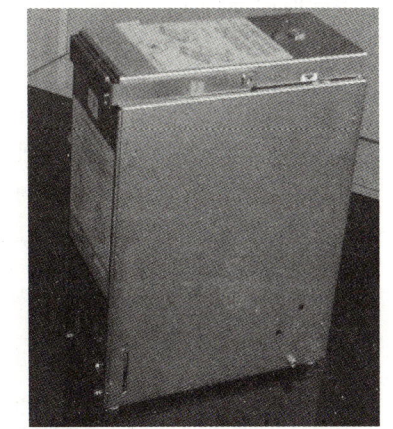

图 3-1-7 硬币补充找零钱箱

5. 单程票处理模块

自动售票机会根据乘客选择的目的站点和购买张数,自动发售相应票价和数量的单程票,这个模块称为单程票处理模块。以方卡型单程票为例,单程票处理模块包括车票读写器、单程票处理机构、车票传输机构及电器控制单元等部件。如图 3-1-8 所示。

单程票读写器用于对售出的单程票进行有效性检验和读/写操作。

单程票处理机构的票卡发售模块一般配置 A/B 两个票箱、一个废票箱,票箱用来存放单程票。为保证有足够的车票满足乘客购票需求,应定期向票箱内补充一定数量的单程票。

筹码型自动售票机的单程票处理模块也是 2 个储票箱和 1 个废票箱的配置。但其供票机构与方卡型自动售票机是不一样的。筹码型单程票处理模块如图 3-1-9 所示。

图 3-1-8　方卡型单程票处理模块

图 3-1-9　筹码型单程票处理模块

6. 储值卡处理单元

具有储值卡充值功能的自动售票机需要设置储值卡处理单元。储值卡处理单元包括储值卡处理机构和储值卡读写器两个部件。储值卡处理机构用于储值卡的锁定和解锁;储值卡读写器用于对插入的储值卡进行读/写。储值卡经过有效性检查被验证为有效后,乘客显示器显示卡余额,卡充值是通过写操作实现的。在乘客取消或完成充值交易前,所插入的储值卡是不能被取出或插入的。

7. 维护面板

维护面板是供车站人员、维修人员进行加币、加票、回收清点和维护等日常工作时使用的。工作人员根据需要,输入账户密码后进入维护面板的维护系统,进行相关维护。

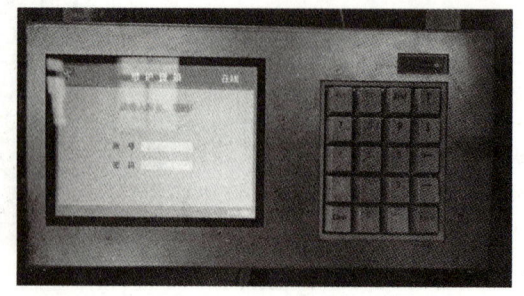

图 3-1-10　维护面板

8. 电源模块

电源模块接受外部输入的交流电源,并进行转换处理,为自动售票机中所有电子和电气部件提供稳定可靠的电源。

9. 不间断电源(UPS)

UPS 即不间断电源,为设备提供后备电源,能确保设备断电后依然能继续保持正常工作一段时间。

▶【任务解析】

第一:存在设备问题,由于自动售票机出现故障而引发。例如:向自动售票机投入钱币完成了购买车票的操作并进行了硬币的找零,但却没有吐出购买的车票,这是设备找零模块运转正常,但车票处理模块却发生了故障的情况。

第二:存在管理问题,如自动售票机发生故障,地铁公司没有及时上报抢修。如发现紧急情况,地铁工作人员不应用手写盖章的白条代替(因白条盖章容易伪造),应该用纸票出售或等额纸票替代,同时报调度中心备案,并且密切关注站存纸票的数量与售卖速度。

任务 2　自动售票机日常操作与维护

▶【任务导入】

任务名称	更换 TVM 机钱箱
案例概况：	
某日，某车站白班客运值班员与站务员回收钱箱时，客运值班员负责抄写机读数，站务员将从 TVM01 回收的钱箱（内有票款）装进 TVM02，因钱箱已使用过了，自动售票机不予接受，站务员用钱箱钥匙将纸币钱箱盖板打开，未确认箱中是否有钱的情况下便将钱箱直接装进 TVM02。客运值班员抄完全部机读数发现多了一个未使用过的钱箱，便从 TVM01 开始排查是哪台 TVM 装错了钱箱。在更换 TVM02 时发现机读数 25 元，现场开箱发现钱箱中纸币数量较多，通过核对钱箱号码，发现该钱箱为 TVM01 刚才收回的，于是客运值班员将 25 元当作是 TVM01 的票款，错误地将 25 元加到纸币更换记录表 TVM01 一栏，在现场就更改了 TVM01 报表机读数，将机读数 935 改为 960，导致次日票款差异中 TVM01 与 TVM02 票款互为异常。	
思考问题	请问此事中值班员的工作存在哪些不足之处？

▶【学习任务相关知识点】

自动售票机的功能主要包括乘客自助完成单程票购买和一卡通充值。早期的自动售票机通过接收硬币和纸币完成购票与充值，后来有些地铁的自动售票机开始陆续接受银行卡支付。随着电子支付方式的出现，现在越来越多的地铁自动售票机已经支持微信、支付宝等电子购票方式。互联网票务系统实现了自动售检票系统多元化支付方式并存，缓解了排队购票、零钱难兑、票款清点等问题，也减少了人力、设备等方面运营成本。

一、自动售票机乘客服务

（一）自动售票机购票操作

自动售票机是自助型系统设备，乘客通过在乘客操作屏幕上进行自助操作购买单程票。具体操作流程大致如下。

1. 选择出行线路

通过乘客操作触摸屏，点击选择乘客出行的线路。如图 3-2-1 和 3-2-2 所示。

2. 选择目的站点

根据乘客显示屏幕的显示内容，点击触摸屏选择目的站点。

3. 选择购买张数

通过乘客触摸屏，点击选择购买的单程票张数。

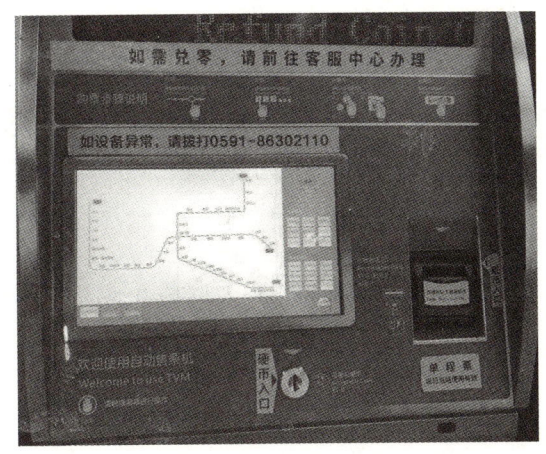

图 3-2-1　TVM 机的操作界面　　　　　图 3-2-2　TVM 机购票界面

4. 选择支付方式

乘客显示屏会显示支付方式——现金支付和扫码支付。乘客可以根据自己的实际情况选择支付方式，如图 3-2-3 所示。

（1）现金支付。

点击"现金支付"按钮，进入现金支付界面，通过硬币入口逐枚投入 1 元硬币，或从纸币入口处逐张插入八成新的纸币，自动售票机可以通过设置参数接收不同面额的纸币。

（2）扫码支付。

图 3-2-3　支付方式选择按钮

点击"扫码支付"按钮，进入电子支付方式选择界面，例如福州地铁支持三种扫码付费方式：云闪付、支付宝和微信，选择其中一种后，购票机屏幕上显示支付二维码，乘客打开手机端对应支付平台的 App 扫描二维码，便可进入支付界面进行支付。

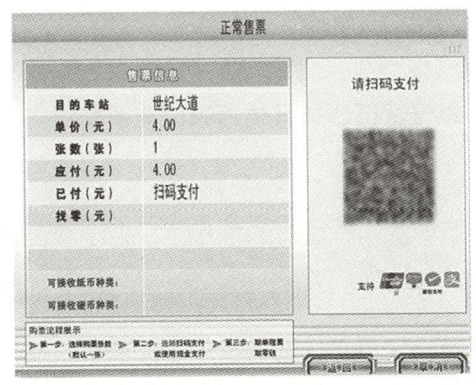

图 3-2-4　TVM 机的操作界面　　　　　图 3-2-5　福州地铁扫码支付方式选项

5. 确认付款

乘客投入硬币或纸币，屏幕上会显示投入金额等信息，乘客点击确认键进行确认。乘客没有支付全部金额之前都可以取消购票交易，具体方法为点击交易取消按钮或者一定时间内没有任何操作时,便会返还乘客投入的金额,并返回初始界面。

6. 取票和找零

如果乘客选择现金支付的方式存在找零情况的,从车票及找零出口内推出购买车票及找零的钱。

(二)自动售票机充值操作

目前,部分自动售票机也可以实现为储值卡(一卡通)充值,通常可以接收第五版 10 元、20 元、50 元和 100 元人民币币种充值。具体操作流程大致如下。

1. 选择充值服务

点击操作屏幕上的"充值"按钮,进入充值服务。

2. 插入储值卡(一卡通)

先将储值卡(一卡通)卡插入储值卡插槽,并将卡片推到底,确认(储值卡)一卡通卡内的当前余额。

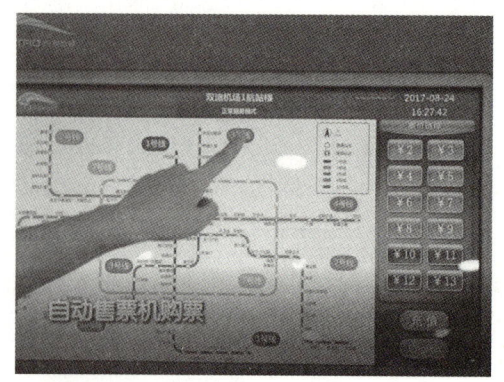
图 3-2-6　自动售票机充值界面

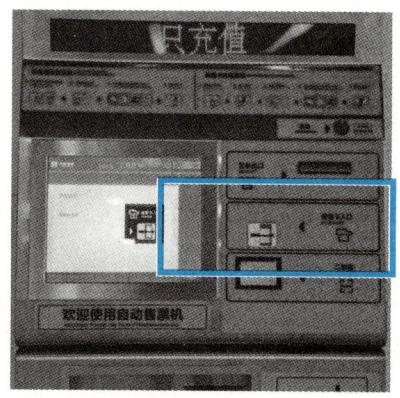
图 3-2-7　自动售票机储值卡插卡口

3. 选择充值面额

操作屏幕上出现充值面额选择界面,乘客可以根据意愿选择具体面额的充值按钮。

4. 选择支付方式

乘客显示屏会显示支付方式——现金支付和扫码支付。乘客可以根据自己的实际需求选择支付方式。

(1)现金支付。

点击"现金支付"按钮,进入现金支付界面,通过硬币入口逐枚投入 1 元硬币,或从纸币入口逐张插入八成新的纸币,自动售票机可以通过设置参数接收不同面额的纸币。

(2)扫码支付。

点击"扫码支付"按钮,进入电子支付方式选择界面,例如福州地铁有三种扫码方式:云闪付、支付宝和微信,选择其中任意一种后,购票机屏幕上便会显示支付二维码,打开对应支付平台的 App 扫描二维码,便会进入支付界面。

5. 对卡片进行充值

在确认本次充值金额后，点击"确认"按钮，对储值卡（一卡通）卡进行充值。若放弃充值，直接点击"取消"按钮，已投入的金额将被退回。

乘客从开始充值后到支付充值金额之前都可以取消交易，扫描支付方式只要没有完成最后金额的支付便可以取消充值。点击"取消"按钮或者在一定时间内不进行任何操作则返还投入的储值卡（一卡通）并返回初始界面。

6. 取回储值卡（一卡通）

在充值后，选择是否留取凭条，并取回储值卡（一卡通）。

二、自动售票机维护操作

为了保障轨道交通车站日常运营的顺利开展，车站运营工作人员要在自动售票机进行日常的维护操作。

（一）票箱更换操作

1. 单程票票箱更换操作

自动售票机车票模块一般设有 A、B 两个单程票票箱，如图 3-2-8 所示，以保证存有足够的单程票满足乘客的购票需求。在运营时间补充单程票时，须设置"暂停服务"牌。补充完毕后，须确认自动售票机已恢复正常服务状态，然后撤除"暂停服务"牌。

（1）更换单程票票箱的时间

① 每日运营开始前。

② 车站计算机（SC）提示 TVM 票箱将空时。

③ 运营期间 TVM 运营状态显示器出现"车票不足"时。

（2）更换单程票操作

① 在车站票务室，由客运值班员将规定数量的单程票通过点票机进行清点，然后装入票箱。

图 3-2-8　单程票票箱

② 由客运值班员和一名车站站务工作人员一起将装满规定数量单程票的票箱运送至自助购票区，打开 TVM 机维修门。

③ 按压车票发卡模块的蓝色解锁按钮，同时拉着把手，拉出发卡模块。如图 3-2-9 所示。

④ 取出票箱：拉动票箱下面的卡扣，取出对应票箱，放入指定位置。

⑤ 安装票箱：拉动票箱下面的卡扣，将票箱放在对应卡槽内，松开票箱卡扣，使其自动复位。

⑥ 推回发卡模块：按压蓝色解锁按钮，同时推着把手，推回发卡模块。

⑦ 通过维护面板，输入操作员的工号和密码后登录，如图 3-2-10 所示。

a. 进入"主菜单"，选择"1 运营服务"；

b. 进入"运营服务"界面，选择"2 补充单程票 A"；

c. 进入"补充单程票"界面，输入补票数，按 F1 键加票，完成补充单程票 A。

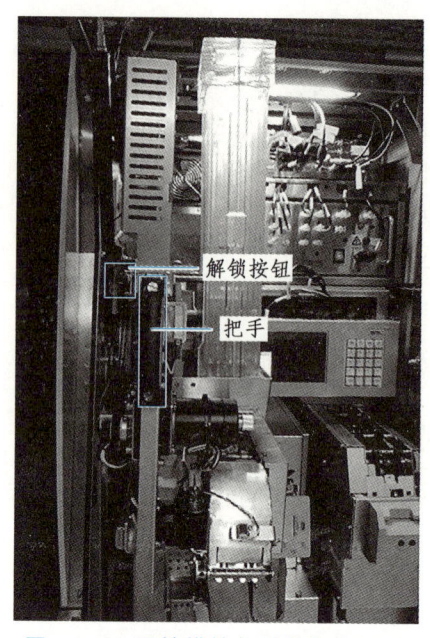

图 3-2-9　票箱模块解锁按钮与把手

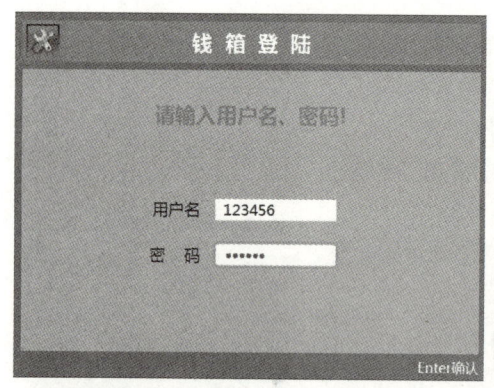
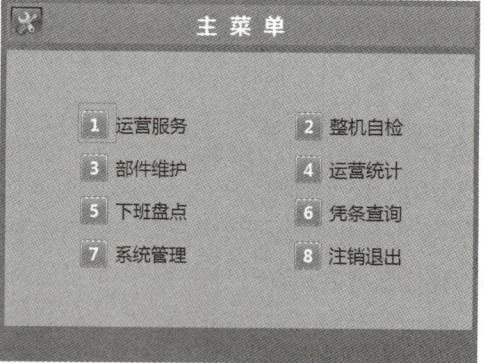
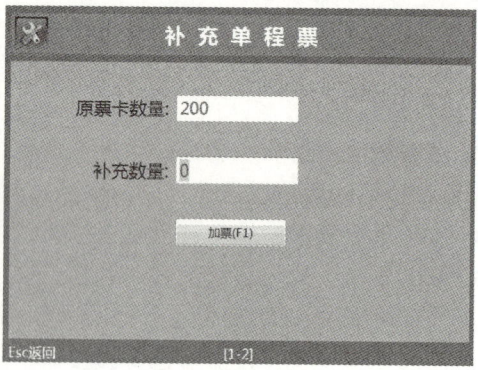

图 3-2-10　TVM 机补充单程票流程

d. 按 Esc 键返回到"运营服务"界面，选择"4 补充单程票 B"；

e. 进入"补充单程票"界面，输入补票数，按 F1 键加票，完成补充单程票 B。

⑧ 选择"8 注销退出"退出维护系统。

2. 更换废票箱操作

（1）按压蓝色解锁按钮，同时拉着把手，拉出发卡模块。
（2）拉着废票箱，直接将其拉出。
（3）将废票箱中的废票倒入指定位置。
（4）安装废票箱：沿着卡槽直接将废票箱装入。
（5）清零废票箱，如图 3-2-11 所示。
① 在"主菜单"中，选择"1 运营服务"；
② 在"运营服务"界面，选择"7 清理废票箱"；
③ 按 F1 键，清零废票箱。
（6）选择"8 注销退出"退出维护系统。

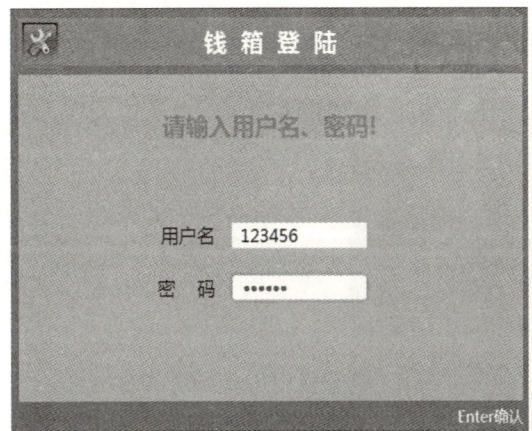
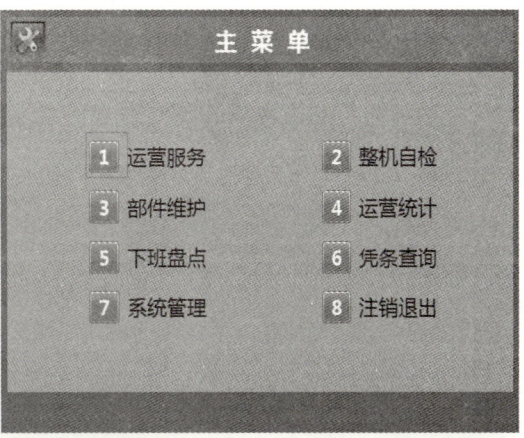
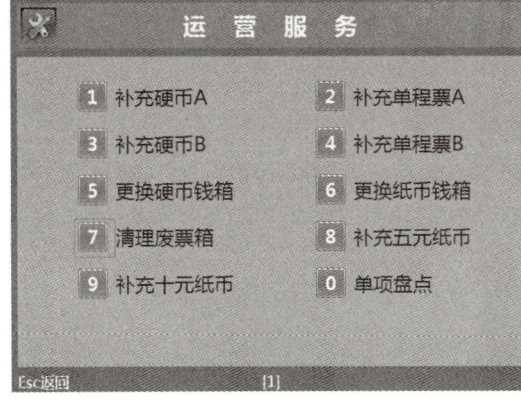
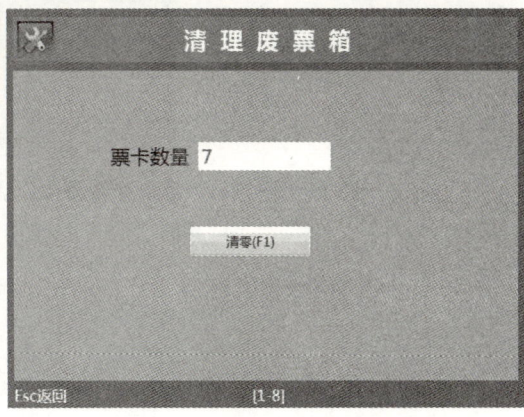

图 3-2-11　TVM 机纸币钱箱清空流程

（二）更换硬币找零钱箱

一般自动售票机设有两个硬币找零钱箱，保证存有足够的硬币来满足乘客购票过程中的找零需求。当在运营时间补充硬币时，须设置"暂停服务"牌。补充完毕后，须确认自动售票机已恢复正常服务状态，然后撤除"暂停服务"牌，并将回收的硬币找零钱箱送回车站票务室。

1. 更换硬币找零钱箱的时间

(1) 现金盘点日次日运营前。
(2) 车站计算机（SC）提示 TVM 机硬币找零钱箱将空时。
(3) TVM 机状态显示屏出现"只收硬币"或"只收纸币"。
(4) 各车站根据车站具体情况制定的更换硬币钱箱的固定时间。
(5) 本站最后一列载客列车开出后的规定时间。

2. 更换硬币找零钱箱流程

(1) 客运值班员在车站票务室将规定数量的硬币通过点币机清点，然后装入空的硬币找零钱箱。

(2) 由客运值班员和一名车站站务工作人员一起将装满规定数量硬币的硬币找零钱箱运送至自助购票区，打开 TVM 机维修门。

(3) 更换硬币钱箱。

① 按压蓝色解锁按钮，同时拉着把手，拉出硬币模块。如图 3-2-12 所示。

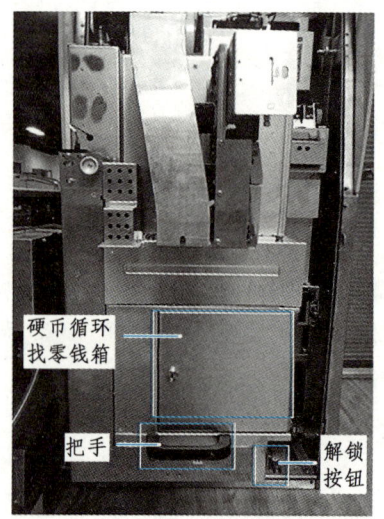

图 3-2-12　TVM 机硬币找零钱箱模块

② 使用硬币找零钱箱侧门钥匙，打开硬币找零钱箱侧门。
③ 拉出硬币找零钱箱 A，放到指定位置。
④ 将装有硬币的硬币找零钱箱，对准卡槽推入。
⑤ 将硬币找零钱箱侧门关闭锁紧，并拔出钥匙。
⑥ 按压蓝色解锁按钮，同时推着把手，推回硬币模块。

(4) 通过维护面板，输入操作员的工号和密码后登录，如图 3-2-13 所示。

① 进入"主菜单"，选择"1 运营服务"；
② 进入"运营服务"界面，选择"1 补充硬币 A"；
③ 进入"补充硬币 A"界面，输入补币数，按 F1 键加币，完成补充硬币 A；
④ 按 Esc 键返回到"运营服务"界面，选择"3 补充硬币 B"；
⑤ 进入"补充硬币 B"界面，输入补币数，按 F1 键加币，完成补充硬币 B；

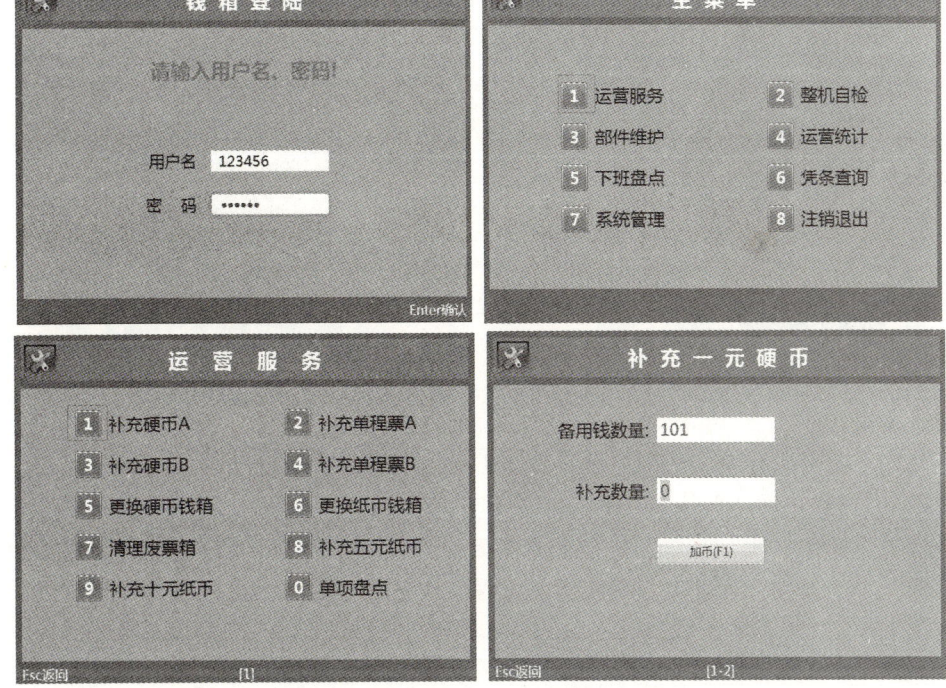

图 3-2-13　TVM 机硬币钱箱数据更新

（5）选择"8 注销退出"退出维护系统。

（三）更换硬币回收钱箱

自动售票机的硬币回收钱箱已满时，自动售票机会停止接收硬币，进入限制服务模式，车站工作人员要及时更换硬币回收钱箱。在运营时间更换硬币回收钱箱时，须设置"暂停服务"牌。补充完毕后，须确认自动售票机已恢复正常服务状态，然后撤除"暂停服务"牌，并将回收的硬币回收钱箱送回车站票务室。

1. 更换硬币回收钱箱的时间

（1）车站计算机（SC）提示 TVM 机硬币回收钱箱将满时。
（2）现金盘点日当日运营结束后。
（3）TVM 机状态显示屏出现"只收纸币"。

2. 更换硬币回收钱箱流程

（1）客运值班员将空的硬币回收钱箱运送至自助购票区，打开 TVM 机维修门。
（2）取出硬币回收钱箱。
使用硬币入口封门钥匙解锁硬币入口封门锁（关闭封口、解锁钱箱），拉出硬币回收钱箱，放到指定位置，拔出钥匙，如图 3-2-14 所示。
（3）安装硬币回收钱箱。
装入空的硬币回收钱箱，再使用硬币入口封门钥匙将硬币入口封门锁锁到位（打开封口、固定钱箱），并拔出钥匙，如图 3-2-15 所示。

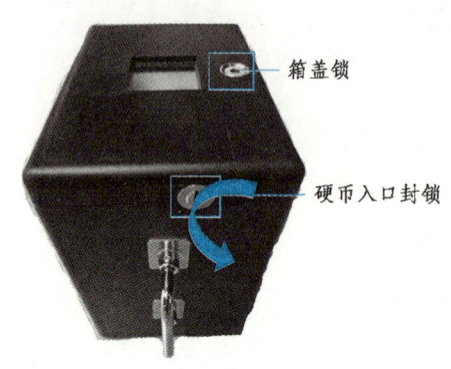
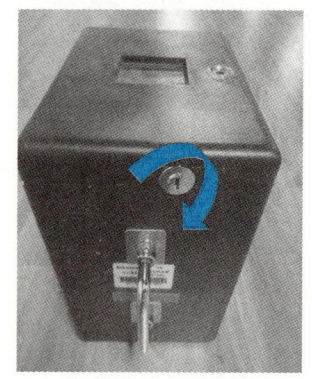

图 3-2-14　硬币回收钱箱硬币入口关闭封口　　　图 3-2-15　硬币回收钱箱硬币入口打卡封口锁

（4）清零硬币回收钱箱，如图 3-2-16 所示。

通过维护面板，输入操作员（客运值班员）的工号和密码登录。

① 在"主菜单"中，选择"1 运营服务"；
② 在"运营服务"界面，选择"5 更换硬币回收钱箱"；
③ 按 F1 键，开始更换；
④ 选择 2，更换结束。

（5）选择"8 注销退出"退出维护系统。

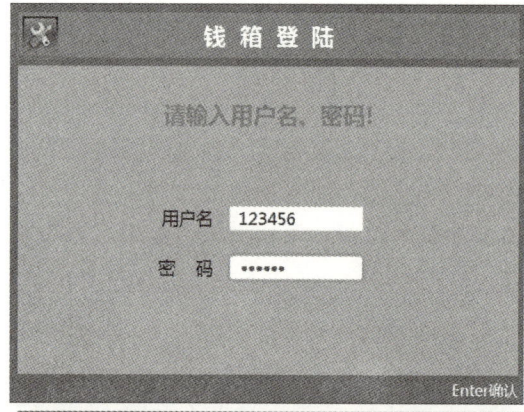
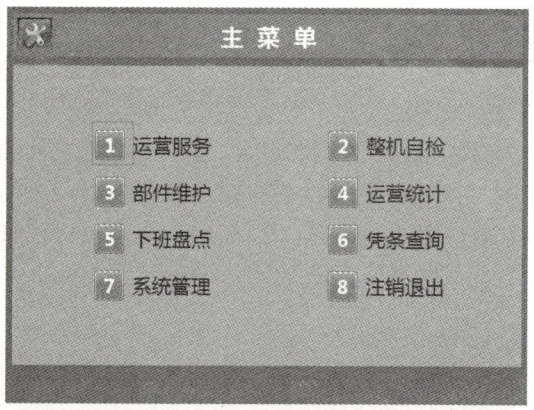
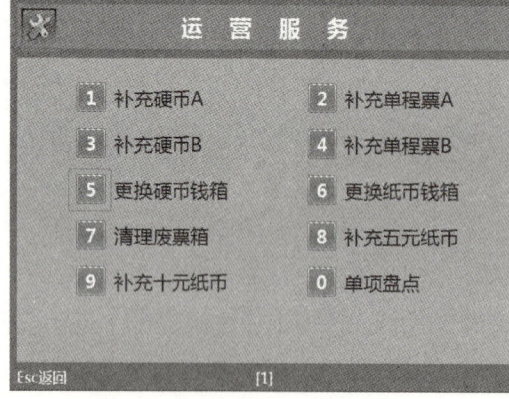
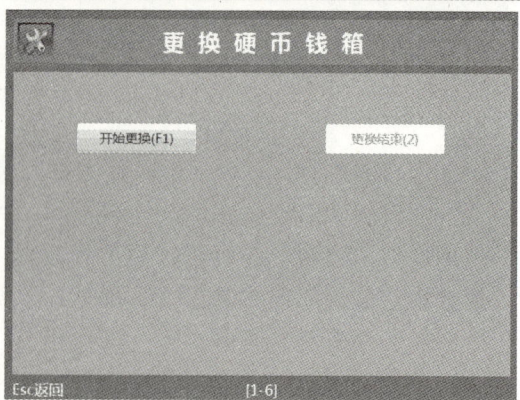

图 3-2-16　TVM 机硬币回收钱箱清零流程

(四)更换纸币找零钱箱

一般自动售票机设有两个纸币找零钱箱,保证存有足够不同面额的纸币,可以满足乘客购票过程中大面额支付时的找零需求。当在运营时间补充纸币时,须设置"暂停服务"牌。补充完毕后,须确认自动售票机已恢复正常服务状态,然后撤除"暂停服务"牌,并将回收的纸币找零钱箱送回车站票务室。

1. 更换纸币找零钱箱的时间

(1)现金盘点日次日运营前。
(2)车站计算机(SC)提示 TVM 机纸币找零钱箱将空时。
(3)各车站根据车站具体情况制定的更换硬币钱箱的固定时间。
(4)本站最后一列载客列车开出后的规定时间。

2. 更换纸币找零钱箱流程

(1)客运值班员在车站票务室将规定数量的 5 元和 10 元纸币通过点钞机进行清点,然后装入空的 5 元和 10 元纸币找零钱箱。

(2)由客运值班员和一名车站站务工作人员一起将装满纸币的找零钱箱运送至自助购票区,打开 TVM 机维修门。

(3)更换纸币找零钱箱

① 按压蓝色解锁按钮,同时拉着把手,拉出纸币模块。如图 3-2-17 所示。

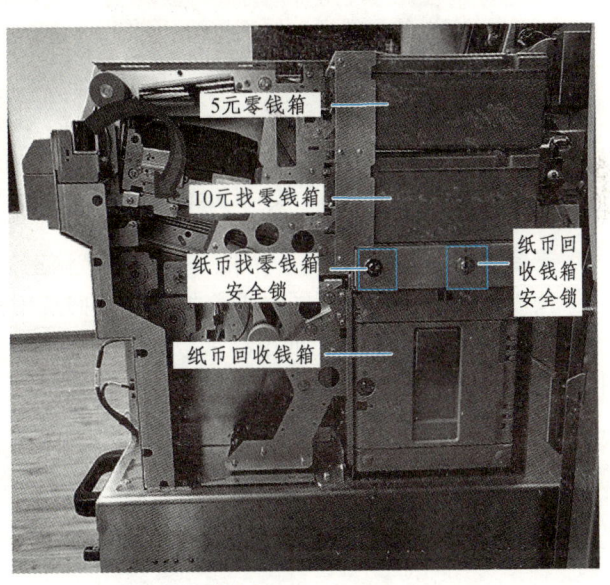

图 3-2-17 纸币模块解锁按钮

② 使用纸币钱箱安全钥匙打开纸币找零钱箱安全锁,取出 5 元找零钱箱,放到指定位置。如图 3-2-18 所示。

③ 使用纸币钱箱安全钥匙打开纸币找零钱箱安全锁,取出 10 元找零钱箱,放到指定位置。如图 3-2-19 所示。

④ 先装入 5 元找零钱箱一个角,再将钱箱移正,推到位。如图 3-2-20 所示。

图 3-2-18　5 元纸币钱箱

图 3-2-19　10 元纸币钱箱

图 3-2-20　纸币钱箱抽出与推回

⑤ 先装入 10 元找零钱箱一个角，再将钱箱移正，推到位。

⑥ 按压蓝色解锁按钮，同时推着把手，推回纸币模块。

（4）输入 5 元纸币、10 元纸币补币数，通过维护面板，输入操作员的工号和密码后登录。如图 3-2-21 所示。

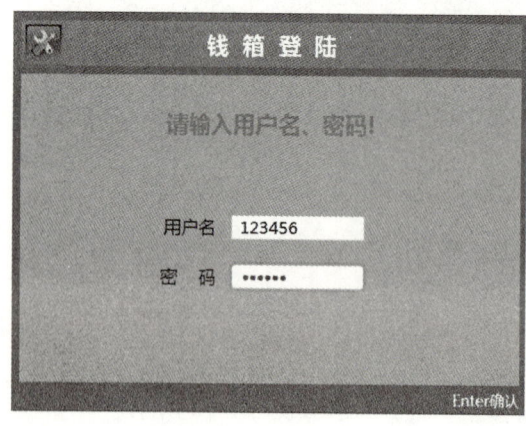
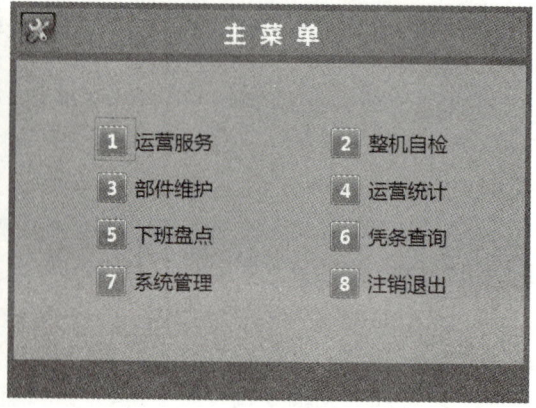

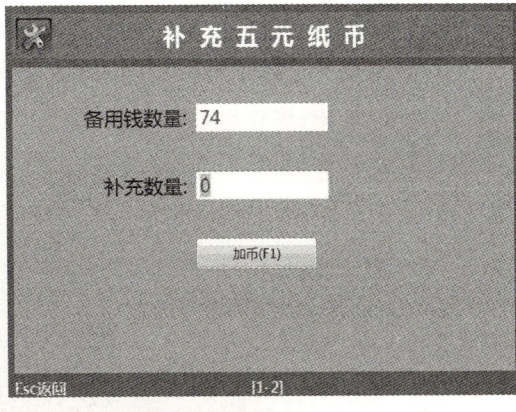
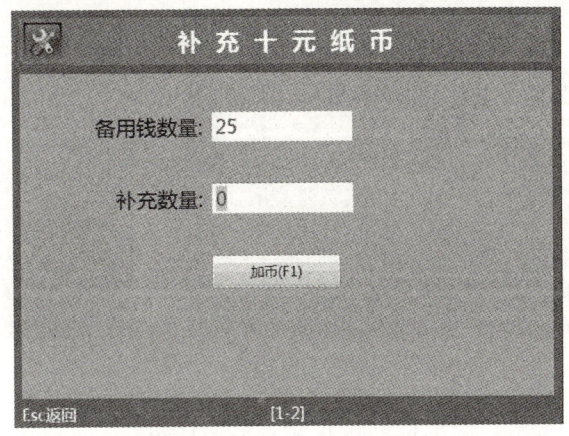

图 3-2-21　TVM 机补充纸币流程

① 在"主菜单"中,选择"1 运营服务";
② 在"运营服务"界面,选择"8 补充五元纸币";
③ 输入补币数,按 F1 键加币。
④ 按 Esc 键返回到"运营服务"界面,选择"9 补充十元纸币";
⑤ 输入补币数,按 F1 键加币。
(5) 选择"8 注销退出"退出维护系统。

(五) 更换纸币回收钱箱

自动售票机纸币钱箱已满时,自动售票机会停止接收纸币,进入限制服务模式,车站工作人员要及时更换纸币钱箱。在运营时间更换纸币钱箱时,须设置"暂停服务"牌。更换完毕后,须确认自动售票机已恢复正常服务状态,然后撤除"暂停服务"牌,并将回收的纸币钱箱送回车站票务室。

1. 更换纸币钱箱的时间

(1) 车站计算机 (SC) 提示 TVM 机纸币钱箱将满时。
(2) 现金盘点日当日运营结束后。
(3) TVM 机状态显示屏出现"只收硬币"。

2. 更换纸币钱箱流程

（1）客运值班员将空的纸币钱箱运送至自助购票区，打开 TVM 机维修门。

（2）按压蓝色解锁按钮，同时拉着把手，拉出纸币模块。

（3）使用纸币钱箱安全钥匙打开纸币钱箱安全锁，取出纸币回收钱箱，放到指定位置。

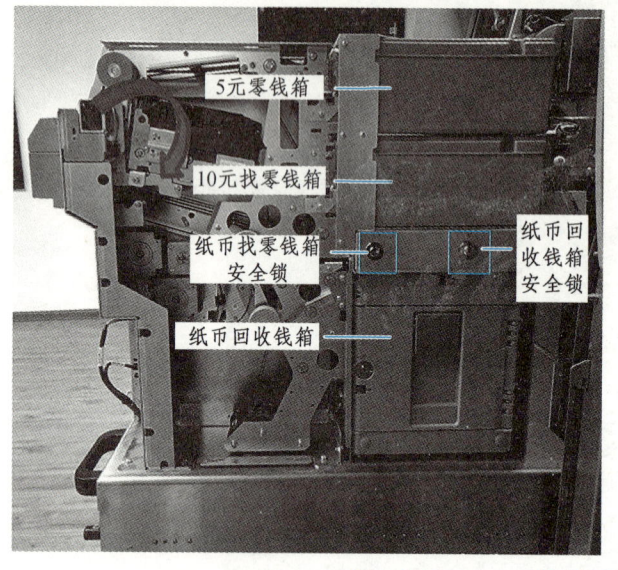

图 3-2-22　TVM 机纸币钱箱

（4）垂直装入纸币钱箱，向里推到位，安装纸币钱箱。

（5）按压蓝色解锁按钮，同时推着把手，推回纸币模块。

（6）清零纸币钱箱，通过维护面板，输入操作员的工号和密码后登录。

① 在"主菜单"选择"1 运营服务"；

② 在"运营服务"界面，选择"6 更换纸币回收钱箱"；

③ 按 F1 键，开始更换。

④ 选择 2，更换结束。

（7）选择"8 注销退出"退出维护系统。

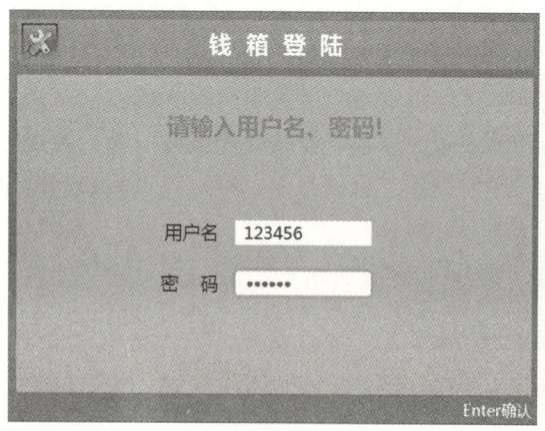
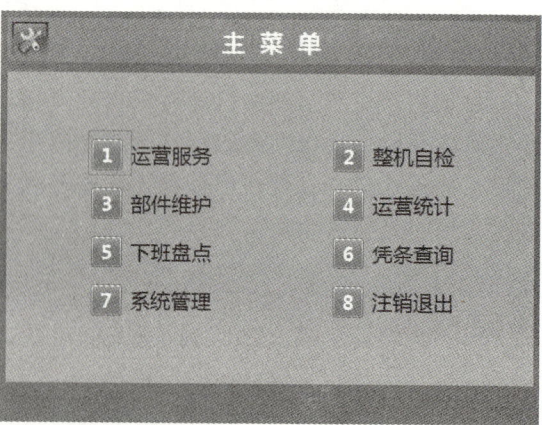

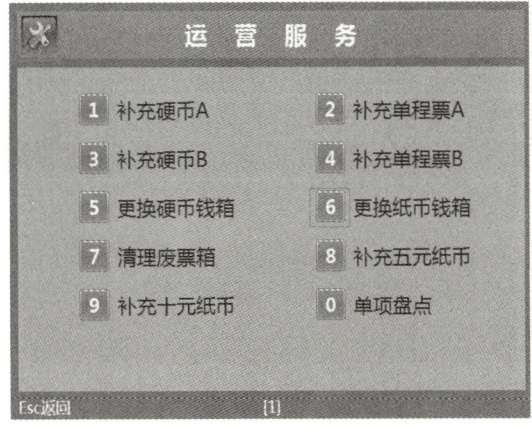 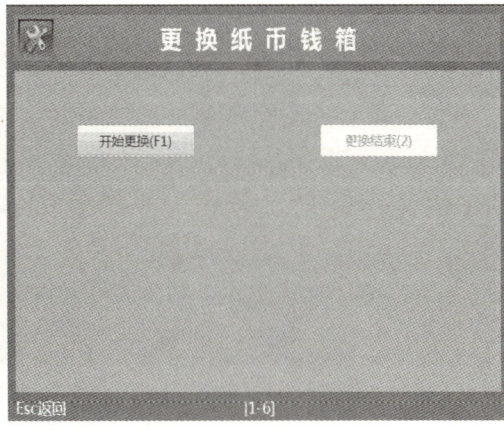

图 3-2-23　TVM 机纸币钱箱清空流程

三、TVM 开机关机流程

（一）开机流程

打开 TVM 机维修门，首先进行开机检查作业：检查内部设备是否安装到位、连接是否正常。

接着开启漏电保护开关，再开启 UPS 后备电源开关（见图 3-2-24），然后打开电源开关，接通电源，最后打开主控机上的开关（见图 3-2-25），操作完后 TVM 进入开机启动程序。

TVM 机在启动过程中会对每个模块进行自检，如发现某个模块有故障，会在自检结束后在维护面板显示屏上显示出来，此时便可对故障模块进行维护或下一步操作。

 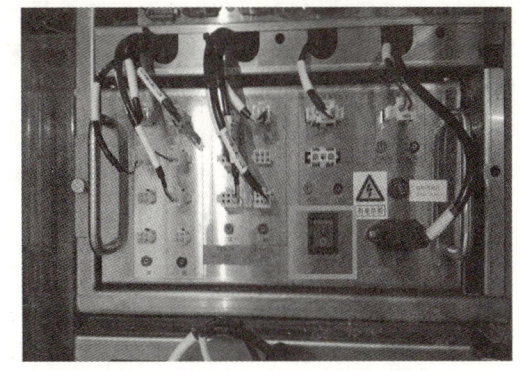

图 3-2-24　UPS 后备电源开关　　　　　图 3-2-25　工控机开关

（二）关机流程

TVM 关机通常有两种操作方式：

（1）在维护面板上选择程序关机，如图 3-2-26 所示，选择"7　系统管理"，再选择"1　关机"可以进行程序关机，待维护面板显示屏息屏后，进行断电操作：先关闭电源开关，再关闭 UPS 后备电源开关，最后关闭漏电保护开关，再锁上维修门。

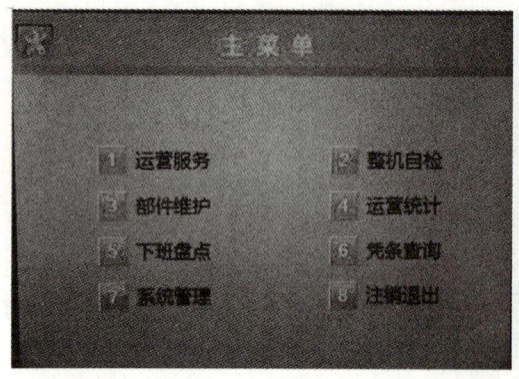 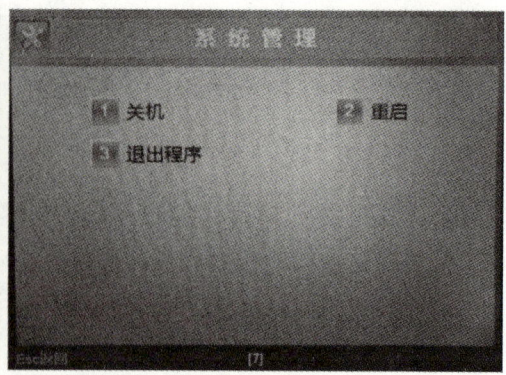

图 3-2-26 TVM 关机程序

（2）直接按压工控机上的按钮关机（一般不建议使用，除非 TVM 程序未启动或故障需要时），待维护面板显示屏息屏后，进行断电操作：先关闭电源开关，再关闭 UPS 开关，最后关闭漏电保护开关，锁上维修门。

四、自动售票机开关站作业

（一）开站作业

结算日的次日运营开始前，需要对 TVM 进行开站作业，具体操作如下：

（1）客运值班员在车站票务室完成硬币找零箱、纸币找零箱补币，对单程票票箱加票。

（2）由客运值班员和一名车站站务工作人员一起将装好硬币的硬币找零箱、装好纸币的纸币找零箱、加好票的单程票票箱以及空的硬币回收钱箱和空的纸币钱箱用手推车运送至自助购票区。打开维修门，在维护面板输入操作员的工号和密码进行登录。

（3）安装加币后的硬币找零箱和纸币找零箱（如果有废钞箱，也要安装）、空硬币钱箱和空纸币钱箱以及加票后的票箱。

（4）签退，打印单据核实，关闭维修门。

（5）查看运营状态显示器和乘客显示器是否显示"正常服务"。

（二）关站作业

结算日运营结束后，需要对 TVM 进行关站作业，具体操作如下：

（1）打开维修门，在维护面板输入操作员的工号和密码后进行登录。

（2）在维护面板"主菜单"中选择相应命令，执行下班盘点或结账列印操作。

（3）取出硬币找零钱箱和硬币回收钱箱并清空硬币操作。

（4）取出纸币找零钱箱和纸币钱箱并清空纸币操作。

（5）取出单程票票箱和检查废票箱，并清空单程票操作。

（6）确认运营统计清单，单程票、硬币、纸币数量清零，打印统计清单。

（7）签退，关闭维修门。

（8）将取出的所有钱箱、票箱用手推车运送回票务室，逐一取出硬币、纸币和单程票进行清点。

五、自动售票机检修和简单故障处理

（一）自动售票机计划检修

自动售票机的计划检修一般分为日检、双周检、季度检和年检四个部分。

1. 日 检

日检工作主要是维护乘客操作区外观和设备门锁。日检需目测自动售票机乘客状态显示屏正常显示；观察纸币投入口 LED 灯正常亮；观察设备能否正常接收、执行乘客的购票指令，并正常完成交易；目测设备乘客显示屏显示内容正确（包括通信状态、时间同步、购票地图）；自动售票机的乘客显示屏固定良好，外观完好，门锁正常锁闭。

2. 双周检

在日检基础上，增加对硬币模块、纸币模块、取票口、维修面板的检查。双周检需清洁设备内部各部件的表面积尘；清洁硬币、纸币模块验币口；清洁硬币模块缓存器、找零器；清洁纸币模块各部件（含传动带）表面积尘；手动检查取票口挡板是否正常动作。

3. 季度检

在双周检的基础上增加对电源模块、乘客显示屏、打印机、蜂鸣器、散热风扇的检查，要求主要部件表面无积尘，地面无积尘，机箱内无散落的螺钉或零部件，全部螺钉完整紧固，部件安装稳固、运作良好，线缆包扎良好、标志清晰。

季检时要进行内部组件除尘；检查交流电源输入插座固定情况，交流电源输入线缆连接及固定情况，测量交流电输入；拆开 UPS、直流供电器外壳，进行内部除尘，检查 UPS 运作功能；检查、清洁乘客显示屏；检查打印机、蜂鸣器运作是否正常；拆下散热风扇除灰；清洁硬币、纸币、单程票发售模块动作部件，并涂油；紧固各连接线缆接头等。

4. 年 检

年检在季检的基础上还增加了以下内容：更换 UPS 电池，检测 UPS 供电性能；更换主控机内部散热风扇，整理机箱内部各组线缆，做到整齐有序、标志清楚；更换打印机色带；更换主板电池；检查内部各种接线情况，紧固接线端子。

（二）自动售票机日常巡检

自动售票机的日常巡检工作是指在正常运行时间内，通过自动售票机的表象来观察自动售票机的运行状态。工作人员需要通过各种指示灯、语音提示和显示器画面等所处的状态和表示的含义来判断自动售票机是否出现异常。对于出现异常的自动售票机，要采取妥当的应急解决思路或方案，合理有效地进行应急处理，尽量缩小故障的影响范围。

1. 自动售票机日常巡视的内容

自动售票机日常巡视的主要内容包括：
（1）巡视设备是否工作正常及乘客和客运人员使用情况。
（2）检查设备各内部模块之间的连接情况。
（3）检查设备各指示灯的显示情况。

自动售票机在日常巡视中需要注意以下内容：

（1）发售模块和纸币模块是自动售票机中容易发生故障的部位，也是平时维护的重点。

（2）判断降级运行的自动售票机是由于人为设置还是由于某些模块故障导致的运行模式降级，如果判断为是模块故障导致的应及时处理。

（3）如在巡视过程中发现故障，应及时处理，如有当时无法处理的，应及时上报，可将现场情况进行拍照或录像记录，以便分析。

2. 自动售票机日常巡检的时间

自动售票机的日常巡视检查是每日运营开始和结束必须进行的工作，通常由车站工作人员来完成，而自动售票机的维修检修工作则通常由专业的 AFC 维修检修工作人员来完成，所以在此不重点介绍关于自动售票机的维修检修工作的相关内容。

（三）自动售票机简单故障处理

表 3-2-1　自动售票机简单故障处理

序号	故障部件	故障现象	故障原因	解决办法
1	主控单元故障	死机、蓝屏	硬件故障、软件故障	① 重启 TVM； ② 若仍不正常，报修
2	乘客操作显示屏故障	显示屏黑屏	供电故障，VGA（Video Graphics Array，视频图形阵列）信号无，显示屏损坏	① 检查供电插头是否松动； ② 检查 VGA 线缆插头是否松动（主显示屏端和工控机端）； ③ 若仍不正常，报修
		触摸屏无反应	供电故障，通信故障，触摸屏损坏	① 检查触摸屏 USB 线缆插头是否松动（屏端和工控机端）； ② 若仍不正常，报修
		触摸屏触摸点漂移	触摸屏校正坐标参数丢失	① 重新校正触摸屏； ② 若仍不正常，报修
3	维护面板显示屏故障	黑屏	供电故障，显示屏损坏	① 检查维护面板显示屏的供电插头是否松动； ② 若仍不正常，报修
4	票卡发售单元故障	卡票	单程票边缘变形、变厚，票卡发售控制板故障等	① 查看单程票供票处或传输通道，将卡住的单程票取出； ② 若仍不正常，报修
5	纸币处理单元故障	纸币接收指示灯不亮	供电故障、通信故障	① 检查供电插头是否松动； ② 检查串口通信线缆是否连接正常； ③ 若仍不正常，报修
		卡纸币	纸币变形、粘有胶带等物	① 检查传输带，将卡住的纸币取出； ② 若压入钞箱口卡钞，则需取下纸币钞箱后取出卡钞； ③ 若仍不正常或卡钞无法取出，报修

续表

序号	故障部件	故障现象	故障原因	解决办法
6	纸币找零单元故障	无法纸币找零	供电故障，通信故障	① 检查供电插头是否松动； ② 检查串口通信线缆是否连接正常； ③ 若仍不正常，报修
		找零卡钞	找零出口被堵、找零纸币变形	① 检查出钞口和找零内通道，将异物或被卡纸币取出； ② 若仍不正常，报修
7	硬币处理单元故障	所有投入硬币均退出	硬币识别器供电故障或通信故障	① 检查硬币识别器指示灯是否正常（比如绿色）； ② 检查通信线缆是否连接正常； ③ 若仍不正常，报修
		找零失败	硬币边缘变形、粘有胶带等物	① 检查硬币通道，将卡住的硬币取出； ② 若仍不正常，报修
8	打印机故障	无法打印	供电故障，通信故障	① 检查供电插头是否松动； ② 检查并口线缆插头是否松动（打印机端和主控单元端）； ③ 若仍不正常，报修
		卡纸	打印纸卡在出纸口	打开打印机上盖，取出卡住的打印纸，重新装好打印纸后合上打印机上盖

▶【任务解析】

1. 案例分析

案例中客运值班员对票务设备日常操作要求与流程不熟悉，站务员进行钱箱更换作业时不认真仔细，未认真核对是否为已更换的钱箱。两人在收机时未做到双人确认，导致出现钱箱数目混淆的情况。

2. 整改措施

车站人员应严格按票务设备操作规范进行 TVM 补币补票、回收钱箱、票箱及简单故障维修等操作，并严格落实双人确认作业规则。

任务 3　自动检票机功能与结构

动画：闸机识别方式

▶【任务导入】

任务名称	互联网发展下的闸机
	随着移动互联网、AI 等新技术的不断融入，乘客过闸的方式也发生了很大变化，二维码扫描、人脸识别、银联闪付和各种 Pay 钱包支付等虚拟车票的使用量逐年提升，目前整体占比已超 50%。根据统计，截至 2022 年年底，使用二维码过闸的人数超过 1 亿人次的城市有 15 个，其进站量占比超过 80%，排在前三位的城市分别是深圳、北京和成都。 　　由于各城市对于一卡通票均有较大力度的优惠，加上交通运输部大力推动全国交通一卡通互联互通建设，目前一卡通的整体使用比例仍维持在 40%。根据统计，目前使用一卡通等实体储值类车票过闸的人数超过 1 亿人次的城市有 10 个，排在前三位的城市分别是广州、上海和北京。 　　单程票在各个城市的使用比例均有大幅下降，整体占比约 5%，这就造成各城市在新线建设时会逐步减少自动售票机的采购量，并对原有自动售票机进行互联网票务改造。 　　据了解，不少的轨道交通运营企业票务部门正在加大对虚拟车票应用的研究力度，未来虚拟车票逐步取代实体车票将成为趋势，并将随着绿色智慧地轨建设成为未来 AFC 建设和改造的主流。在票务技术发展变化的同时，建议票务设备也要考虑加入"适老化"的设计。 　　资料来源：2022 年度城市轨道交通 AFC 系统市场报告。
思考问题	使用二维码过闸的优势及安全性体现在何处？

▶【学习任务相关知识点】

　　闸机（自动检票机）作为一种通道管理设备，最本质的功能是通过拦阻和放行，实现一次只通过一人，其应用对象是行人（包括携带的行李和自行车等），应用场合是各种场景出入口，但作为智能化通道管理系统的一部分，闸机可以与其他系统配合，用于不同的特殊场合中，从而发挥更大的作用。目前，最常见的闸机配套系统是门禁系统和票务系统。

　　票务系统的检票部分与闸机的关系密不可分，只要是非人工的自动检票机，就离不开闸机。其中最典型的两个应用类型是轨道交通和电子门票。轨道交通（包括地铁、高铁等）已经不再将闸机看作一个独立的产品，而是划归为自动检票机的一部分。

　　自动检票机，又称闸机（Automatic Gate Machine，简称 AGM），是自动收费系统（简称 AFC）的一个重要组成部分，布置于各个地铁车站站厅层付费区与非付费区的交界处，是实现乘客自助进出站检票交易（在非付费区和付费区之间通行）的设备。AGM 通过对有效车票的检验，解除（扇门打开或转杆释放）通道阻挡装置，允许乘客通过通道进出站。所有车站都安装了几组闸机，来控制乘客进出付费区。

　　传统的 AGM 是通过读取乘客实体车票来让其完成进出闸机过程的。而随着信息技术、计算机技术以及识别技术的发展与普及，越来越多的地铁公司开始对 AGM 进行改造，现代的 AGM 可以支持乘客使用二维码车票、云卡、一卡通手机票等虚拟车票完成进出闸机过程。部分新型的 AGM 还可以直接通过低功耗蓝牙技术、面部识别、掌静脉识别等通过闸机，如图 3-3-1 所示。

图 3-3-1　可扫码闸机

一、自动检票机的功能

自动检票机的基本功能是对乘客所持的车票进行检验，并完成进站或出站的交易处理。在计时计程的收费规则下，在进入收费区及离开收费区时都需要进行车票检验。进入收费区时要检查车票的合法性并记录乘客进入时的地点和时间；离开收费区时要检查车票的合法性、进站信息的合法性及乘客在收费区内的停留时间，并根据进入位置和离开位置计算本次旅程的费用，完成车票扣款操作。自动检票机的主要功能如下。

（1）自动对车票进行有效性检验，对符合通行要求的有效车票进行相应处理后放行乘客，对无效车票持有者拒绝放行。
（2）对车票处理结果给出明确的提示信息。
（3）对通道的通行状态给出明确的指示。
（4）对特殊车票的使用给出明确的提示。
（5）对需要回收的车票执行回收操作。
（6）对各部件的工作状态进行自动监测，并向车站计算机系统上报工作状态。
（7）接受车站计算机系统下发的参数和控制命令，并执行相应的操作。
（8）存储并上传交易信息。
（9）接受紧急按钮信号并控制设备的操作。

闸机是联网的，可接受车站计算机和中心计算机的控制，并实时上传工作状态和交易数据。

二、自动检票机的分类

（一）按不同功能分类

自动检票机根据功能可以划分为进站检票机、出站检票机和双向检票机三种。
（1）进站检票机用于完成进站检票，检票端在非收费区。
（2）出站检票机用于完成出站检票，检票端在收费区。
（3）双向检票机同时具备进站检票机和出站检票机的功能，可根据运营需要，通过车站计算机对其功能进行设定，并设定为下列三种运行状态：
① 进站检票使用，进站端显示允许通行标志，出站端显示禁止通行标志。
② 出站检票使用，进站端显示允许禁止通行标志，出站端显示允许通行标志。
③ 进/出站双方向检票使用，检票机根据乘客使用方向，随时调整运行状态，即不能同时双向通行。

（二）按不同的阻挡装置类型分类

根据阻挡装置的类型不同，自动检票机可以分为三杆检票机、扇门式检票机和拍打门式检票机三种。如图3-3-2、3-3-3、3-3-4所示，其中三杆式检票机是通过旋转转杆实现通行的，不利于携带可免费乘车儿童的乘客、携带大件行李的乘客通行，应用数量日趋减少。目前使用最广泛的是扇门式检票机。

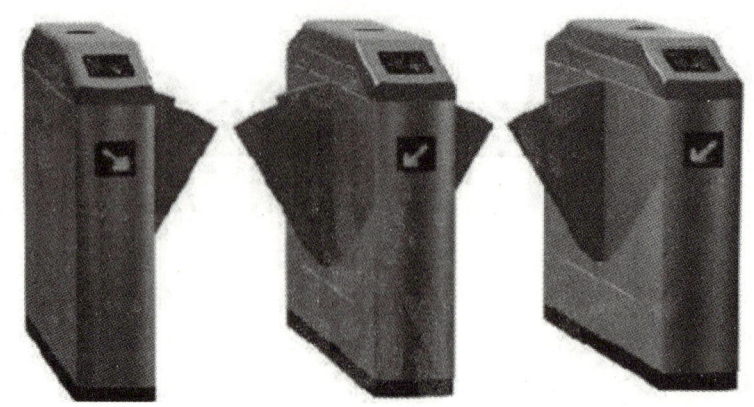

图 3-3-2　扇门式检票机

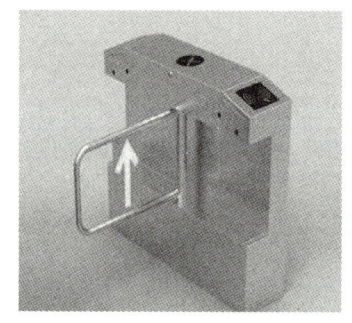

图 3-3-3　拍打门式检票机

图 3-3-4　三杆式检票机

1. 拍打式检票机（摆闸）

拍打式检票机的阻挡装置称为摆闸，在轨道交通行业一般被称为拍打门，闸摆的形态是具有一定面积的平面，垂直于地面，通过旋转摆动实现拦阻和放行。阻挡装置的材质常用不锈钢、有机玻璃、钢化玻璃，有的还采用金属板外包特殊柔性材料（减少撞击行人的伤害）的形式。

从机芯控制方式上分为机械式、全自动式；从形态上分为立式、桥式、圆柱式。立式和圆柱式的体积较小，易于安装，但通道长度较短，行人检测模块功能受到限制；桥式摆闸通道较长，行人检测模块功能较强，安保性更高。

（1）优点。

① 通道宽的范围是所有闸机中最大的，一般为 550～1 000 mm，有些高端产品可以做到 1 500 mm，比较适合用于携带行李包裹的行人或自行车通行，也可以用作行动不便者的专用通道。

② 相对于三辊闸，桥式摆闸增加了行人通行检测模块，可以有效检测通行目标，防尾随能力较强。

③ 外观形态的可塑性是所有闸机中最强的，阻挡装置的材料种类丰富，箱体的形态多样化，易于设计出非常美观的造型，因此常用于写字楼、智能楼宇、会所等高端场合。

④ 闸摆运转过程中没有机械碰撞，噪声比较小。

（2）缺点。

① 成本较高，尤其针对一些特殊定制的机型，如增大了通道宽，采用了特殊材料的闸摆，技术难度会相应增加很多。

② 部分机型防水、防尘能力不足，只适用于室内，其环境适应能力没有三辊闸强。

③ 受阻挡装置形态的限制，摆闸的耐冲撞性比三辊闸低，行人非法快速通行易损坏闸摆和机芯。

④ 如果厂商设计不好则会大大降低产品的可靠性，以及使能避免人身伤害的防夹、防撞能力降低。

（3）应用场合。

摆闸适用于对通道宽要求比较大的场合，包括携带行李包裹的行人或自行车较多的场合，以及行动不便者专用通道中。此外，还适用于对美观度要求较高的场合。

2. 扇门式检票机（翼闸）

扇门式检票机的阻挡装置被称为翼闸，翼闸在轨道交通行业一般被称为剪式门，一般是扇形平面，垂直于地面，其通过伸缩实现拦阻和放行。阻挡装置的材质常选用有机玻璃、钢化玻璃，有的还采用金属板外包特殊柔性材料（减少撞击行人的伤害）的方式。机芯控制方式只有全自动式，形态也只有桥式，行人检测模块的功能性较强。

（1）优点。

① 通行速度是所有闸机中最快的。

② 通道宽介于三辊闸和摆闸之间，一般在 550～900 mm。

③ 外观形态比较美观，闸翼的材料比较丰富。

④ 紧急情况下闸翼会快速缩回箱体中，可以很方便地形成无障碍通道，提高通行速度，易于行人疏散。

（2）缺点。

① 控制方式比较复杂，成本较高。

② 防水、防尘能力不足。

③ 外观形态比较单一，可塑性不强。

④ 受拦阻体形态的限制，翼闸的耐冲撞性比三辊闸低，行人非法冲关易损坏闸翼和机芯。

⑤ 对厂商的技术要求比较高，如果设计不好会大大降低产品的可靠性，以及使能避免人身伤害的防夹能力降低。

（3）应用场合。

翼闸除了适用于人流量较大的室内场合（如地铁、火车站检票处）外，也适用于对美观度要求较高的场合。

3. 三杆式检票机（三辊闸）

三杆式检票机的阻挡装置称为三辊闸，三辊闸也称三杆闸、三辊闸、三滚闸、辊闸、滚闸。阻挡装置（闸杆）由 3 根金属杆组成空间三角形，一般采用中空封闭的不锈钢管，坚固不易变形，通过旋转实现拦阻和放行。三辊闸是最早出现的闸机类型，也是至今发展最为成熟完善的类型，但已逐渐被后续的摆闸和翼闸取代。三辊闸从机芯控制方式上分为机械式、半自动式、全自动式；从形态上分为立式和桥式。立式三辊闸体积较小，比较容易安装；桥式三辊闸的通道较长，安保性更高。

（1）优点。

① 能够非常有效地实现单次单人通行，即一次只能通过一人，安全性和可靠性都比较高。

② 成本较低。

③ 防水、防尘能力较强，对环境的适应性很强，适用于室外和室内。

（2）缺点。

① 通道宽度比较小，一般在500 mm左右。

② 通行速度相对较慢。

③ 受拦阻体形态的限制，不适于携带行李者通行。

④ 外观的可塑性不强，大部分款式美观性不足。

⑤ 机械式和半自动式三辊闸的闸杆运转过程中会有机械碰撞，噪声较大，全自动三辊闸则没有这个问题。

（3）应用场合。

三辊闸适用于人流量不是很大或行人使用时不太爱护设施的场合以及一些环境比较恶劣的户外场合。

（三）按不同宽度分类

根据通道宽度检票机可以分为普通检票机和宽通道检票机两种类型。某地铁公司普通检票机通道净宽度为550 mm，宽通道检票机净宽度为900 mm，如图3-3-5所示。

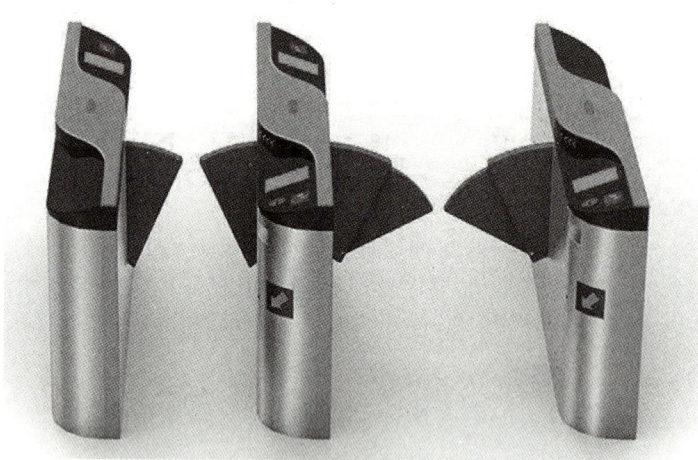

图3-3-5 普通宽度检票机和宽通道检票机

三、自动检票机的结构

（一）自动检票机的内部结构

自动检票机内部以主控单元为核心，辅以阻挡装置、车票处理装置、声光提示装置等模块。主要由主控单元、门式机芯、维护单元、单程票回收机构、单程票回收箱、电源模块等部件构成,如图 3-3-6 所示。

图 3-3-6 自动检票机的内部结构

1. 主控单元

主控单元包括工控机、PCM 控制板、通道转接板、综合控制器等部件。主控单元通过工控机控制自动检票机其他部件的工作行为,并根据其他部件的工作状态确定自动检票机的整机状态,并记录检票机的所有交易、状态、操作和台账并实时上传数据;通过 PCM 控制板监控乘客在通道内的通行情况,接收传感器的信号,将信息传输给工控机,并在接收到工控机发出的指令后打开或关闭闸门;通过综合控制器控制乘客显示器、方向指示器、蜂鸣器、报警指示器工作及维护门是否开启与关闭检测等。

主控单元一般选用高可靠性、低功耗的通用型嵌入式计算机设备或工业级计算机设备,需要具有丰富的外部接口以支持外部设备的连接,并需要保留部分接口以支持未来设备的扩展。具有良好的抗振动、冲击,电磁兼容和防尘能力,保证整机 24 h 不间断稳定运行,并具备足够的能力提供所指定功能。

2. 门式机芯

门式机芯安装在自动检票机的中间位置。机芯的核心部件接收通行传感器、安全传感器的信号,然后传输给工控机,并根据工控机发出的指令驱动闸门驱动机构,从而打开或关闭闸门。

3. 维护单元

维护单元安装在自动检票机的内部,一般位于票箱的上方,由维护单元显示器、维护键盘等组成,主要为维护、维修操作提供维护输入键盘和维护显示界面,维护键盘如图 3-3-7 所示。

4. 单程票回收机构

单程票回收机构安装在自动检票机内部靠近出站端的位置,主要由回收机构、单程票回收箱、废票箱、票箱座、票箱支架等构成。票卡回收箱如图 3-3-8 所示，自动检票机的票卡回收结构如图 3-3-9 所示。

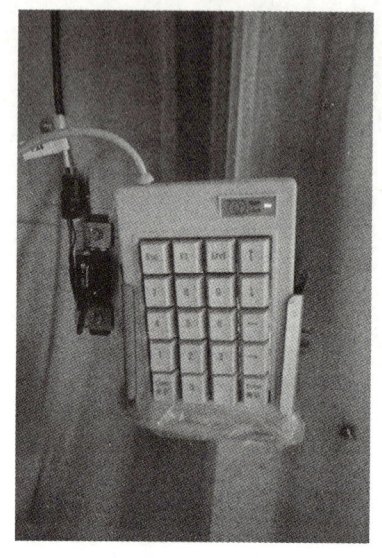

图 3-3-7　自动检票机的维护键盘图

图 3-3-8　自动检票机的票卡回收箱

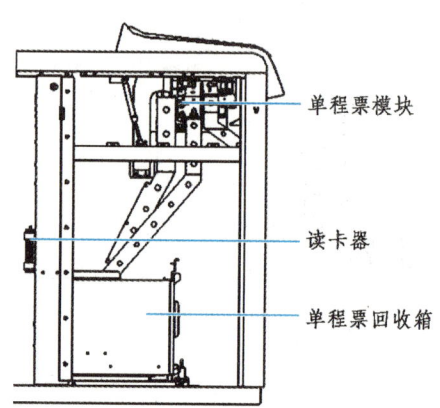

图 3-3-9　自动检票机的票卡回收结构

回收机构主要包括车票读写设备和车票传送装置两大部分，负责进行车票读写、传送及回收处理作业。车票读写设备对出站乘客投入的单程票进行读写操作，车票传送装置将交易成功的有效票送入单程票回收箱，无效票及其他物体将从投票口退回。

带有票箱的车票处理装置通常需要配置两个票箱，票箱通常具有电子 ID 和计数功能，或由主控单元进行计数。可实时监控票箱的状态，在票箱未安装、票箱将满或票箱已满时会向主控单元发送相关信息，主控单元将相关信息上传到车站计算机系统（SC）。车票处理装置可以根据主控单元的命令将车票回收到指定的票箱中，实时掌握存储的票数。

5. 电源模块

电源模块由变压器和开关电源组成，为自动检票机提供电源，主要为功放、回收机构、

PCM板等供电，以及为闸机提供电源开关及漏电保护等功能。变压器用于机芯控制单元的供电，开关电源用于闸机内其他部件的供电，空气开关负责控制闸机整机的供电。

（二）自动检票机的外部结构

自动检票机外部结构主要包括票卡读写器、乘客显示器、警示灯、方向指示器、单程票投入口、扇门装置、通行传感器、高度传感器以及虚拟车票验票区等部件构成，如图3-3-10、3-3-11所示。

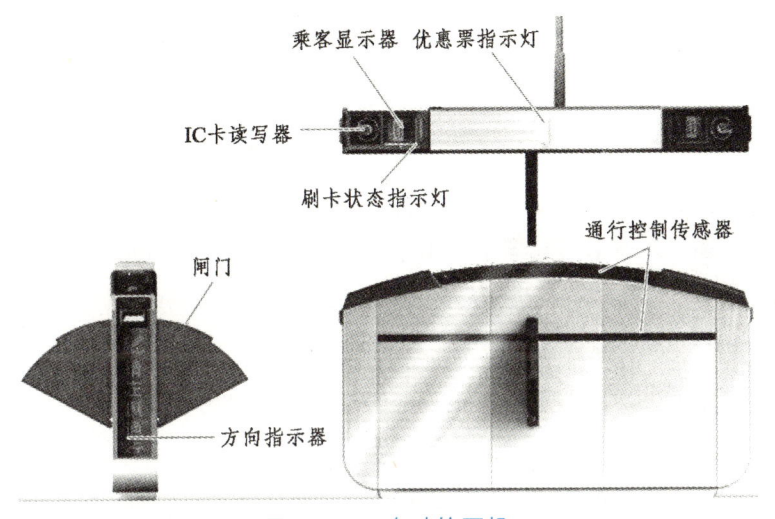

图3-3-10　自动检票机

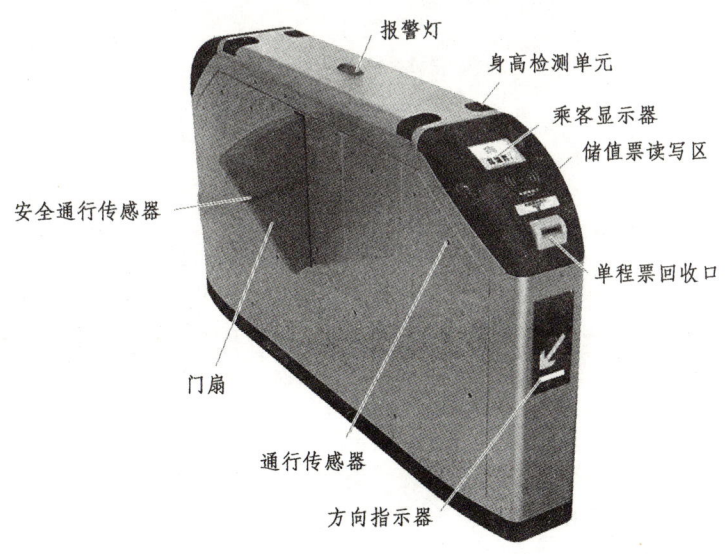

图3-3-11　自动检票机的外部结构

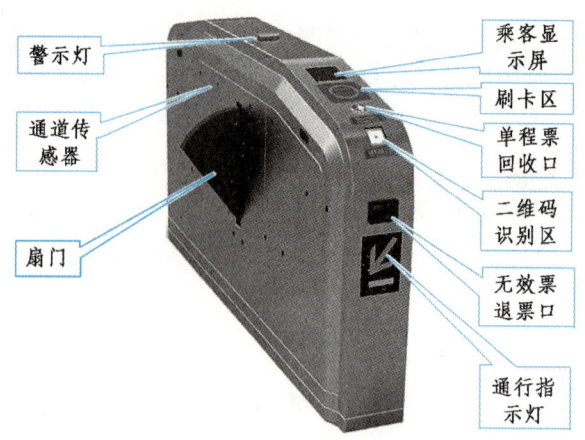

图 3-3-12 带有二维码扫描区自动检票机的外部结构

1. 票卡读写器

票卡读写器的安装位置符合乘客右手持票习惯,在检票机安装读卡器的位置有醒目的标识指示乘客在何处刷卡。票卡读写器主要用于读取乘客所持车票的信息,并对车票进行有效性检验和读写操作。

2. 乘客显示器

乘客显示器安装于进站检票机的入站端、出站检票机出站端和双向检票机两端车票读写区的连接处,如图 3-3-13 所示。

图 3-3-13 自动检票机的乘客显示器

乘客显示器为可变显示,能够显示中文、英文、数字及图形,用于显示自动检票机当前所处的模式、状态及车票的相关信息,为乘客提供相应的操作提示,以引导乘客正确使用检票机,如对于有效车票,显示"车票有效"及允许进(出)站的指示信息;出闸时显示车票余值、本次扣费金额等信息;对于无效车票,显示车票无效及到客服中心处理等指示信息。表 3-3-1 为乘客显示器显示内容和意义的具体说明。

表 3-3-1　乘客显示器显示内容和意义

序号	显示内容	表达意义
1		正常进站方向提示刷卡进站
2		正常服务进站单程票验票成功显示界面
3		正常服务进站储值票验票成功显示界面
4		进站时异常票卡刷卡显示界面
5		出站单程票验票成功显示界面
6		出站储值票刷卡成功显示界面
7		出站时站在通道刷卡或者无刷卡通行显示界面
8		出站时票卡验票不成功显示界面
9		检票机暂停服务显示界面

3. 警示灯

警示灯通常安装在自动检票机的顶部，能用警示声和灯光指示不同车票的类别及乘客违规行为。当乘客持优惠票刷卡时，蜂鸣器发出相应的提示声，报警指示灯发出橙色光；当乘客持黑名单票刷卡、非法通行或违反操作规程时，蜂鸣器发出"嘟嘟"声，报警指示灯发出红色光，以便于提示车站检票人员及时对一些使用特殊车票的乘客进行有效证件的检查，及时阻止乘客的违规行为。

4. 方向指示器

方向指示器安装在自动检票机面向乘客的前端，用来指示乘客通行通道的方向，如图 3-3-14 所示，以及为远距离乘客指示检票机的状态。通行显示器采用高亮度 LED 显示器，可以确保乘客在 30 m 外的距离也能明辨标志的内容和含义。

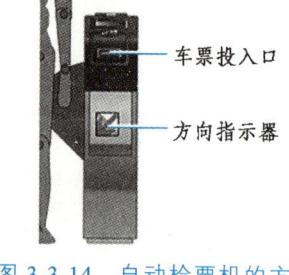

图 3-3-14　自动检票机的方向指示器和车票投入口

方向指示器应至少能显示"允许通行"及"禁止通行"两种信息，以图形加文字的形式提示乘客。

（1）当方向指示器显示绿色箭头，表示通道允许检票通过。

（2）当方向指示器显示红色叉的禁行标志，表示相应的通道禁止刷卡通行。

5. 单程票投入口

单程票投入口用于回收单程票，而乘客投入的无效票或其他物体（如卡片等）则从回收口退回给乘客。投入口不能同时插入两张及以上的回收单程票。接收一张回收单程票后，投入口快门会立即关闭，以避免乘客连续插入回收票。

6. 扇门装置

扇门装置是一种得到广泛应用的检票机阻挡装置，如图 3-3-15 所示。扇门装置一般由两个扇门、机械控制结构和控制板组成。扇门由一对能够自由伸缩的三角形门形挡板组成。一对扇门受同一个控制模块控制，产生阻挡/放行乘客的通行行为，其运动是同步的，且平滑、无振动。当两个扇门打开时，扇门可完全收缩到箱体内以便顾客快速通行。

一般情况下，扇门可设置为常开或常闭状态。

（1）常开状态下：自动检票机处于正常服务模式，扇门保持开放状态，读取乘客车票为有效车票后，乘客直接通行，当读取到无效车票或无票通过时，扇门将关闭，乘客无法通行；自动检票机处于暂停服务模式，扇门处于关闭状态。

图 3-3-15　自动检票机扇门装置

（2）常闭状态下：无论是正常服务模式还是暂停服务模式，自动检票机的扇门均处于关闭状态；当自动检票机处于正常服务模式时，读取有效车票后打开扇门，乘客通行后在一定时间内扇门关闭，当读取无效车票或无票通过时，扇门无法打开，并发出声光警报。

7. 通行传感器

通行传感器能够监控乘客通过自动检票机的整个过程以及监测通过自动检票机的人数，

并能够区分乘客与手推物品,从而防止闸门夹伤乘客。它主要分布在闸门两侧通道内和闸门两旁,通过对乘客进站区域、扇门安全区域和乘客通过扇门后出站区域的检测来实现监控,如图 3-3-16 所示。

自动检票机的通行传感器安装了 18 组对射型传感器,每对传感器由红外线发射端和接收端构成,乘客通过闸机通道时,一旦阻断了红外线的传播,传感器便立刻向控制单元发送信号,通行控制单元对一组或者所有传感器的检测反馈信息进行分析处理,保证通行控制的准确性和安全性。

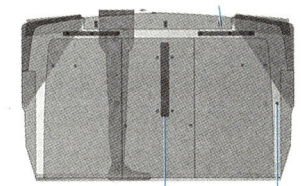

图 3-3-16　自动检票机的侧面结构

8. 高度传感器

自动检票机安装有 4 个检测身高的反射型传感器,用于检测通行乘客身高是否为免票规定的高度以下(通常不同城市规定的免票高度有所差别,一般为 1.2～1.4 m)。这个传感器可以检测到 1.2～1.4 m 以上位置的物体,检测不到规定高度以下的物体,即使通行传感器检测到有物体通过,也认为无物体通过。因此,身高为免票规定高度以下的儿童乘客可以安全通行。在实际运营过程中,由于乘客在通行过程中的身高变化较大,所以利用身高作为识别儿童乘客的依据并不是非常精确的。

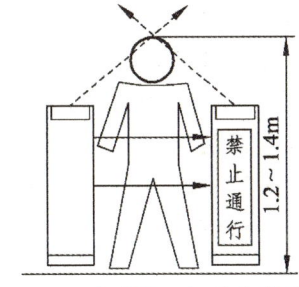

图 3-3-17　自动检票机的身高传感器

9. 虚拟车票验票区

目前,越来越多城市地铁支持乘客使用虚拟车票乘车,主要包括二维码电子票扫描、人脸识别等验票形式,同时,自动检票机也逐步增添扫码或人脸识别等检票过闸功能,在自动检票机的验票区增设"二维码扫码"如图 3-3-18 所示,增加"人脸识别"装置,如图 3-3-19 所示。

图 3-3-18　自动检票机的二维码扫码

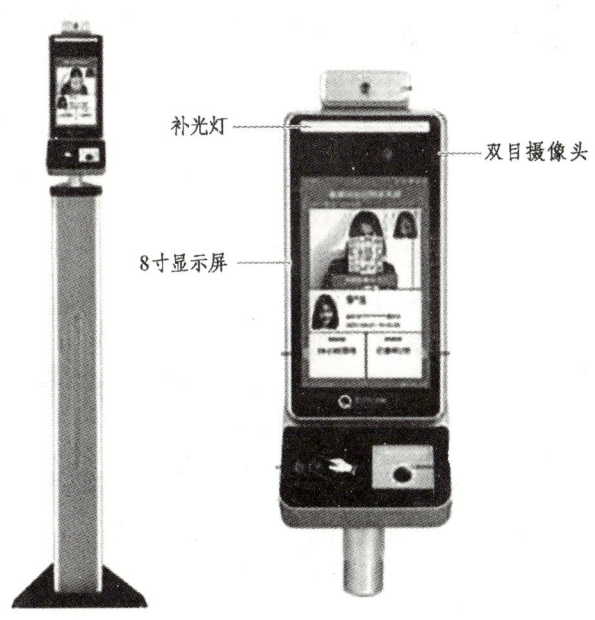

图 3-3-19　自动检票机的人脸识别装置

（1）二维码检票。

与传统闸机相比，二维码闸机内部多了一个二维码扫描器。通过将二维码扫描模组的设备嵌入到闸机中，使闸机具备了条码自动识别、采集和数据传输性能以及完整独立的读码功能。通常把手机乘车二维码放在地铁闸机扫描口上方，并对准读卡摄像头，保持一定的距离（约 5 cm），只需瞬间闸机就能读码开闸。地铁闸机的"电子眼"与二维码扫描检票系统、支付宝/微信支付等相关接口实时对接。二维码模块一旦采集到支付条码数据，便立即将数据传输到二维码售检票系统和移动支付系统核对校验，校验通过完成计算并扣除费用后便打开闸门让乘客直接进出，整个过程完成迅速。

二维码扫描模组的闸机不仅为地铁新增"刷二维码过闸"的服务，发挥条码扫描和数据传输性能，还能结合地铁二维码电子票务系统实现乘客"扫码进闸"和"扫码检票"的增值服务，免除了排队、购票和找零的困扰，同时保留了原先持地铁卡进站的服务，在满足了地铁扫码过闸的高频次作业需求的同时带来"互联网＋智慧地铁"的全新体验，从根本上缓解地铁人流拥堵现状。

（2）人脸识别模块。

人脸识别模块主要作用是通过人脸模块上的摄像头抓拍识别过闸人员的人脸特征，与系统人脸数据库做比对，比对成功后闸门便会打开，放行过闸人员；人脸比对失败，闸门不打开，阻拦过闸人员。

四、自动检票机的工作模式

自动检票机的工作状态主要有运营模式、关闭模式、故障模式和维护模式（测试状态）等。

（一）运营模式

自动检票机的运营模式按是否与车站计算机联网，分为联网运营和单机运营两种运行情况。

1. 通信连结模式

（1）联网运行。

自动检票机正常工作时一般都是处于联网运行状态。在这种状态下，AGM 与 SC 正常联网运行，AGM 能完成设备的所有功能，可以向 SC 发送 AGM 工作状态及交易数据，SC 也可向 AGM 发送指令及系统参数。

（2）单机运行。

当 AGM 与 SC 之间通信故障无法联网时，AGM 可以转化为单机独立运行的降级运行模式。在这种状态下，AGM 除了无法与 SC 实时交换数据、接受系统参数以及 SC 不能监控 AGM 的工作状态外，其他功能均正常执行。

2. 自动检票机在正常运营下的三种模式

在正常运营状态下，自动检票机根据实际运营情况可设置为正常运营模式、紧急放行模式和降级运营模式三种运行模式，三种运行模式与 AFC 运营模式相对应。

（1）正常运营模式。

在 AGM 正常运营模式下，又分为"正常运营模式"和"停止服务模式"。自动检票机在日常运营开始时自动进入正常服务模式。在该模式下，自动检票机可以对票卡进行检验，当车票有效时乘客可以正常进出站。

当自动检票机检测到硬件故障或者接收到 SC 的停止服务命令时，将进入"停止服务模式"。在此模式下自动检票机无法接受任何票卡，且在进/出站端终端显示器上显示"暂停服务"字样。

（2）紧急放行模式。

当车站发生火灾、爆炸、地震等紧急情况时，将自动售检票系统设置为紧急放行模式。

动画：紧急放行模式型号合格证

① 此状态下，进出站检票机都处于全开状态，即检票机的阻挡装置全部打开。检票机不检票，乘客无须检票便可通过检票机迅速离开车站。

② 乘客显示器显示紧急放行信息，所有在付费区的检票机通行状态指示器闪烁显示允许通行标志，所有在非付费区的检票机通行状态指示器闪烁显示禁止通行标志。

③ 车票处理：对于没有进出站信息的单程票，敏感期内根据模式履历和车票的发售情况进行检查以决定是否允许退票，对于无出站码的单程票，敏感期内根据模式履历允许在任意站退票；对于无出站码的储值票，敏感期内在 BOM 上根据模式履历等信息确定免费或付费更新。

（3）降级运营模式。

车站 AFC 系统的降级运营模式主要包括列车故障模式、进站免检模式、出站免检模式、时间免检模式、日期免检模式、车费（超程）免检模式。在降级运营模式下，自动检票机会根据不同的降级运营模式接受票卡，并完成相关条件的检验。

（二）关闭模式

车站当天运行结束后，车站计算机系统（SC）直接下达命令，将系统设置为关闭状态。

在关闭状态下，检票机退出运行状态，禁止检票处理，乘客显示器显示"关闭服务"信息，通道阻挡装置处于"关闭"，导向指示器显示"禁止通行"标志。但自动检票机仍保持与 SC 通信连接的状态，车站计算机仍可监控处于关闭状态的检票机。

（三）故障模式

自动检票机具备在运行过程中自动探测各模块故障，并实时传送给主控单元的功能。

当检票机检测到故障发生时，向 SC 报告故障信息，同时由主控计算机根据故障级别采取不同的处理策略，通常包括两种策略：第一种是小故障情况下采取降级处理策略，例如：出站检票机在单程票处理装置故障时可以自动切换到只使用储值票的故障模式运行，在这种情况下，故障排除后设备便可以自动恢复到正常工作状态。第二种为大故障情况下主控计算机采取停止运行处理策略，并在乘客显示器上显示故障信息，方向指示转为"禁止通行"以提示乘客不能通行，同时把故障状态上传到车站计算机。

（四）维护模式

车站工作人员或维护人员可通过维护键盘或移动维护终端，将自动检票机设置为维护模式，输入指令后完成检票机各部件工作状态测试、数据查询等工作。在维护状态下，自动检票机不对乘客服务，方向指示器为"禁止通行"标志，乘客显示器显示"暂停服务"信息及相关的维修信息，同时不接受、不检验车票。

▶【任务解析】

（1）轨道交通运营车站具备二维码通过检票机的功能，减少了乘客在售票机上购票后进站的环节，很大程度上缓解了地铁排队购取票的不便，加快了地铁客流的流通速度。

（2）在二维码过闸技术的使用过程中，检票机二维码识别装置可识别二维码车票的唯一性和时效性，防止人为欺骗。基于闭合的网络设计，保证现金安全，支持在线升级，能快速应对复杂的场景应用。

任务4 自动检票机的日常操作与维护

▶【任务导入】

任务名称	自动检票机暂停服务事件
	某日某地铁站在早高峰时期,出现大部分进站检票机暂停服务的情况,导致进站客流拥挤的现象出现,乘客因此抱怨不断。
思考问题	自动检票机什么时候会出现"暂停服务"的提示,出现"暂停服务"提示时工作人员应该如何处理?

▶【学习任务相关知识点】

自动检票机的日常操作包括开关机操作、单程票票箱更换操作、系统维护操作。

一、自动检票机的开关机操作

(一)开机操作

(1)打开自动检票机维修门。
(2)打开总电源控制开关(空气开关),如图3-4-1所示。

图3-4-1 自动检票机电源开关

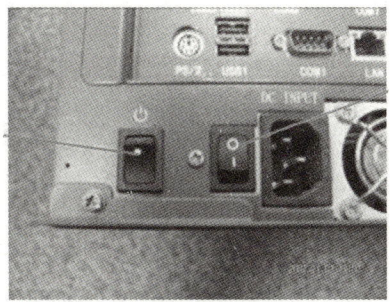

图3-4-2 自动检票机工控机开关

(3)打开UPS后备电源。
(4)打开电源控制箱开关。
(5)打开工控机开关。此时自动检票机会自动启动操作系统和自动检票程序,无须人工干预。
(6)关闭维修门,观察自动检票机是否进入正常服务状态。

(二)关机操作

(1)打开维修门显示登录界面后输入用户名和密码。
(2)在维护菜单选"退出程序"。
(3)在自动检票机系统关闭之后,关闭电源控制箱开关。
(4)关闭UPS后备电源。
(5)关闭总电源控制开关(空气开关)。
(6)关闭维修门。

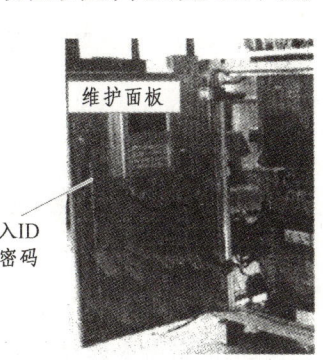

图3-4-3 自动检票机的维护面板

二、系统管理

使用自动检票机维护门钥匙，打开付费区维护门、非付费区维护门，自动检票机扇门自动开启。操作员通过维护键盘（维护键盘在非付费区维护门内侧）输入员工账号和密码，进入设备主菜单界面，如图3-4-4所示。

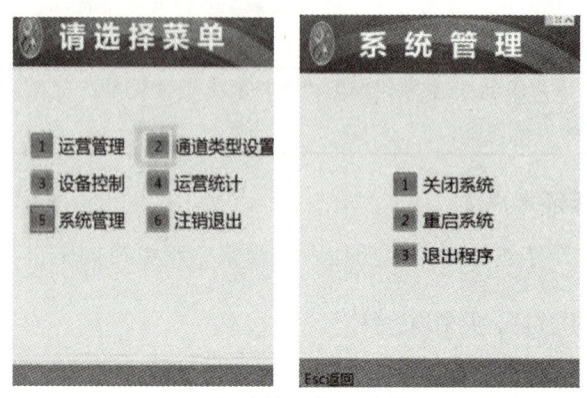

图3-4-4　自动检票机系统管理界面

（1）在"主菜单"中，选择"5 系统管理"。

（2）可通过选择"1 关闭系统""2 重启系统""3 退出程序"，进行自动检票机的系统管理。

在日常运作中，自动检票机软件出现故障，可通过重启设备进行处理（即下电再上电的过程），重启工作可由站务员完成。

三、自动检票机通道类型设置

双向自动检票机通道类型可设置为进站模式、出站模式、双向模式，如图3-4-5所示。

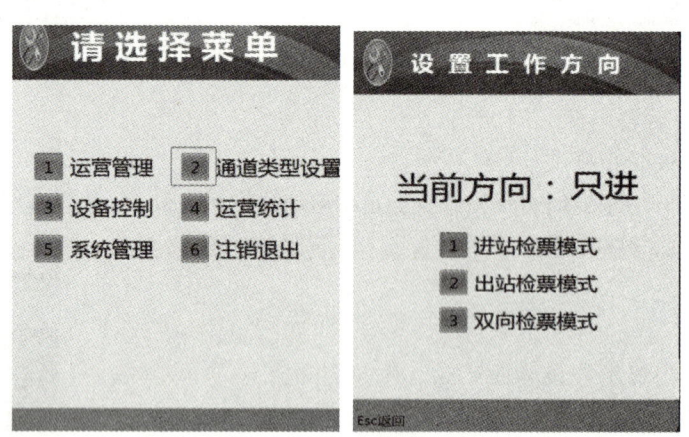

图3-4-5　自动检票机通道类型设置

（1）在"主菜单"中，选择"2 通道类型设置"。

（2）根据需求选择对应模式：选择"1 进站检票模式""2 出站检票模式""3 双向检票模式"。

四、更换出站检票机的票箱

乘客持单程票出站时需要通过出站检票机完成读卡和票卡回收时的过程，因此，出站检票机设有单程票回收系统，有效单程票通过出站检票机时会被回收进票箱内。票箱具有一定的容量限制，在票箱将满或已满时，出站检票机会发出报警提示，以提醒车站工作人员及时对票箱进行更换。票箱将满或已满的状态，出站检票机将进入停止服务模式。一般情况下，车站需在出站检票机票箱将满或已满时进行更换，也可根据实际需要进行更换，更换出站检票机票箱时要尽量考虑在非运营时间或客流较少的运营时间进行。更换时注意放置警示标识，隔离检票机，避免乘客围观。更换出站检票机票的箱操作流程如下：

（1）使用 AGM 维护门钥匙，打开付费区维护门、非付费区维护门，闸机扇门自动开启。维护键盘在非付费区维护门内侧，如图 3-4-6 所示。

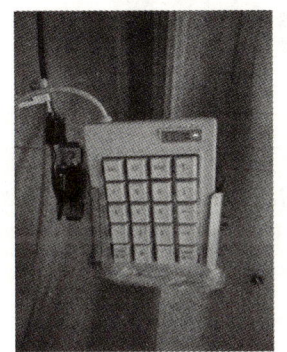

图 3-4-6 自动检票机维护键盘

（2）乘客显示屏显示登录界面，通过维护键盘输入操作人员的 ID 账号和密码，进入"主菜单"界面。

（3）查看回收票箱中票数，如图 3-4-7 所示。

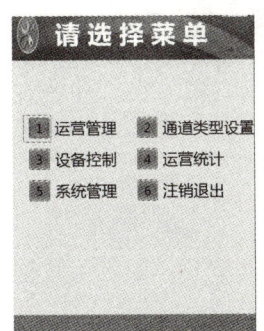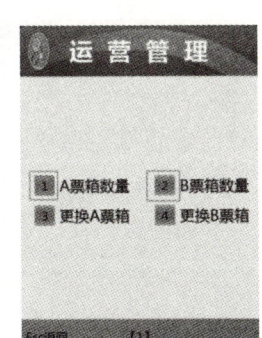

图 3-4-7 自动检票机票箱数量查询

① 在"主菜单"中，选择"1 运营管理"；
② 在"运营管理"中，选择"1 A 票箱数量"；
③ 按 Esc 键返回到"运营管理"界面；
④ 在"运营管理"中，选择"2 B 票箱数量"。

图 3-4-8 自动检票机的票箱

（4）取出票箱。

在付费区方向的车票回收模块，按下票箱上方盖板上的金属按钮，盖板弹起，票卡模块托盘自动降下，取出票箱，放到指定位置，如图 3-4-8 所示。

（5）更换票箱。

将空票箱放在对应卡槽内，按下盖板，票卡模块托盘自动上升。

（6）清零回收票箱。

① 在"主菜单"选择"1 运营管理"；

② 在"运营管理"中，选择"3 更换 A 票箱"，选择"1 更换完成"；

③ 按 Esc 键返回到"运营管理"界面，选择"4 更换 B 票箱"，选择"1 更换完成"。如图 3-4-9 所示。

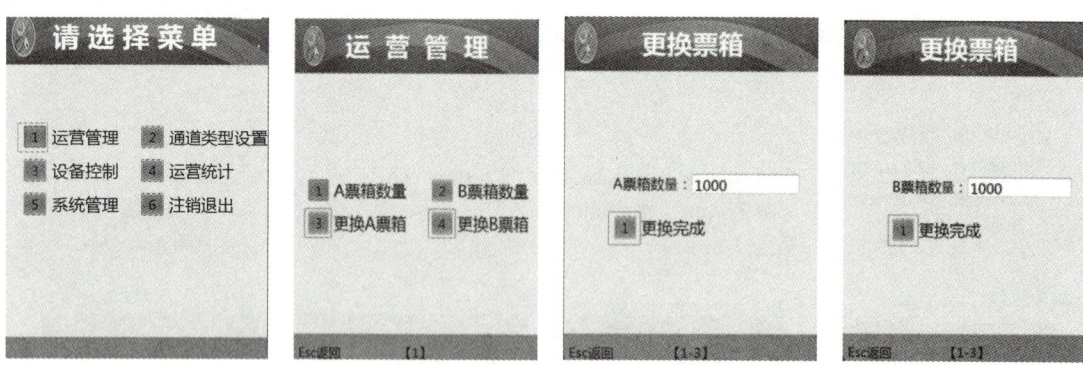

图 3-4-9 自动检票机更换票箱

五、自动检票机日常巡检和故障处理

（一）自动检票机计划检修

自动检票机的计划检修一般分为日检、双周检、季度检和年检。

1. 日　检

观察自动检票机能否正常检验车票,出闸机能否正常回收单程票;乘客显示屏显示正常,设备服务状态内容是否正确;外观是否良好,门锁及上盖锁能否正常锁闭;扇门/转杆是否稳固,运转是否正常;通行指示灯是否正确显示;软件版本号、时钟、设备编号、车站编号是否正确;蜂鸣器是否正常响;状态灯(特殊票指示灯)是否正常。

2. 双周检

双周检除了包含日检的内容外,还需清洁读卡区验票面板使用区域,紧固面板螺钉,检查有无划痕、凹陷;检查液晶乘客显示屏有无划痕、碎裂、凹陷;检查扇门外观是否良好,有无磨损、破裂,轴承是否固定,螺钉是否紧固;更换损坏的缓冲胶;检查电机行程开关是否正常,电机弹簧是否正常,动作是否顺畅;检查主控单元CPU风扇、主机散热风扇运转是否正常。

3. 季度检

季度检主要检查设备内部零部件,包括:检查交流接线连接点、漏电保护器、电源开关、熔断器、输出插座有无损坏,地线接触是否良好,测量交流电压;检查后备电池供电,测量负载电压输出值是否符合要求;检查直流电源模块输出电压是否正常,测量输出电压值;检查扇门与电机连接是否紧凑,有无松动、脱落,扇门有无断裂、变形;检查电机组件中的弹簧、行程开关、凸轮等有无断裂,更换弹簧润滑剂,调整行程开关至最佳位置,调整扇门至最佳状态,检查机体所有部件有无破裂、松动,螺钉是否紧固;清洁、测试维修键盘,检查维修显示屏状态是否正常;检查通行传感器是否正常;检查乘客显示屏电源、信号线缆是否牢固,有无破损,液晶屏有无花屏、闪烁;检查车票读写器天线是否正常;检查出闸机车票回收模块安装是否牢固,票箱组件是否齐全,投票口、进票箱、退票、回收分向电磁阀是否正常,投票口、单程票读票、退票、票箱传感器组是否正常,票箱垫脚胶粒有无缺少;测试散热风扇运转是否正常,检查主控单元连接各线缆、接头、针脚是否正常,安装是否稳固,检查输入电压是否正常,与各部件通信是否正常;清洁SAM卡和卡座;检查主/从接线板连接是否正常;检查通行指示灯、状态灯是否正常,有无坏点;检查维修门是否牢固,门传感器是否正常;重启后,各部件能否正常自动复位,软件版本、时钟、设备编号、车站编号是否正确。

4. 年　检

清洁电源,更换散热风扇,检查电源220 V交流模块、直流电源模块安装是否正确,插座有无破损,地线接触是否良好;检查站厅两端墙壁上交流接线盘电源接线是否牢固,螺钉是否紧固,电源线有无破损,测量火线对地电阻是否符合要求;更换UPS后备电池;更换CPU散热风扇、散热硅膏,清洁散热片;拆卸/清洁/更换/通行指示灯、状态灯,检查接地电阻。

(二) 自动检票机日常巡检

自动检票机的日常巡检是指在正常运行期间,车站工作人员通过机器表象来观察掌握设备的运行状态,并对发现的设备故障做出相应的处理。

工作人员需要通过各种指示灯、语音提示和显示器画面等所处的状态和表示的含义来判断自动检票机是否出现异常。对于出现异常的自动检票机，要采取妥当的应急解决思路或方案，合理有效地进行应急处理，尽量缩小故障影响范围。

1. 自动检票机日常巡检的主要内容

（1）设备是否正常工作及乘客使用起来是否流畅。
（2）设备各模块之间连接有无松动。
（3）设备各个指示灯是否按照正常情况显示。
（4）设备语音提示是否正常。
（5）顶棚向导指示标志与自动检票机通道的实际方向是否一致。

除此之外，因为回收模块是自动检票机中非常容易发生故障的部位，所以自动检票机的回收模块也是日常巡视检查的重点。

2. 自动检票机的日常巡检工作时间

自动检票机的日常巡视检查是每日运营开始前和结束后必须进行的工作，通常由车站工作人员来完成，而自动检票机的维修检修工作通常由专业的 AFC 维修检修工作人员来完成，故在此不重点介绍关于自动检票机的维修检修工作内容。

（三）自动检票机的简单故障处理

车站工作人员是自动检票机的直接操作者，能够第一时间掌握自动检票机的工作状态，因此，要求车站工作人员能对于故障的自动检票机做出基本的分析和判断，并采取基本的故障处理措施，尽量减少故障对日常运营带来的影响。

1. 出站检票机卡票

卡票是指乘客持单程票出站，将单程票投入回收口，回收到检票机的票箱过程中，因车票问题，如卡片凸起、边缘变形等，导致车票不能顺利回收进票箱，车票卡在车票回收模块中的某个位置的现象。

发生卡票故障后，出站检票机将不再接收单程票，但能正常处理储值票。
（1）卡票位置。
卡票现象会发生在车票回收口及票箱顶部的传送带区域。
（2）卡票处理。
① 打开右侧维修门，拉出车票回收模块。
② 从票卡卡住的位置离左手边最近的绿色转盘开始，按照出卡方向旋转，依次旋转各转盘，直至票卡移至能方便取出的位置。
③ 卡住的单程票被取出后应重新启动检票机。若无法恢复正常，需联系专业维修人员进行处理。

2. 进出闸模块异常的处理

进出闸模块异常通常表现为两种情况：一种是可以验票但显示异常，不能显示票价、余额等信息，闸门能正常开启、关闭；另一种是既不能验票，闸门也不能正常开启、关闭。

此时，站务员可通过重新启动闸机进行处理，若仍不正常，需联系专业维修人员进行处理。

3. 系统死机的处理

系统死机是指闸机因自身系统故障而导致死机、停止运行，导致不能分析任何车票并进入"暂停服务"模式。此时，站务员可通过重新启动闸机进行处理。若仍不正常，需联系专业维修人员进行处理。

4. 暂停服务

当检票机乘客显示器出现"暂停服务"，无法进行检票。车站工作人员用维修面板检查当前服务模式，若为停止状态，则将其设置为开始。若仍不正常，联系专业维修人员。

▶【知识拓展】自动检票机日常维护保养

1. 自动检票机内部、外部清扫、检查和测试

（1）擦掉所有灰尘并清洁机架内部，移除所有检票机内部的外来物品。
（2）擦洗机箱外部，对内部用吸尘器进行清扫。
（3）检查机架、结构框架以及底座上松动、丢失的螺钉、螺帽以及配件。

特别提示：
（1）不能使用磨蚀性、酸性、碱性或氯化清洁剂。
（2）清洁时要谨慎，避免有水滴在模块的电路板上。
（3）在开展各项清洁工作前，一定要将其所涉及的模块断电。

2. 自动检票机传感器清扫、检查和测试

（1）卸下盖板及树脂盖，用清洁棉布和棉棒对人体检测传感器、高度检测传感器、传感器过滤器进行清洁。
（2）打开维修门及中央通道盖，用清洁棉布和棉棒对人体检测传感器、传感器过滤器进行清洁。
（3）通过自动检票机本身测试软件，检查测试各传感器工作状态是否良好。

特别提示：
清洁传感器时，动作要尽量轻微，不要扭转其所处位置，清洁后检查对射传感器发射、接收是否正常。

▶【任务解析】

（1）自动检票机出现暂停服务的情况：
① 设备发生故障（自动切入暂停服务）或被设置成关闭模式时。
② 任一维修门被打开，设备自动进入暂停服务状态。
③ 双向闸机被设置成单向模式时，另一方向的乘客显示器将显示"暂停服务"界面。

（2）出现暂停服务处理流程：
① 向值班站长汇报并确认此情况。
② 若更换票箱或维修设备时，需要将闸机暂停服务，应提前立警示牌或用围栏隔离此通道，且尽量在非运营时间或客流较少时段进行，并注意不要引起乘客围观。

任务 5　半自动售票机功能与结构

动画：智能客服中心

▶【任务导入】

案例名称	智能客服中心

　　刚走进重庆轨道交通 10 号线二期（鲤鱼池至后堡段）的智慧车站站厅，一个极具科技感造型的"票亭"便展现在眼前。随着轨道交通智能化的不断普及，为了让智慧服务惠及更多市民乘客，轨道交通 10 号线二期车站相较以往车站使用的票亭，其配备了升级后的智能客服中心。

　　智能客服中心兼具传统票亭所含的票务处理功能、智能客服终端及其他运维功能，是集票卡处理、语音问询、信息查询于一体的综合智能化设备。

　　乘客遇到乘车相关问题需要咨询、处理时，可自助在中心获取服务和帮助，无工作人员值守时，乘客也可通过智能客服中心自助服务设备完成票卡处理、行程规划、站内导航、乘客服务相关信息展示等操作。

▶【学习任务相关知识点】

　　半自动售票机（Booking Office Machine，BOM）一般安装在地铁车站客服中心内。车站工作人员可以利用半自动售票机进行票务事务处理、车票发售、充值、车票分析（验票）、退票及其他票务服务，利用 BOM，可以进行售票和补票两种业务。因此，BOM 根据其功能可以分为以下三类：

　　（1）功能单一的半自动售票机：只服务于非付费区乘客。

　　（2）功能单一的半自动补票机：只服务于付费区乘客。

　　（3）功能结合的半自动售票机：使用同一半自动售票机设备，同时为非付费区和付费区内乘客服务，兼顾售票及补票功能，面向两个区域分别设置单独的乘客显示器，能够处理不同区域的乘客票务事务。

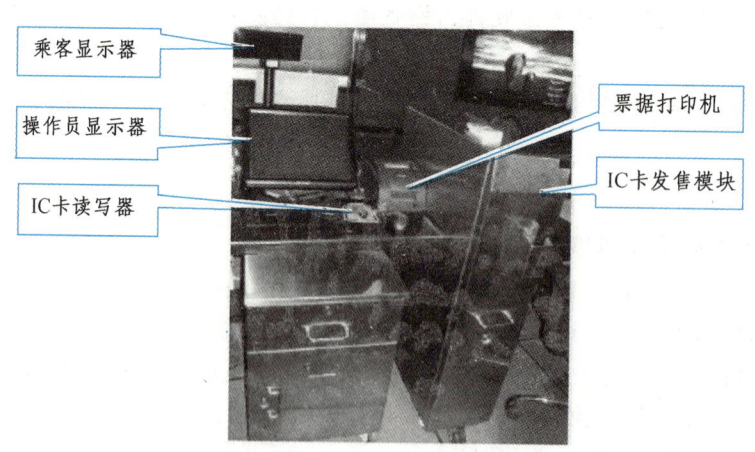

图 3-5-1　半自动售票机组成

　　半自动售票机通过网络与 SC 连接，可以接收 SC 下达的各种参数和命令，也可以向 SC

及 LC 上传各种数据。半自动售票机采用当前主流的操作系统，在稳定性、兼容性、高速运行上拥有良好的表现，并能提供优异的集成开发环境。半自动售票机的运行模式由 SC 进行设定和更改，并通过系统参数下达到半自动售票机中实现工作模式的自动切换。

半自动售票机具备离线/在线状态自动检测切换的能力，能根据当前线路状态，动态提供能够处理的功能：

（1）在线状态下，能够实时从 SC 下载各种参数，接受 SC 的控制指令，能够上传监控数据，根据预先设定的方式上传所处理的各种交易数据，与 SC 进行对账处理。

（2）离线状态下，除了提供需要的功能外，还要保存本地运行数据的备份，在检测到网络恢复后，进行数据的上传和续传，并进行数据账目的核对，也可以把交易数据导入外部介质中将其存储为特定格式的交易文件。SC 有专用接口用于导入此类交易文件，并能自动解析离线式半自动售票机的交易信息。

半自动售票机能按照 AFC 清算管理中心设置的票价表、购票限额、优惠制度、押金等系统参数发售或处理乘客使用的车票（由车站工作人员操作）。半自动售票机可发售各种类型的车票，同时兼有补票、对储值票充值、对车票进行查验和票据打印等功能。半自动售票机还具有收益管理功能。

一、半自动售票机功能

半自动售票机（BOM）是设置在地铁车站客服中心，通过车站工作人员的操作来为乘客提供服务的售/补票设备。半自动售票机具有以下主要功能：

（1）具有车票发售、充值、补票功能。发售包括单程票、储值票、纪念票、优惠票在内的各种类型车票，为储值票乘客办理充值业务，为无票乘客办理补票业务。

（2）具有分析及处理乘客问题车票的功能。先通过 BOM 对须处理票卡进行有效性分析，再根据分析结果开展车票更新、替换、退票、延期、挂失、查询、行政事务处理等业务。

（3）BOM 机与车站 AFC 控制系统相连，具有上传下达的功能。可以接受车站 AFC 控制系统下达的各种参数及指令，并执行相应操作。同时向车站 AFC 控制系统以及线路 AFC 控制系统传送各类数据。

（4）具备离线/在线状态自动检测切换的能力。根据当前的线路状态，动态提供能够处理的功能。在线状态下，能够实时从车站 AFC 控制系统上下载各种参数、接受车站 AFC 控制系统的控制指令，能上传监控数据，根据预先设定的方式上传所处理的各种交易数据，与车站 AFC 控制系统进行对账处理。离线状态下，除了提供需要的功能外，还要保存本地运行数据的备份，在检测到网络恢复以后，进行数据的上传和续传，并进行数据账目的核对。

二、半自动售票机结构

半自动售票机以主控单元为核心，配有票卡发售模块、操作员显示器、乘客显示器、票卡读写器、打印机、电源等模块。

（一）主控单元

主控单元采用模块化设计，主要负责运行半自动售票机上的售票、补票软件，完成人工售票、补票、车票处理、状态监控、数据通信和故障检测等功能。

主控单元是半自动售票机的核心部件,因此,主控单元须具备高可靠性,对工作条件有很强的适应性,并且数据传输效率较高,电池具有故障保护功能,以免数据在电源发生故障的情况下丢失。

主控单元除了较常选用的高可靠性工业级计算机设备外,也可以选用高档的商用计算机,需要具有丰富的外部接口以支持外部设备的连接,并需要保留部分接口以支持对未来扩展设备的兼容。因此,半自动售票机可以通过网络实现与车站计算机连接,可以接收车站计算机下达的各种参数和指令,也可以向车站计算机及线路中心计算机上传各种数据。

(二) 车票发售模块

车票发售模块包括对车票进行读写的票卡读写器和用于发售票卡的车票处理模块。车票发售模块的结构如图 3-5-2 所示。

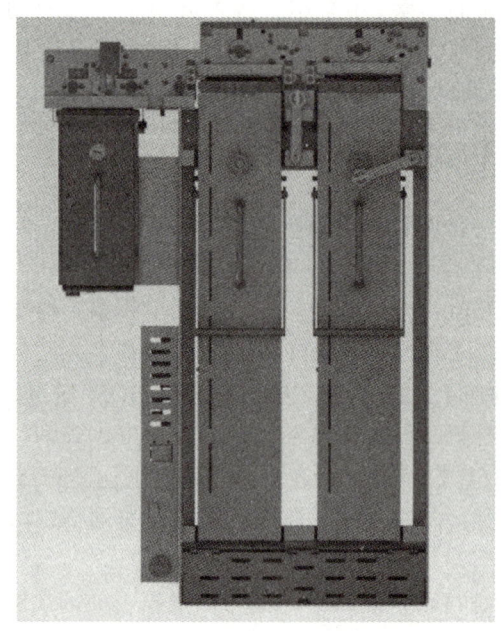

图 3-5-2 车票发售模块

车票处理模块是票卡发售模块的重要部件,主要用来完成单程票的半自动发售工作,可大大提高票务人员人工发售车票的速度和效率。票卡读写器的功能是对单程票的有效性进行检验和执行对票卡的读/写操作。

车票发售模块内的主要部件与自动售票机中的模块基本类似,有票卡发卡装置、票卡读写器、出票控制板等。处理机构通过串口与主控单元连接,执行主控单元发出的指令,对单程票进行相应的处理,如读取车票信息、对车票储值进行清零、校验、赋值、更新、出票和废票回收等,或者判断车票的有效性。车票发售模块可以一次发售多张同一类型的车票。

车票发售模块需要完成的基本功能如下:

(1) 发票装置必须配置独立的电源控制开关及电子器件的复位控制按钮,且发票装置与 BOM 主机的通信连接应该采用通用的接口方式。

（2）具有 BOM 的分析和发售单程票功能，并且一次可连续发售规定数量的车票，并预留发售测试票功能。

（3）配置废票回收箱，且废票回收箱容量应符合一定的要求。

（4）具有能够输送车票的传输结构，车票传输配置指定路径和控制传感器。

（5）具有独立的维修诊断程序，能对发票装置所有传输控制器件进行检测，方便对故障进行鉴别和诊断，如发票装置的通信。

（6）在自动发售模式下，对发票过程具有显示、监控作用，能实时将运行数据和机器状态信息通过操作显示屏向操作人员进行显示。自动发票可实现计数准确，能统计记录废票盒中的废票数量，可打印自动发票装置的班次操作记录并汇总。

（7）发票装置出现故障或报警时，BOM 显示屏上会出现相应的信息提示，此时应停止自动发票，等待操作人员做相应处理。若报警消失，则继续工作；若报警继续，则切换为手动发售模式。

（8）能自动检测票盒中票的位置，当输入票盒中票"空"或废票盒票"满"，显示屏应提示警示信息，停止自动发票，操作人员进行相应的处理和确认后，消除警示，恢复运行。

（三）乘客显示器

乘客显示器是用于为乘客提供车票交易信息的显示（可以用中文或英文显示），并且通常带有语音提示，方便乘客对读取到的卡内的信息进行确认。乘客显示器分别安装在付费区、非付费区靠近窗口处、面向乘客、方便乘客查看的位置。一般情况下，每套半自动售票机都会配置 2 个乘客显示器，分别服务于付费区和非付费区的乘客。乘客显示器如图 3-5-3 所示。

图 3-5-3　乘客显示器

图 3-5-4　操作员显示器

（四）操作员显示器

操作员显示器为操作员提供人机对话的界面显示，显示相关信息及操作指引供操作员观看。操作员显示器如图 3-5-4 所示。

（五）桌面票卡读写器

桌面票卡读写器放置在工作台桌面上，提供高级应用程序编程接口，支持对 ISO 14443 A/B 标准卡片的读写操作。针对不同的设备应用，相应的票卡读写器执行充值和消费操作。

读写器有效读写距离为 10 cm，交易速度为 200～1 000 ms。读卡器对票卡的操作满足一卡通对 IC 卡应用流程标准的要求，满足 SAM 安全保密处理要求和交易数据处理要求。票卡读写器如图 3-5-5 所示。

图 3-5-5　票卡读写器

图 3-5-6　票据打印机

（六）对讲机

对讲机是供操作员和乘客进行语言交流的设备。

（七）钱箱

钱箱一般采用钢结构，有不同名额纸币和硬币的存放格，可按面值存放现金，并提供电子和机械双重锁功能。

（八）票据打印机

票据打印机除了能为购票、充值的乘客打印小票和单据外，也能用于打印班次报表或其他有关信息。可以通过设定切换为每完成一次交易，打印机就打印一次的模式，并给出运行号、系列号、截止日期等。票据打印机如图 3-5-6 所示。

（九）操作键盘

操作键盘用于记名卡用户输入和设置密码，或进行操作信息的输入。

▶【实训任务】

根据表 3-5-1 列出的任务单完成"半自动售票机系统操作"的工作任务。

表 3-5-1　半自动售票机系统操作任务单

实训场地	车站客服中心
操作人员	站务员、客运值班员
操作设备	半自动售票机系统
工作任务	1. 介绍 BOM 系统组成 2. 介绍 BOM 系统功能 3. 登录（BOM）半自动售票机系统 4. 初步操作（BOM）半自动售票机各功能

任务 6　半自动售票机日常操作与维护

▶【任务导入】

任务名称	付费区乘客充值业务
18：50，乘客持一卡通在某站无法正常地刷卡出站，于是拿着该卡前往客服中心进行处理。客服中心工作人员给了乘客一张票让其出站，乘客拿出 100 元要求客服中心工作人员帮其充值 100 元。工作人员对其爱答不理，并把付费区不能充值的牌子给乘客看，不说一句话。乘客觉得不合理，要求给说法。	
思考问题	请分析案例事件原因并提出整改意见。

▶【学习任务相关知识点】

一、系统登录

（1）开机后进入系统主界面，然后点击左侧"登录"按钮，显示登录界面，如图 3-6-1 所示。

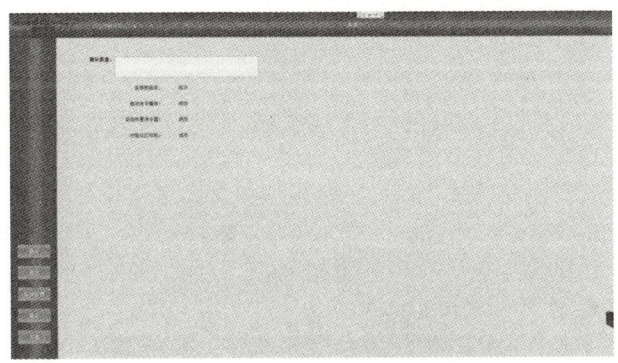

图 3-6-1　半自动售票机的系统主界面

（2）在登录界面，输入操作人员的 ID 账号和密码，然后点击确认按钮，系统会对 ID 账号和密码有效性进行验证，如果验证失败，会给出错误的提示信息，并提示再次输入 ID 账号和密码。系统对登录密码和用户名有效性次数进行限制，错误检验次数达到 3 次，系统便会记录进系统日志中，如图 3-6-2 所示。

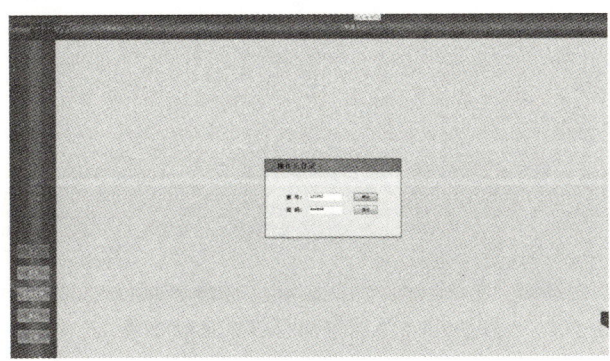

图 3-6-2　半自动售票机登录界面

（3）系统登录时不仅会验证用户的合法性，系统还会根据注册的用户进行功能授权和权限控制，让用户只能合法地操作被授权的功能。

（4）当用户输入正确的用户名和密码，并点击"确认"登录成功后，进入系统操作主界面。

二、发售单程票

半自动售票机能够发售系统允许发行的各类车票，其中包括地铁公司发行的各类IC票卡。IC票卡的种类包括单程票、储值票、纪念票、计次票、一日票及将来可能发行的各类IC票卡等。发售单程票包括按站点售单程票和按金额售单程票。如图3-6-3和3-6-4所示。

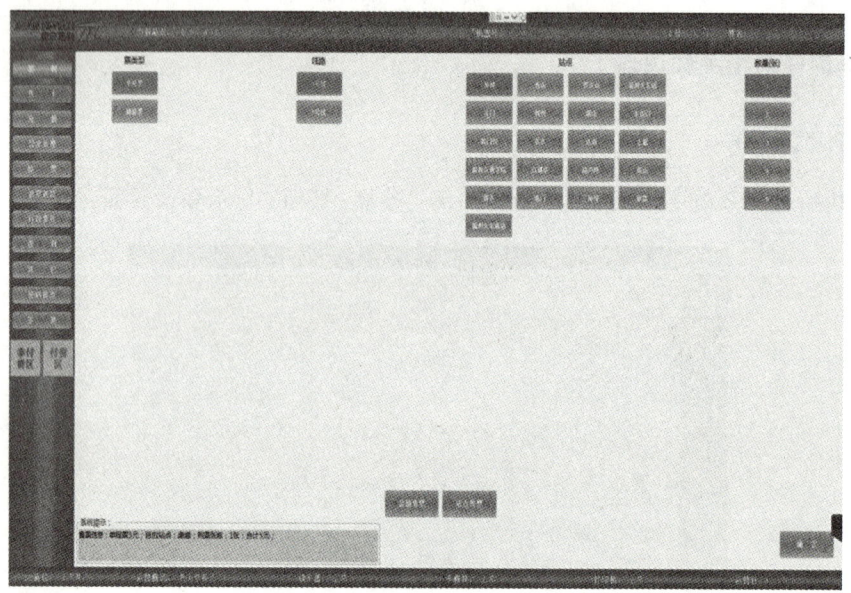

图3-6-3　半自动售票机按站点售票

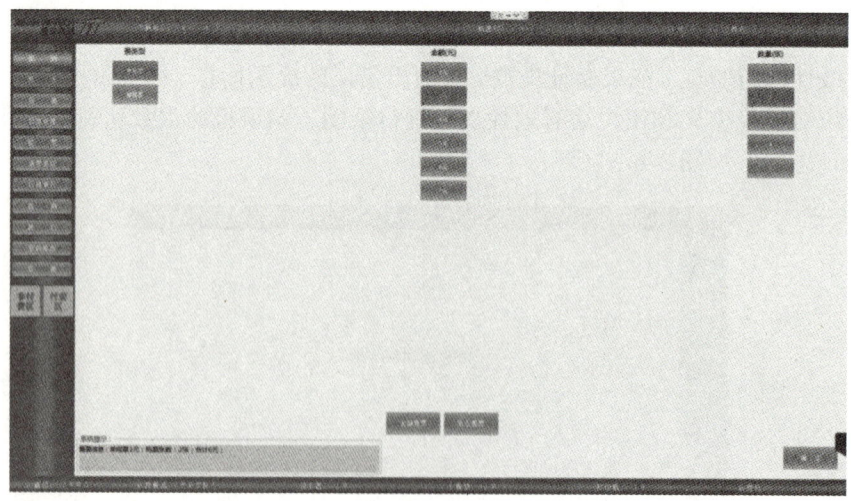

图3-6-4　半自动售票机按金额售票

（一）按站点售票

（1）在系统操作主界面点击左侧功能栏"售卡"按钮，选择票类型为"单程票"，进入单程票售卖界面。

（2）在单程票售卖界面，选择"站点售票"按钮。

（3）选择相应的"线路""目的站点""数量"。

（4）核对售票信息无误后，点击"确定"。

（二）按金额售票

（1）在系统操作主界面点击左侧功能栏"售卡"按钮，选择票类型为"单程票"，进入单程票售卖界面。

（2）在单程票售卖界面，选择"金额售票"按钮。

（3）选择相应的"金额""数量"。

（4）核对售票信息无误后，点击"确定"。

（三）验票

（1）在系统操作主界面点击左侧功能栏"验票"按钮，如图3-6-5所示。

（2）将车票放置在桌面读写器上。

（3）查看票卡基本信息。

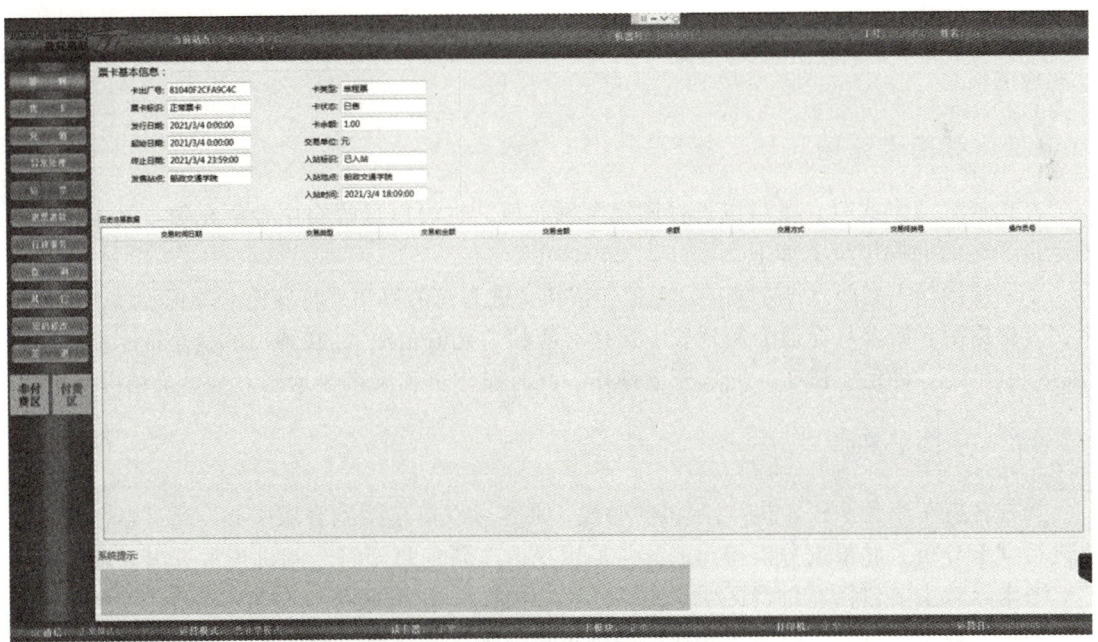

图3-6-5 半自动售票机验票界面

三、储值卡发售与充值

半自动售票机还可以完成储值票发售与充值。

（一）发售储值卡

（1）在系统操作主界面点击左侧的"售卡"按钮，选择票类型为"储值卡"，进入储值卡售卖界面，如图 3-6-6 所示。

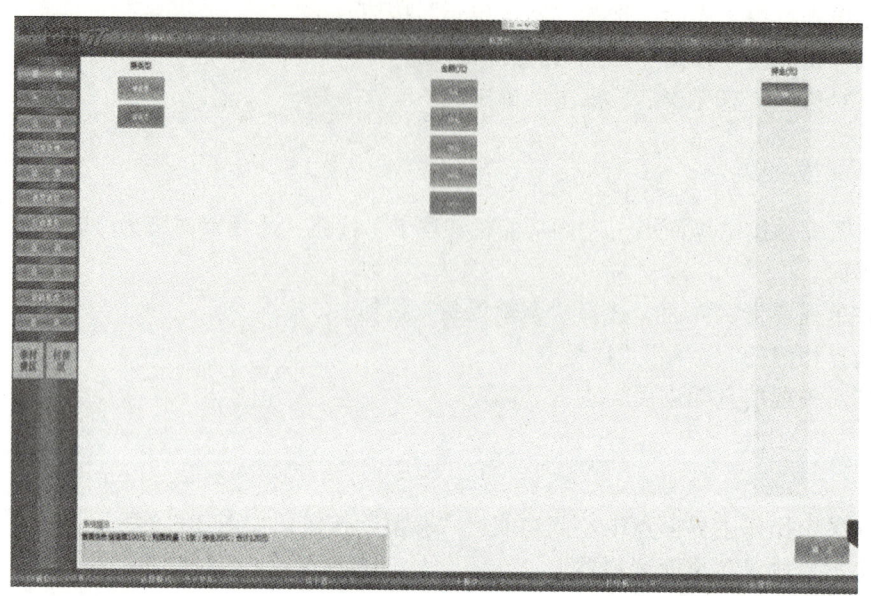

图 3-6-6　半自动售票机储值卡发售界面

（2）将储值票放在读卡器上，选择充值金额，点击确定，会在操作员和乘客显示器上显示相应的信息。

（二）储值卡充值

在选择充值方式时，既可以选择固定金额充值，也可以选择自由金额充值。其中，选择固定金额充值的操作步骤如下：

在系统操作主界面点击左侧的"充值"按钮，进入充值界面；将储值卡放置于读卡器感应区，并根据乘客要求从充值金额列表中选择对应的"充值金额"，在弹出的信息提示框中选择"确定"；单击"确定"按钮，完成充值操作。此时操作员和乘客显示器上会显示相应的信息。

四、异常处理

当乘客持车票无法正常进/出闸机的时候，乘客可以持车票到客服中心，通过半自动售票机进行读卡分析，并根据分析得出的异常原因更改车票信息至符合闸机正常进出要求。

票卡异常主要包括非付费区票卡为"已入站状态"，付费区票卡为无入站标志、卡余额不足、超乘、滞留超时等。更新车票时，要确定目前乘客是在非付费区还是在付费区，选择正确的操作模式才能正确分析票卡发生异常的原因。具体操作步骤如下：

（1）在系统操作主界面点击左侧的"异常处理"按钮，并将车票放置在桌面读写器上。

（2）根据乘客所处的区域，在所在区域选择"付费区"或者"非付费区"，并点击左下角"读卡分析"，如图 3-6-7 所示。

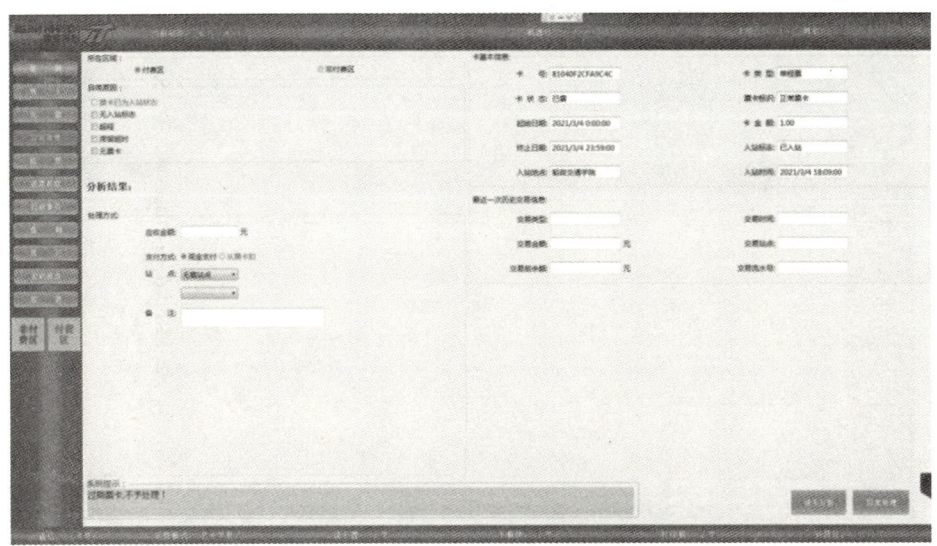

图 3-6-7　半自动售票机异常处理界面

（3）根据读卡分析的结果，点击右下角"异常处理"，在系统提示栏查看异常处理结果。

五、行政事务处理

行政事务处理包括：售行李票、补收票款、乘客退款、票卡延期、售儿童票等项目。如图 3-6-8 所示。

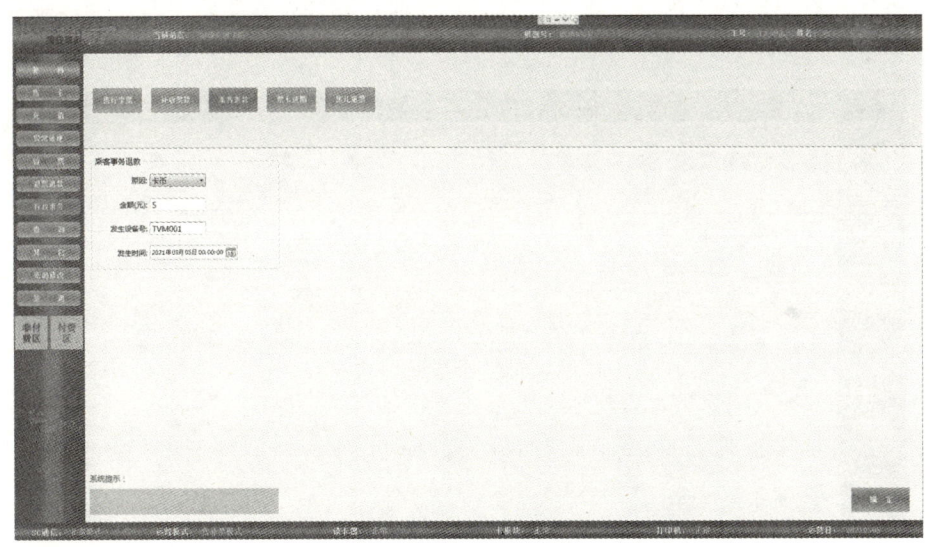

图 3-6-8　半自动售票机行政事务处理界面

（一）售行李票

（1）在系统操作主界面点击左侧的"行政事务"按钮，进入行政事务主页面。
（2）选择"售行李票"按钮，进入售行李票界面，选择线路、目的站，点击确定，售票机出售行李票，如图 3-6-9 所示。

131

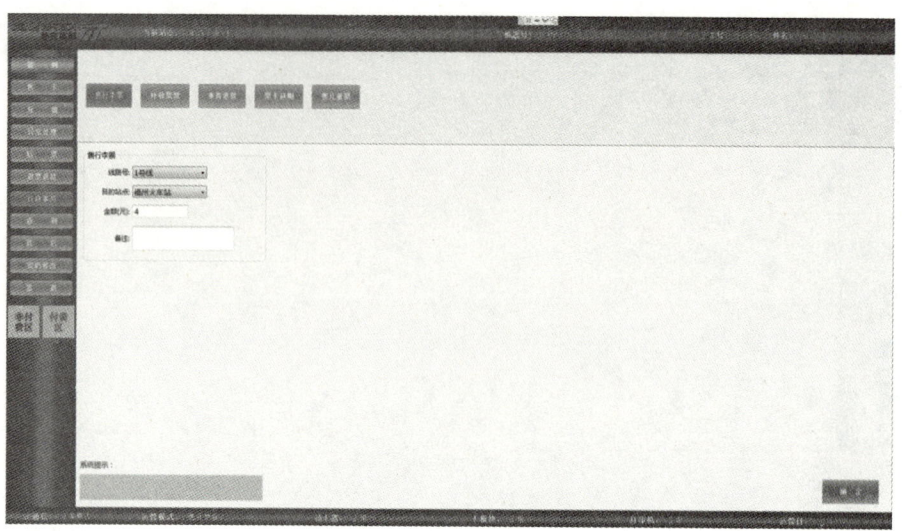

图 3-6-9　半自动售票机售行李票

（二）补收票款

半自动售票机可以根据轨道运营公司的票务管理规定，合理收取因乘客违章而造成轨道运营收入损失的一定金额的费用，如遗失车票、一卡多用、卡余额不足且不增值、无票乘车、车票失效等。补收票款的操作步骤如下：

（1）在系统操作主界面点击左侧的"行政事务"按钮，进入行政事务主页面。

（2）选择"补收票款"按钮，进入补收票款界面，选择补收票款原因，输入金额，点击确定，如图 3-6-10 所示。

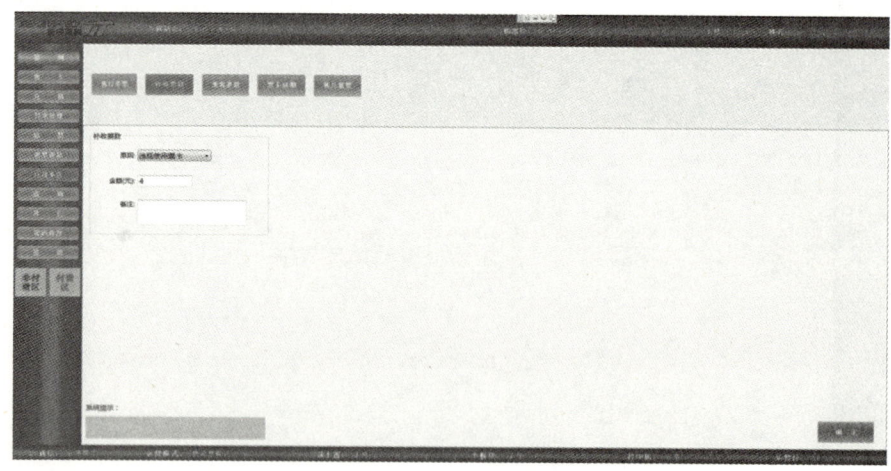

图 3-6-10　半自动售票机补收票款

（三）乘客退款

半自动售票机可以完成由于自动售检票设备出现故障而带来票务纠纷时，退还乘客损失进行的退款操作，比如由于 TVM 卡币、TVM 卡票、TVM 少找币、TVM 少出票、设备发售无效票、设备充值失败等原因造成乘客的损失。乘客事务退款的操作步骤如下：

132

（1）在系统操作主界面点击左侧的"行政事务"按钮，进入行政事务主页面。

（2）选择"乘客退款"按钮，进入乘客退款界面，选择退款原因，输入金额、设备号，选择发生时间，点击确定，如图3-6-11所示。

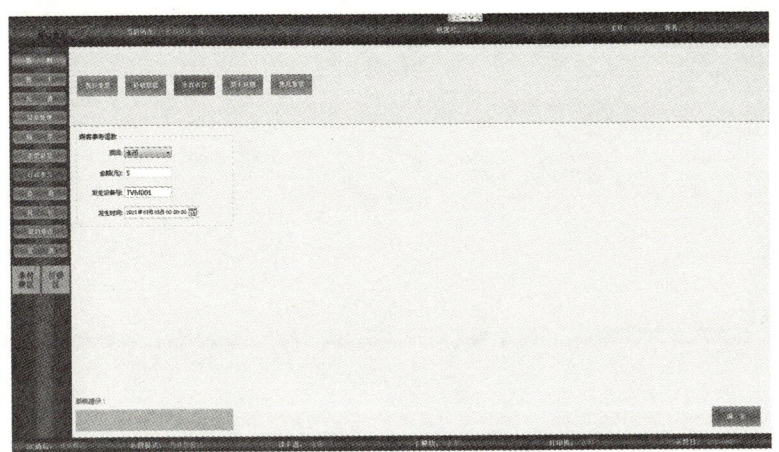

图3-6-11　半自动售票机办理乘客退款

（四）票卡延期

（1）在系统操作主界面点击左侧的"行政事务"按钮，进入行政事务主页面。

（2）选择"票卡延期"按钮，进入票卡延期界面，将储值卡放在桌面读写器上后，点击更新日期。如图3-6-12所示。

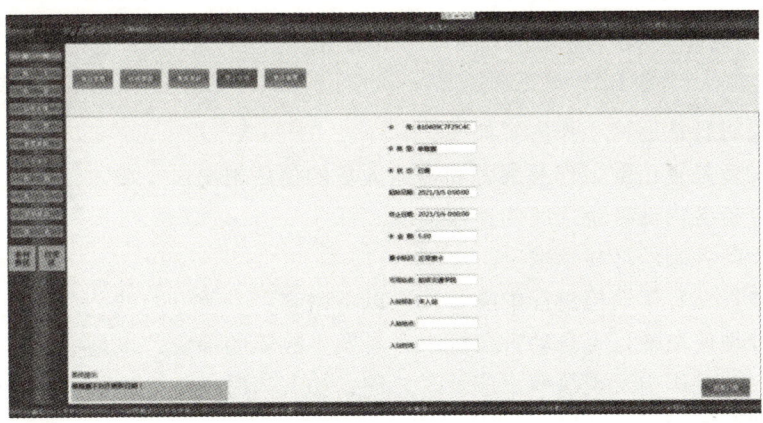

图3-6-12　半自动售票机票卡延期

六、系统退出

在半自动售票机每一班次工作结束后，当班工作人员需要退出登录账号，终止系统操作。在系统操作主界面点击左侧功能栏"签退"。在主页面点击左侧退出按钮，根据提示，点击"是"后退出系统，结束一个完整的班次，如图3-6-13所示。站务员每次登录和退出半自动售票机系统时，系统将统计、生成班次班表，用于记录该班次的操作和收益情况。下一个班次的操作员输入本人账号ID和密码，选择重新登录，开始下一班次的操作。

图 3-6-13 半自动售票机系统退出

七、半自动售票机日常巡检与简单故障处理

(一)半自动售票机的日常巡检

半自动售票机的日常巡检工作是在正常运行时间内,通过半自动售票机的表象来观察半自动售票机的运行状态。车站工作人员主要是通过设备各种指示灯、语音提示和显示器画面等所处的状态和表示的含义来判断半自动售票机是否出现异常。发现有出现异常的半自动售票机时,车站工作人员要及时采取妥当的应急解决思路或方案,合理有效地进行应急处理,尽量减少故障影响范围。

1. 半自动售票机日常巡检工作内容

半自动售票机日常巡检工作内容如下:
(1)巡视设备是否正常工作及乘客和客运人员的使用情况。
(2)检查设备各内部模块之间的连接情况。
(3)检查设备各指示灯显示情况。
半自动售票机在日常巡检过程中需要注意以下内容:
(1)车票处理模块既是半自动售票机中容易发生故障的部位,也是平时巡查的重点。
(2)如在巡视过程中发现故障,应及时处理;如有当时不能处理的,应及时上报,有条件时应将现场情况照相记录,以便分析。

2. 半自动售票机的日常巡检工作时间

与自动售票机的情况类似,半自动售票机的日常巡视检查是每日运营开始前和结束后必须进行的工作,通常由客服中心的站务员来完成。而半自动售票机的维修检修工作通常由专业的 AFC 维修检修工作人员来完成。

(二)半自动售票机简单故障处理

半自动售票机常见的简单故障如表 3-8-1 所示。

表 3-8-1　半自动售票机常见的简单故障及解决办法

序号	故障现象	故障原因	解决办法
1	半自动售票机无法充值	一卡通读卡器没有正确连接	正确连接一卡通读卡器
2	半自动售票机屏幕显示"网络连接失败"	网络出现故障	① 检查半自动售票机和服务器之间网络连接是否正常。② 检查系统服务器软件是否正常运行
3	半自动售票机乘客显示器没有显示	半自动售票机乘客显示器电源没打开或连接错误	打开乘客显示器电源或者检查线缆连接
4	半自动售票机无法发售单程票	单程票发售模块内没有放入单程票或没有正确安装票箱	① 单程票票箱装入单程票。② 正确安装票箱
5	半自动售票机启动后显示"暂停服务"，不能进入工作状态	可能未关上维修门	检查维修门并将维修门全部关紧、上锁
6	半自动售票机启动后操作员显示器没有显示	半自动售票机内部工控机没有开机或显示器处于关闭状态	打开工控机电源或打开显示器电源
7	半自动售票机不能打印凭条	可能是由于打印机电源没有打开或者打印纸已经用尽	检查打印机电源或者正确安装打印纸
8	半自动售票机打印凭条没有内容	打印机色带没有安装或者已经用尽	正确安装或更换色带

▶【知识链接】AFC 检修工岗位职责

（1）日常巡检：负责对所管辖区域的车站 AFC 设备进行日常巡检、检查，向车站人员了解设备的使用状况。

（2）对简单性故障的处理：主要指通过设备的简单复位、部件紧固调整在短时内修复的故障，无零部件更换。

（3）月巡检保养：负责每月按照施工计划对所管辖区域的 AFC 设备内部进行月度清洁维护。

（4）设备缺陷整改：配合抢修员在设备技术改造整改项的实施工作。

（5）负责做好委外单位的监督与互动工作，以提高 AFC 系统的维修效率。

（6）正确填写工班台账，做好工班工器具、物资的保管工作。

▶【任务解析】

1. 案例分析

（1）客服中心岗位为轨道交通车站窗口岗位，该案例中乘客不理解轨道运营公司的相关规定所引起，但与客服中心工作人员未能严格地执行微笑服务的相关标准不无关系。工作人员没有积极地向乘客解释相关政策，没有严格执行"微笑服务"相关规定，是此类投诉事件频发的诱因。

（2）当乘客要求在付费区进行一卡通充值业务，工作人员向乘客解释相关政策时的态度较为强硬,生硬地告诉乘客"不能充值",仅把BOM亭内的规章指示牌指给乘客看。这样的服务态度容易引起乘客不满。

（3）在客服中心业务较多,特别是在付费区和非付费区均有业务时,乘客因排队等候时间太长容易急躁。客服中心工作人员在接待此类乘客时,容易被乘客急躁的情绪影响,从而加快自己的语速,加重自己的语调,这样容易引起乘客不满。

2. 整改措施

（1）值班站长在组织班前会时要注意各岗位特别是站台、厅巡、客服中心岗工作人员的状态,发现有异常的时候要及时在班前会和"微笑十分钟"时进行处理,"微笑十分钟"要严格落实,要让员工带着微笑上岗不要让员工带着情绪上岗；在进行日常车站巡视的时候也要多注意员工的状态,常提醒员工注意"微笑服务"。

（2）客服中心工作人员在遇到乘客要求在付费区内进行充值的情况,不要简单地应付乘客,在解释相关政策的时候态度要好,语调要轻,要注意用"您"字开头。在请乘客看规章指示牌时更不能仅指一下指示牌,要在给乘客看规章指示牌时继续为乘客解释,争取取得乘客的理解。

（3）客服中心工作人员在遇到付费区和非付费区均有较多乘客排队等候的情况下,要请乘客耐心地等候；如遇性格较为急躁的乘客时,一定要注意规范用语,并且心中谨记微笑,嘴角常挂微笑。不能被乘客的情绪所带动而变得急躁,切忌说出服务忌语。

任务 7　虚拟票卡设备

▶【任务导入】

任务名称	京投亿雅捷 AFC 系统

京投亿雅捷 AFC 系统以云平台为基础环境，整合计算资源、存储资源、网络资源、安全资源，可以根据工程项目的要求对 ANCC 系统、ACC 系统、MLC 系统、SC 系统、互联网票务平台系统进行灵活的部署，最大程度地利用最终用户的数据中心资源，帮助用户节省建设投资。

本产品将传统的五层 AFC 系统架构精简至三层 AFC 系统架构。

第一层：自动售检票线网管理中心，主要包括 ACC 系统、MLC 系统、SC 系统、互联网票务平台。

第二层：车站终端设备，包括闸机、自动售票机、自动检票机、互联网终端等。

第三层：读写器、二维码读头，可以对非接触式票卡、二维码等多种票务凭据进行处理。

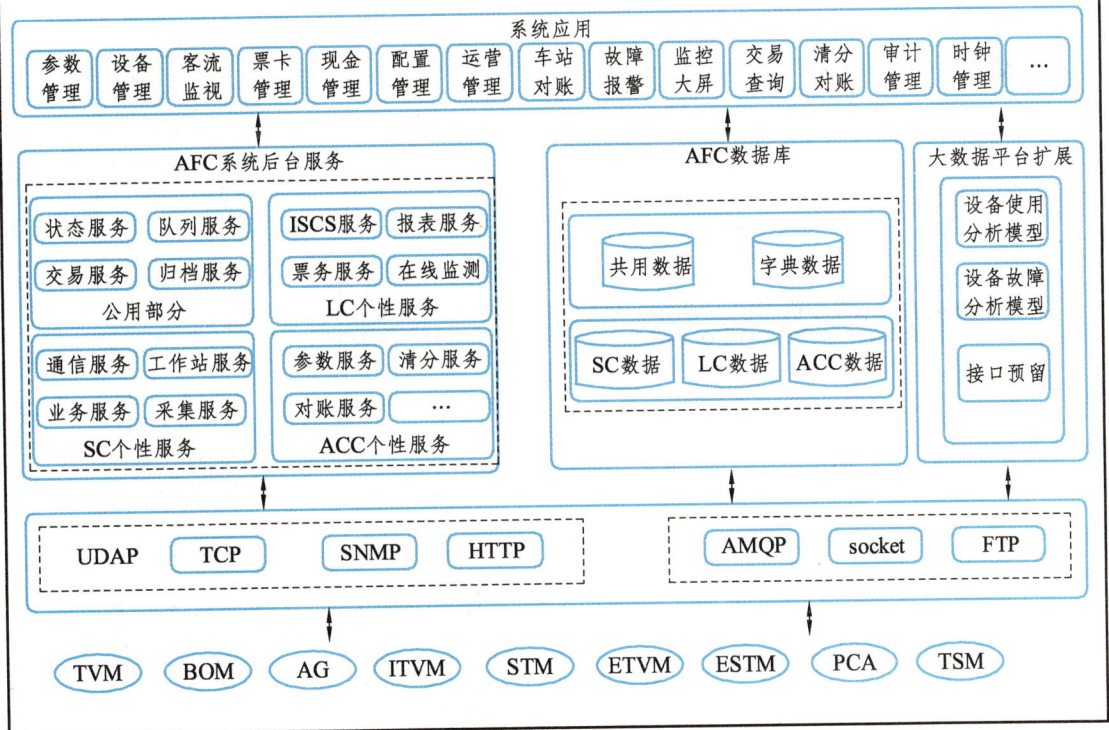

▶【学习任务相关知识点】

随着我国经济高速发展和城市化进程快速推进，互联网支付技术逐步被运用到 AFC 系统中，互联网票务服务与自动售检票系统不断深入融合，衍生出互联网售票机、互联网检票机、自助票务处理机（STM）等新型设备。互联网票务是指基于二维码车票、NFC 虚拟卡和生物特征车票等虚拟票卡介质，利用互联网实现虚拟化、数字化乘车凭证乘车的运营业务。互联网票务平台是对互联网票务使用和运营进行管理的计算机系统。

一、虚拟票卡处理设备介绍

(一) 互联网 + 自动售票机

通过升级传统自动售票机、建设轨道交通 App、与第三方移动支付服务商合作,增加自动售票机的移动支付(借助二维码、NFC 及蓝牙等)购票和兑票功能。如图 3-7-1、3-7-2 所示。

随着支付及过闸方式的多样化,传统单程票卡以及现金支付的使用率不断减少,自动售票类设备的使用需求也不断降低。结合智慧乘客服务的建设需求,自动售票设备还可以进一步扩展其他功能(比如对智能客服、智能查询等功能的开发),实现一机多用,从而进一步提高空间利用率。

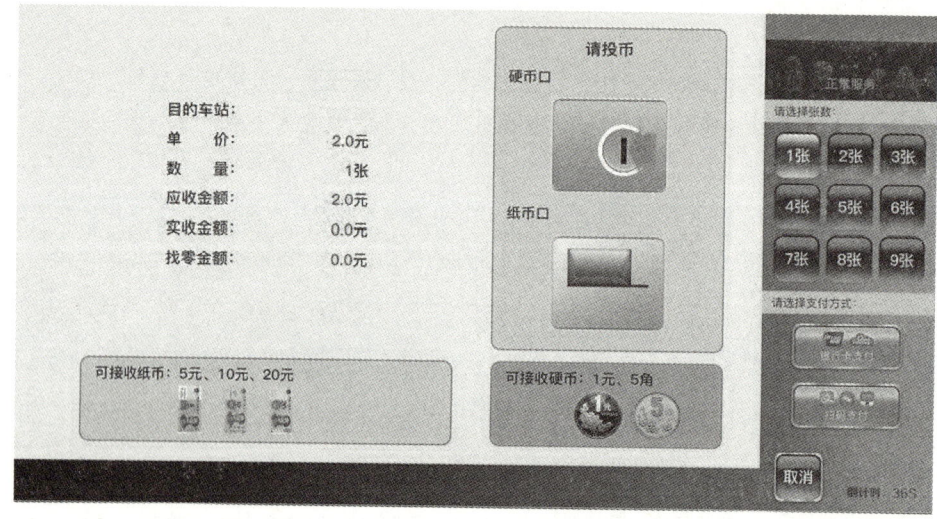

图 3-7-1 可实现互联网支付的自动售票机界面

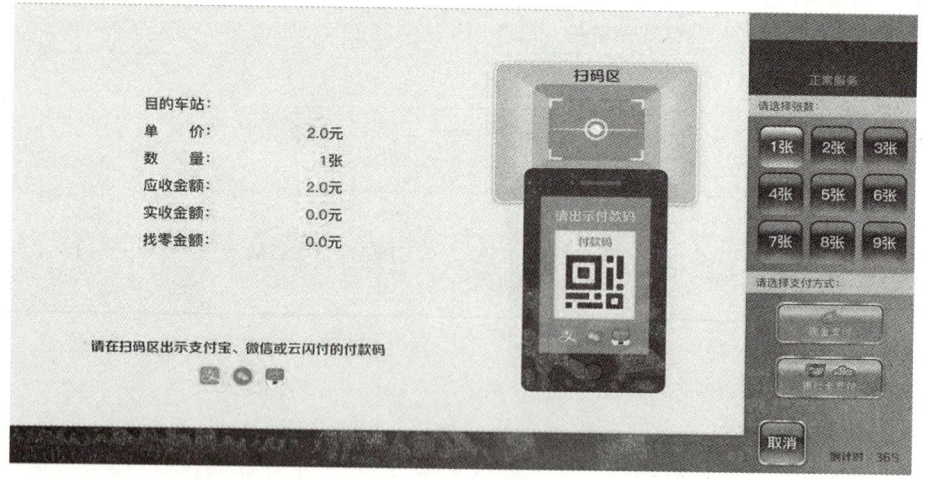

图 3-7-2 扫码支付界面

(二) 互联网 + 自动检票机

在传统自动检票机的基础上,增设二维码识别摄像头、人脸识别摄像头等设备,实现二维码识别和生物识别，形成实体票卡和虚拟票卡均能顺利过闸的检票方式，如图 3-7-3 所示。二维码在自动检票机进行消费使用时，自动检票机记录并生成相关的扫码数据，并及时将扫码数据上送到 SC 系统。

图 3-7-3　可实现二维码扫描和人脸识别的自动检票机

（三）自助票务处理机（STM）

自助票务处理机（Self-service Ticketing Machine，STM）安装在地铁站厅付费区和非付费区，可实现乘客自助操作，完成非现金票务、查询等相关服务，并在站务人员辅助操作下实现现金业务的高可靠、多功能的票务处理。自助票务处理机外形设计美观大方，操作简单，设计时充分考虑乘客使用习惯，配备触摸屏，为乘客提供友好、快速的人机操作界面，体现了"高效、可靠、安全"的设计理念。

自助票务处理机具有非现金支付票务自助处理、乘客信息显示等功能，能完成车站票务客服人员及半自动售票机的大部分工作内容，有效减轻车站工作人员的客服工作压力；同时自助票务处理机可扩展实现电子发票、账户实名服务等其他服务，增强乘客体验，为乘客提供多元化服务。

自助票务处理机具体可实现的功能如下：

（1）车票处理能力：完成对单程票、旅游票、计次票、一卡通、金融 IC 卡、交通互联互通卡、二维码虚拟电子票、NFC 虚拟电子票的处理。

（2）车票分析能力：可以根据乘客所处位置对乘客所持车票进行分析，并显示车票分析结果。

（3）车票更新能力：对于不能正常使用的车票，将根据车票的分析结果对其进行更新，以保证乘客能正常使用车票完成地铁行程。

（4）费用支付能力：对于更新需要收取费用的情况，提示乘客通过设备端的二维码扫描头扫描乘客的支付码，完成网络费用支付。

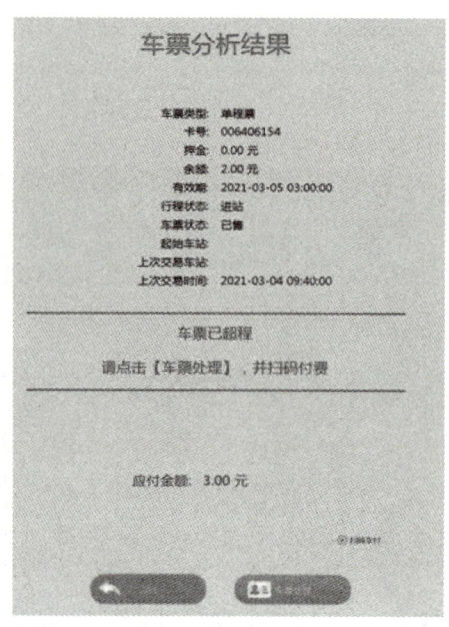

图 3-7-4 自助票务处理车票分析界面

（四）互联网+半自动售票机

互联网与传统半自动售票机的融合可以实现对传统票务、互联网票务的乘客事务处理，通过对传统 BOM 的改造、新增 iBOM 或配套运营管理 App 等一种或多种方式，为互联网票务业务提供相应的运营管理支撑能力。

互联网+BOM 可以支持二维码扫码，以读取乘客用户信息。BOM 设备在选型时，需要兼顾 IC 卡（单程票、一卡通）、二维码、NFC 等多票种的乘客事务处理需要。BOM 软件应提供对二维码等互联网票务业务的客服管理，包括对乘客信息的查询、行程查询、行程补登、行程撤销、退款等乘客事务处理功能。

二、互联网票务平台

《城轨互联网票务平台互联互通规范（试行）》中对互联网票务平台定义如下：互联网票务平台是轨道交通企业在互联网票务使用、运营过程中提供各种管理功能的信息系统，提供乘车二维码的生成、二维码扫码通知、行程通知、行程消费计费、交易对账等服务，支持 App 乘车码的接入能力，最终实现二维码过闸服务。同时城轨互联网票务平台应具备向第三方 App 开放乘车码的能力，第三方 App 可通过接入该城市的城轨互联网票务平台为乘客提供扫码过闸的服务。建设指南中将城轨 AFC/ACC、互联网票务平台合称为 iAFC，即互联网票务平台作为城轨 AFC 的一个子系统，实现对各种数字化票种业务运营的系统支撑。

（一）互联网票务平台

互联网票务平台由二维码管理系统和数字票务系统组成。其中，二维码管理系统是城市轨道运营企业互联网票务平台中服务于二维码业务的管理系统。数字票务系统是城轨企业互联网票务平台中为接入二维码、NFC、生物识别等基于身份识别或数字化票种、行程匹配及对行程按设定规则计价等相关业务规则进行管理的系统。

1. 二维码管理系统

城市轨道交通开通二维码支付功能后既可代替现金在自动售票机上购票、在半自动售票机上进行更新支付，又可以代替车票直接扫码过闸，给乘客带来了更为便利的乘车体验，很大程度上简化了城市轨道交通工作人员的票务作业流程。二维码支付可以有效解决传统 AFC 系统存在的购票效率低、购票时间长、车票成本大、设备维护成本高等问题。将二维码技术和手机应用程序相结合，实现了仅凭手机应用程序生成的二维码即可直接"扫码过闸"，为乘客带来了便捷的出行体验。

二维码管理系统是城市轨道运营企业互联网票务平台中服务于二维码业务的管理系统。二维码管理系统主要负责移动应用 App 接入管理、二维码业务参数管理、生码授权及对账结算等功能。具体功能如下：

（1）二维码管理系统满足平台开放性要求，提供多个 App 应用的接入能力。

（2）提供发码管理功能，支持遵循行业二维码标准，向各授权接入的移动应用 App 后台提供二维码生码授权能力，支持转码。

（3）提供二维码行程交易管理，实现对各 App、用户行程的查询及对乘客投诉进行处理等功能。

（4）提供对账结算功能，包括：

① 二维码管理系统根据数字票务系统的对账文件，实现对各个移动应用平台的二维码行程交易数据的清分，并按约定的规则形成移动应用生成符合标准要求的 N 日行程交易数据结算文件。

② 移动应用 App 后台获取到本应用的行程交易数据结算文件后，进行交易复核、结算处理。

③ 二维码管理系统提供互联网票务与各移动应用 App 的清结算相关报表。

2. 数字票务系统

数字票务系统是城市轨道运营企业为接入二维码、NFC、生物识别等新型互联网票务提供相关票务管理功能的系统。数字票务系统可以完成与城轨 AFC/ACC 系统的对接，同时，对互联网票务的票种类别、行程匹配、计价规则提供灵活的管理，以适应多样化的互联网票务接入需求。数字票务系统的功能主要如下：

（1）数字票务系统与城市轨道运营企业 AFC 各类终端设备对接，提供终端设备接入、证书下发、互联网票务交易数据上传等管理功能。

（2）提供对各项互联网票务业务信息的管理功能，包括线路、站点、票种、基准票价、结算价等基础业务信息的管理。

（3）提供行程管理功能，实现实名制的，采用信用消费模式，通过数字票务系统后台进行行程匹配及计费来实现先乘车后付费。行程管理功能包括行程通知、行程匹配、异常行程处理等功能。

（4）提供对行程的计费功能，支持根据票务规则计算行程的基本票价、优惠以及扣罚的计算。

（5）提供交易订单管理功能，包括：根据行程计费结果生成交易订单，提供乘客行程消费扣款通知,通过二维码管理系统分发至各移动应用App完成扣款。提供用户交易订单查询、撤销等交易订单管理功能,完成客诉订单的处理。

（6）提供对账结算功能。

① 数字票务系统提供与ACC的对账功能。

a. 数字票务系统在日终后按业务规则出具 N 日的互联网票务相关的过闸交易数据对账文件（含App及BOM补登/撤销数据）。

b. ACC获取到数字票务系统的对账文件后进行对账处理,生成对账差错文件。

c. 数字票务系统获取 ACC 对账差错文件,完成对账差错文件入库,并根据交易流水号逐条与数字票务系统上的过闸交易数据匹配对比,将调整结果文件提供给ACC。

d. 数字票务系统在完成与 ACC 的对账及差错调整后,形成结算文件。

② 提供差错调整功能。

a. 数字票务系统根据 ACC 对账差错文件中的过闸交易数据进行复核,依照对账原则及票务规则,进行行程交易复核,复核完成后对差错行程进行调整。

b. 数字票务系统对调整后的行程进行重新计费,并通知二维码管理系统做好相应调整工作。

（7）数字票务系统提供互联网票务的清结算相关报表。

（8）提供时钟同步功能。数字票务系统以 ACC 系统的时钟作为上级时钟,实现与 ACC 系统的时钟同步,并确保互联网票务平台各个子系统（包括二维码管理系统等）与数字票务系统的时钟保持一致。二维码管理系统应通过生码授权接口将互联网票务平台的实时时间同步给移动应用App,移动应用App保存手机终端与互联网平台的时钟偏差,并在生码时以互联网票务平台的时钟对二维码生成时间进行纠偏。如发生 ACC 时钟跳变问题导致移动应用App生成的二维码时间有效,可视为故障处理。

（二）二维码平台

二维码平台是二维码系统的核心,负责收集统计乘客的二维码交易信息,接收交易与参数数据,为 AFC 设备提供参数下载,生成各类信息报表。平台每日与 ACC 清分中心进行对账审核结算,以保证数据传输的完整性。

1. 二维码数据传输

二维码数据传输系统对乘客进出站信息、购票信息进行高速传输,并通过乘客的手机移动终端进行数据交互,使乘客可以在第一时间掌握自己的购票检票状态,以便遇到问题能及时处理。

软硬件交互模块主要由两个部分构成：终端交互模块和自动检票机验证交互模块。出于对乘客信息、购票记录、检票记录等个人信息的保护,需要将乘客购票时间、乘坐地铁线路、进出车站名称、进出自动检票设备位置、进出站时间等具体信息及时快速地上传至数据库。数据库的搭建主要包括 Machines、Metro lines 以及 Metro Stations。系统录入闸机编号、序列号和具体位置等信息链接到表,系统中明确标明乘客乘坐地铁线路所在站台和闸机。

2. 购票服务

购票服务器的主要任务是信息处理,它根据乘客需求对账户的购票信息进行分类,未使用车票分为一次性车票和计次票，已使用车票可以查看具体的使用信息，如购买时间、进出车站时间和站名等。链接到 Users 表中的已用票（Used-Tickets），字段既表明车票的购买者和显示票价及购买时间，也表明乘客进站的闸口和出站的闸机和时间。而未用票（Unused-Tickets）显示票价及购票支付的时间，链接到 Users 表的在用票（Tickets-In-Use）需明确购票者，内部显示购票的票价、购票的时间，明确用户进站和成功进闸口的时间，同时在系统中也表明该票正常可以到达的站台。

3. 结 算

乘客使用客户端购票，服务器会根据购买车票所需的金额生成支付请求，客户端可第一时间收到订单的反馈信息。乘客利用移动设备实现在线支付，在购票的过程中，系统会自动提醒乘客是否支付成功，如未支付成功，则会重新回到支付页面，完成支付环节如成功则完成购票。若乘客在扫描二维码时以闸机为主要设备，在请求进出站时，服务器应及时界面票码信息，获取票码。服务器以此为基础找到票据，判断票据的有效性。若票据有效，则验证工作可立即完成；如票据无效，则需要重新验证。

如出站闸机向服务器发送进站请求，服务器需要根据票价判断是否符合乘坐范围的要求。如符合票价要求，则可完成支付，并向出站闸机发送通过验证信息。如未通过验证，则应继续付款，向闸机反馈未通过验证的信息，禁止乘客通行。

乘客扫描二维码后，闸机对二维码进行消抖防止重刷，闸机对收到的二维码进行解码，生成数据并传送到闸机，闸机软件调用 SDK 解码并验码；闸机调用城市轨道系统前置传输含原始码的数据，轨道系统数据库对数据进行解析、校验、存储，并将返回处理结果传送到闸机，如果符合要求则开闸放行；成功交易后数据同步传递到 SC 车站服务器、LC 线路服务器和 ACC 清分服务器。

乘客交易数据通过闸机传送到轨道系统前置平台，然后由轨道系统前置平台传输到云端，最后由云端入库、计费、上送第三方。当需要 BOM 补登数据时，BOM 数据通过轨道系统前置平台，实时传送到云端，将返回处理结果回传 BOM；当需要 App 补登数据时，数据传输到 App 网关，由 App 网关传送到二维码平台，轨道系统前置处理行程控制数据（轨道系统前置返回成功），成功后云平台存储并返回处理结果，App 展示补登处理结果。

二维码数据的验证机制为：每日运营结束后，二维码平台需要对当日的所有客流和收益数据进行汇总和审核对账，其验证机制必须环环相扣，对每一笔交易数据都应明确对账。从车站终端到二维码平台，闸机必须与前置网关做对账审计处理；设备在做审计前，为保障数据的完整性，需要针对本地未上传成功的每条数据尝试至少 3 次重传；重传完成后，设备按照码类型、进出站类别，统计指定流水号区间内的所有数据，上送统计的明细分类数据到地铁前置；轨道系统前置按照设备编号及码类型、进出站类别，统计本地数据并与闸机统计总量及明细后分别进行比对，返回对账结果。如果对账不平，闸机必须通过指定接口上传本地所有交易，进行进一步核对。与此同时，ACC 清分中心必须作为轨道方与二维码平台进行对账，同时为了防止平台交易数据出现问题，对数据进行双重验证。每日运营结束后，二维码平台运营日的全部有效数据回流 ACC，包括配对成功文件数据——所有正常匹配的进出站信息（含补登）；单边交易文件数据——所有未匹配的事件记录（只有进站或出站）；所有单边匹配的订单（强制匹配，只有进站或出站）。另外，对非 BOM 补登数据（App 补登）、所有

App 补登后匹配成功的事件、App 补登后未匹配数据（目前全部匹配且不允许重复补登）、BOM 补登后未匹配数据需要另行核对。ACC 清分中心针对设备侧数据与平台侧回流数据做比对核销，定位差异。

（三）二维码票务事务处理

二维码 App 自助补登功能在当日运营时间结束后，若乘客在二维码 App 上存在行程缺失（有进无出、有出无进）等情况时，App 将引导乘客进行自助补登，自助补登方式为乘客通过自行查询乘车记录，找到未完成记录进行自助补登进/出车站。特殊情况下的二维码电子车票处理是指乘客在使用二维码电子车票无法正常进出站时，乘客应前往客服中心，由工作人员操作 BOM 进行电子车票的处理。

1. 二维码电子车票特殊票务事务

（1）无法进站。

车站客服中心工作人员操作 BOM 进行核验后，乘客出示手机乘车记录，若核验最近一笔交易为本站进站且进站时间在票务规则规定的时间之内，则引导乘客从边门进站。手机因网络通信问题未显示进站信息，若核验最近一笔交易为本站进站且进站时间在票务规则规定的时间之内，则直接引导乘客从边门进站。

对于超过票务规则规定的时间之外（以最近一笔交易时间为准）本站刷码成功或非本站刷码成功的乘客，车站客服中心工作人员操作 BOM 核验后完成出站信息补登，扣除本次乘车费用后，指引乘客重新刷码进站。

对于超过票务规则规定的时间之外，本站刷码成功或非本站刷码成功的乘客，车站客服中心工作人员操作 BOM 核验乘客手机乘车记录后，告知乘客下次乘车时须前往车站客服中心处理或者告知乘客当日运营结束后需使用二维码 App 自助补登扣除本次车程费用后，方可正常使用。

（2）无法出站。

乘客在使用二维码电子车票出闸时，刷码成功但闸机未开门或闸机扇门被误用，车站客服中心工作人员操作 BOM 核验，确认最近一笔交易为当日本站出站，同时通过询问乘客确认为闸机未开门或闸机扇门误用后，发售免费出站票并引导乘客持票出站。乘客出闸时刷码不成功，车站客服中心工作人员 BOM 检验，确认最近一笔交易为非当日或非本站出站，则通过 BOM 发售付费出站票，金额为乘客本次乘车费用，指引乘客持票出站。

若手机因网络通信问题未显示进站信息，则记录乘客 App 账号，发售免费出站票并引导乘客持票出站。乘客出站时手机没电或丢失，导致乘客在出闸时无法提供电子车票，车站客服中心根据乘客的手机号，使用 BOM 进行核验，若确认当日最近一笔交易站，则通过 BOM 完成出站信息补登操作，扣除乘车费用，同时发售免费出站票并引导乘客持票出站；若确认最近一笔交易为当日本站出站，询问乘客确认为闸门误用或闸机扇门未打开，则发售免费出站票并引导乘客持票出站；若无法查询到进站交易，则按照票务规则中无票情况进行处理。

（3）超时处理。

乘客一次完整进出站时间超过票务规则规定的乘车时间，除收取实际里程的车费外，按照超时收费标准，App 将自动补扣超时票价。

（4）AFC 系统故障处理。

自动售检票系统处于故障、火灾等紧急情况，乘客根据车站指挥由边门或闸机（当车站设置"紧急放行模式"等情况时，闸机放行的情况下）进/出站，后续按照"无法正常进/出闸"的处理规则进行处理。如遇列车晚点、车站客流组织等地铁原因导致 App 多扣乘车费用时，车站客服中心引导乘客通过 App 客服电话或 App 终端提出交易申诉，由 App 运营方进行处理。

2. 二维码电子车票使用注意事项

（1）时间延迟。

二维码电子车票使用的注意，传统支付方式是按照车票、车站终端设备、车站计算机、线路中央计算机系统、清分系统的层级由下至上进行数据传递，对交易数据基本采用层层存储，层层转发的设计。从设备、车站到线路、线网，各级都有相应的数据，因而对系统整体具有一定的延时影响。

电子支付需与资金提供方进行实时连接，对全系统实时性的要求较高。为了确保实时性及数据的准确性，电子支付项目对交易数据的处理分为两个阶段进行：资金方与传统 AFC 系统网络连接，数据交换发生在 ACC，而不是在其他层；各闸机设备生成的交易数据直接纳入原来的 AFC 系统的管理中。

（2）TVM 聚合支付退款慢。

当聚合支付 TVM 出现已扣费未出票情况时，TVM 无法自动退款，需到客服中心办理退款手续，经后台票务工班确认已扣费未出票情况属实后，在互联网票务系统上发起退款，一般需要 3~7 个工作日才能退款到账。

（3）二维码乘车无免费政策。

根据政府相关政策规定，65 周岁以上老人、学龄前儿童（或 1.3 m 以下儿童）、残疾人、现役军人、伤残警察等特殊人群享有免费乘坐公共交通工具的权利，而二维码乘车 App 中无相关优惠措施，未实现与免费证件的绑定，只有 App 本身的 8 折、9 折、抵用券等优惠，甚至大部分 App 无任何优惠，因此，目前符合票务优惠政策的免费乘车人群仍然会采用传统方式乘车。

（4）不同 App 二维码之间无关联。

手机拥有多个可乘车 App，但不同 App 之间无任何关联。当乘客记错进站 App，而换另一个 App 出站时，会被误认为未刷进站码而补登进站码，补登进站码的 App 在出闸时会当场扣费，刷进站的 App 则在一定时长（一般为地铁与 App 公司约定的单边交易结账周期）后也扣费，因此，容易造成双重扣费。

（5）对手机依赖大。

二维码支付对手机性能有一定要求，如必须能下载第三方支付平台或二维码乘车 App，要保证手机信号在使用期间良好，有足够电量，才能完成正常支付。

3. 二维码使用改进措施

（1）完善聚合支付 TVM 功能。

聚合支付 TVM 需要增加出票检测功能，检测到出票失败时立即向互联网票务系统平台发送出票失败信息，启动自动退款。另外，修改具有聚合支付的 TVM 设置暂停服务的条件，仅当现金模块与二维码支付模块同时故障时才转为暂停服务，当其中一项故障时，在 TVM 上方的状态显示屏上显示相应的故障信息。

（2）增加乘车 App 与其他系统的互联。

不同的二维码乘车 App 之间增加互联互通渠道，当一个 App 已刷码时，将刷码信息推送给其他 App，当对另一个 App 进行刷码/补登时弹出某 App 已刷码的提醒信息，并给予是否确定刷码/补登选项，只有乘客确认要在本 App 上刷码/补登时，才能刷码/补登成功，从而减少重复扣费的情况。

二维码乘车 App 也可增加对老人、学生、儿童、残疾人的身份认证功能，与市民卡信息系统、残疾人信息查询系统互通，乘客在 App 中上传相关证件及身份信息，App 将认证信息发送到相关信息系统中，信息匹配成功后将结果反馈给 App，App 给予免费身份认证，在乘车时显示可免费过闸的二维码。

（3）加强不同城市乘车二维码的互联互通。

越来越多的城市在积极探索与其他城市之间实现乘车二维码互联互通的可能性。例如，上海地铁二维码已与杭州、宁波、温州、合肥、南京、苏州、无锡、徐州、常州、青岛、兰州等 13 个城市互通，广州已实现与北京、上海、重庆、天津 4 座城市地铁乘车码互联互通，北京已实现与上海、广州、天津及呼和浩特 4 座城市地铁二维码互联互通。伴随着不同城市间乘车二维码的互联互通，国家相关部门应积极推动全国通用二维码建设标准，为进一步实现全国互联互通提供参照依据。

（4）优化二维码生码、验码方式。

对于二维码的生码、验码方式，建议以双脱机为主，确保乘客通行受外部条件影响最小。App 可在在线获取乘客授权数据后的一定期限内，支持离线情况下的脱机生码，减少因地铁站厅网络信号不佳或平台程序故障造成无法生码而影响乘客使用的情况。

三、人脸识别支付系统

在城市轨道交通自动售检票中，乘客可通过多渠道进行人脸识别开通注册（如天津地铁 App、支付宝、车站票务服务终端等），并在绑定互联网支付方式后，在全线网任意车站通过人脸识别的方式进出闸机。采用信用消费的模式，先乘车后付费，由轨道交通既有的智能支付系统完成行程匹配和扣费。

在城市轨道交通人脸识别自动售检票系统中，通过系统完成后台注册和前端采集的人脸信息的比对，完全符合后自动实现闸机的开放，出站后自动扣费，实现直接刷脸乘车功能。

人脸识别过闸前置业务系统开发，负责处理人脸识别算法和前端 PAD 终端的业务调度及接口处理。完成人脸 PAD 接口相关 AFC 系统功能开发，完成人脸 PAD 终端设备接入，完成车站闸机和半自动售票机人脸 PAD 识别设备安装，同时需要完成可能涉及的设备改造，实现人脸 PAD 过闸和其他相关功能。

（一）原 理

人脸注册终端（半自动售票机及自助票务服务终端）应能通过局域网连接人脸识别系统

后台和后台账户系统，实时检测乘客当前状态，在完成相应业务处理后，应实时将相关票务处理信息上传到人脸账户后台。人脸识别系统设置统一的前置业务，与前端人脸识别PAD通信和交易业务，与SPT、App及其他外部系统进行接口业务。人脸识别算法服务应根据不同的算法提供方单独部署、模块化部署。

（二）构　成

人脸识别中央平台包含以下核心系统。

1. 基础资源平台

硬件平台，集成服务器、网络交换、网络路由、存储资源于一体，通过云平台管理模式进行动态的资源部署和管理，为整体系统提供计算、存储、网络的基础资源服务。实现服务器虚拟化、NAS存储、SAN存储、网络虚拟化等功能。其中，计算、存储、网络、虚拟化等基础系统资源。

2. 前置业务系统

人脸识别PAD终端、半自动售票机、自助票务服务机器人的人脸识别接口，对接智能支付平台系统（SPT）、地铁App及其他App的人脸识别业务。人脸识别PAD管理、票务业务前置交互等业务。

3. 人脸识别业务流程

乘客可通过手机App、车站半自动售票机、车站自助票务服务终端完成人脸注册。注册时需校验乘客身份证信息，所有人脸识别注册渠道的用户账户信息需归集至智能支付平台系统统一管理。

（1）人脸识别平台。

轨道交通智能支付平台可以完成人脸识别的注册、注销、信息更新等功能。平台完成人脸识别注册后，由智能支付平台系统（SPT）分配用户ID账户，并在人脸识别系统建立对应的唯一人脸ID，并将ID信息同步至SPT系统。

（2）身份信息验证。

人脸识别系统需调取外部具有公信度的平台系统完成对采集的乘客人脸信息和身份信息的真实性认证。人脸识别系统的实名信息统一归集至天津轨道交通智能支付平台系统进行管理。

（3）支付渠道绑定。

人脸识别支付渠道一般要由专门的智能支付平台系统与其对接。智能支付平台系统完成与人脸识别支付渠道相关的实名信息扩区、绑定、解绑等功能（例如，天津地铁人脸识别的支付渠道由天津轨道交通智能支付平台系统负责与支付渠道进行技术对接）。

（4）过闸乘车等票务业务。

人脸识别PAD终端负责采集有效人脸信息：①采集到有效人脸信息后，按照标准接口发送至人脸识别前置系统进行调度。②由人脸识别前置系统向人脸识别算法平台发起人脸识别请求。③人脸识别PAD将用户ID信息发送至读写器。④由读写器按照既有的智能支付进出闸流程完成业务办理。⑤半自动售票机及自助票务服务终端的人脸识别票务业务流程参照以上流程执行。

（5）行程查询。

人脸识别行程可通过 App、半自动售票机、自助票务服务终端进行查询。

（6）行程支付。

① 人脸识别行程的支付由轨道交通智能支付系统发起。

② 人脸识别行程的支付对账由轨道交通智能支付系统完成。

③ 人脸识别行程支付的票款清分由轨道交通清分清算系统完成。

随着国内的轨道交通行业的发展，创新国内现有的人脸 PAD 智能支付在轨道交通领域应用模式，实现技术突破和革新，不断总结经验，及时解决问题，才能保障轨道交通运营管理工作的有序运行，促使城市建设和发展不断向前迈进。

任务 8　城市轨道交通票务设备安全常识

▶【任务导入】

任务名称	城市轨道交通运营能耗情况

城市轨道交通行业运营用电总电量可分为牵引用电、车站用电、车辆段等场所所产生的办公用电,其中车站用电主要分为动力用电及照明用电。动力用电覆盖内容较多,主要划分为环控用电、门梯用电、消防给排水用电、弱电系统用电等。地铁运营主要能耗分布在牵引供电、环控、电扶梯和照明等设备中,牵引用电占地铁能耗的 50%~60%,环控占地铁能耗的 25%~35%,电扶梯占地铁能耗的 2%~5%,照明占地铁能耗的 4%~7%,即机电设备的能耗占据地铁日常运营总能耗的 31%~47%。

动力用电	涵盖内容
环控用电	制冷水系统用电、大小系统用电、隧道通风系统用电等
门梯用电	站台门、电扶梯用电等
消防给排水用电	给水排水、气体灭火系统、出入口设备、消防泵等
弱电系统用电	信号、综合监控、通信、AFC、BAS、安检、视频监控等

▶【学习任务相关知识点】

城市轨道交通票务设备包括自动售票机、自动检票机、半自动售票机以及智能化票务事务处理机等,设备日常运营工作涉及强电、弱电及操作安全等方面的安全问题。应避免因设备质量、技术故障或者操作不当,导致票务设备无法正常运行,影响车站运营秩序,甚至造成安全生产运营事故。因此,为保障车站安全有序运营,车站工作人员应具备设备检修和安全防护的基本常识,提高防患意识。

一、电气安全基础知识

(一) 电流对人体的危害

1. 电气设备触电危害

人体是导电体,当人体接触到带电体时,电流会通过人体,可能导致触电事故。触电的危害程度取决于电流的大小、持续时间、通过人体的路径等因素。

轻微触电可能引起刺痛、麻木等感觉,严重触电可导致心脏骤停、呼吸停止甚至死亡。

2. 电流对人体的影响

① 感知电流:人体能够感觉到的最小电流,一般为 1 mA 左右。
② 摆脱电流:人能够自主摆脱带电体的最大电流,一般为 10 mA 左右。
③ 致命电流:在较短时间内危及生命的最小电流,一般为 50 mA 以上。

(二）电气事故的类型

1. 电击事故

① 直接接触电击：人体直接接触带电体而发生的电击事故。
② 间接接触电击：人体接触因故障而带电的设备外壳等而发生的电击事故。

2. 电伤事故

① 电弧烧伤：由电弧产生的高温对人体造成的烧伤。
② 电烙印：电流通过人体时在皮肤上留下的与接触带电体形状相似的永久性瘢痕。
③ 皮肤金属化：由于高温电弧使金属熔化、气化，金属微粒渗入皮肤造成的伤害。

3. 电磁场伤害

电磁场是一种由带电物体产生的物理场，它包含电场和磁场两部分。电场和磁场是相互关联的，它们共同构成了电磁场。变化的电场会产生磁场，变化的磁场也会产生电场。电磁场具有能量，电磁波在传播过程中携带能量，会对周围环境和事物产生热效应或非热效应等影响。因此，如果长期暴露在高强度电磁场中，可能对人体健康产生不良影响，如头晕、乏力、记忆力减退等。

（三）电气安全措施

1. 绝缘防护

操作电气设备应用绝缘材料将带电体封闭起来，防止人体接触带电体。并定期检查电气设备的绝缘性能，确保绝缘良好。

2. 接地保护

电气设备的金属外壳接地，可以在设备发生漏电时，电流通过接地装置流入大地，避免人体触电。接地装置应符合相关标准要求，定期进行检测和维护。

3. 漏电保护

安装漏电保护器，当设备发生漏电时，漏电保护器能迅速切断电源，保护人身安全。定期对漏电保护器进行测试，确保其正常工作。

4. 安全电压

根据不同的环境和场所，采用安全电压等级，如 36 V、24 V、12 V 等。安全电压虽是相对安全的，但在潮湿、狭窄等特殊环境中仍需谨慎使用。

（四）电气火灾的预防与扑救措施

1. 电气火灾预防措施

电气设备是城市轨道交通车站的主要设备，因此，车站电气设备安全运营是车站运作重要作业。为保证车站电气设备安全生产运营，应该提前制定电气设备火灾的预防措施。首先，选用合格的电气设备和电线电缆，避免使用劣质产品。其次，合理布置电气线路，避免线路过载、短路等情况。最后，应定期检查电气设备和线路，及时发现和消除火灾隐患。

2. 电气火灾扑救方法

因为电气设备在着火时可能仍然带电，若处理不当，可能会导致触电事故，因此，电气设备火灾扑救需要特别谨慎。如果发生电气设备火灾，首先应切断电源，然后再进行灭火。其次，灭火设备可使用干粉灭火器、二氧化碳灭火器等进行灭火，不得使用水或泡沫灭火器灭火。

城市轨道交通车站工作人员应该了解电气安全基础知识，具备电气设备安全操作与运营管理的能力，可以有效预防电气事故的发生，保障车站及整个城市轨道交通的运营安全。

二、维修电工安全常识

电气设备操作员应充分认识到电气工作中存在的各种风险，包括触电、电弧烧伤、电气火灾等。了解这些风险的潜在危害，时刻保持警惕。明白不同电压等级的电气设备所带来的危险程度是不同的，对高压设备要格外谨慎。

工作过程中应保持高度的责任感，严格遵守安全操作规程，不抱有侥幸心理。认识到安全是第一位的，任何疏忽都可能导致严重的后果。要积极主动地学习和掌握新的安全知识和技能，不断提高自己的安全意识和操作水平。

（一）个人防护装备

1. 绝缘工具

配备合格的绝缘手套、绝缘鞋、绝缘棒等工具。在进行电气设备操作前，检查绝缘工具的完整性和绝缘性能，确保其能够有效防止触电。定期对绝缘工具进行检测和维护，及时更换损坏的工具。

2. 防护服装

电气工作人员应该穿着符合安全标准的工作服，避免穿着宽松或易产生静电的衣物。工作服应具有一定的防火、防静电性能。并且佩戴安全帽、护目镜等防护用品，保护头部和眼睛免受物体打击和电弧伤害。

（二）维修电工人身安全

（1）在进行电气设备安装和维修操作时，必须严格遵守各种安全操作规程和规定，不得玩忽职守。

（2）操作时要严格遵守停电操作的规定，要切实做好防止突然送电时的各种安全措施。如挂上"有人工作，不许合闸"的警示牌，锁上刀开关或取下总电源熔断器的熔体，不准在约定时间送电等。

（3）在操作邻近带电部分时，要保证有可靠的安全距离。

（4）操作前应仔细检查工具的绝缘性能，检查绝缘鞋、绝缘手套等安全用具的绝缘性能是否良好，有问题的应立即更换，并应定期进行检查。

（5）登高工具必须安全可靠，未经登高训练的，不准进行登高作业。

（6）如发现有人触电，要立即采取正确的抢救措施。

（三）设备运行安全

（1）对于已出现故障的电气设备、装置及线路，不应继续使用，以免事故扩大，必须及时进行检修。

（2）必须严格按照设备操作规程进行操作，接通电源时必须先合上隔离开关，再合上负荷开关；断开电源时，应先切断负荷开关，再切断隔离开关。

（3）当需要切断故障区域电源时，要尽量缩小停电范围。有分路开关的，要尽量切断故障区域的分路开关，尽量避免越级切断电源。

（4）电气设备一般都不能受潮，要有防止雨雪、水汽侵袭的措施。电气设备在运行时会发热，因此必须保持良好的通风条件，有的还要有防火措施。有裸露带电的设备，特别是高压电气设备，要有防止小动物进入的措施，以免造成短路事故。

（5）所有电气设备的金属外壳，都应有可靠的接地措施，凡有可能被雷击的电气设备，都要安装防雷设施。

（四）触电防范

日常操作带电设备在防止触电时应做到以下几点。

（1）不得随便乱动或私自修理车间内的电气设备。

（2）经常接触和使用的配电箱、配电板、刀开关、按钮、插座以及导线等，必须保持完好，不得有破损或将带电部分裸露出来。

（3）不得用铜丝等代替熔丝，并保持刀开关、磁力开关等盖面完整，以防短路时发生电弧或熔丝熔断伤人。

（4）经常检查电气设备的保护接地、接零装置，保证连接牢固。

（5）在使用手电钻、电砂轮等手持电动工具时，必须安装漏电保护器、工具外壳进行防护性接地或接零，并要防止移动工具时导线被拉断。操作时应戴好绝缘手套并站在绝缘板上。

（6）在移动电风扇、照明灯、电焊机等电气设备时，必须先切断电源，并保护好导线，以免磨损或拉断。

（7）在雷雨天，不要进入高压电杆、铁塔、避雷针的接地导线周围20 m之内。当遇到高压线跌落时，周围10 m之内禁止人员进入；若已经站在10 m范围之内，应单足或并足跳出危险区。

（8）对设备进行维修时，一定要先切断电源，并在明显处放置"有人工作，不许合闸"的警示牌。

四、自动售检票系统安全常识

城市轨道交通自动售检票系统的安全直接影响运营，自动售检票系统的设备操作和检修人员必须熟悉自动售检票设备的安全关键点——设备操作安全、设备检修及防护安全和收益安全的注意事项。

（一）设备操作安全

（1）操作自动售检票系统设备时，要在输入个人的账号和系统密码后，才能对设备进行操作。

（2）严格按自动售检票系统设备操作手册内容进行设备操作，自动售检票系统设备监测到有非法操作时，自动售检票系统将进行详细的记录，同时发出警报。

（3）未经允许，任何人不得对自动售检票系统设置降级模式和紧急模式。

（4）检修测试，必须在运营结束后才能进行。

（5）保管好个人账号和密码，不能盗用他人的个人账号和密码登录自动售检票系统操作执行任务，注意定期更换个人密码。

（6）操作中应轻拉轻推导轨承重模块，防止支架导轨脱落发生危险。

（7）操作、取出设备部件(如钱箱等)时，要轻拿轻放，防止碰撞、摔落造成部件损坏。

（二）设备检修及防护安全

（1）自动售检票系统设备维护检修时，必须做好现场设备作业的防护工作，作业范围内有安全防护设施，作业完成后必须清理好作业现场，确认恢复设备正常运营。

（2）拆卸、安装自动售检票系统设备内部机械部件时，要按照部件的拆卸、安装步骤进行，必须佩戴手套，做好相应的劳动安全保护。

（3）使用吸尘器对设备内部进行除尘清洁工作时，需戴口罩等劳保用品。

（4）对自动售检票系统设备内部进行清洁、润滑、检查或维修前，应先断开设备电源（UPS）和后备电源(蓄电池电源)，禁止用试电按钮来关闭漏电保护开关和用脚接通或断开电源开关。

（5）在检修导轨承重模块时，应先将模块从支架上拉出并确认固定扣已经扣牢固、检修完毕应及时将模块推回原位，谨防夹伤、撞伤。

（6）更换电路板时要做好静电防护措施，严禁带电插、拔电路板和连接线。

（7）使用液态清洁剂清洁自动售检票系统设备内部时，避免将清洁剂滴到电源线或电路板上而发生短路现象。

（8）检修过程中应注意正确使用工器具，避免由于操作不当造成工器具损坏。

（三）收益安全

（1）涉及票务和收益的关键地方，如票务钥匙使用、设备内取出现金或有价车票等，必须遵从双人确认制度。

（2）任何人未经批准，不准删除自动售检票系统设备上的文件和数据，以及随便修改自动售检票系统设备上的设置。

（3）严禁私配自动售检票系统设备钥匙及相关票务钥匙。

（4）严禁私拿钱和车票，涉及乘客票务问题时，必须按票务规定进行处理，并做好相应记录。

（5）任何人都有权制止损害票务收益的行为。

▶【知识拓展】设备维修常用工具

在车站日常运营维护工作中,应使用专用的工具进行 AFC 设备维修和维护。熟练掌握工具的使用方法将有助于提高工作效率。维修人员常用的设备维修工具主要包含以下几种。

1. 螺丝旋具

螺丝旋具又称螺丝刀,用来紧固和拆卸各种紧固力较小的螺钉,是设备日常维护检修及故障抢修的常用工具。螺丝旋具是由刀柄和刀体组成的,刀口形状有"一"字、"十"字、内六角、六角套筒等。根据刀体长度和刀口大小,每一类螺丝旋具都有不同的型号。电气维护用的螺丝旋具刀体部分用绝缘管套住。

首先,根据螺钉头部槽的形状和大小,选择合适的旋具,否则会损坏旋具或螺钉槽。然后,用大拇指、食指和中指夹住刀柄,手掌顶着刀柄末端。最后,把刀口放入螺钉头部槽内,使用合适的压力紧固或拧松螺钉。一般来说,顺时针方向为旋紧螺丝,逆时针方向为旋松螺丝。在旋拧螺丝时,要保持螺丝旋具的稳定,避免刀头在螺丝槽中滑动,导致滑牙。除了允许敲击的冲击螺钉旋具外,一般螺钉旋具不允许用锤子等工具敲击,也不允许用螺钉旋具代替凿子或撬棍使用。

2. 扳　手

扳手是用于紧固或拧松有角螺栓或螺母的工具。常用的扳手有活动扳手、呆扳手、梅花扳手、两用扳手、套管扳手、内六角扳手、棘轮扳手、扭力扳手、专用扳手等。

在使用套筒扳手时,将套筒安装在套筒扳手的接杆上,确保套筒与接杆连接牢固。用手握住套筒扳手的手柄,将套筒套在螺栓螺母上。在旋拧过程中,要保持套筒与螺栓螺母垂直,避免倾斜。使用时,手握手柄,手越靠后,扳动起来越省力。

3. 钳

钳按功能和形状可以分为克丝钳、尖嘴钳、扁嘴钳、鹰嘴钳、斜口钳、剥线钳、压接钳等。克丝钳具有夹持和剪切功能,常用来夹持器件、剪切金属线、弯绞金属线、紧固和拧松螺钉等。尖钳的头部尖细,适合在狭小空间操作,可以用来夹持小的器件、剪切细小金属线、修整导线形状、紧固和拧松小螺钉。

扁嘴钳的头部扁平,有带齿和不带齿两种,适合用来夹持和修整器件,不带齿的不会在器件上留下夹压的痕迹。鹰嘴钳的头部尖细且弯曲,适合用来夹持小的器件。斜口钳的头部有锋刃,用来剪切金属线。剥线钳用于剥除截面面积 6 mm^2 以下导线的绝缘层,使用时,选择相应的剥线刀口,以免损伤芯线。压接钳用来压接各类接头,有机械式压接钳和油压式压接钳。根据不同的压接接头和压接线径,使用不同的压接钳。不同的钳有不同的功能,不同使用场景选择不同的钳。不允许用锤子等工具敲击钳或将钳当锤子敲击。

4. 镊子

镊子是维修中经常使用的工具,常常用它夹持纸屑、导线、元件及集成电路引脚等。在不同的场所需要用不同的镊子,一般要准备直头镊子、平头镊子、弯头镊子各一把。

用镊子夹取物体时,将镊子的尖端对准要夹取的物体,轻轻闭合镊子,夹住物体。夹取时要注意力度适中,既要保证能够牢固地夹住物体,又不能对物体造成损坏。对于较小或较脆弱的物体，可以采用轻轻触碰的方式夹取，避免用力过猛导致物体破碎或变形。

5. 电烙铁

电烙铁是电子制作和电器维修的必备工具，主要用途是焊接元件及导线。

电烙铁按机械结构可分为内热式电烙铁和外热式电烙铁；

按功能可分为无吸锡电烙铁和吸锡式电烙铁；

根据用途不同，可分为大功率电烙铁和小功率电烙铁；

根据温度调节不同，可分为恒温电烙铁和调温电烙铁。

为方便使用，通常用焊锡丝作为焊剂，焊锡丝内一般都含有助焊的松香焊锡丝（使用约60%的锡和40%的铅合成），熔点较低。

松香是一种助焊剂，可以帮助焊接。松香既可以直接用，也可以配制成松香溶液，即把松香碾碎，放入小瓶中，再加入酒精搅匀。注意：酒精易挥发，用完后要记得把瓶盖拧紧。瓶里可以放小块棉花，用时用镊子夹出棉花并涂在印刷板上或元器件上。

使用电烙铁务必注意安全，有以下几个注意事项：

（1）防止触电。

在使用电烙铁时，要确保电烙铁的电源线完好无损，避免电源线破损导致触电事故。新买的电烙铁先要用万用表电阻档检查一下插头与金属外壳之间的电阻值，万用表指针应该不动，否则应该彻底检查。不要在潮湿的环境中使用电烙铁，以免发生触电危险。

（2）防止烫伤。

电烙铁在工作时温度很高，要避免直接接触烙铁头，以免烫伤。新的电烙铁在使用前要用锉刀锉一下烙铁的尖头，接通电源后待烙铁头的颜色发生变化就证明烙铁发热了，然后用焊锡丝放在烙铁尖头上镀上锡，使烙铁不易被氧化。在使用中，应使烙铁头保持清洁，并保证烙铁的尖头上始终有焊锡，要将其放在专门的烙铁架上，避免随意放置导致烫伤他人或损坏物品。

（3）防火防爆。

电烙铁在工作时会产生高温，要避免在易燃、易爆物品附近使用电烙铁，以免引发火灾或爆炸事故。在使用电烙铁时，要保持工作环境的通风良好，避免产生的烟雾和有害气体对人体造成伤害。

（4）正确存放。

在使用完电烙铁后，要及时拔掉电源插头，将电烙铁放在安全的地方存放。存放电烙铁时，要避免将其放在潮湿、高温或易燃、易爆物品附近，以免损坏电烙铁或引发安全事故。

▶【实训练习】

一、单选题

1. 自动售票机中（　　）是显示设备工作状态的部件。
   A. 乘客显示屏　　B. 状态显示屏　　C. 硬币投入口　　D. 纸币投入口

2. 自动售票机中（　　）负责控制设备内部各单元协调工作，实现车票处理、现金处理、数据通信和状态监控等功能。

A. 乘客显示屏　　　B. 状态显示屏　　　C. 主控单元　　　D. 纸币模块

3.（　　）是自动售票机的硬币处理单元，用于接收乘客购票投入的硬币，进行硬币的识别、接收、找零、退币回收等动作。

A. 乘客显示屏　　　B. 状态显示屏　　　C. 纸币模块　　　D. 硬币处理模块

4. TVM 接收的硬币首先进入（　　）。

A. 补充找零钱箱　B. 循环找零箱　　　C. 硬币回收箱　　　D. 纸币钱箱

5. 运营过程中循环找零钱箱溢出的硬币会进入（　　）。

A. 补充找零钱箱　B. 循环找零箱　　　C. 硬币回收箱　　　D. 纸币钱箱

6. 宽通道检票机净宽度为（　　）。

A. 900 mm　　　　B. 550 mm　　　　C. 600 mm　　　　D. 700 mm

7.（　　）安装于进站检票机的入站端、出站检票机出站端和双向检票机两端车票读写区的连接处。

A. 方向指示器　　　　　　　　　　B. 乘客显示器

C. 票卡读写器　　　　　　　　　　D. 单程票投入口

8. 某台 TVM 可接受硬币和纸币购票，如果运营状态显示器显示"只收纸币"，其原因可能是（　　）。

A. 硬币处理模块有卡币　　　　　　B. 硬币找零钱箱空

C. 硬币钱箱空　　　　　　　　　　D. 纸币钱箱空

9. 如果乘客持二维码乘车，如遇列车晚点、车站客流组织等地铁原因导致 App 多扣乘车费用时，（　　）。

A. 扣除乘车费用

B. 记录乘客 App 账号，发售免费出站票并引导乘客持票出站

C. 车站客服中心引导乘客通过 App 客服电话或 App 终端提出交易申诉，由 App 运营方进行处理

D. 超时收费标准，App 将自动补扣超时票价

10. 售票机处或其附近应有醒目、明确的车票种类、（　　）、售票方式、车票有效期等信息，方便乘客购票。

A. 票价　　　　B. 票面金额　　　　C. 票面种类　　　　D. 票面编号

二、多选题

1. 以下关于自动售票机的描述正确的有（　　）。

A. 接受乘客的购票选择，发售有效单程车票

B. 在与线路中央计算机及车站计算机通信中断时不能在离线运行模式下工作，并保存数据

C. 具备自动接受硬币、纸币、银行卡以及电子支付方式等一种或数种支付方式

D. 具备硬币找零或硬币、纸币找零的功能

2. 自动售票机外部结构包括（　　）。

A. 乘客显示屏　　B. 硬币投入口　　C. 状态显示屏　　D. 硬币处理模块

3. 自动售票机更换单程票票箱的时间是（　　）。
   A. 每日运营时　　　　　　　　　　B. 每日运营开始前
   C. 车站计算机（SC）提示 TVM 票箱将空时
   D. 运营期间 TVM 运营状态显示器出现"车票不足"时
4. 自动售票机更换硬币回收钱箱的时间是（　　）。
   A. 车站计算机（SC）提示 TVM 机硬币回收钱箱将满时
   B. 现金盘点日当日运营结束后
   C. 车站计算机（SC）提示 TVM 票箱将空时
   D. TVM 机状态显示屏出现"只收纸币"
5. 自动售票机更换纸币找零钱箱的时间为（　　）。
   A. 现金盘点日次日运营前
   B. 车站计算机（SC）提示 TVM 机纸币找零钱箱将空时
   C. 各车站根据车站具体情况制定的更换硬币钱箱的固定时间
   D. 本站最后一列载客列车开出后的规定时间
6. 自动售票机更换纸币钱箱的时间（　　）。
   A. 车站计算机（SC）提示 TVM 机纸币钱箱将满时
   B. 现金盘点日当日运营结束后
   C. TVM 机状态显示屏出现"只收硬币"
   D. TVM 机状态显示屏出现"只收纸币"
7. 自动检票机根据功能可以划分为（　　）。
   A. 进站检票机　　　　　　　　　　B. 出站检票机
   C. 双向检票机　　　　　　　　　　D. 自动检票机
8. 一般情况，每套半自动售票机都会配置 2 个乘客显示器，分别服务于（　　）乘客。
   A. 付费区　　　　　　　　　　　　B. 非付费区
   C. 站台　　　　　　　　　　　　　D. 出入口
9. 自动售票机启动后显示"暂停服务"，可能的原因有（　　）。
   A. 硬币钱箱没有正确安装　　　　　B. 维修门未关闭
   C. 接收到"紧急模式"命令　　　　　D. 部件发生故障导致无法提供任何功能操作
10. TVM 发售单程票过程中，写入的信息包括（　　）。
    A. 发售日期、发售时间　　　　　　B. 发售站点
    C. 目的站点　　　　　　　　　　　D. 车票金额

三、名词解释

1. 自动售票机
2. 自动检票机
3. 半自动售票机
4. 互联网+自动售票机
5. 互联网+自动检票机

6. 自助票务处理机

四、简单题

1. 简述自动售票机更换硬币找零钱箱的时间。
2. 简述自动检票机的功能。
3. 简述半自动售票机日常巡检工作内容。
4. 简述自助票务处理机具体可实现的功能。

项目三实训练习答案

项目四　城市轨道交通车站票务运作

【项目描述】

城市轨道交通车站是城市轨道交通运营的重要组成部分。票务工作是城市轨道交通车站工作中的重要内容之一。车站各岗位工作人员都承担着相关的票务工作职责。本项目将全面介绍城市轨道交通车站各岗位的票务职责、车站票务设备巡视工作内容、客服中心乘客服务作业内容、车站客运值班员客运服务工作内容、车站值班站长的票务检查和审核工作。以便初学者了解城市轨道交通车站各岗位的票务工作职责，掌握各岗位的票务工作内容和服务技巧。

【教学目标】

1. 知识目标

（1）熟知城市轨道交通车站各岗位票务职责。
（2）熟知车站票务设备巡视作业内容与要求。
（3）熟知车站客服中心售票服务作业内容与要求。
（4）熟知车站客运值班员客运服务作业内容与要求。
（5）熟知值班站长票务检查和审核工作内容与要求。

2. 能力目标

（1）掌握车站各岗位票务技巧。
（2）掌握车站票务设备巡视作业的服务技巧与注意事项。
（3）掌握车站客服中心乘客服务技巧与注意事项。
（4）能够熟练完成客运值班员客运服务作业。
（5）能够熟练完成值班站长票务检查和审核工作。

3. 素质目标

（1）培养学生脚踏实地、严谨细致的工作作风。
（2）培养学生安全生产、优质服务的工作意识。
（3）培养学生认识问题、分析问题和解决问题的能力。

4. 思政目标

通过本项目的学习，使学生认知城市轨道交通车站各岗位的票务职责与工作技巧，掌握车站票务设备巡视、客服中心乘客服务、客运值班员客运服务和值班站长票务检查和审核等工作内容及作业技能，树立"爱岗敬业、服务乘客"的理念，融入践行社会主义核心价值观的思政元素。形成遵守职业规范、履行岗位职责、筑牢安全意识和服务意识的职业素养。

任务 1　城市轨道交通车站票务岗位

▶【任务导入】

任务名称	地铁站务员的"多重角色"
任务概况：	

1. 业务精湛的结算员

在每日地铁运营结束后，地铁站务员还有一项重要工作，就是当日运营票款结算。比如，与高铁车站无缝连接的大连北站，每天都会有近千张纸币需要进行分类和清点，并有次日的票卡、钱款压箱预置等工作需要完成。面对如此庞大的工作量，站务员要在保证结算准确率的基础上，不断提高票款结算效率，由多人反复确认核查，确保票款结算"零误差"。

2. 贴心的医生

在日常服务工作中，经常会遇到感到身体不适或者意外受伤的乘客。此时的地铁站务员就是一名贴心的医生，及时走到乘客身边了解具体情况，为乘客找来药物和水，搀扶乘客到休息室休息。有时候乘客不小心受伤，站务人员要找来医药箱，及时为乘客处理伤口等等。

3. 万能的修理工

"待乘客如亲人，视车站如己家"，每位地铁人心中都应时刻牢记这句话，对待车站里的公共物品要做到节约使用、爱护有加。自动售票机出现故障，站务人员要第一时间排除；车站的门锁坏了要及时找来工具修理；墙脚瓷砖脱落了要马上找来水泥重新粘贴……，这些小小举动，体现的是站务员对地铁车站的无限热爱，更是爱岗敬业、无私奉献精神的有力彰显。

4. 文明乘车的倡导者

走进地铁车站，干净明亮的站厅、规范整齐的站内设施便映入眼帘。走进站台，一句句温馨提示进入耳中。"乘客您好，请在车门两侧排队候车""上车的乘客请不要拥挤，注意安全"，类似这样的温馨提示语每天都会不间断地由站务员向乘客宣传，他们用实际行动传播文明乘车理念，积极倡导广大市民文明乘车、礼让他人，这是社会发展进步的需要，也是地铁人的责任与担当。

思考问题	地铁票务管理工作有哪些相关岗位及岗位职责都是什么？

▶【学习任务相关知识点】

一、城市轨道交通车站岗位结构

城市轨道交通车站是一个庞大复杂、工作繁复的系统，涉及的工作岗位较多，因此，车站岗位结构明确、岗位职责清晰是轨道交通安全顺畅运营的基础保障。

（一）车站岗位结构设置

下面以地铁运营公司为例，介绍城市轨道交通车站岗位结构。大部分的地铁车站站务系列岗位包括：站（区）长、值班站长、值班员、站务员。除以上岗位，车站还设置有安保员、安检员、保洁员等委外岗位以及驻站公安。车站实行由上至下的管理，实施由下至上的汇报制度。具体车站岗位结构如图 4-1-1 所示。

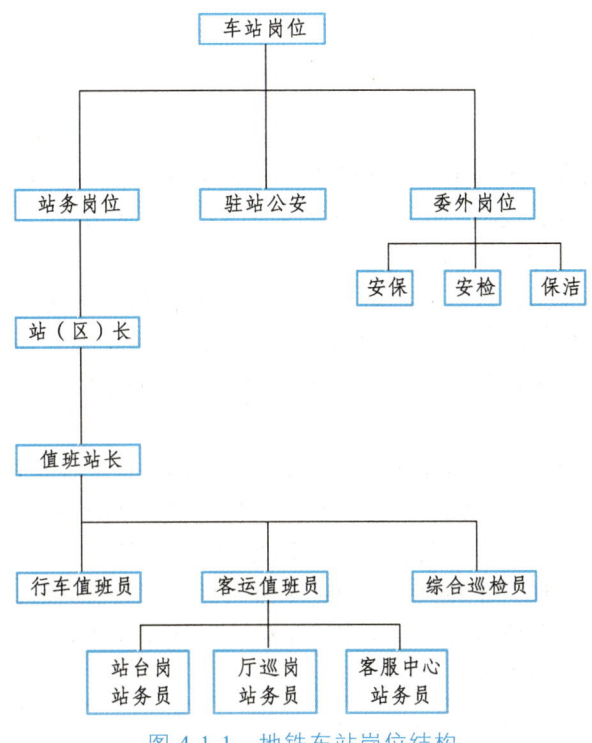

图 4-1-1 地铁车站岗位结构

(二) 票务管理工作纪律

城市轨道交通车站票务管理工作既有涉及服务方面的，又有涉及管理方面的，每个工作岗位都会影响到最终的运营情况，可能会造成客运服务质量下降，导致票款流失，从而给公司带来经济损失，进而增加政府的经济负担，因此，严格而完善的票务管理工作纪律可以保障运营工作的有序安全开展。具体票务管理工作纪律包括如下内容。

（1）严格执行财务纪律和公司票务管理规定，严禁私自截留、迟交或挪用票款及备用金。

（2）工作中要照章办事，长款上缴、短款自负，不得徇私舞弊。

（3）对于各车站配备的 AFC 系统计算机设备及摄像监控设备，非作业需要一律不得动用。

（4）工作发生变动时，严格办理交接手续，确保账目清楚，票、卡、现金、发票与台账相一致。

（5）加强业务学习，准确辨认现金真伪；对于辨认不清误收假币的，损失由个人承担，严禁转嫁损失，将假币找给乘客等。

（6）与票务管理、票务作业无关的人员不得进入车站票务室及各站 AFC 票务室。凡因工作需要确需进入的非本站当班人员，应严格执行登记制度。

（7）公私分明，凡从事现金作业及在现金管理岗位上的人员，严禁携私款上岗。

（8）遵守作业程序，工作规范标准，坚守工作岗位，树立服务意识。关注设备运转状态，确保设备正常使用。

（9）严格按照规范时间上下班，落实交接班制度，交接时做到"交不清不走、听不明不接"，确保票、款、账、卡相符。

二、车站各岗位票务职责

（一）站（区）长的票务职责

城市轨道交通车站存在多种类型站长的配置。通常单个地铁车站一般叫作自然站。轨道运营公司为了更好地管理，会将一条线路划分为中心站或者区域站，一个中心站或者区域站（或者叫站区）由若干个自然站拼成。

地铁站站长一般有三种：自然站一般设置有值班站长和自然站站长；中心站（区域站、站区）则会设置中心站站长（区域站站长或者站区长）。值班站长是车站班组工作的负责人（班组长）。站长与站区长的区别主要体现为管辖范围的不同，具体的岗位职责一般是相同的。

站（区）长代表轨道运营公司在站区车站或者某个车站行使属地管理权，组织辖区各站员工开展运营工作，为乘客提供优质服务，并负责整个中心站的建章立制、安全管理、制定计划、落实总结、行政管理、岗位调整、监督考核、绩效考评及奖惩、晋升推荐、员工业务培训、人员培养、员工思想引导和教育、稳定队伍、指导核查值班站长的工作落实情况、开展检查、与部门内外相关单位沟通、组织中心站会议、指挥处理突发事件、接受媒体采访等等。站长必须履行的职责如表4-1-1所示。

表4-1-1 站（区）长的票务职责

岗位	岗位职责
站（区）长	（1）负责贯彻、执行各项票务工作制度、上级指示精神及工作安排。 （2）负责编制站区票务工作计划，制定工作措施并组织落实。 （3）负责站区级票务培训工作，确保站区票务工作运转顺畅。 （4）负责站区票款指标的分解及完成情况的统计、分析、上报工作。 （5）负责组织或独立开展站区级票务检查，对检查中发现的问题要根据规定要求及时处置、上报，对各项票务违章行为向站区绩效考核委员会提交考核处置建议。 （6）负责定期统计分析本站区票务规章制度的执行状况和票务稽查状况的各类数据，对重复发生、连续发生的行为及管理漏洞或薄弱环节，制定防范措施并组织落实。 （7）负责组织站区内票卡、硬币调配，确保满足运营需要。 （8）负责站区AFC终端设备的使用管理，及时纠正并制止各类违规行为。 （9）负责站区各类AFC备品的管理工作，确保AFC系统运转顺畅。 （10）负责站区员工操作员号的管理、统计工作。 （11）配合开展AFC系统事故的调查工作

（二）值班站长的票务职责

值班站长是车站班组工作的负责人（班组长），主要工作是在站区领导下，负责车站现场指挥，检查与督促各项规章制度的执行落实情况，及时发现并纠正岗位违章操作行为，当车站发生突发事件、事故时值班站长负责牵头处置，必须履行的职责如表4-1-2所示。

表 4-1-2 值班站长的票务职责

岗位	岗位职责
值班站长	（1）组织车站员工做好运营前后各项票务工作，负责车站票务运作管理，检查、督促、指导、协助客运值班员开展相关票务工作。 （2）负责部分票务钥匙、车站运营及财务报表的保管和交接。 （3）负责乘客事务的处理，及时处理、跟踪当班发生的乘客票务投诉、表扬、诉求等事件，并认真反馈，按要求进行处理及汇报，做好相应的记录。 （4）执行紧急情况下的票务运作模式。设备故障情景，确认故障情况，指示行车值班员（行车综控员）及时向有关部门上报。 （5）组织车站员工做好运营后车站票务的结算工作，组织班组成员进行岗位实操、业务培训及开展预案演练工作。对员工进行安全教育，传达上级会议精神、文件或通知。布置本班重点工作及注意事项。 （6）票务优化模式车站晚班值班站长兼晚班客运值班员工作。配合票务中心完成本班次各类异常票务事件的调查。票务优化模式车站：车站 TVM/闸机票箱的清空清点以及车站全站普通单程票的盘点工作由原来的"一日一清"改为"一周一清"（不同轨道公司有所不同）的工作模式

（三）值班员的票务职责

值班员是城市轨道交通运营中站务系列的中级工，即站务员的晋升岗位是值班员（或综控员）。值班员一般分为行车值班员和票务值班员，是利用车站设备设施，从事车站行车、客运、票务及维修施工组织和管理的人员。车站值班员是一个极为重要的岗位，其业务素质的高低，直接影响到城市轨道交通运输安全畅通和运输任务的完成。值班员必须履行的职责如表 4-1-3 所示。

表 4-1-3 值班员的票务职责

岗位	岗位职责
值班员（行车方向）	（1）负责 AFC 设备运作状态的监控。 （2）负责 AFC 系统设备故障的报修。 （3）负责部分票务钥匙的保管。 （4）执行紧急情况下的票务运作模式。 （5）票务优化模式车站负责票务报表的复核
值班员（客运方向）	（1）做好班组间工作交接，详细了解上一班次或交接本班次车站票务运作及票务备品等情况；交接车站备用金、车票、票务钥匙及相关报表等。 （2）做好运营前后各项客运及票务工作，确认早开站前车站 AFC 设备设施状态正常，与站务人员共同完成补币工作，为站务员（票务）准备好备用金、零钱、车票；运营结束后到客服中心检查有无遗漏的车票、现金。 （3）做好车站巡视工作，检查站务员（票务）规范化售票作业执行情况。 （4）当班期间负责处理车站票务事务；做好 AFC 设备巡查工作，及时发现并处理票务设备存在的异常情况，按程序上报故障报修系统，配合 AFC 维修人员对 AFC 设备进行修理与维护。 （5）做好运营后车站票务结算工作及发票、车票、票务钥匙及备品的盘点工作。统计车站硬币流失量和车站客流情况。统计边门进出情况并报维修调度员。协助值班站长组织班组成员进行岗位实操、业务培训及开展预案演练工作。 （6）负责乘客事务的处理。在值班站长的领导下执行紧急情况下的票务运作模式

（四）站务员的票务职责

站务员是指城市轨道交通运营过程中，在车站站台、站厅、客服中心直接服务乘客的工作人员。站务员的岗位职责包括：正常情况下负责车站开关站；运营期间站台岗接发车，引导乘客上下车；厅巡岗巡视车站公共区域和响应乘客的需求；票务岗负责客服中心售票、充值或者办理乘客的票务事务等工作；突发情况下按照岗位职责要求进行突发情况处理工作。车站票务工作及相关工作主要由客服中心岗的站务员和厅巡岗的站务员完成，其具体需要履行的票务职责与技能如表 4-1-4 所示。

表 4-1-4　站务员的票务职责

岗位	岗位职责
站务员 （客服中心）	（1）做好班组间工作交接，进行票务备品、票务钥匙、客服中心内设备、卫生的交接。交班站务员（票务）需退出系统，将抽屉里的现金和车票整理放入手提金库送回票务室清点结算，并填写相关报表。接班站务员（票务）登录系统，放好备用金后开始售票工作。 （2）做好运营前后客服中心各项工作，参与车站 TVM 补币工作，首班车到站前 30 min 到票务室领取备用金、车票以及相关备品，首班车到站前 10 min 到客服中心，开始售票。 （3）当班期间保持客服中心的整洁、安全，保持客服中心常锁闭状态，对进出人员做好核对、登记工作，保证现金、车票、发票的安全。严格按照售票作业程序工作，规范处理乘客事务。发生紧急情况及排长队或大客流时，按照车站的应急处理程序进行处理。本站或换乘末班车到达前 5 min，停止发售相应方向车票。核对老人、残疾人等免费票相关证件，放行乘客并做好记录，运营结束后统计数量上报客运值班员。 （4）运营结束后，确认全部乘客已出站，在 BOM 上点击业务结束并退出，关闭电器电源，将客服中心物品摆放整齐，将车票、现金及报表放入手提金库，送回票务室进行清点结算。配合值班员（客运）完成 TVM 钱箱、票箱的更换工作、钱箱的清点工作以及车票、单程票的盘点工作。完成 BOM 票箱、闸机票箱的更换工作。做好客服中心卫生打扫工作。参加班组培训学习及演练工作
站务员 （厅巡）	（1）负责车站 AFC 设备运作状态的巡视，能够进行简单的 AFC 系统设备故障的处理。 （2）引导乘客正确操作票务设备。 （3）协助完成相关票务工作，配合值班员（客运）完成 TVM 钱箱、票箱的更换工作，钱箱的清点工作以及车票、单程票的盘点工作。完成 BOM 票箱、闸机票箱的更换工作。 （4）执行紧急情况下的票务运作模式

▶【任务解析】

表 4-1-5　地铁车票管理相关岗位及职责

序号	岗位名称	岗位职责
1	编码员	（1）按照生产计划完成车票的领用、生产、入库，并填写相关台账，确保各类车票数量、金额等信息准确无误。 （2）负责对车票初始化、预赋值、重编码、注销等工作中涉及的各种票务报表、台账提出合理化建议，确保车票制作中各项统计数据的完整、准确。 （3）负责编码室日常安全监督、检查，负责对进出编码室人员的监管。 （4）负责编码室各项设备的保管，发现问题及时上报。 （5）负责车票生产方面月报表的整理和填写
2	配收员	（1）按照"配收计划单"的要求，及时、准确地完成车票的配送、回收工作。 （2）负责按照规定做好各类票据、报表、台账及相关备品的日常回收工作。 （3）负责对回收报表、台账进行分类、整理，并及时上交相关审核人员。 （4）负责及时完整、准确地填写本岗位的各类报表、台账，并对其进行保管
3	处理员	（1）协助车票管理主办完成样票、新票的外观、性能检测。 （2）新票到货时，负责清点数量，办理入库手续。 （3）负责各种情况下的车票入库、出库及库内保管工作，对票库的车票进行分区统计。 （4）负责月末与相关人员对票库的车票进行清查、盘点。 （5）负责与车票处理员共同确认需销毁车票的数量，做好车票销毁出库工作。 （6）及时、准确、完整地填写本岗位的各类报表、台账，并对其进行保管。 （7）保管票库钥匙，对票库安全负责，因故离岗需经票务室主任同意后与票库管理员做好库钥匙及相关物品的移交工作
4	票库管理员	（1）协助车票管理主办完成样票、新票的外观、性能检测，并填写相应报表、台账。 （2）根据出入库实际情况，填写相关单据，并按照出入库单据做好相关台账的登记工作。 （3）负责与车票处理员共同完成出入库车票的清点工作，确保账实相符。 （4）负责月末与相关人员对票库的车票进行清查、盘点，并填写相应报表、台账。 （5）负责与车票处理员共同确认需销毁车票的数量，并根据要求按时上报车票销毁计划与相应单据，做好车票销毁前的各项准备工作及车票销毁出库工作。 （6）负责本岗位各类报表、台账的填写、保管。 （7）经票务室主任同意，做好票库钥匙及相关物品的移交工作

▶【知识连接】票务管理工程师

票务管理工程师的主要工作职责如下：

（1）负责落实部门票务业务、票务设备（含自动售票机、半自动售票机、闸机、自动查询机、手持验票机、AFC 监控系统、票务系统工作站等）的管理工作。

（2）负责起草、修订部门票务管理相关的规章制度。

（3）检查、指导车站票务收益、票务设备管理相关规章制度的执行、学习情况，发现问题及时提出整改措施并督促落实。

（4）负责车站预制票的需求提报，对车站单程票、储值票、预制票库存进行管理。

（5）负责车站备用金的申领、调配和监管，规范车站发票使用情况。

（6）针对车站在票务报表填写及系统操作中出现的问题与收益部沟通，调查回复日常询证问题。

（7）负责部门员工票务业务技能比试工作，对日常管理和技能比试中暴露出来的一些问题进行分析，制订防范或强化培训措施。

（8）收集票务原始数据，定期对数据进行分析、总结。

（9）负责车站送行管理工作，针对送行过程中出现的问题，要及时与分公司财务办公室、银行进行沟通、协调。

（10）调查、分析、回复票务相关乘客的投诉、建议，制定整改措施。

（11）负责对车站票务事故事件的调查、分析工作，拟定及落实防范措施。

（12）收集、汇编并组织下发相关地铁票务事故、事件案例分析材料，杜绝类似事故事件发生。

（13）负责编制票务相关作业程序、应知应会等培训教材，并视实际情况不断完善。

（14）负责对车站员工进行票务技能培训，保证员工业务能力满足岗位要求。

（15）负责车站票务钥匙的报修、更换工作。

▶【调研任务】

任务名称	调研我国城市轨道车站岗位设置及对应的票务作业职责
任务目标	通过网络搜索、专家咨询及问卷调查等多种形式认知城市轨道车站岗位，熟悉票务管理工作纪律，深入理解各个岗位对应的票务作业职责
任务要求	通过实训任务最终思维导图的方式展示地铁车站岗位结构及对应票务作业职责

任务 2　车站票务设备巡视作业

▶【任务导入】

案例名称	闸机夹人事件
	某年某月某日某地铁站，一名孕妇携带一名 6 岁左右的儿童准备刷卡出站。女乘客刷卡后身前小孩迅速通过闸机，当女乘客通过闸机时被关闭的扇门夹到肚子，工作人员发现后立即上前查看情况，并报告值班站长。值站到达现场后进行安抚，女乘客休息一段时间后，前往医院就医。
思考问题	分析案例事件并提出整改措施。

▶【学习任务相关知识点】

站厅巡视岗的站务员的日常工作内容主要是进出站闸机巡视、自动扶梯处巡视和引导乘客购票、进出闸，并及时主动向有需要的乘客提供服务。

一、车站票务设备运作巡视的服务要求

巡视车站票务设备运作的服务要求如下：

（1）不断巡视站厅设备、扶梯等的运行情况和乘客进出站情况等，及时主动向有需要的乘客提供服务。

（2）根据需要配合客运值班员完成解行、送币、乘客事务处理及引导进出闸车票有问题乘客到客服中心。

（3）负责站厅边门的管理，对通过边门进出的人员进行严格登记和如实汇报。

（4）积极疏导乘客，要特别注意突发暴风雨等特殊情况时，乘客可能涌向出入口堵塞通道等问题，并及时向值班站长、值班员报告异常情况和问题。

（5）制止并处理乘客违反轨道运营规则及相关法律法规的行为，阻止乘客携带三品（易燃品、易爆品、危险品），超长、超重物品进站。

（6）看见有特殊乘客进站应及时通知有关岗位；对待老年乘客、小孩、行动不便者，要指引其走楼梯，必要时提供扶助，以避免客伤事件发生。

（7）应以乘客排队人数 8~10 人为临界点，超过临界点及时向值班站长汇报客服中心、临时客服中心和 TVM 前排队的乘客人数，以便值班站长做出决策。

（8）积极引导进站乘客到乘客较少的客服中心、TVM 或闸机等处购票或进出站。

（9）负责监督工作区域内的卫生情况，发现问题，立即整改。

（10）遇 TVM 故障、闸机故障、扶梯故障等情况，要及时摆放暂停服务牌，并及时向车控室报告。

二、车站票务设备运作巡视的服务技巧

（1）多看、多听、多巡、多引导。

① 多看，查看有无异常情况。有无需要帮助的情况和需要处理的设备故障。

② 多听，多听乘客对服务的意见和建议。

③ 多巡，多走动巡视了解站厅客流情况，留意乘客动态。

④ 多引导，引导乘客到临时客服中心或乘客较少的一端购票乘车。

（2）多名乘客同时求助时，根据实际情况分轻重缓急依次处理，必要时报告车控室，请求支援，不得对乘客不理不睬。

（3）受到乘客的责骂，同时也要注意自我保护；若乘客行为危及工作人员人身安全，应及时报警处理。

（4）高峰期时，厅巡岗巡视站厅应统一配手提广播上岗，在引导客流时声音不宜过大，应吐字清晰，积极主动，不得拿广播对着乘客喊话；使用广播录音功能时，不得连续播放。

（5）厅巡岗要及时提醒车控室查看 AFC 设备中的钱箱、票箱情况，以便在乘客较少时进行更换。

（6）厅巡岗对能解决的问题要及时、果断地处理，对不能解决的问题要及时通知值班站长。

（7）客服中心 BOM 出现故障或封窗查账时，应引导乘客到其他客服中心或自动售票机处购票。

▶【知识拓展】闸机夹伤原因及预防

车站发生闸机夹伤的情况包括：乘客操作方法不规范导致的夹伤，儿童在脱离成人看管的情况下被闸机夹伤、弹伤、撮伤等。主要通过以下措施进行有效预防。

（1）站厅工作人员应加强站厅巡视，对进出闸乘客进行有效引导，谨防乘客被闸机扇门夹伤。工作人员提醒乘客看管好自己的小孩，不要让小孩车站自行奔跑、玩耍以免危险发生。

（2）行车值班员加强车站监控、循环广播。提醒乘客正确进、出闸机并看管好同行小孩。若发现有乘客被闸机夹伤，及时安排工作人员到达现场予以处理，降低伤害程度。

（3）站厅工作人员加强观察，在发现有小孩或带小孩的乘客准备过闸机时，及时予以关注，必要时给予提醒。

（4）站厅工作人员提醒乘客在刷卡完毕后尽快通过闸机。

三、车站票务设备运作巡视的服务用语

厅巡岗站务员巡视车站票务设备时，在不同情景下的服务用语如表 4-2-1 所示。

表 4-2-1　车站票务设备运作巡视的服务用语

序号	情景	服务用语
1	要求乘客排队购票（高峰期）时	各位乘客，请按秩序排队购票，多谢合作
2	更换票箱钱箱或进行故障维修时	乘客，对不起，这台设备暂停使用，请您稍等，或使用其他设备，谢谢
3	指引乘客购票时	请持有×元、×元纸币的乘客直接到自动售票机上购票，需兑换硬币的乘客请直接到客服中心兑换
4	请乘客到站厅人少的一端购票时	各位乘客，本站另一端站厅乘客较少，为了节省您的时间，请到站厅另一端购票
5	某一方向列车服务终止时	各位乘客请注意，×号线开往××方向的列车服务已经终止，请乘客停止购票进站，不便之处，敬请原谅

续表

序号	情景	服务用语
6	宣传储值票时	需要购买储值票的乘客请到客服中心购买,持普通储值票乘车享有×折优惠,持学生储值票乘车享有×折优惠
7	有乘客走近时	主动询问"乘客,您好,请问有什么需要帮助吗"或"乘客,您好,请问我能为您做点什么"
8	准备乘坐扶梯的小孩和老人	乘客,您好,为了您的安全,请走楼梯到站台、站厅或出入口
9	有乘客在站内吸烟时	乘客,您好,为了您和他人的安全,请不要在地铁站内吸烟
10	发现乘客携带三品(易燃、易爆、危险品)进站	乘客,对不起,根据规定,您不能携带××危险品乘坐地铁,谢谢您的合作

▶【任务解析】

1. 案例分析

(1)女乘客带小孩通过闸机时未按规定要求操作执行是该事件发生的主要原因。

(2)厅巡人员缺乏安全意识,当发现有孕妇通过闸机时未进行有效引导。

(3)行车值班员在非高峰时段对车站的监控力度不够,安全广播的播放频次较低。

2. 整改措施

(1)值班站长利用班前会加大对车站安全管理的相关培训。

(2)车站在遇到老、弱、病、残、孕乘客时要及时关注,做好岗位联动,必要时帮扶乘客乘车或出站。

(3)行车值班员加强对车站重要点位的视频监控,加大安全广播的播放频次。

(4)厅巡岗在遇到乘客带幼童出站时,提醒乘客刷卡后大人密贴幼童一起出站,避免被闸机夹伤。

(5)车站提高安检等级后,厅巡岗在非高峰时段应做好站厅的巡视工作,针对客流较大的电扶梯,安排专人看守。

任务3　客服中心售票服务作业

▶【任务导入】

案例名称	客服中心岗站务员不规范作业引起的投诉
	某日某车站一名乘客手持10元人民币到客服中心进行购票，由于列车将要进站，乘客急于赶乘列车，急忙中只拿了找零的4元，而未拿购买的车票，到进站口才发现未取票，又返回客服中心向站务员反映未取车票的情况。站务员则态度生硬地认定是乘客自己丢失了车票，而不予处理，乘客激动说要投诉该站务员。
思考问题	案例中站务员工作中有哪些不足之处？

▶【学习任务相关知识点】

轨道交通车站客服中心是面向乘客，为乘客提供购票、充值、兑零、咨询、验票、退票等服务及进行乘客事务处理的地方。在运营时间内，各车站应根据站内客流情况决定开放的客服中心数量，但确保至少有一个客服中心为乘客提供服务。

一、客服中心站务员作业

（一）客服中心站务员工作流程

客服中心的操作人员（站务员）要按照工作规范完成票务工作及乘客服务工作。

1. 班　前

（1）了解当天工作注意事项和票务、服务通知后，站务员在客运值班员处领取各种车票、备用金，并与相应的"售票员结算单"上的数量核对无误后签收。

（2）站务员在行车值班员处领取车站客服中心钥匙，并做好相关登记。

（3）首班客车到站前15 min到客服中心处，做好开窗准备。检查客服中心卫生、客服中心外栏杆、立柱的摆设；检查对讲设备、乘客求助按钮能否正常使用；检查票务设备、备品的状态、数量（如验钞机、分钞盒、发票等）；检查客服中心内有无来历不明的现金、车票，如有问题应立即上报值班站长或值班员。

2. 班　中

（1）售票前必须使用自己本人的账号ID和密码登录。

（2）售票时必须遵守"一收、二唱、三操作、四找零"，车票在交给乘客之前，必须使用BOM进行分析，确保每一张车票的有效性，并通过乘客显示屏请乘客确认。

（3）不接受外币和支票。

（4）当班期间锁好客服中心的门，不得让非当班人员随意进出，保持售客服中心的整洁，票证、报表、钱袋摆放整齐。

（5）若站务员中途离开车站客服中心时可不注销BOM，但必须在视线范围内，且随时监控客服中心的情况，否则必须退出BOM。

（6）若车票、备用金不足时，站务员必须及时通知客运值班员，要求补充，并在"售票员结算单""客运值班员交接班本"上注明。必须使用自己的密码、操作号登录。

3. 班后

（1）站务员要及时签退（临时顶岗或他人顶班时也要进行此项操作），系统自动打印BOM结账凭证。

（2）站务员不需清点和回收BOM票箱内剩余的普通单程票，但要将BOM产生的废票进行清点并回收，由值班员加封，并上交回收票务车间。

（3）按照结账程序的要求，客运值班员与站务员结账。

① 站务员售票结束后，应立即携带本班所有现金、车票及各类报表回车站票务室（点钞室）。

② 站务员与客运值班员一起清点所有的现金，并将实收总金额（实际清点金额+预收款金额-所配备用金）填在"售票员结算单"上。实收金额需更改时，须值班站长确认。

③ 售票员和客运值班员共同清点各票种车票，填写"售票员结算单"及其他相关报表。

④ 客运值班员检查站务员当班的所有报表是否全部交回且填写是否正确、完整。

⑤ 客运值班员顶替站务员时，由当班值班站长负责为其结账。

（二）客服中心的售票作业程序

轨道交通车站客服中心的售票服务应严格按照"一收、二唱、三操作、四找零"的作业程序，如表4-3-1所示。

表4-3-1 售票的标准作业程序

步骤	作业内容	作业规范
一收	收取乘客购票票款	收款：面带微笑，正视乘客，口述"您好"，并接过乘客的票款
二唱	说明票款金额，重复乘客要求的购票张数和车票类型，如未听清乘客的要求，应主动礼貌地询问	唱票：口说"收您××元"，通过验钞机和人工确认钱币真伪，把钱放在桌面上
三操作	规范正确操作BOM：① 检验钞票真伪，如为伪钞，则要求乘客另换钞票。② 在BOM上选择相应菜单项，售票或充值，并请乘客确认	售票操作：操作完毕后五指合拢，手掌指向BOM乘客显示器请乘客确认，口说"余值××元，请确认" 充值操作：操作完毕后五指合拢，手掌指向BOM乘客显示器请乘客确认充值金额，口说"充值××元，请确认"
四找零	清楚说明找零金额和车票张数，将车票和找零的钱一起礼貌地交给乘客	找零：按乘客要求把大钞兑换成零钞，交予乘客，口说"找您××元，请确认"；与乘客礼貌告别，口说"请慢走"

二、客服中心岗作业的服务要求

（1）客服中心工作人员出售车票时应遵守"一收、二唱、三操作、四找零"的程序。

（2）当乘客要求分析车票时，应快速准确地用半自动售票机进行分析，并将分析情况耐心地告诉乘客，再采取相应的处理车票的方法。为乘客充值前后要主动请乘客确认余值无误后，再做下一步操作。

（3）客服中心岗的站务员要兼顾付费区和非付费区的乘客事务，当付费区和非付费区同时都有乘客需要办理业务时，原则上应先处理付费区的乘客业务，请非付费区的乘客稍等。

（4）当客服中心前出现较大客流（10人以上或排队超过8人并维持3 min以上）应电话通知值班站长或巡视岗，加派人手或使用人工广播引导。

（5）站务员主动领够车票、报表和硬币，在客流较小时把现金及硬币整理好，或开启另一袋硬币，做好准备工作。

（6）交接班时，接班站务员须提前做好售票、兑零准备工作，接班站务员到岗后，交班站务员才可以终止售票、兑零工作，交接班要做好提醒告示，交接时间以不超过5 min为宜，并尽可能减少对乘客服务的影响。

三、客服中心岗标准服务用语

车站客运服务人员应按规定统一着装，正确佩戴服务标志，乘客咨询时应坚持首问负责、礼貌热情，使用普通话回答乘客咨询（乘客提问时使用方言或外语的除外），服务用语应表达规范、准确、清晰、文明、礼貌。客服中心岗站务员在岗期间应该使用标准服务用语。

（1）乘客需要兑换硬币时，要清晰唱票："收您××元""找您××元"。硬币应垒成柱状交给乘客，不得散放，不得有丢、抛等动作。

（2）当找不开零钱时："××，请问您有零钱吗？"或者说："对不起，我这里的零钱刚好不够，请您稍等，好吗？"

（3）收到残币或假币时，应说："××，对不起，请您换一张钞票，好吗？"

（4）出售储值票时："××，请确认面值。"乘客确认无误后，"找回您××元及一张××元的车票。"

（5）乘客想购买双程票："××，对不起，地铁车站没有双程票出售，仅出售单程票，单程票只能在购票的车站当日使用。"

（6）乘客询问储值票能否多人同时使用："××，您好，储值票只能1个人使用，不能多人同时使用。"

（7）乘客出站时发现出不了站（超程及超时）：

"××，您好，您的车票已超程，请您按规定补交超程车费×元。"

"××，您好，您的车票已超时，请您按规定补交超时车费×元。"

（8）当客服中心付费区、非付费区均有人时，对非付费区乘客解释："××，对不起，请您稍等。"

（9）当乘客询问小孩是否有半票："××，您好，按照地铁规定，一位成年人可以免费携带一名身高不超过1.3 m的小孩乘坐地铁，身高超过1.3 m的小孩需按规定购票。"

（10）乘客询问在哪儿购票："如果您需要买单程票，请准备零钱或在此兑换零钱，然后到自动售票机处购买。"

（11）乘客询问地铁×站的票价："××，您好，您从本站到××站的票价为××元。"

（12）收到乘客一张过期单程票："××，单程票只能当天并在购票站乘坐地铁使用；您的车票已经过期，按规定这张车票需回收，谢谢合作。如果您需要搭乘地铁，请您重新购买一张票。"若为储值票，延期后说："请再次刷卡进站。"

（13）乘客无票出闸时，"对不起，按照规定，您需要补交车票费用××元。"递交车票并说"请拿好，欢迎下次光临。"

（14）乘客已在进站闸机验票未过闸时，查看验票时间。如果在 20 min 以内，更新后递交乘客："请再次刷票进站。"如果验票超出 20 min，则说："对不起，您需要补交××元更新车票。"处理完毕后递交乘客："请再次验票进站。"

（15）乘客付费区持票因无进站记录而无法出站时，"您的车票进站没有刷卡，所以出闸受阻。请问您在哪站上车？"免费更新车票后归还："请拿好并再次验票出站。"

（16）乘客办理储值票非即时退款时，判断车票是否是人为损坏。若人为损坏达到储值票损坏标准，则将损坏的情况当面告知乘客，提示可办理非即时退款，卡内余额可全额退还，但押金按规定不能退。若属非人为损坏，则告知乘客："您的卡已不能正常使用，我们为您办理非即时退款。"非即时退款申请手续按程序办理完毕后，将打印小单交给乘客并告知："×（票务运作规范规定）个工作日后您可以凭小单到车站来领取退款。"

（17）乘客办理即时退款时，办理即时退款说："卡内余额××元，退卡押金××元，一共是××元，请您确认签字。"退还票款，则说："请走好。"

（18）特殊情况下乘客无法乘车要求退票时，得到值班站长同意，分析车票，说："对不起，退您××元，欢迎下次光临。"

（19）乘客索取发票时，"请稍后"，递给相应面额发票时："请拿好。"

四、客服中心岗位服务技巧

（1）排队超过 5 人，必须站立服务，提高兑零、售票速度。

（2）排队超过 10 人以上或达到 8 人并维持 3 min 以上，请示值班站长加人实施双人售票和兑零。

（3）在兑零空余时间尽可能在硬币盘中摆满硬币。

（4）所兑硬币不散放在票务凹斗，而是垒成柱形从而使乘客取币方便、快捷，不得有丢、抛的动作。

（5）减少客服中心交接班时对乘客服务的影响，如：

① 交接班时间安排在车站非高峰期。

② 交班前做好有关准备。

③ 接班售票员先准备好一盘硬币。

④ 站务员应优先处理付费区内乘客，并要礼貌地让非付费区内乘客稍等。

（6）站务员应预备充足的零钱和车票，掌握存量，及时通知客运值班员追加，保证售票和兑零工作顺畅。

五、客服中心岗站务员工作注意事项

（1）当班期间应遵守作业程序，坚守工作岗位，未经许可不得擅自离岗。

（2）当班期间必须保证车站客服中心现金、车票、备品以及设备的安全，应注意随手锁门并负责制止与客服中心工作无关的人员进入。

（3）严禁收取乘客拾获、自动售检票 AFC 系统维修人员或车站员工上交的现金，应立即交给客运值班员进行保管。

（4）严禁携带私款、私人车票（员工卡和特殊工作卡除外）进入车站客服中心。

（5）当班过程中，当有任何需上级确认的问题，应立即通知相关人员处理。

（6）交班时必须按规定签退，否则引发的不良后果由离岗者本人自行承担。BOM 签退前，交接双方须注意观察并记录设备提示的当前票卡数量，以便接班人员登录时准确输入车票数，防止人为造成车票库存差异。

（7）车票及现金往返客服中心或临时售票亭时，必须将现金或车票放入上锁的售票盒中，并放入上锁的小推车中（加封的硬币可直接放入上锁的小推车中），由站务员和另一名员工负责安全运送。

（8）每日末班车后，BOM 操作员负责逐一清理 BOM 的废票箱，交款时将取出的废票交客运值班员集中进行保管及上交。

▶【知识链接】客服中心岗乘客事务处理具体要求

作业内容	作业程序	作业要求
售票充值	一收、二验、三售找、四清	一收：收取乘客票款时，除银行规定不能收的钱币不收外，其他都应按规定收取。严禁发生拒收旧钞、零币、分币的行为。收取的票款不应直接放进钱箱。对 20 元及以上面额执行唱票："收您×元。" 二验：采取"一看""二摸""三听""四测"（用验钞机测）的程序验明真伪后放于桌面。对判断为假币的，向乘客说明："对不起，请您换一张。" 三售找：出售票卡并找零，必须一次完成。操作的同时让乘客查看显示屏的信息，一次完成售票。按照操作步骤发售单程票，发售前执行二次分析制度。发售储值票时应向乘客说明押金金额，并提示其阅读"储值票使用须知"。储值票充值须做到"二次确认"：先请乘客确认余额和需充值金额，充值后再次提醒乘客确认充值金额。确认时应唱出读数，并五指并拢指向乘客显示屏，说："×元，请确认。"需要找零时，必须严格执行"找零一次完成"的作业要求，将大小面额找零和票卡一起交给乘客。唱找时应说："找您×元，请拿好慢走。"严禁强找零币、旧币。 四清：待乘客离开窗口后，方可把桌面钞票放进电子钱箱
行政处理	一问、二操、三确认	一问：耐心听取乘客讲述事情经过，并做相应分析处理。 二操：确认属于行政处理事务，立即通知值班站长到客服中心确认，"BOM 行政处理记录单"应按要求完整填写并签字，按照步骤操作并让乘客确认乘客显示屏信息，打印小单签字。 三确认：将已经处理的票卡分析正常后交给乘客，需找零的唱出零钱金额，并让乘客确认
乘客兑零	一看、二摸、三听、四测	使用验钞机验明纸币真伪，找好零钱，说："找零×元，请清点。"乘客确认无误离开后，将所收钱币放入钱箱

▶【任务解析】

1. 案例分析

（1）根据客服中心岗的岗位工作标准"一收、二验、三售、四清"的要求，客服中心站务员没有确认一次作业完成。

（2）客服中心站务员服务意识淡薄造成服务态度冷漠和生硬。

2. 处理措施

（1）严格遵守本岗位的作业标准，坚持按照作业程序操作，避免类似问题的发生。

（2）注意服务要求，热情接待乘客，重视乘客的反映。

（3）核实票款、给予乘客合理的解释处理。

任务 4　客运值班员客运服务作业

▶【任务导入】

任务名称	TVM 机购票纠纷事件
	某日，某站客运值班员 A 单独到站厅更换钱箱。张三首先更换 TVM01 纸币钱箱，此时，一名男乘客到 TVM01 购票，发现 TVM01"暂停服务"后，走到 TVM02 准备购票。此时，张三在没有通知正在 TVM02 前购票的乘客 TVM02"暂停服务"的情况下，就开启 TVM 门进行纸币钱箱的更换工作。导致该名乘客不能购票，乘客便拍打 TVM02 显示屏。值班员 A 听到拍打声后对乘客进行制止，并劝乘客到其他设备购票。乘客说："为什么人家买票就把机停了。"值班员 A 回答："我们按规定是要换钱箱的。"继续更换钱箱，该乘客随后又到 TVM01 处购票。值班员 A 更换完钱箱向付费区走去。该乘客在 TVM01 前大声喊："喂！"值班员 A 手提两个钱箱往前走，并未回头回应乘客的咨询。乘客继续说道："我要见你们领导，你的工号是多少？我要投诉！"随后，该乘客忽然伸手把张三的胸卡扯过去看。
思考问题	请问此事中客运值班员的工作有哪些不足之处？

▶【学习任务相关知识点】

客运值班员在值班站长的领导下，主要负责车站票务和客运服务，同时负责设备故障情况下的客流组织、应急处置和协调。

一、客运值班员的工作流程

（一）班　前

（1）检查车站车票、现金、票务钥匙、票务设备备品情况。
（2）检查"客运值班员交接班本"是否按要求填写。
（3）检查票务、乘客服务的文件通知中是否有要注意的重点工作。
（4）与交班客运值班员交接清楚后签字确认，接班人要确保掌握上一班情况和交接的工作事项，并做好相应工作安排。
（5）对上一班次的票务报表进行检查。

（二）班　中

（1）履行岗位职责，处理当班期间各项票务事务，审核报表，准时完成车站报表、车票申报计划。
（2）按巡视检查制度，检查客服中心站务员工作情况，进行必要的复核、查账、监票务政策的执行，每班至少详细抽查一次各客服中心的工作。
（3）及时上交报表、更换钱箱和票箱，开钱箱、结账，与值班站长打包票款和兑零款，按时完成解行工作或准备好解行尾箱。
（4）协助值班站长处理车站内务，落实值班站长的临时指令，负责信息的上传下达。
（5）巡视车站，通过 SC 监控车站终端设备的运转情况，检查指导客服中心站务员工作。
（6）负责票务室（点钞室）卫生，交班时与接班值班员做好交接工作。

（7）统计好本班的车票、现金、发票及票务设备备品情况，并在"客运值班员交接班本"上进行相应的记录。

（8）运营结束后到客服中心检查对讲设备、乘客求助按钮、电器电源等。

（9）检查客服中心的卫生，确认是否有遗漏的车票、现金。

（10）首班列车到站前 15 min 完成为客服中心站务员配票的作业。检查客服中心站务员到岗情况，并监督售票岗位交接情况。

（11）按照岗位流程，完成顶岗工作。

（三）班后

（1）运营开始前，须完成补币、补票工作，进行 TVM 票箱、钱箱的更换，检查所有售检票设备状态。

（2）收取客服中心站务员交回的票款、剩余车票及所有废票，按照岗位流程给售票岗位结账。

（3）运营结束后在值班站长的监督下逐一对钱箱内的现金进行清点，并准时完成票务报表的填写。按工作规范封好要加封的车票、现金。按规定上交票务报表。

（4）签阅文件，整理票务管理室内务。

（5）注销退出车站自动售检票 AFC 系统计算机系统 SC。

（四）客运值班员交接班

（1）交班前须整理所有钱款、票、备品，做好交接准备。

（2）交接时须检查所有车票、票款、备用金、钥匙、票务设备备品情况，检查台账填写情况，检查卫生情况，检查上一班的票务报表。

（3）接班人要详细了解客运值班员交接班本上记录内容和其他交接班事项，核实交班人完成或未完成的工作，对于接班中模糊、有疑点的问题，要问清楚。

（4）交班人注销相关设备和系统，接班人使用本人 ID 账号和密码登录。

（5）完成交接后，接班人要在客运值班员交接班本上签名，签名后如出现因交接不清导致的问题时由接班人负责。

二、客运值班员服务标准

（1）遵章守纪、坚守岗位听从车站管理，仔细负责、履行岗位职责、遵守职业道德；

（2）按运作规范统一着装，挂牌上岗，上岗时精神饱满、举止规范、态度亲善；

（3）扶老携幼、遵守公德、服务为本、不损害乘客利益；

（4）服务语言文明，讲普通话，运用好"十字文明用语"：您好、请、谢谢、对不起、再见。

（5）为乘客服务时要想乘客所想、急乘客所急，主动关心乘客，帮助有困难的乘客解决问题；加强责任感，以确保乘客和行车安全。

三、客运值班员巡查、巡视作业

客运值班员要做好 AFC 设备巡查和车站巡视工作，并如实记录巡查巡视情况，填写岗位相关工作台账。

（一）客运值班员 AFC 设备巡查工作

（1）客运值班员应确认开站前车站客运设备设施及 AFC 设备设施状态正常，与站务人员共同完成补币工作，为站务员（票务）准备好零钱、备用金、车票，并在首班载客列车到站前规定时间内组织早班售票员到岗。

（2）当班期间做好 AFC 设备的巡视，检查 TVM、BOM、AGM、SC 等设备是否正常。及时处理票务设备存在的异常情况，按程序上报故障，配合维保人员对 AFC 设备进行维修及维护。

（3）对各售票岗位作业情况进行检查。

（4）通过监控系统录像检查前日票务室（点钞室）内的作业情况。

（5）运营结束后检查客服中心电器电源、卫生，有无遗漏的现金、车票等。

（二）客运值班员巡视车站作业服务标准

客运值班员当班期间做好车站巡视工作，并负责处理车站客运服务工作，遇到乘客无法顺利进出站的问题，要及时为乘客处理。处理车站拾遗物品业务，先期处理当值期间发生的乘客投诉、建议、表扬、客伤等事件，不能处理的问题应及时向值班站长请示。协助值班站长处理站内其他突发情况，按要求进行处理及汇报，做好相应的记录。车站巡视的重点位置是进出闸机、电扶梯口等。

厅巡作业的具体要求：站厅巡视时，两列车间隙，可在站厅范围包括进出站闸机、自动扶梯处巡视或引导乘客购票、进闸、出闸，发现问题及时处理；乘客进出闸时，注意观察闸机指示灯和声音提示，遇使用工作证、乘车证、老人储值票、免费票的乘客时，可抽查其是否有相应证件。

（1）闸机引导严格执行"一迎、二导、三处理"的一次作业程序。

① 一迎：乘客进出站时，应以规范站姿面向闸机提供站立服务，目光关注乘客进出站的动向。

② 二导：引导乘客进出闸机，发现乘客车票无法使用时，应向乘客说明："请让我帮您分析一下票卡。"

③ 三处理：对不能正常进出闸的票卡交客服中心站务员进行分析。拾获车票要及时交客服中心站务员回收。使用专用通道做到随开随关。对需凭证件出入的乘客，应说明"请出示证件"，认真验证后说"谢谢"并放行。遇公司接待和团体票进出专用通道时，应提供站立服务。

（2）购票引导严格执行"一察、二导、三处理"的一次作业程序。

① 一察：注意观察乘客动态，及时发现不会使用 TVM 购票的乘客并给予帮助。

② 二导：引导乘客购票。购票完毕后提醒乘客"请拿好您的钱和票"，五指并拢，为乘客指明进闸方向"请从这边进闸"。

③ 三处理：出现卡币或卡票等情况时及时到 TVM 前处理，必要时通知值班站长和 BOM 操作员一起办理行政处理。

（3）乘客携带品不符合轨道交通规定时，对其进行劝阻："对不起，您携带的物品不符合轨道交通有关规定，不能带进站。"

（4）发现进出闸机不规范行为时，立即上前阻止，并对其进行教育，引导乘客办理购票或补票手续。

（5）接乘客反映站内 AFC 设备无法使用时，先确认设备状况，若设备故障，可安抚乘客："对不起，我们会帮您处理。"并报告值班站长。

（6）乘客索取发票时："请到客服中心办理。"

（7）车站客流较多时，加强宣传和引导工作。

（8）自动扶梯故障时，在上下扶梯口分别设置维修屏障或放置"自动扶梯故障，请走步梯"的提示牌。

（9）发现儿童在自动扶梯上嬉戏时，劝阻儿童："请不要在自动扶梯上嬉戏、打闹"，并对其进行教育，必要时通知监护人。

（10）乘客在乘自动扶梯时摔倒时，立即关闭自动扶梯，察看乘客伤势，并汇报值班站长。

▶【任务解析】

1. 案例原因

案例中客运值班员与乘客发生纠纷的主要原因是：客运值班员违反票务运作规范中自动售票机更换钱箱作业要求，在乘客购票过程中，未通知乘客自动售票机暂停服务的情况下，进行钱箱更换，导致乘客数次购票不成功现象。

2. 解决措施

（1）尽量在非运营期间更换钱箱，如果在运营期间更换钱箱，需在乘客购票操作后，并提前在相应的自动售票机前放置"暂停服务"牌。

（2）更换作业完成后，必须确认自动售票机已恢复正常服务状态后，再撤除"暂停服务"牌，并立即将钱箱送回票务室。

任务 5　值班站长票务检查和审核工作

▶【任务导入】

任务名称	某车站值班员未按规定清点钱箱
	某日，某车站客运值班员 A 与站务员 B 共同清点硬币钱箱时，发现该钱箱的一元硬币只有 20 枚，比实际数少 1 枚。站务员 B 提出重新清点，但客运值班员 A 并没有听取 B 的建议，而是直接从保险柜中拿出 1 枚一元硬币放到点币机上继续清点，确保钱箱一元硬币无差额。清点完所有钱箱后，客运值班员 A 归整硬币时，有 1 枚一元硬币从点机滚到侧兜里，客运值班员 A 将该一元硬币从点币机侧兜内拾起，放回保险柜中
思考问题	本案例事件中各岗位工作人员作业过程存在哪些不足？

▶【学习任务相关知识点】

值班站长在日常票务工作中，主要通过班中检查、票务审核等形式实现对站务员、值班员各岗位的票务作业监督、管控，以及对车站票务收益的安全监控、管理。

一、车站日常票务检查工作

值班站长作为车站当班票务工作的责任人，全面负责车站票务监督与管理工作，确保本班票务运作顺畅、安全进行。为督促当班站务员、值班员在车站客服中心、票务室（点钞室）中进行作业时严格执行相关作业流程和规范，按规定保留车票、现金、票据、票务工具和器具等，确保现金及票务收益安全，每班值班站长需定时对车站客服中心、票务室（点钞室）的工作及票务室（点钞室）闭路监控系统作业等进行检查。

（一）车站客服中心的检查工作

值班站长在当班期间需要定时对客服中心进行检查，以监控当班客服中心售票员按章作业情况及收益安全情况。客服中心的重点检查内容主要有：售票员之间换岗时是否按规定交接车票、现金，交班售票员票盒是否上锁加封，接班人是否用自己的 ID 账号和密码登录 AFC 设备，交接时是否有值班员现场监控；售票员是否执行售票作业程序，是否按规定办理乘客事务台账，报表填写是否完整、规范；非当班票务工作人员进入客服中心时是否经值班站长的同意，是否由值班员陪同进入客服中心，是否完成登记手续，是否携带了与工作无关的车票、现金进入客服中心；票务工具和器具数量是否齐全，状态是否良好；客服中心卫生及物品摆放是否符合规定等等。

（二）车站票务室（点钞室）的检查工作

值班站长在当班期间需要定时对车站票务室（点钞室）进行检查，以监控当班值班员在票务室（点钞室）的作业情况及票务室（点钞室）车票、现金的安全管理情况。票务室（点钞室）的重点检查内容一般包括：车票、备用金、票款是否账实一致，是否按规定交接保管，台账填写是否完整；票务钥匙、工具和器具等是否账实一致，状态是否完好，是否按规定交接保管，是否按规定交接车票、现金、是否携带了与工作无关的车票、现金进入票务室（点钞室）；非当班票务工作人员进入票务室（点钞室）是否经值班站长同意，是否由值班员陪同进入票务室（点钞室），是否完成登记手续；票务室（点钞室）卫生及物品摆放是否符合规定；等等。

（三）票务室（点钞室）闭路监控系统的检查工作

车站票务室（点钞室）是从事票务操作、涉及收益安全的工作场所，因此，一般情况下轨道交通企业需在票务室（点钞室）安装闭路监控系统，以便对票务室（点钞室）内票务操作环节进行实时监控和录像，实现对票务收益安全的监控管理。该系统在票务室（点钞室）内的主要设备是摄像枪以及操作实现摄像枪转换功能的按钮；该系统的录像机和显示器一般安装在站长室内，可对车站进出闸机、客服中心、票务室（点钞室）进行实时图像监视和录像回放，录像的保存周期由系统存储空间决定。

1. 闭路电视监控系统的组成结构

闭路电视（CCTV）监控系统是安防领域中的重要组成部分，系统通过摄像机及其辅助设备（镜头、云台等），直接观察被监视场所的情况，同时可以对监视场所的情况进行同步录像。另外，电视监控系统还可以与防盗报警系统等其他安全技术防范体系联动，使用户安全防范能力得到整体提高。

闭路电视监控系统主要包括摄像部分、传输部分、控制部分和图像处理与显示四部分。各部分之间的关系如下：

（1）摄像部分：安装在现场，它包括摄像机、镜头、防护罩、支架和电动云台。它的任务是对被摄体进行摄像，并把获得的光信号转换成电信号。

（2）传输部分：把现场摄像机发出的电信号传送到控制室，它一般包括线缆、线路驱动设备等。

（3）图像处理与显示部分：把现场传来的电信号转换成图像在监视设备上显示，并且可以把图像用硬盘录像机保存下来，它主要包括监视器、硬盘录像机等设备。

（4）控制部分：负责所有设备的控制与图像信号的处理。在输入与输出之间加上视频切换设备（视频矩阵），负责视频信号的切换。

车站票务室（点钞室）中进行点币作业时，可以按一下"点币"按钮，点币指示灯亮，摄像枪会自动转动，对准币位置后固定，只对设定点币的位置进行录像；当点币作业完成，需要用点币机的进行读数时，按一下"读数"按钮，读数指示灯亮，摄像枪会自动转动，对准读数位置后固定，只对点币机的读数位置进行录像。除点币、读数作业外，在其他情况按下"自动"按钮，自动指示灯亮，摄像枪按规律自动左右转动，对转动中扫射到的区域进行录像。

2. 闭路监控系统的作业要求

（1）车站票务室（点钞室）的闭路监控系统运行过程中要实现 24 h 实时录像，因此，车站票务室（点钞室）必须保 24 h 照明。

（2）监控系统所有设备应安装在可保证监控到票务室（点钞室）各区域的地方，摄像枪的安装位置需按点币区域、读数区域进行调试确定，一经确定，严禁擅自移动。

（3）为了保证摄像枪能按实际作业需要实现自动、点币、读数状态的转换，除值班员或以上级别的人员外，票务室（点钞室）内的系统设备严禁他人操作。

（4）为确保监控系统保持正常运作状态，实现实时监视、实时录像，值班站长在当班期间应定期巡视监视系统的运作情况，发现故障应及时上报和记录，并通过查看票务室（点钞室）闭路电视监控系统，加强对值班员清点钱箱、清点 TVM 找零币、与售票员结账等重要票务操作环节的检查和管理。

（5）值班站长需每班对客服中心、票务室（点钞室）闭路监控系统情况进行检查，并在相应的检查台账上做好记录；检查发现有违章、违纪情况时，要立即制止并及时上报站（区）长，并按有关规定进行处理。

二、车站票务报表台账审核工作

（一）审核报表台账的填写情况

每日运营结束后，车站需对所有现金、票据、车票进行回收、清点，并填写相应的报表、台账，以保证车站车票、票据、备用金及票款收益等的安全。值班站长需对现金、车票、票据数量及报表台账填写情况进行审核，确保账实一致，保障车站收益安全。

（二）审核票款的收益情况

（1）在进行票款收益审核时，值班站长一般是通过审核站务员结算单来确定每班售票员当班期间实收票款金额的。

（2）根据 TVM 硬币钱箱和 TVM 纸币钱箱的设备记录报表、TVM 收益结账报表等核对当日投入使用的 TVM 收益是否完整，即是否已更换全部钱箱，是否钱箱全部清点完毕，记录在钱箱清点报告上的金额是否完整、准确，从而核对车站营收日报记录的营收总金额与当日车站实际票款收入金额是否一致。

（三）审核车站车票的出售、站存数量

（1）值班站长一般是通过审核站务员结算单确定每班售票员当班期间实际出售的各类车票数量，完成对车站出售车票、站存车票数量的审核。

（2）根据 SC 报表中的单程票发售量，核对当日通过 TVM 售出的车票张数、BOM 发售车票数。

（3）对相关车票配发、回收台账记录进行审核，从而核对车站售票、存票日报所记录的当日发售车票数、站存车票数与实际清点的车票数是否一致。

▶【任务解析】

（1）本案例事件的主要原因：客运值班员票务安全管理意识薄弱，清点硬币过程中发现问题，未立即核实情况，而是选择违章操作，擅自在保险柜中拿出 1 枚硬币补充；同时，其票务敏感度不够，对班中出现的异常情况没有及时上报。

（2）站务员票务安全管理意识薄弱，在清点钱箱过程中发现差额，虽能及时向值班员提出建议，但值班员违规操作时未及时进行制止，也没有向车站汇报，没有履行好互控职责，

这是造成本次事件的次要原因。

（3）当班值班站长对当班员工票务工作监控检查不到位，未能及时发现并制止员工的违章行为，对本次事件负当班管理责任。

▶【实训练习】

一、单选题

1.（　　）是城市轨道交通运营中站务系列的中级工，利用车站设备设施，从事车站行车、客运、票务及维修施工组织和管理的人员。
　　A. 站务员　　　　B. 值班员　　　　C. 值班站长　　　　D. 站区长

2.（　　）代表轨道运营公司在站区车站或者某个车站行使属地管理权，组织辖区各站员工开展运营工作，为乘客提供优质服务。
　　A. 站务员　　　　B. 值班员　　　　C. 值班站长　　　　D. 站区长

3.（　　）是车站班组工作的负责人（班组长），主要是在站区领导下，负责车站现场指挥工作，检查与督促各项规章制度的执行落实情况，及时发现并纠正岗位违章操作行为。
　　A. 站务员　　　　B. 值班员　　　　C. 值班站长　　　　D. 站区长

4. 车站票务设备运作巡视的服务技巧要遵循（　　）的原则。
　　A. 多看、多听、多巡、多引导　　　　B. 一收、二唱、三操作、四找零
　　C. 一看、二摸、三听、四测　　　　　D. 一迎、二导、三处理

5. 客服中心岗的站务员要兼顾付费区和非付费区的乘客事务，当付费区和非付费区同时都有乘客需要办理业务时，原则上应先处理（　　）的乘客业务，请（　　）的乘客等待。
　　A. 付费区、非付费区　　　　　　　B. 非付费区、付费区
　　C. 站厅层、站台层　　　　　　　　D. 站台层、站厅层

6. 闸机引导严格执行（　　）的一次作业程序。
　　A. 多看、多听、多巡、多引导　　　　B. 一收、二唱、三操作、四找零
　　C. 一察、二导、三处理　　　　　　　D. 一迎、二导、三处理

7. 购票引导严格执行（　　）的一次作业程序。
　　A. 多看、多听、多巡、多引导　　　　B. 一收、二唱、三操作、四找零
　　C. 一察、二导、三处理　　　　　　　D. 一迎、二导、三处理

二、多选题

1. 巡视车站票务设备运作的服务要求包括（　　）。
　　A. 不断巡视站厅设备、扶梯等的运行情况和乘客进出站情况
　　B. 积极疏导乘客，要特别注意突发暴风雨等特殊情况时，乘客涌向出入口堵塞通道等问题，并及时向值班站长、值班员报告异常情况和问题
　　C. 积极引导进站乘客到乘客较少的客服中心、TVM或闸机等处购票或进出站
　　D. 为乘客提供购票、充值、兑零、咨询、验票、退票及乘客事务处理等服务

2. 客服中心站务员班后需要完成（　　）。
　　A. 站务员要及时签退，系统自动打印BOM结账凭证

B. 站务员需清点和回收 BOM 票箱内剩余的普通单程票

C. 将 BOM 产生的废票清点并回收，与值班员加封，并上交回收票务车间

D. 按照结账程序的要求，客运值班员与站务员结账

3. 客运值班员下班后需要完成（   ）。

A. 运营开始前，须完成补币、补票工作，进行 TVM 票箱、钱箱的更换，检查所有售检票设备状态

B. 收取客服中心站务员交回的票款、剩余车票及所有废票，按照岗位流程给售票岗位结账

C. 运营结束后在值班站长的监督下逐一对钱箱内的现金进行清点，并准时完成票务报表的填写

D. 按工作规范封好要加封的车票、现金。按规定上交票务报表

4. 值班站长对车站客服中心的检查工作包括（   ）。

A. 交班售票员票盒是否上锁加封

B. 接班人是否用自己的 ID 账号和密码登录 AFC 设备

C. 客服中心交接时是否有值班员现场监控

D. 售票员是否执行售票作业程序，是否按规定办理乘客事务台账

三、名词解释

1. 车站客服中心
2. 客运值班员

四、简答题

1. 简述具体票务管理工作纪律内容。
2. 简述客运值班员的票务职责。
3. 简述客服中心站务员的票务职责。
4. 简述客服中心岗作业的服务要求。

项目四实训练习答案

项目五　城市轨道交通车站票务管理

【项目描述】

票务管理工作是城市轨道交通运营过程中一项重要的经济工作，是轨道运营企业管理工作的重要组成之一。票务工作涉及的范围广，既与运作服务工作有关，也与管理工作有关。票款收入是轨道运营企业很大一部分的收来源，因此，做好票务管理工作对于城市轨道运营企业的稳定持续发展意义深远。本项目重点学习车站票卡管理、现金管理、票务备品与票务钥匙管理以及票务账务管理方面的理论知识与管理规则，帮助学生全面掌握城市轨道交通车站票务管理的知识与技能。

【教学目标】

1. 知识目标

（1）认知轨道交通票卡的管理内容及票卡流转流程。
（2）认知轨道交通票务现金管理内容及管理要求。
（3）认知轨道交通票务备品管理要求与管理规则。
（4）认知轨道交通票务钥匙管理要求与管理规定。
（5）认知轨道交通票务报表与台账类别。
（6）认知轨道交通票务报表填报、台账填写的规范要求。

2. 能力目标

（1）能够规范完成车站票卡管理作业，保障票卡运作安全。
（2）能够规范完成车站现金管理作业，保障现金安全。
（3）熟练进行车站票款结算作业和解行作业。
（4）能够规范完成车站票务备品和票务钥匙的管理作业。
（5）能够熟练并规范地完成票务报表填报和台账的填写作业。

3. 素质目标

（1）培养学生实事求是的科学态度和严谨细致的工作作风。
（2）培养学生安全生产、优质服务的工作意识。
（3）培养学生认识问题、分析问题和解决问题的能力。

4. 思政目标

通过本项目的学习，让学生在认知车站票卡管理、现金管理、票务备品与票务钥匙管理以及票务账务管理方面的理论知识与管理规则的基础上，树立"勤学苦练、遵纪守法"的理念，明白"诚实守信、踏实肯干、明辨是非"的重要性，引导学生形成规范作业和严谨作风的职业操守，培养终身学习的意识，在工作岗位中勇于担当、乐于奉献和发挥模范带头作用。

任务 1　票卡配发流转

▶【任务导入】

任务名称	票卡管理员
	他们是轨道交通公司客运营销中心票卡管理员，主要负责地铁全线网票卡的生产、配送以及库存管理工作。每天早上8、9点左右，他们便每人背着一个大大的帆布袋，前往各条地铁线路收取票务报表，乘坐特定车次，并在指定车厢门口收取报表。在每站停留时，与站台人员进行票务报表的交接，待全部收取后再乘车返回。 　　有人亲切地唤她们叫"地姐"。目前，全线网共93个车站，每个月平均才22个工作日，也就意味着每次至少要去5个车站，才能确保1个月时间内把所有车站跑个遍。上午刚收完报表，下午就马不停蹄地去各站"补给"。这边车站车票数量多了，就调票到缺票的车站去，确保现场车票的充足及合理性。别以为提着拉杆箱，优雅地在人群中穿梭，但辛酸只有自己知道。看似轻巧的行李箱内装着满满的票卡，数量高达上千张。可能你会觉得车票能有多重呀，那我就告诉你20斤大米有多重，箱子就有多重。正所谓巾帼不让须眉，小小身板扛起的更多的是责任。 　　其实她们还"火眼金睛"。车站回收的车票，能从中快速地定位弯折的票卡，避免其再次流通而发生异常，为乘客的使用提供便利。有些乘客爱给自己的票卡装扮，穿上各种"新衣服"，因此她们还需将其挑出，帮助其褪去个性，回归自我。然后，将剩余的车票进行清洗、烘干，最后在设备上重新编码制作，让车票再次投入乘客的环抱。为了减少市民的出行成本以及基于环保理念，普通单程票是循环使用的，因此也希望乘客能文明使用车票，带给自己及他人一份便利。
思考问题	1. 轨道交通票卡管理员工作内容及岗位职责是什么？ 2. 与票卡管理员交接车票的车站工作人员是谁？

▶【学习任务相关知识点】

　　城市轨道交通售检票系统中，车票是乘客的乘车凭证。车票记载了乘客从购票开始到完成一次完整出行所产生的费用、乘车时间、乘车区间等信息。车站是城市轨道交通运营企业的车票发售和流通中心，票卡流通过程包括配发、保管、加封、盘点、交接、借调、回收上交等环节，规范和安全管理车票，保障车票在城市轨道交通日常运营中的正常流转是车站站务工作中人员日常工作中的重要内容。

一、票卡的配发

　　（1）票卡组每日将各车站上交的"车站售、存票卡日报"汇总为"车站车票库存日报"，并审核其中的车票数量，当车站车票低于最低保有量时，三个工作日内（节假日顺延）将车票配送到区域车站，需求车站与区域站之间办理车票调拨手续，到区域车站领取车票，确保车站库存量高于车站日最低保有量，低于车站日最高保有量。

　　（2）票卡组负责对车站各类车票库存数量的日常监控与管理工作。车站客运值班员填写"车站车票库存日报"并上报票卡配送部门，报送票种包括单程票、营销票以及预付值单程票（库存发生变动时需报送）。每月月底盘点车站车票及备品的库存数量，将车站所有票种的库存数量填记"车站车票库存月报"后报票卡组，票卡组汇总并填写"车站车票库存月报"。

（3）日常车票票种由票卡组指定配送员配送到各车站。

（4）遇节假日等大客流时，必须提前考虑增加的客流量，提前两天将车票配送到车站，保证车站正常运转。

（5）有值车票票种由票卡组配送到各车站，配送员将清点加封好的票卡配送至车站后，与当班客运值班员或以上级别人员进行交接。非有值车票票种由票卡组配送至各线路指定区域站，需求车站与区域站之间办理车票调拨手续。

二、车票调拨

（1）车票处理员根据各车站的库存情况进行调拨，或车站申请调拨时票卡组审核同意需求车站至指定车站调配车票。

① 当 A 车站非有值车票的数量低于最低保有量，A 车站将调拨需求电话报票卡组，票卡组根据库存日报中各车站库存车票数量在 LCC 系统上进行调拨，B 车站确认后，A 车站方可到 B 车站调配车票，调出车站填写"车票调拨单"，双方签名确认后进行车票调拨，次日连同票务报表上交票卡组。

② 原则上车站需在工作日期间申请车票调拨，并且选择同线路邻近车站进行调拨。原则上周末时间不进行调拨工作，如有特殊情况可电话通知票卡组组长。

（2）同线路内调拨由调入车站至指定车站调配车票，由调出站编制"车票调拨单"，双方签名确认后进行车票调拨，"车票调拨单"于次日随报表上交票卡组。

（3）跨线路调拨由清分中心统筹安排。

三、车票配送

（1）在进行票卡调配作业时，要求必须使用公司配发的专门容器，车票出库须封装，封条上须注明加封内容（车票类型、数量）、加封人、加封日期，严禁拆开封条，严禁散装配票。

（2）车票配送途中，应有相对固定的配送人员，并经过相关业务培训，至少有一名车票管理组人员和保安人员护送。

（3）要求配送人员必须专车专线开展配送业务，票卡配送途中，严禁办理私事或与票务无关的业务。

（4）票卡出入库的双方必须都对票卡进行认真清点，并如实在票务系统的"票务库存管理"中进行登记。

（5）票卡配送过程中发生意外的处理规定如下：

① 在车票配送、接收的过程中发生车票损坏、遗失或数量不符的情况，应由双方当事人签名确认情况，同时根据情况分别报客运部或安全稽查部，并报票务分部备案，根据《票务稽查管理办法》处理。

② 在配送过程中发生抢劫和事故的情况下，配送人员应第一时间报警及通知车票管理组组长，维护现场，在确保人身安全的情况下保护车票的安全。

▶【知识链接】配票过程中在地铁车内车票被劫

（1）事故情况：车票在配送途中，在地铁车站内出现车票被他人劫走。

（2）处理指引：

① 配票过程中发生抢劫和突发事故等情况下，配送人员应第一时间报警及通知车站车控室。
② 配票人员应在确保人身安全的情况下保护车票的安全。
③ 车站应全力协助配票人员维护现场秩序并加强保安巡查。
④ 车票管理组组长在接到配票人员的通知后，立即向票务室领导进行汇报。
⑤ 配票人员应协助公安部门处理事件并积极寻找目击证人。
⑥ 联系票务稽查，对损失进行确认。

四、车票回收

车站要按照票务规定在规定时间内将回收的车票上交至清分中心票务部。车站回收的车票包括：超出车站车票最高保有量的可用单程票、过期预制单程票（由客运值班员与站务人员按编码日期加封）以及车站设备废票、待清洗车票等指定回收的车票，以上车票由票卡组车票配收员到车站进行回收。

由清分中心 ACC 票务部票务室通知车站需回收车票的种类、数量，客运值班员按要求提前准备好车票，并填写"车票上交单"。车票配收员到站后根据"车票上交单"清点各车票的加封数量，确认无误后签收。

由票卡组与车站共同确定每日回收工作的车次，车站每日封包后于列车运行方向指定车厢与车票配收员进行交接，将车票回收到票卡组后由两人（其中一名为车票配收员）在二级库监控有效范围内对车票进行清点和审核工作。

（一）可使用单程票的回收

票务中心票卡组每日审核车站上交的"车站车票库存日报"中的车票数量，当车票高于"车站车票保有量一览表"中的最高保有量时，票务中心票卡组制定车票回收计划后到车站回收车票。

当车站单程票数量超过"车站车票保有量一览表"最高保有量时，车站应将超出部分的单程票封装，等待票务中心票卡组回收。

车票的回收应做好台账登记，车票配送员与客运值班员办理车票交接，对车票种类、数量进行签字确认。

（二）车站废票的回收

1. 车站废票的类型

（1）与乘客事务处理单相关的废票：BOM、TVM 出售的无效票，乘客退票（授权后）、超时等单程票。

（2）AFC 设备产生的废票：TVM 废票、GATE 废票、编码分拣机废票。

（3）已拆封的预赋值单程票废票：票务分部预赋值未售完的单程票。

（4）其他废票：车站废票箱内回收的单程票及其他非正常情况回收的单程票。

2. 车站废票回收规定

根据票务管理规定，由票务中心回收车站废票。与乘客事务处理相关的废票（不包括

BOM 正常退款单程票）、BOM 产生的废票，由车站每日随票务报表一起上交票务中心票卡组；预赋值单程票需在有效期截止日起规定的工作日内（比如 5 个工作日内）到车站回收；其他废票由票务中心票卡组定期回收。

五、车票清洗

城市轨道交通车站所有票卡长时间使用后，会出现不同程度的污损，特别是单程票，回收使用的次数越多，污损就越严重，票卡上附着的污渍细菌会对乘客的健康产生影响。因此，在运营管理过程中，按照票卡管理规定定期回收票卡进行清洗消毒，再度投入使用。

（1）票务中心接到票卡清洗指令后，负责组织对所辖线路的一票通票卡进行分批回收清洗。

（2）票卡清洗作业需有完整的清洗记录和检验记录。记录内容应包括时间、数量、操作人员、合格数量、不合格数量等重要信息，并将清洗记录至少存档 1 年。票卡清洗作业应确保票卡清洗的效果，清洗后的票卡经过检验合格方可再次投入使用。

（3）票卡清洗检验标准为：票卡表面清洁，无明显附着物；票卡表面印刷图案清晰可辨；票卡表面无非印刷涂写图形、字体等。

（4）在车票清洗过程中，遇到符合下列情形之一的，票卡均需要按照规定进行票卡报废：

① 票卡表面有无法去除的黏性附着物。

② 票卡表面所印图案磨损严重，不可辨别图案。

③ 票卡表面印刷部分脱落面积超过 $1\ cm^2$。

④ 票卡表面有不可去除涂写痕迹面积超过 $2\ cm^2$ 或涂写字体不满足精神文明要求。

六、车票初始化

在所有车票投入使用前必须由专门的机构通过编码/分拣机进行初始化，分配车票在系统内的唯一编号，同时生成车票相关的安全数据，使得票卡成为在自动售检票系统内可使用的媒介，只有经过初始化后的车票才可以分发至各站进行发售。

在初始化时，操作员针对不同类型的车票设置系统参数及系统应用数据来进行初始化编码。车票初始化时的编码内容一般包括以下数据类型：安全密钥及防伪数据、车票编号数据、车票状态数据。

车票初始化的步骤如下

（1）设备读取车票上唯一的物理卡号，验证初始密钥。

（2）初始密钥验证成功后，将逻辑卡号、安全数据、编号数据及系统应用数据写入车票。

（3）车票初始化后，将车票信息记录到中央数据库中。

▶【任务解析】

（1）票卡管理员，主要负责地铁全线网票卡的生产、配送以及库存管理工作。

（2）车站当班客运值班员负责与票卡管理员交接配发车票或上交车票。

任务 2　票卡安全管理

▶【任务导入】

任务名称	乘客车票丢失事务处理
	某乘客 9 月 17 日晚乘坐某地铁 2 号线，下车时发现票丢了，于是去补票，结果车站客服中心站务员要求乘客必须按照全程的价格 6 元钱补票，并向他出示了一张行政处理凭证。该乘客反映，自己要求对方出具行政处理和支付全程票价的依据，被对方拒绝。最后，该乘客将此事反映至广播电台进行求助，对地铁运营公司的企业形象造成了不良的影响
思考问题	根据案例描述，谈谈乘客车票丢失处理要求及注意事项。

▶【学习任务相关知识点】

车站是城市轨道交通运营企业的票卡出售、流通中心。票卡配送部门将票卡配发到车站后，车站开始对票卡进行安全管理。票卡在车站经过一系列自动售检票设备的流通周转后，实现在票务管理系统内的循环使用。

一、车站票卡配转流程

在车站日常运营过程中，车站通过在自动售票机中补充一定数量的单程票，实现乘客在自动售票机上自助购票；同时，车站客服中心也可以通过半自动售票机进行单程票售票和储值卡充值，帮助乘客完成购票和充值作业。

乘客购票后，持票卡进闸乘车。对于出闸时出站闸机回收的单程票，可以重新投入自动售票机中再次循环使用；储值类票卡通过出站闸机结算扣费后，乘客可持储值类票卡继续使用；票卡在进出站无法顺利进出闸时，乘客到客服中心处理票卡事务；乘客购买单程票或充值过程中存在问题，因特殊原因需要退票或退款时，可到客服中心办理，符合退票或退款条件，售票员退还乘客购票或充值金额，并回收单程票。车站票卡的配转流程图如图 5-2-1 所示。

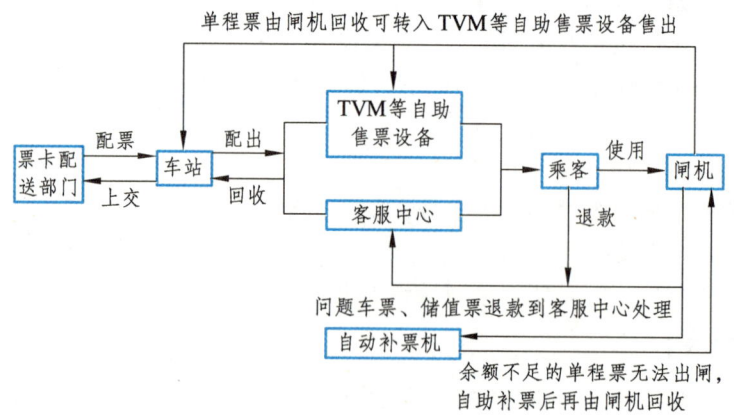

图 5-2-1　车站票卡的配转流程图

▶【知识链接】福州地铁票务规则第九条对退票、换票、补票规定

（1）单程票没有进闸记录且票内信息可以读取的，购买当日内可在发售站办理退票；单

程票有使用记录的，不予退票。

（2）计次票、实体期限票在有效期内非人为原因失效（须票面编号完整），可在任意地铁站客服中心办理免费更换手续。

（3）榕城一卡通退、换票请向市民卡公司服务网点咨询办理。

（4）因地铁运营故障、突发事件等原因未能完成运输服务的，受影响乘客可在当日起七日内至任意地铁车站办理退款（期限票和免费票种除外）或者免费更新业务。

（5）乘客须持有效车票乘车，并保管好车票，对无票或持无效车票的乘客，由运营单位按出闸站线网最高单程票价收取票款；持伪造或者变造的优惠乘车证件及冒用他人优惠乘车证件的，由运营单位按出闸站线网最高单程票价收取票款，并按出闸站线网最高单程票价的5倍加收票款。

有下列情况之一的，视为无票或持无效车票乘车：

（1）使用的车票过期（含证件过期）。

（2）出闸时没有车票的。

（3）所用的车票或车票的记录被人为篡改、破坏的。

（4）利用其他手段违规乘车的。

二、车站车票安全管理

单程票，尤其是预制单程票、纪念票及异形卡等储值类车票，除了车票自身有制作成本，加上卡内所含金额或乘次，车票可以视为一种有价证券，其安全管理直接影响到运营企业的收益安全。

一般情况下，为保证车票安全，原则上只能存放在车站的安全区域，包括车站 AFC 票务室、客服中心、临时售票亭、自动售票机、半自动售票机、出站检票机等。车票在任何地点存放都要有相应人员负责。车票进行清点、交接时，均需在监控摄像头的有效范围内进行操作。车票存放区域必须有灭火器材。

（一）车站 AFC 票务室的车票安全管理

车站票务室设置在车站设备区内，是专门用于保管车站现金、票卡及票款结算的工作间，随时保持锁闭状态，且须 24 h 开灯。票务室（或点钞室）必须加装防盗门（窗）、远红外报警器、视频监控系统等安保监控设施。当班客运值班员在车站票务室时，除当班票务岗位人员、区域站长、票务管理人员，其他人员必须得到当班值班站长或以上岗位人员的许可，方可进入票务室。当班客运值班员离开票务室时，票务室内所有人员必须随同离开，不得逗留。人走后必须按规定设防，以确保票、款安全。

1. 票务室分区分类管理

车站应根据车票的性质、票种在票务室内划分区域，对票卡实行分类存放，建立专门的台账对票卡流通情况进行记录，并定期安排专人对各类票卡进行全面盘点，以确保台账记录情况与实际清点情况相符。票务室对车票实行分区管理，一般分为预制票区、上交区、循环区。

（1）预制票区。

预制单程票存放在 AFC 票务室的保险柜或专用的文件柜。存放时应注意两点：一是不同价格的预制票不能混放，二是不同有效期的预制票不能混放。

（2）上交区与循环区。

普通单程票一般存放在票务室的票柜里，为避免不同性质的单程票混淆，保管单程票区应划分为不同的区域，一般可分为"上交区"和"循环区"。

① 循环区存放的车票是：车票主管部门配发或调配的普通单程票、车站闸机回收的普通单程票、运营结束后自动售票机票箱结存的普通单程票、运营结束后单程票人工回收箱分拣出的可用单程票。

② 上交区存放的车票是：自动售票机（TVM）、半自动售票机（BOM）、出站检票机等AFC设备产生的废票，运营结束后单程票人工回收箱分拣出的废票、已售单程票、无效单程票、过期的预制单程票等。

（3）预制单程票、纪念票及异形卡等储值类车票应存放在上锁的专用票柜或保险柜内，由客运值班员负责安全，下班时应与接班客运值班员按规定进行交接。

（4）票务室内存放票卡的票柜、保险柜在无人值守时应处于锁闭状态。

（5）保管车票时，注意防折曲、刻画、腐蚀、防水、重压和高温。

（6）进出车票存放区域应有严格的审批流程，未经批准其他人员不得进入车票存放区域。

（二）车站客服中心的车票安全管理

（1）车站客服中心中售票员应将车票放在乘客接触不到的地方，做好防盗工作，并且客服中心应随时处于锁闭状态。

（2）售票员严禁携带私款、私人车票（员工票除外）进入客服中心或临时售票点；严禁更新、处理非乘客要求处理的票卡及发售非客运值班员或值班站长配发的票卡。

（3）运营时间，当班售票员未经上级许可不得擅自离开客服中心，如确需离开（如上洗手间、就餐），需将自己的钱票卡收好并锁好票箱，退出自己的工号，客运值班员或值班站长根据情况决定是否安排顶班；结束顶班的员工应退出登录系统，将自己的票、款、单据等物品安全上锁。

（三）运送途中的车票安全管理

车票在运送途中一律放在上锁的售票盒、票箱或上锁手推车中，有值车票（赋值一卡通、赋值储值票和预制票）需由两名车站站务人员负责运送和运送途中的安全。

三、车票的加封和开封

为了避免车票零散存放而导致遗失、混淆和重复劳动等问题出现，车票在存放保管过程中，在经相关工作人员共同确认数量、信息后，可以按照车票管理规定进行加封保管，这样不仅有利于车票的保管与存放、清点及上交，还能保证车票保管的安全与准确。

（一）加封的原则

（1）不同性质的车票应分开加封。有值车票（含预制单程票、赋值一卡通、赋值储值票、纪念票、纸票、赠票）以及与售票员结算相关车票、临时测试借用归还的车票、乘客弃票、回收箱的地铁储值票和一卡通车票需由当班客运值班员或值班站长与另一名员工（与站务员结算相关的车票当事人必须参与清点）共同清点加封，其他车票可单人清点加封。

（2）完成加封后，应在加封好的封条骑缝处加盖加封人名章，封条上必须注明加封车票的种类、数量、加封车站、加封人和加封日期。所有车票被加封后必须保证一经破封无法复原，以确保加封的车票状态处于控制中。

（二）车票加封方法

可以根据车票的种类、性质等使用不同的车票（包含票据）加封方法，主要包括票盒、布袋、信封、砂纸等加封，封条上注明的信息包括：票种、数量、加封车站、加封人和加封日期等，预制票尚需注明售出期限及金额。

1. 票盒加封

车票放入票盒后，用砂纸在票盒中间部位进行"一"字形缠绕后，接口处贴封条加封，该方式适用于任何类型的车票和票据的加封。

2. 布袋加封

清点好的车票放入布袋，用绳子缠绕将布袋口扎紧，再用封条缠绕加封，该方式主要用于加封筹码式单程票。

3. 信封加封

清点好的车票放入信封后，将票务信封口封住，采用"工"字加封法用封条将信封背面的接缝处封住。在票务信封的正面注明加封信息，并在信封背面封条骑缝处及封面上盖加封人员人名章。该方式适用于任何类型的车票和票据的加封，但数量不宜过多，如图 5-2-2 所示。

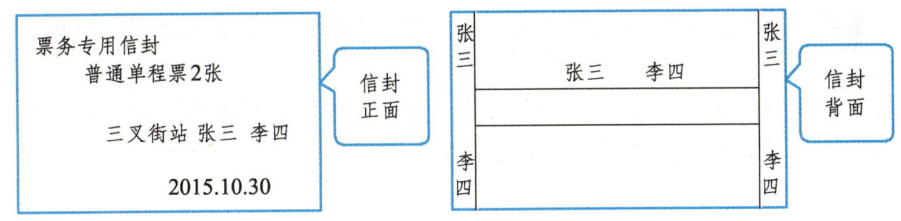

图 5-2-2　信封加封示意图

4. 砂纸加封

将车票整理整齐后，用砂纸（扎把带），以十字形缠绕后加封（不需装入信封），并在封条上注明加封信息，如图 5-2-3 所示。该方式主要用于一些票面面积较大、便于用砂纸缠绕的车票的加封。

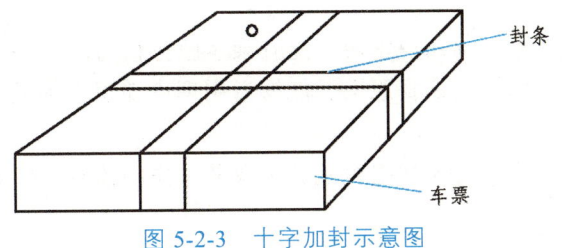

图 5-2-3　十字加封示意图

（三）车票开封和清点

（1）车站开封有值车票、乘客弃票、回收箱地铁储值票和一卡通车票、与客服中心站务员结算相关的车票、临时测试借用归还的车票时，由客运值班员或以上级别人员与另一名车站员工在监视设备监控状态下完成。其他车票可由客运值班员或以上级别人员在监视设备监控状态下单人开封清点。有些地铁公司因为人员分工不同，规定所有车票均由客运值班员或以上级别人员在监视设备监控状态下单人开封清点。

（2）开封后非即时配出的车票，开封人员需及时对清点过的车票按规定加封。

（3）开封后，发现车票数量或信息有误，开封人员需及时报站长或当班值班站长到票务室确认，并在相关台账或交接本上做好记录，将车票和封条封存，待站长或值班站长核查清楚后方可使用，同时车站应立即将情况上报客运部，客运部要及时组织调查并在 5 个工作日内将调查情况书面报安全部和公司票务主管部门。车站需要用票时可开另一包封口完好的车票。

四、车站车票盘点

（1）车站车票盘点工作由客运值班员和值班站长双人进行。

（2）盘点前准备工作：盘点当日运营结束后，车站人员需将 TVM、BOM、AGM 票箱及废票箱车票、车票回收箱车票放回车站票务室。

（3）每月按照规定日期运营结束后对站存各票种车票，分票种、票价进行全面盘点。盘点时以下车票不需拆封、按加封数量盘点：

① 清分中心 ACC 票务部票务室加封的车票。

② 车票配收员与车站人员共同加封的车票。

③ 站长与值班站长共同加封的车票。

其余车票则需清点实际数量。盘点结束后，盘点人员在"车站车票库存日报表"上记录盘点情况。

（4）若发现车票的实际盘存数量与当天的"车站车票库存日报表"的结存数不符，车站应将账实不一致情况立即上报客运部，客运部应及时组织开展调查并在 5 个工作日内将调查情况书面报票务部。

▶【任务解析】

1. 案例分析

案例中的地铁站务员虽然按照票务规章制度进行乘客事务处理，但是，并没有很好地将相关规章制度和处理规则反馈给乘客，引起乘客不满。

2. 注意事项

（1）站务员应加强票务基础知识学习，提升乘客服务技巧。

（2）站务员在票务工作中应认真思考，能够运用理论知识正确处理乘客票务问题，为乘客提供满意的服务。

（3）值班站长和客运值班员应加强对站务员票务工作的监督与指导，避免出现错误办理乘客事务的情况。

任务 3　票卡使用与交接

▶【任务导入】

任务名称	车站售票员私自截留车票
某日，某地铁车务二部接调度票务部反馈在核查处理一张无效学生储值票余值情况时，发现该车票在某地铁 BOM 上处理的记录有异常。该部立即组织调查，发现售票员私自截留车票，并转送他人使用，利用异常车票违规乘车导致公司票务收益遭受损失。	
思考问题	分析案例事件并提出处理方法。

▶【学习任务相关知识点】

在城市轨道交通运营过程中，车票交接存在于配发车票、上交车票、车票站间调配等环节中。开展车站车票交接工作时需建立车票的交接凭证和统计台账，交接人员依据交接凭证办理交接手续并做好书面交接记录，以保证车票在各交接环节中的安全。

一、车票的交接原则

在进行车票交接的过程中，应该遵循以下基本原则：

（1）交接双方应当面清点车票数量，确认车票信息无误后办理签收交接手续。

（2）交接加封好的车票时，接班人应在确认加封正确完好后凭加封数量交接。

（3）交接时若发现车票数量或信息有误，接班人应及时报告站长或当班值班站长到票务室确认，并在相关台账或交接本上做好记录，车票按实际数量进行签收。站长或值班站长应及时调查原因，视情况进行处理，同时将事情经过及时上报上级部门。

二、客运值班员与配票人员车票交接

（一）车站与企业票务主管部门之间的车票交接

1. 车站接收单程票

（1）车站接收票务票卡组配送人员配发的单程票（包括预制单程票）。客运值班员和票卡组配送人员交接，依据车票配发出库单据当面检查车票封包及封条是否完好，确认封条与车票配发出库单据所写票种、数量一致后在交接单据上签名，单据第二联留存车站。

（2）客运值班员接收、清点并确认后，将车票存放在票柜，在车站票务交接班记录上登记，并录入 SC 系统。

2. 车站接收除单程票以外车票

（1）除单程票以外票种，由客运值班员指定两名车站工作人员（至少一名为车站正式员工）负责到指定车站领取车票，双方需当面清点确认车票数量。如配有随卡物品，车站人员应一并领取。

（2）客运值班员将车票分类存放在票柜，在车站票务交接班记录上登记，最后录入 SC 系统。

3. 车站上交车票

客运值班员对单程票人工回收箱的单程票进行清点、分拣后，可用单程票放入循环区，不可用单程票放入上交区（如车站单程票清分机不具备分拣条件或清分机故障，不需分拣，清点数量后全部作为人工回收无效票放入上交区，在 SC 系统做好登记）。

（1）客运值班员依据车票回收单据标明的回收票种、回收数量（无效票按车站实际库存数量）上交车票。

（2）如上交车票为车票回收单据标明以外票种，需写明上交原因和车票种类，用信封分别封装。

（3）客运值班员在车票回收单据签名确认，单据第二联留存车站。

（4）客运值班员在车站票务交接班记录上登记，录入 SC 系统，打印"车站上交车票清单"，票卡组配送员清点无误后签字确认。

4. 车站站间调配单程票

（1）调出站客运值班员依据车票调配单据标明的调出票种、调出数量上交车票。

（2）票卡组配送员到调出站，与调出站客运值班员双方在车票调配单据上签名确认，单据第二联由车票调出站留存。调出站客运值班员在车站票务交接班记录上登记，现场录入 SC 系统。

（3）票卡组配送员到调入站，调入站客运值班员依据车票调配单据当面检查单程票封包及封条是否完好，与车票调配单据核对无误后在单据上签名确认，单据第三联由车票调入站留存。调入站客运值班员将车票存放在票柜，在车站票务交接班记录上登记，现场录入 SC 系统。

（4）如调入站客运值班员与本站人员清点单程票种类或数量与加封数不符，应立即报告值班站长，按相关规定处理。

5. 车站站间调配除单程票以外车票

（1）调出站客运值班员依据车票调配单据标明的调出票种、调出数量封装车票。

（2）由调入站客运值班员指定两名工作人员（其中一名为车站正式员工）至调出站，与调出站客运值班员共同清点车票。

（3）票卡组配送人员在调出站监督车票的清点交接过程，三方在车票调配单据上签名确认，第二联车票调出站留存，客运值班员在车站票务交接班记录上登记，录入 SC 系统。如配有随卡物品，车站人员应一并调配。

（4）调入站工作人员将车票和车票调配单据第三联带回本站，客运值班员将车票存放在票柜，在车站票务交接班记录上登记，录入 SC 系统。

（二）车站内部之间的车票交接

1. 客运值班员与客运值班员之间的车票交接

（1）依据"客运值班员交接班本"上的记录，接班客运值班员应与交班客运值班员当面清点车站票务室内所有车票的数量、编号、当日的车票上交单、车票配送单，确认无误后进行签收。

（2）交班时若发现车票数量或信息有误，应及时报当班值班站长，当班值班站长必须到车站票务室确认，按实际数量进行签收。由接班值班员在"客运值班员交接班本"和"车站车票库存日报表"中记录相关情况，交班客运值班员、接班客运值班员和当班值班站长三方签章确认，并将情况立即上报站长及时组织调查，并在 5 个工作日内将调查情况报公司票务主管部门。

2. 客运值班员与客服中心站务员之间的车票交接

（1）开窗前的车票交接。

客运值班员与客服中心站务员当面清点和交接车票，确认车票信息后填写"售票员结算单"的"开窗张数"栏。

（2）结账时的结余车票交接。

客运值班员与客服中心站务员当面清点和交接车票，确认车票信息后填写"售票员结算单"的"关窗张数"栏。对于 BOM 不能正常发售的车票，站务员须及时加封，在封条上注明车票类型、票种、数量、加封车站、加封人和加封日期，结余车票交当班客运值班员。

（3）结账时无效票及与乘客事务处理有关的车票交接。

经站务员回收的其他种类的车票，由本人将车票分类扎好，根据加封的车票数量封入票务专用信封或票袋，注明车票类型、票种、数量、加封车站、加封人和加封日期，由客运值班员根据封面的张数与"无效/过期票处理记录表"所填写的张数进行核对，确认无误后随报表上交票务室。

3. 客服中心站务员与站务员之间的车票交接

客服中心站务员与站务员之间的车票交接作业是站务员交接班作业内容的重要组成部分。交班站务员与接班站务员确认半自动售票机（BOM）显示的票号，交班站务员退出 BOM，将抽屉的现金和车票整理放入票盒，填写"客服中心交接班本"，回车站票务管理室结账。接班站务员登录 BOM，将本班备用金及车票摆好后放入抽屉，做好售票的准备工作。

（三）车票交接数量、票内信息不符的处理

（1）票务主管部门给车站配票过程中出现数量、票内信息不符，车站以实际数量接收，票务主管部门进行核查。

（2）站间调票数量、票内信息不符：对于普通单程票，配入站以实点数数量入账；对于预制单程票和储值类车票，按照实际查验的票内信息相符的车票数量入账，并在"站间调票单"上做好备注。

（3）客运值班员之间交接出现数量、票内信息不符，以接班客运值班员实际清点和查验信息相符的车票数量为准进行交接，并将信息及时报值班站长；值班站长须到车站票务管理室确认，按实际数量进行签收。由接班客运值班员在"客运值班员交接班本"和"车站车票库存日报表"中记录相关情况，交班客运值班员和接班客运值班员和值班站长三方签章确认，并将情况立即上报客运部，及时组织调查并在 5 个工作日内将调查情况报票务主管部门。

（4）客运值班员向站务员配票时出现数量、票内信息不符，以站务员实际接受车票数量为准，客运值班员进行认真核账。若查不出原因，按照客运值班员之间交接出现数量、票内信息不符的流程进行处理。

▶【任务解析】

1. 案例处理

售票员严重违反规章制度,违反职业道德基本准则,利用工作之便私自截留异常车票,将车票给他人使用,并教其利用该故障车票节省车费,导致公司票务收益流失。该事故被定性为四类票务违章,并对当事人给予解除劳动合同处理。

2. 案例分析

(1)售票员严重违反票务规章制度,未按规定办理无效学生储值票,发现车票异常、有利可图后私自截留车票,谋取私利,是导致本次事件的主要原因。

(2)售票员职业道德观念不强,发现车票可随意进闸的漏洞后,将车票给他人并教其违规使用,造成公司收益流失,是导致本次事件发生的主要原因。

(3)当班值班站长对当班票亭作业情况监控不到位,未能发现员工违章办理退款,没有发现票亭中存在异常的车票且未能及时发现员工不断进行 BOM 分析、更新、充值等处理车票的操作,当班管理存在不足。

任务 4　现金日常管理

▶【任务导入】

任务名称	客服中心现金安全管理未到位
某日晚班，某地铁某站客运值班员与售票员结账核对票款时少了 1 000 元。而在售票员当班期间只有厅巡站务员进入过客服中心，在该站公安的协助调查下，这名厅巡站务员承认其盗窃行为，交代他在客服中心顶岗时擅自打开了售票员的票盒，并盗取盒内票款 1 000 元。	
思考问题	简述案例事件产生的原因及处理。

▶【学习任务相关知识点】

　　城市轨道交通运营企业的现金安全管理直接影响着企业现金收益的安全与准确，因此，城市轨道交通车站对现金的使用与管理工作是车站日常运作中的重要票务作业之一。

一、车站现金的组成

　　城市轨道交通车站现金包括备用金和票款两部分。票款和备用金用途不同，要分区管理，避免出现备用金被误解行的情况。

（一）备用金

　　车站的备用金分为两类：日常备用金和应急备用金。其中，日常备用金是指由上级部门配发给车站，专用于给乘客兑零、找零、自动售票机补币、与银行兑零等用途的周转资金。应急备用金是指用于车站发生客伤等紧急事件时的应急基金启用款。

（二）票　款

　　票款是指车站通过自动售票机、自动加（充/增）值机、自助售卡充值机、半自动售票机或临时票亭人工发售车票及办理票卡充值、更新等售票、补票业务中产生的现金收益。

（三）车站现金的管理规定

　　（1）车站票务备用金和票款的相关管理必须严格按照车站现金的管理规定执行，备用金和票款必须专款专用，不得挪作他用。

　　（2）车站票务备用金和票款的相关管理必须严格按照"账实相符"的管理规定执行，严禁弄虚作假、虚报瞒报。

　　（3）车站应对现金的使用和保管设立安全区域，未经允许和授权，无关人员不得进入现金安全区域，现金安全区域内严禁存放私人现金。

二、现金管理流程

　　备用金配发到各个车站后，在车站供售票找零和客伤应急使用。车站自动售票机和客服中心售票所得的票款经车站回收、清点后，及时存入运营企业在银行的专用账户，车站现金管理流程如图 5-4-1 所示。

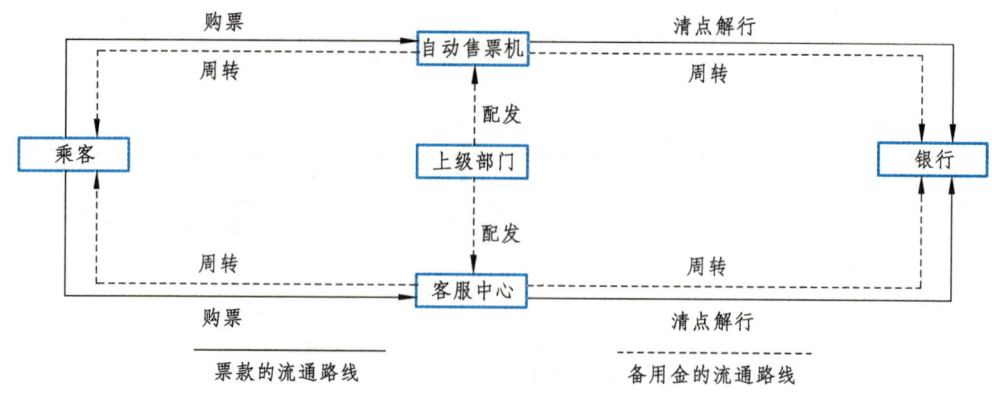

图 5-4-1　车站现金管理流程

三、现金的日常安全管理

车站备用金和票款收入是组成城市轨道交通运营企业经营收益的重要部分，其安全管理工作的好坏直接影响企业收益。车站在进行现金日常安全管理时，应设立现金使用和保管的安全区域，制定相关的现金安全管理规定，以保证现金在车站票务室、客服中心和运送途中的安全。

（一）现金存放的安全区域

车站现金原则上只能存放在专门的现金安全区域，主要包括票务室、客服中心、临时售票亭、自动售票机，以保证车站现金的安全。在日常操作时，车站现金安全区域必须做好安全保护，在非操作时必须处于安全锁闭的状态。现金安全区域严禁存放私人的钱、票（员工票及票务室批准的特殊情况下临时存放的现金除外）。

（二）车站现金安全管理规定

1. 票务室的现金安全管理

（1）票务室应随时保持锁闭状态（票务室门和防盗门需同时锁闭），票务室门钥匙由值班员及以上级别人员保管及使用。

（2）票务室内应配置监控设备，必须保持 24 h 开启，要能对所有现金操作环节进行实时监视和实时录像，监控资料未经批准不得删剪。票款的清点、交接必须在监控范围内进行，不得随意挪动摄像头的位置。

（3）票务室内的现金处理完毕后，应立即锁入保险柜、纸币/硬币钱箱或锁闭在待解行钱箱中存放，并且要处于监控摄像区域内。隔夜票款必须由客运值班员及值班站长当面清点、交接，清点无误后立即锁入保险柜，并在"车站营收日报""客运值班员交接班簿"上注明。

（4）运营时间，除车站当班票务工作人员及其他指定票务工作人员外，其他非当班人员不得随意进入票务室（点钞室），确需进入时，必须得到当班值班站长或以上级别人员的许可，并在当班客运值班员的陪同下方可进入。当班客运值班员离开票务室时，票务室（点钞室）内所有人员必须随同离开，不得逗留。车站需设立台账，记录进入人员、进入原因、进入时间以及离开时间。

（5）在非运营时间，除当班客运值班员、值班站长及站务员需要进行票务的相关工作外，其他任何人员不得进入票务室（点钞室）；特殊情况时需经当班值班站长及以上职务人员同意并由其陪同进入。

2. 客服中心的现金安全管理

（1）客服中心应随时处于锁闭状态，门钥匙由当班使用人保管及使用。车站需随时监控临时票亭的安全情况，做好防盗工作。

（2）运营时间内除当班站务员、车站票务检查人员外，其他人员必须得到当班值班站长或以上级别人员的许可，方可进入客服中心。当当班站务员离开客服中心时，客服中心内所有人员必须随同离开，不得逗留。车站需设立台账，记录进入人员、进入原因、进入时间及离开时间。

（3）客服中心营业期间，应将现金存放于专门的现金抽屉或配票箱内，不得将现金放在乘客可触及的地方。

（4）客运值班员应根据客服中心站务员的票款收入情况，向站务员预收票款，以降低车站客服中心现金保管的风险。

3. 运送途中的现金安全管理

现金在运送途中必须放入锁闭的钱箱、票盒或上锁的手推车中，并由两名车站站务员工（其中一名至少是客运值班员及以上级别员工）负责运送。

（三）现金的加封和开封

车站为保证现金管理的安全有序，将现金加封后进行保管，在现金开封使用时，需要按照规定进行开封。

1. 现金加封和开封的要求

（1）现金加封工作要求在监控系统的监控下进行，由参与清点的人员负责加封工作。监控系统发生故障时，车站清点、加封解行箱等工作应当由当班客运值班员或以上级别的员工和另一名员工双人清点、双人加封开封。加封后必须保证一经破封无法复原。加封人应在封条上注明加封金额、加封车站、加封人、加封日期等加封内容。加封后应在封条骑缝处加盖加封人签章。

（2）进行现金的开封工作时，需客运值班员或以上级别的员工在监控系统下逐袋开封、清点。监控系统发生故障时，车站加封、开封、清点现金等工作应当由当班客运值班员或以上级别的员工和另一名员工双人进行。开封清点后若发现金额不符，按规定应立即上报上级到票务室确认，差额由加封人负责；如未执行开封清点规定，差额由开封人负责。

2. 现金加封方法

现金一般可用砂纸、信封、钱袋加封。

（1）砂纸加封：砂纸加封只适用于纸币加封，加封时，在砂纸一字形缠绕归整后的纸币中部、接缝处贴上封条，如图5-4-2所示。车站清点纸币时，按各面额分类清点，同一面额纸币清点满100张时用砂纸加封，在封条上注明加封内容。

（2）信封加封：信封可用于加封纸币和票据。加封前，在票务信封的正面注明加封内容。加封时，先放入现金后将信封口封住，再采用"工"字加封法用封条将信封背面的接缝处封住，最后在信封背面封条骑缝处及封面上盖章，操作方法与票卡信封加封相同。一般仅限于同一面额不足100张的纸币，按面额大小归整后放入信封内进行加封，如图5-4-3所示。

（3）钱袋加封：钱袋主要用于对硬币的加封，采用钱袋对纸币加封时，应先用砂纸加封或用信封加封后再放入钱袋内加封，如图5-4-4所示。加封前，在封条上注明加封内容。加封时，将钱袋口用绳子缠绕扎紧后再用封条缠绕加封。

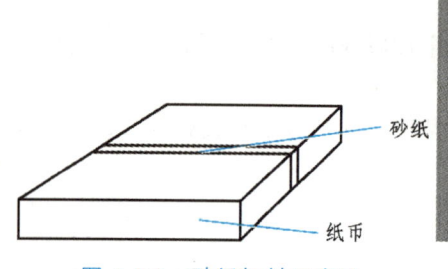
图5-4-2 砂纸加封示意图

图5-4-3 信封加封示意图

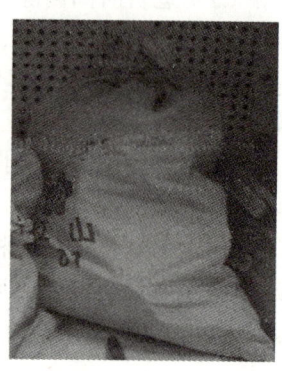
图5-4-4 钱袋封装示意图

（四）假钞、错款的处理

在日常票务工作中，难免碰到假币、错款等相关问题，为了预防此类问题发生，除了给票务人员配备相应的钞票真伪辨别设备以外，最重要的是提高票务工作人员的整体素质及工作能力，这就要求所有票务人员在工作中做到细致谨慎、一丝不苟，正确使用钞票真伪辨别设备，掌握必备的票款收缴、鉴别、计算、找零等技能。

1. 车站客服中心的假币、错款处理原则

（1）车站客服中心在进行现金交易时，按照操作规范使用相关设备辨别钞票真伪，若发现有假钞或无法确认真伪的钞票时，应予以拒收。为避免和乘客产生正面冲突并引发矛盾，建议采用如下方法处理：

① 用委婉的语言告知乘客："不好意思,您的钞票不能被机器识别,请您另换一张好吗？"不要直接断言乘客所持钞票为假币，要照顾乘客的情绪。

② 若乘客执意不换，应该请乘客监督，将该钞票的币种、编码（又称冠字号码）抄录下来，并请乘客确认、签字，并留下乘客身份证上的地址、身份证号码以及乘客的联系方式。

③ 向乘客说明："此钞票明日将送往银行进行鉴别：如是假币，将会通知您，您必须前来支付票款，该币将按规定回收；如不是假币，我们将会登门向您道歉，并如数找零，谢谢配合。"

（2）在进行票款清点打包时，应遵循"谁收取谁补还"的原则，发现钱款有明显的失真特征或可通过验钞机识别为假币的，由客运值班员以上人员共同确认，并作登记，由当事售票员补足票款。若车站验钞机无法正常验出假币，则由公司承担相应票款损失。

（3）一般情况下，当出现错款情况时，人工作业遵循"长款上交、短款自负"的处理原则。错款是指应收票款与实收票款间存在差异，若实收金额比报表显示的应收金额大，即为长款，多出金额作为其他票款上交；若实收金额比报表金额小，即为短款，由造成错款的工作人员补交相应差额。如果是由于设备故障引起差错（例如，半自动售票机车票批处理过程中应发行单程票 10 张，因设备故障实际只发售出 5 张，而设备记录发行 10 张），则相应票款损失由公司承担。

（4）银行在票款清点过程中发现所收现金与应缴票款存在差错时，相应票款损失由票款加封人承担。

2. 自动售票机的假币处理原则

发现自动售票机出现收到假币的情况时必须立即停用。自动售票机收取的假币必须在监控摄像头下进行清点并记录全过程，清点一般由客运值班员负责，发现钱款有明显的失真特征或可通过验钞机识别为假币的，由值班站长确认后做好相关记录，与客运值班员双方签字确认加封后（加封内容为日期、车站名、设备名、假币种类、金额、数量、值班站长与客运值班员签章），并在当日"TVM 清点报告"上备注说明，按实际清点数目解行，并随当日报表一并上交车务中心相关部门。对于 TVM 机收到假币的情况，由公司负责承担相应的票款损失。

3. 真假人民币鉴别的传统做法

除了使用钞票真伪辨别设备来鉴别钞票真伪外，票务人员还应当掌握鉴别真假人民币的"一看二摸三听四测"四步骤法。

（1）"一看"：看钞票的水印是否清晰，有无层次感和立体效果，看安全线（假币常在纸张中夹入一条银白色塑料线，有时两头会露出剪齐的断头）。

（2）"二摸"：用手指反复触摸币面主要图景及"中国人民银行"字样，真币有凹凸感，假币则无。

（3）"三听"：钞票纸张是特殊纸张，挺括耐折，用手抖动会发出清脆的声音。假币纸张发软，偏薄，声音发闷，不耐揉折。

（4）"四测"：用紫光灯检测无色荧光图纹，一是检测纸张有无荧光反应，人民币纸张未经荧光漂白，在荧光灯下无荧光反应，纸张发暗。假币纸张多经过漂白，在荧光灯下有明显荧光反应，纸张发白发亮。二是人民币有一到二处荧光文字，呈淡黄色，假币的荧光文字色泽苍白。并可用磁性仪检测磁性印记，用放大镜检测图案印刷的接线技术及底纹线条。

▶【任务解析】

1. 事件原因分析

该厅巡站务员法治观念淡薄，窃取票款，是导致此次票务事故的主要原因。交班售票员安全意识薄弱，票盒未上锁加封便离开，使别人有机会做出违法行为。

2. 事件处理

本案例事件按四类票务事故给予厅巡站务员辞退处理，并让其交回窃取的 1 000 元票款，并罚款 500 元。

任务 5　票款管理

▶【任务导入】

案例名称	站务员私自补短款
某日某车站值班站长 A 到票务室对售票员 B 进行封窗查账。双方多次清点复核，确认封窗时的实点金额比配发的备用金少。B 意识到自己短款。15:50，A 到票务处更换和测试抽屉备用钥匙，看到 B 神情恍惚。A 离开票务室后，认为 B 的表现有异常，于是指示客运值班员 C 给 B 结账时，将清点的实收总金额和车票出售情况向其汇报。 　　18:48，C 给 B 结账，将清点时发现班中出售月票一张的情况向 A 作了汇报，A 接到报告后，核算发现 B 只短款 6 元，与封窗时的短款 20 元有明显变化，于是立即询问 B 是否有私自补款的情况。多次询问后，B 反映了自己在班中的违规操作、用私款及违规办理业务中截留的票款抵减自己的短款的行为。	
思考问题	描述案例中车站工作人员的工作情况，请说明，票款结算工作应如何保障？

▶【学习任务相关知识点】

一、票款收益结算

车站票款收益主要来源于两个方面：一是自动售票机等自助售票设备售票与充值的票款收益；二是客服中心站务员售票、处理车票事务所得的票款收益，也包括临时票亭发售车票所得的收益。二维码车票、人脸识别车票等通过互联网方式进账的票款由清分系统直接结算，车站不需纳入票款收益管理。

车站每日都需要进行票款收益结算，由当班客运值班员负责对自动售票机补币和清点钱箱，负责对售票员配票和结账，清点、结算本班的自动售票机票款收益和售票员票款收益。每天运营结束后，客运值班员需清点汇总所有票款收益，计算车站每日的运营总收入，并进行登记、系统录入、封装、解行，即将其存入企业在银行的专用账户中。

（一）自动售票机票款收益结算

当班客运值班员通过对自动售票机补币和回收钱箱进行清点、汇总并结算来完成自动售票机票款收益结算。结算日次日运营开始前，客运值班员要将一定金额的找零硬币和纸币补充到自动售票机找零钱箱中，用于给乘客购票充值时进行找零。每次完成补币操作，当班客运值班员都需要汇总所有 TVM 机的补币情况，并填报"TVM 补币补票记录"。

运营过程中，乘客投入的购票钱币会通过处理模块存入自动售票机的相应钱箱中。结算日运营结束后，客运值班员需对车站所有自动售票机进行结账操作，回收自动售票机内的纸币、硬币钱箱（用于存放乘客购票、充值时投入的硬币或纸币），并在车站票务室进行钱箱清点，并将钱箱票款收益记录在"TVM 钱箱清点报告"中，完成结账作业。

最后，当班客运值班员清点、汇总所有钱箱票款金额，并扣除为自动售票机补币的所有金额，得到的结果就是该班自动售票机的票款收益，计算公式如下：

$$TVM 收益 = 所有钱箱票款清点金额 - TVM 补币金额$$

车站必须按规范要求进行自动售票机找零硬币和找零纸币的补入、纸币及钱箱票款的清点工作，以确保准确无误，保证自动售票机票款收益统计时的准确性。在实际工作中，TVM机钱箱清点工作需由两人在票务室监控设备的监视状态下共同完成。在清点用于补币的找零硬币、纸币时，每台自动售票机的补币清点数量必须在监控设备下进行读数并对其加封。用于补币的钱币清点完后至补币前，须存放在票务管理室的监视区域内。清点钱箱时，相应的钱箱、钱袋、点币机必须放在安全区域内。整个清点过程中任何人不得遮挡监控设备，若监视系统发生故障而造成车站无法按程序清点钱箱，须由值班站长或以上级别人员和车站值班员两人一起清点钱箱，必须逐一清点，对于每个钱箱的清点数量，必须在监控设备下进行读数，并将实点数量及时准确填入"TVM钱箱清点报告"对应的实点金额栏，每清点完1个钱箱，都必须确保钱箱已倒空并无现金遗留在钱箱内。清点钱箱过程中，非紧急情况不得离开票务室。在清点过程中，若发现有假币、机币等异常情况，需要在"TVM钱箱清点报告"备注栏中注明，假币、机币用票务专用信封加封后随报表上交票务主管部门。

（二）客服中心票款收益结算

客服中心（含临时票亭）票款收益结算主要通过当班客运值班员对售票员配票款和结账票款的清点结账来实现的。

1. 配票款

配票款是指客运值班员为客服中心站务员配备各种车票和备用金的过程。

配票款过程包括：客服中心站务员上岗前，客运值班员需配置一定数量的车票和备用金，填写"售票员结算单"；站务员上岗前到票务室领取配票款，并清点配票款，确认所配各类车票和备用金数量与"售票员结算单"上记录的开窗张数、备用金数量一致后，签字确认。当班期间，若车票、备用金不够，还需增配一定数量的车票和备用金，并及时计入"售票员结算单"。

2. 结　账

结账是指客运值班员在客服中心站务员售票结束后，在票务室监视系统下对售票员在客服中心售票等相关工作中实际收取的乘客的现金票款（包括提前收走的预收款）、回收的车票进行清点并记录在相关报表、台账中的过程。因报表中记录的实收票款金额将作为结算站务员实收金额与营业收入有无长短款的唯一依据，因此，客运值班员与站务员结账时，必须按照相关规定完成，确保报表记录的实收票款金额能如实反映站务员当班期间实际票款收入。

结账操作过程包括：客服中心站务员交班后，必须立即将本班所有现金、车票放在上锁的配票箱中，送回票务室。在票务室监控区域内，先由站务员清点所有实点现金，再加上预收款，扣除所有备用金后就是该客服中心站务员的票款收益（即实收总金额）。再将确认的实收总金额交由客运值班员进行清点，双方确认后，填写"售票员结算单"实收金额栏，计算公式如下：

　　实收总金额 = 实点金额 + 预收款（若班中未提前收取预收款，则预收款为零）－
　　　　　　备用金

结账过程中，由双方共同清点确认回收的各类车票数量，填写"售票员结算单"关窗张数栏，并将相关数据及时准确录入车站计算机系统，完成结账。

"售票员结算单"中的实收总金额栏记录会直接影响售票员结算结果,所以原则上不得更改,当需更改实收金额栏时,当事售票员、客运值班员需报值班站长,由当班值班站长调查核实后才能更改,并由当事售票员、客运值班员、值班站长三方共同盖章确认。

最后,站务员完成其他辅助类报表的填写,并交客运值班员。本班客服中心的票款收益(包括本班所有客服中心站务员的票款收益),均由当班客运值班员清点、汇总。客运值班员应检查站务员当班的所有报表是否全部交回且填写是否正确、完整,完成结账程序。

(三)每日车站运营总收入结算

每天运营结束后,客运值班员需根据"TVM钱箱清点报告""售票员结算单"等报表、台账,对各班所有自动售票机票款收益和客服中心票款收益进行清点、汇总,计算每日车站运营总收益,填写"车站营收日报",记录车站每日运营收入情况,并按"车站营收日报"的数据将所有票款进行封装,存入企业在银行的专用账户中。

需要强调的是,任何时候现金从一个安全区域转移到另一个安全区域或者进行票款解行时,都必须按照公司票款安全规定要求,做好转移途中的安全保护,以降低现金被劫走的风险。

二、票款封装与解行

动画:票款解行

车站票款是车站现金的重要组成部分,应严格执行财务管理规定。车站的票款收入,按票务运作规则要求于每日运营结束后进行清点、登记、系统录入、封装和解行。

(一)票款封装

每日车站进行票款解行时,先由客运值班员在监控设备的监视下进行清点,同时值班站长在旁监督,清点完毕由值班站长复核并确认金额后,客运值班员须填写现金缴款单,注明交款金额、账户名称等信息,与票款一起装入解行箱,并由两人共同加封解行箱。

(二)票款解行

票款解行是指车站将票款收入存入企业在银行的专用账户中的过程。解行操作时要求轨道交通运营企业根据车站特点及银行的服务时间确定解行时间,以保证车站能将票款尽可能多地存入银行,尽量减少留存在车站过夜的票款,降低车站收益保管风险。

1. 解行方式

票款收入一般要求每日按时解行,不得在车站过夜保管。根据各轨道交通运营企业的实际情况不同,所采用的票款解行方式也不尽相同,目前的解行方式主要有直接解行和打包返纳两种。

(1)直接解行。

直接解行是指票款在车站清点完成,由车站工作人员送到银行,银行工作人员与交款人员当面清点票款,并当即返还现金送款单的解款方式,这种方式适用于有驻站银行的车站。

这种解行方式能及时、准确地监控轨道交通车站收益票款环节,及时确认解行票款金额的正确与否;不足之处在于票款可能需要经历较长时间的运送,安全性不高,在银行办理的过程也可能受到其他客户的影响。

（2）打包返纳。

打包返纳是指由银行或专门押运公司到各个车站收取票款，押运到银行，银行工作人员按规定清点票款后于次日返还现金送款单，最终确认存入金额的解款方式。这种方式适用于距离银行较近的车站。目前，多数地铁公司采用此种方式解行。

这种解行方式可以利用了专门的押运机构，提高了票款运送途中的安全性，大大减少了票款解行时间。不足之处在于要于次日返还银行入账凭证，如在票款解行的过程中遇到问题不能及时发现时，配送工作无论是由银行完成还是专门的押运公司完成，都需要签订相关协议，甚至需要交纳一定的费用，从而导致运营成本增加。

2. 解行流程

（1）夜班解行作业。

① 值班站长与客运值班员共同将实解票款分币种按把捆扎，每把100张；零币按大小面值排列装入信封，并在信封上注明加封金额、加封车站、加封人、加封日期。

② 客运值班员填写"现金缴款单"（一式二联）和"现金装箱清单"（一式四联）。按要求加盖车站票务专用章、银行账户名章。

③ 值班站长确认无误后，车站自留第一联"现金装箱清单"，值班站长与客运值班员共同将剩下的"现金装箱清单"（三联）、"现金缴款单"（两联）以及票款一起装入解行尾箱，双人共同上锁后加入签封。

（2）白班解行作业。

① 次日白班客运值班员接班时，必须对解行尾箱进行检查（封箱、锁具、卡封、包装是否完整），确认无误后，按"客运值班员交接记录本"记录金额交接。

② 押运人员到站解行时，客运值班员用身份识别卡在押运人员提供的POS机上刷卡验证信息，核对名册上押运人员照片及工号。

③ 车站人员填写押运公司提供的一式三联"上门服务尾箱交接单"，押运公司和车站人员在检查解行尾箱状态正常之后双方在单据上分别签字确认并留存一联。

④ 押运人员将解行尾箱带离车站，押运至银行。

▶【知识链接】

表5-5-1为某地铁车站当班客运值班员在进行运营结算时具体的作业环节、内容及要求。

表5-5-1 车站客运值班员运营结算作业步骤

作业环节	作业内容	作业要求
钱票清点	清点TVM、AGM回收的单程票	两名站务人员双人清点TVM、AGM回收的单程票，并在车站TVM加票记录表、车站闸机回收车票记录表上如实记录，双人标准封装已清点的车票
	清点TVM、AVM回收的现金	客运值班员从值班站长处借用钱箱钥匙并作好记录后，和一名站务员双人在摄像监控有效范围内开启TVM、AVM回收的钱箱，严禁混点，并在TVM（AVM）钱箱更换/清点记录表上如实记录
	清点人工回收箱的单程票	两名当班站务人员双人清点单程票人工回收箱的单程票，并在值班员交接班本上如实记录，双人标准封装已清点的车票

续表

作业环节	作业内容	作业要求
数据录入	单程票数据录入	客运值班员将车站 TVM 加票记录表，车站闸机回收车票记录表中记录的机读数、实点数录入 SC，核对无误后保存数据；将值班员交接班本记录的单程票人工回收箱废票数录入 SC，核对无误后保存数据
	现金数据录入	客运值班员将车站 TVM（AVM）钱箱更换/清点记录表格、加票记录表、车站闸机回收车票记录表中记录的机读数、实点数录入 SC，核对无误后保存数据；将值班员交接班本记录的单程票人工回收箱废票数录入 SC，核对无误后保存数据
	免费客流录入	客运值班员统计当日免费客流并录入 SC 系统
数据核算	核算备用金和票款金额	客运值班员核算 SC 上备用金金额、备用金借出记录表中站存备用金金额与备用金实点数是否相符，SC 上票款金额与车站营收日报中本日解行金额与票款实点数是否相符
	核算车票数量	客运值班员根据车站 TVM 加票记录表，车站闸机回收车票记录表、车站票务交接本核算有效单程票、无效单程票、储值卡、各种预制单程票及其他类型车票的数量与 SC 上库存及实点数是否相符
报表审核	手工报表审核	晚班值班站长负责审核当日所有票务报表，核实报表填写规范、数据准确性
	SC 统计报表审核	客运值班员于次日凌晨 4：00 后在 SC 上统计并审核车站营收日报、设备车票差异报表、设备票款差异，发现数据异常及时报值班站长，票务轮值监控
票款解行	核对解行票款金额	客运值班员与值班站长或站务员共同在摄像头有效范围内清点解行票款，核对解行实点金额与 SC 上票款金额与车站营收日报本日解行金额是否相符，核对无误后将票款放入解行箱
	解行箱封箱	核对现金缴款单无误后放入解行箱上锁，卡封签双人盖章，解行箱按规定上锁后放于票务室摄像头有效范围内
	解行箱交接	押运人员到达票务室，客运值班员通过押运人员工作证、设备显示信息核对押运人员身份和车牌号是否无误，填写押运交接单，加盖押运交接专用章后将第三联留存，与押运人员交接解行箱

▶【任务解析】

1. 原因分析

（1）售票员 B 违规携带私款上岗，在值班站长 A 进行封窗检查后，臆测短款，为隐瞒事实，用私款及违规办理业务中截留的票款抵减自己的短款。

（2）值班站长 A 票务安全意识强、敏感度高，切实履行了班中票务审核职责，发现问题后能持续跟进并及时调查，按规定如实向上级汇报，确保了公司票务收益。

2. 整改措施

（1）部门组织召开专题分析教育会，对事件进行深入分析，同时组织各站员工学习该事件，深入理解"票务稽查管理办法"。

（2）部门持续开展员工票务安全意识教育，学习票务事故案例，提高票务安全和风险意识，教育员工深刻吸取教训，举一反三，杜绝同类事件再次发生。

（3）加强对车站边门的管理和监控，凡员工开启边门，须即时报车控室。对于站厅同时有多个边门的车站，中心站可明确日常使用哪一个边门，便于车控室监控。

任务6　备用金管理

▶【任务导入】

任务名称	私自占有备用金
	某日某站值班员给售票员配备用金时没有进行记录，售票员发现硬币实际数比账面数多，没有向值班员反映，而是把多出的备用金占为己有。
思考问题	分析案例事件的原因及处理方式。

▶【学习任务相关知识点】

一般情况下，票务收益室负责轨道交通运营企业所辖各车站备用金的统计、申领，负责配合财务部对各车站备用金进行配发、补还等相关工作。各车站负责本站备用金的安全和日常管理，负责据实提供车站备用金的相关数据，及时、准确填报车站备用金的相关表单。

一、车站备用金的配发

（1）备用金一般由公司财务部门统一配发给车站，即票务收益室将各站首次备用金金额申请汇总，提交财务部核准，并根据核准金额配发车站。若需要对车站备用金的额度进行调整，须经车务中心备用金管理人员审核，提交财务部核准，并根据核准金额进行调整。

（2）车站备用金基本为固定数额，根据每个车站的客流和现金周转情况确定。若遇大型节假日，可根据需要增配备用金，由车站根据预计客流情况确定各车站的临时备用金需求量，按规定提前提出申请，车务中心审核，报计划财务部审批，分公司领导批准后，报票务中心备案；节假日结束后，车站须将领用的增配备用金在规定时间内交至银行。若车站出现突发客流等预计之外的情况导致车站备用金临时短缺，因时间紧迫而无法及时从财务部借支备用金时，可根据实际运营情况进行站间备用金调配。突发情况结束后在规定时间归还原车站。

（3）备用金的配发和归还方式由财务部门规定。

二、车站备用金用途

车站备用金分为两类：一类为日常备用金，另一类为应急备用金。

（一）日常备用金的使用

（1）配备给客服中心售票员，满足当班兑零或找零需要。
（2）补充自动售票机找零硬币，满足TVM的找零需要。
（3）作为与银行兑换硬币的现金。

（二）应急备用金的使用

在紧急情况下，如有乘客在车站受伤，车站需启用应急程序，可从车站备用金的应急备用金中借支应急使用。

三、备用金的日常管理

车站备用金的使用范围应严格控制，不得挪用，各站之间不得擅自互相调拨备用金。车站备用金数额不会发生变化，但形式会由原来的零钞变为面额较大的纸币。因此，要注意备用金与票款的区别，不要将备用金计入票款而发生备用金误解行的情况。车站对备用金的管理，要注意以下几点：

（1）车站备用金的使用必须严格执行财务制度，遵循专款专用的原则，必须按规定用途使用车站票务备用金，严禁挪作他用。

（2）车站备用金要指定专人负责保管，必须放入保险柜加锁进行保管，不得将暂时不用的多余备用金存入银行。备用金出入库必须有值班站长和客运值班员双人在场，使用和借出要有登记备案。自动售票机找零备用金和其他备用金由车站客运值班员负责保管和交接，值班站长负责检查、监督。半自动售票机操作人员备用金由 BOM 操作员负责交接、保管。

（3）每班都要进行备用金交接，交接双方必须当面进行清点，必须完整填写"备用金交接记录表"，并在相关报表、台账上进行签字、确认。

（4）车站备用金不得用于垫付票款差额，不能违规借用。每天运营结束后备用金管理人员必须及时清点车站备用金，做到账实相符。若出现站存备用金余额账实不符的情况，及时上报线路票务管理员，并由线路票管上报票务中心，待后续查明原因后再作相应处理。

（5）如果发生车站备用金误解行的情况，应立即上报线路票务管理员，并由线路票管上报票务中心；车站填写"车站票务事件说明"并由相关人员签名后上交票务中心，车站于通知补回备用金当日、核销备用金当日调整"备用金借出记录表"（手工）中"站存备用金"的金额，并在下方"备注"栏说明。

（6）车站员工因工作调动或其他原因离开本岗位时，应及时办理备用金缴还或移交手续。

四、备用金补还

（1）车站与银行兑零时发生差错由银行负责多退少补，可由财务部门与银行协商采取按次或按月（季）结算、补还。

（2）原则上车站在运作过程中不造成备用金的差额，若特殊情况产生备用金差额时，通过报告形式申请财务补还。

▶【任务解析】

1. 事件原因分析

（1）值班员安全意识薄弱，没有严格按作业程序操作，没有记录备用金配出情况，是导致此次票务事故的诱因。

（2）售票员在发现备用金账实不符时，产生贪念，将未登记的备用金占为己有，是导致此次票务事故的主要原因。

2. 事件处理

按四类票务事故给予售票员开除处理，并罚款 500 元；给予值班员部级通报批评，并罚款 200 元。

任务 7　现金交接作业

▶【任务导入】

任务名称	客运值班员交接记录不明，私占长款
	某日某站客运值班员在交接过程中发现票款实点数比报表记录数多 10 元，交接人未按规定做任何长款的交接记录，也未向上级反映，私下将此 10 元取走并占有。
思考问题	分析案例事件的原因及处理方式。

▶【学习任务相关知识点】

在车站运营实际中，现金交接过程中账实是否相符直接反映车站备用金、票款收益的安全情况及差额补交情况。现金交接过程必须严格按照现金交接管理规定执行，遵守以下现金交接原则。

（1）为保证现金在交接过程中的安全，车站在进行现金交接时，需建立交接凭证和统计台账，交接人员依据交接凭证办理交接手续并作好书面交接记录。

（2）在票务室监控有效范围内，纸币交接须双方当面清点金额后签字确认交接。交接已加封的硬币时，确认加封正确完好后可凭加封金额签字确认交接，对零散硬币则按实点数签字确认交接。

（3）交接时若发现实点金额与交接凭证有误，交接双方需及时核查更正。对于不能及时查明原因的，应按实点金额进行签收，并立即报当班值班站长或站长到票务室核实确认，短款由交班人补足，长款随当天票款上交。车站在交接记录本上记录相关情况，并将情况立即报告上级组织调查。

车站 AFC 的现金交接主要包括客运值班员间的现金交接、客运值班员与站务员间的现金交接以及车站与银行之间的现金交接。

一、客运值班员之间的现金交接

车站客运值班员之间的现金交接主要是指各班客运值班员在交接过程中对车站备用金、票款的交接。交接账实是否相符将直接反映车站备用金、票款收益安全情况及客运值班员差额补交情况，因此，客运值班员交接过程必须严格按照现金交接管理规定执行。

（一）交接前工作

交班客运值班员需根据相关原始报表记录核算交接时的票款收入金额及备用金金额，并详细在"客运值班员交接班本"和"车站营收日报"上记录票务收益室内所有现金、车票、票款钥匙、工具和器具的数量及状态，作为交接凭证。

（二）交接过程工作

（1）接班客运值班员必须根据"客运值班员交接班本"和"车站营收日报"上的记录，与交班客运值班员当面清点交接的票款与备用金，确认无误后在"客运值班员交接班本"上签名确认，并登录 SC 票务管理子系统"客值交接模块"中插入新记录，录入现金交接情况。

（2）接班客运值班员若发现实点金额与"客运值班员交接班本"和"车站营收日报"不一致时，需立即通知值班站长共同清点票款和备用金。若出现短款，由交班客运值班员补交相应差额；若出现长款，则多出的金额作为其他票款，由接班客运值班员计入营收。对于长、短款情况，要在交接台账和车站营收日报上作好记录说明并立即组织调查。

（3）客运值班员交接过程由值班站长在现场监视，并全程在票务室的监控设备的监视区域进行，以避免客运值班员在交接过程中私自带走交接长款，侵占公司票款收益。

二、客运值班员与客服中心站务员之间的现金交接

客服中心站务员开窗工作前，客运值班员应准备好本班需配发的车票、备用金等，与站务员当面清点、交接。站务员关窗工作后，应将本班 BOM 所收票款及剩余车票进行清点，与客运值班员结账、交接。

（一）开窗前的备用金交接

客运值班员与站务员交接备用金时，双方应当面清点确认后，在"售票员结算单"上填入备用金金额，双方盖章确认，然后在票务管理子系统"售票员配票款"模块中录入备用金交接的相关数据。

（二）开窗中的现金交接

（1）增配备用金的交接。

客运值班员向站务员增配备用金时，双方应当面清点确认后，在"售票员结算单"上填入增配备用金金额，双方盖章确认，并在票务管理子系统中录入增配金额。

（2）预收票款的交接。

客运值班员向站务员收取预收票款时，双方应当面清点和交接所预收的款项后，客运值班员在"售票员结算单"上签收。

（三）关窗后结账票款交接

站务员每班工作结束后，应将所有现金锁入售票盒，离开客服中心前，需全面检查票务处有无遗留车票、现金。结账过程必须全程在票务室监视区域进行，首先由站务员清点所有现金，确认总金额后，由客运值班员进行清点，达到双人清点、共同确认的目的。双人确认实收总金额后，将实收总金额填入"售票员结算单"的实收总金额栏，现金交由客运值班员保管，并在票务管理子系统"售票员上交票款"模块中录入交接数据。

因实收总金额栏记录会直接影响到站务员结算，所以原则上不得更改，当发生填写错误或其他原因需更改实收总金额栏时，当事站务员、客运值班员须报当班值班站长，由当班值班站长调查核实后才能更改，并由值班站长、客运值班员、站务员三方共同盖章确认。然后客运值班员与站务员共同清点确认回收的各类车票数量，并填写到站务员结算单关窗张数栏。最后由站务员完成其他辅助类报表的填写，交客运值班员，客运值班员需检查站务员当班的所有报表是否全部交回且填写正确完整，完成结账程序。

（四）客服中心站务员开窗作业注意事项

（1）为确保半自动售票机能如实反映站务员当班期间涉及的现金、非现金操作，形成站务员本班次的后台结算数据，站务员上岗时应使用本人账号和密码登录半自动售票机进行操作，严禁使用他人密码进行操作。结束本班售票作业后，应立即在半自动售票机上签退，确认退出半自动售票机。

（2）为避免现金、车票、设备交接不清，站务员进行换岗交接时，应由交班的站务员先检查并确认收好所有的现金、车票，放入上锁的票箱，并退出半自动售票机后，方可安排接班的站务员携带现金、车票进入客服中心，并登录半自动售票机。

（3）为确保站务员结账时清点的实收金额能如实反映当班期间的票款收益，除给乘客办理业务收取的现金外，严禁站务员收取乘客、车站其他员工拾获后上交的现金，应通知当班值班员按规定收取。

（4）为避免站务员将自己的现金、车票与售检票工作中涉及的工作现金、车票混淆，影响实际票款收益结算，站务员在当班期间不得携带个人现金和除员工票以外的车票进入票务处。

（5）站务员在售检票过程需要严格执行相关的票务规章制度及设备操作规范，根据实际情况如实收取乘客票款，真实反映当班期间的票款收益，不得蓄意侵占公司票款收益或蓄意导致公司票务收益流失。

三、车站与银行之间的现金交接

（一）车站与银行票款解行交接

车站与银行之间现金交接其中一种方式就是车站将票款收益存入企业在银行的专用账户的过程，即票款解行过程中与银行票款的交接。轨道交通运营企业根据车站特点及银行的服务时间确定解行时间，车站尽可能将票款存入银行，尽量减少留存在车站过夜的票款，以降低车站收益的保管风险。

车站客运值班员在解行时将加封的解行尾箱交予银行上门收款人员，银行上门收款人员抵达后，需核实其身份，双方共同核对解行尾箱数量、编号及加封状况，无误后与银行上门服务人员办理交接手续，由银行上门收款人员将票款收益运送银行，银行在清点完收到的票款并确认无误后存入指定账户。

银行在清点车站解行票款的过程中，发现长款、短款或假钞（假钞不计入实际清点金额，发现假钞时按短款处理）时，按实际清点金额入账，并将差错情况反馈给相关车站，车站组织调查处理。银行工作人员于次日返还现金缴款单，车站票款解行的流程如图5-7-1所示。

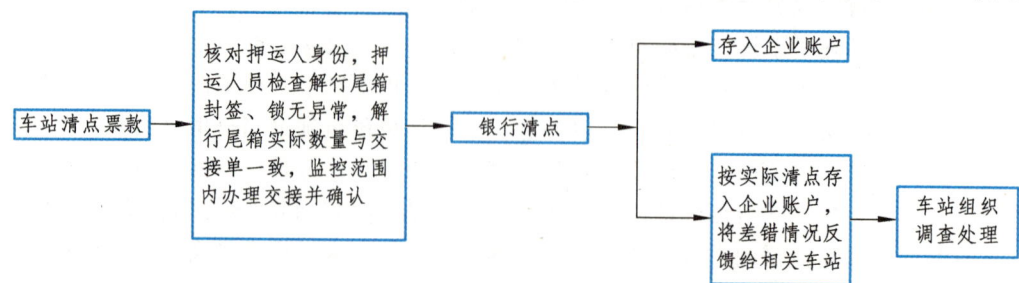

图 5-7-1　车站票款打包返纳解行流程图

(二) 车站与银行备用金兑零交接

如果车站备用金都是大面额或者出现节假日大客流情况，会出现零钞不足的情况，车站必须及时使用车站备用金去兑换用于给乘客兑零、找零的零钞，须根据车站客流情况、硬币流通情况制订与银行的兑零计划（如遇节假日大客流等特殊情况，原则上车务中心需提前一周汇总各车站兑零计划，明确零钞需求总量后按银行要求通知银行，以便银行备钞），按照计划及先付后收的原则与银行进行兑零，以保证每天有足够的零钞库存量用于周转。

（1）车站客运值班员负责车站日常兑零工作，各车站根据实际兑零需求确定兑换现金，在车站票务管理室内监视设备的监控下进行清点，清点完毕由值班站长复核，确认金额后由客运值班员填写"零钞兑换单"，在兑换单上注明兑零金额、日期等，并由客运值班员、值班站长签章和加盖车站公章。将兑换现金和兑换单装入袋内，加封一次性锁扣进行封包。

（2）银行一般在票款解行时，派上门收款人员一起与客运值班员交接兑换零钞封包袋。银行收回兑换零钞封包袋后在银行监控下开包清点车站上交的兑零纸币，若发现纸币金额与"零钞兑换单"的兑零金额不符时，长款由银行次日交对应车站收回，短款由银行按实际金额兑付。

（3）车站收到银行返还的兑付零钞时应先检查封包上的封签是否完好，再按封签或封捆硬币的砂纸条上的累加金额在双方交接登记本上的兑换金额处签名确认，办理交接。若交接时发现封签破损，车站应当场清点硬币数量，如清点无误，填写"零钞兑换单"与当日兑零纸币一起装包。如发现短款，车站应同时将短款的原封箱单、整捆原封签、每把（卷）原腰条（包装纸）交还银行工作人员。

（4）当日，车站须由客运值班员和车站站务员双人在监控下完成返还的兑付零钞清点工作，清点时若发现差额（长款、短款或假币等情况），应保留该批钱币袋上的封签或封捆硬币的砂纸条（有名章部分），同时将封签或封捆硬币的砂纸条（有名章部分）用信封加封后返还银行。如为长款，将长款加封后返还银行，如为短款（即出现机币、假币、外币、少币等情况），由银行补还车站。

▶【任务解析】

1. 事件原因分析

交接班客运值班员在票务交接过程中，未按有关规定如实反映所收票款，导致10元票款被侵占，对该票务事故负主要责任。

2. 事件处理

员工侵占票款的行为已构成四类票务事故。运营公司内对涉事客运值班员进行通报批评，并扣发当月规定的绩效工资。

任务 8 车站票务备品管理

▶【任务导入】

任务名称	车站票务钥匙保管
\	2012 年 1 月 1 日，A 站夜班值班站长于凌晨对车站票务台账进行检查时，发现抽屉内有一把已加封的 TVM 维修门报废钥匙，其误以为部门已重新配发完好的 TVM 钥匙到车站，故将折损的 TVM 钥匙丢弃。 2012 年 1 月 4 日，B 站夜班客值在将随身携带的钥匙戴在脖子上时让票务钥匙柜门钥匙掉入便池中。
思考问题	1. 简单分析 A 站工作人员处理经过的错误之处。 2. 简述 B 站事件发生后的处理程序。

▶【学习任务相关知识点】

一、车站票务工器具

在车站的日常票务工作中，包括大量现金和车票的清点、回收及运送工作，为了提高车站票务工作的效率，同时保障现金、车票清点回收工作的准确以及运送途中的安全，可以采用一些辅助工具和器具来完成票务工作，这些辅助工具和器具称为票务工器具。票务工器具可以分为 AFC 设备工器具、消耗类工器具和其他票务工器具三大类。

（一）车站票务工器具种类

1. AFC 设备工器具

AFC 设备工器具主要包括纸币回收箱、纸币找零箱、硬币回收箱、硬币找零钱箱、单程票箱。钱箱和票箱主要用于存放现金和车票，是票务工器具中较为贵重的设备。

2. 消耗类工器具

消耗类工器具主要包括 A4 打印纸、BOM 打印纸、TVM 打印纸、墨盒、色带、色带架、票盒等。

3. 其他票务工器具

其他票务工器具包括验钞机、点币机、点票机、点钞机、配票（款）盒、币托、票袋、票柜、保险柜、解行尾箱、票务手推车等。

（1）验钞机。

验钞机一般具有多种验钞手段，如荧光检测、红外穿透检测、磁性检测、激光检测等，通过对人民币的纸质、油墨的颜色与厚度、磁性、荧光字等各方面进行检测，以达到辨别真伪的目的，如图 5-8-1 所示。

（2）点币机和点票机。

点币机和点票机分别用于对硬币和票卡进行清点，具有速度较快、准确率高的特点，如图 5-8-2 所示。

图 5-8-1 验钞机

图 5-8-2 点币机

(3) 配票（款）盒。

配票（款）盒用于客服中心岗站务员日常工作中票卡、备用金、票款的收纳，上岗前由车站票务室领出，下班前将其交还。

(4) 票务手推车。

票务手推车用于装运各种钱箱、票箱等贵重设备及现金、车票等有价证券，可锁闭，极大程度地保障了设备及有价证券运送的安全性和方便性。

(5) 票柜及保险箱。

票柜和保险箱一般放置在车站票务室，票柜用于存放本站的车票，要求按车票的存放规定分类存放，没有配备票柜的车站也可以将车票存放于保险柜中。保险柜用于存放本站的现金等贵重物品，存放的现金包括备用金和票款。

(二) 票务工器具的管理

票务工器具是车站票务工作的辅助设备，其状态直接影响车站票务工作的安全、效率和质量，车站要按相关规定做好票务工器具的管理工作，以保障车站票务作业的顺利开展。

(1) 车站收到配发的工具和器具后，要设置专门的工具和器具台账，用于记录工具和器具的保管、交接和使用情况，保管人员需根据书面台账凭证定期对所负责保管的所有票务工具和器具进行盘点，清点工具和器具的种类、数量，并检查确认状态是否良好，确保做到账实相符，状态良好。

(2) 车站逐级管理票务工器具，明确责任人，交接班时交接人要在"值班员交接班簿"上建立相应的管理台账，由当班客运值班员全权负责保管。票务工器具的更换统一报车务分部，由车务分部负责进行更换。

(3) 票务工器具按规定存放在车站 AFC 票务管理室或其他专门位置，以免无关人员接触。在使用工具和器具过程中需爱护票务的工器具，注意保持工器具的清洁，注意避免其受损。

(4) 票务工器具应轻拿轻放，不可随意摆放，用后要及时放回。贵重的钱箱和票箱在使用过程中要求做到轻放，不要在地上拖行以免刮花；装有钱的钱箱及装有票的票箱用手推车搬运时要注意放置平稳，推行时要匀速前进；放在高处的钱箱、票箱要注意靠墙放，以免落下造成损坏；禁止脚踩钱箱或坐在钱箱上。

(5) 车站 AFC 票务管理室内的票务工器具由车站当班值班员全权负责保管。客服中心的票务工具和器具由当班站务员全权负责保管。

二、车站票务钥匙管理

(一)票务钥匙介绍

动画:票务钥匙管理

票务钥匙是指车站票务工作中使用的钥匙,一般分为日常钥匙和备用钥匙。其中,日常钥匙又可分为 AFC 设备钥匙和非 AFC 设备钥匙两大类。

1. AFC 设备钥匙

AFC 设备钥匙主要是指使用车站自动售检票设备所需的各类钥匙。

(1)设备门钥匙:TVM 维修门钥匙、自动检票机门钥匙、自助查询机门钥匙、半自动售票机侧门钥匙、车站边门(边门门禁)钥匙。

(2)支座钥匙:纸币/硬币钱箱支座钥匙、纸币/硬币补币支座钥匙、补票支座钥匙。

(3)设备箱钥匙:纸币/硬币回收钱箱钥匙、纸币找零箱钥匙、硬币找零钱箱钥匙、半自动售票机电子钱箱钥匙、半自动售票机键盘钥匙、自动检票机票箱钥匙、车票回收箱钥匙。

2. 非 AFC 设备钥匙

(1)房门钥匙:票务室(点钞室)门钥匙、票务室(点钞室)防盗门钥匙、客服中心门钥匙。

(2)柜门钥匙:票柜钥匙、保险柜钥匙、钥匙柜门钥匙、监控系统专用柜钥匙。

(3)其他:解行箱钥匙、回收箱钥匙(用于开启置于站厅回收乘客弃票等的回收箱)、挂锁钥匙。

3. 备用钥匙

车站票务钥匙一般还配有备用钥匙,以便在工作人员不慎遗失或损坏钥匙时,车站能使用备用钥匙正常开展票务工作。备用钥匙一般情况下不得使用,仅限于工作人员不慎遗失或损坏票务钥匙时使用。

票务钥匙按照其重要程度可以分为一般票务钥匙和重要票务钥匙,具体包含的钥匙如表5-8-1 所示。

表 5-8-1 票务钥匙类别

票务钥匙大类	主要包含的钥匙
一般票务钥匙	TVM 门钥匙、AFC 票务室门钥匙、补票箱钥匙、客服中心门钥匙、闸机门钥匙、配票盒钥匙、票柜钥匙等
重要票务钥匙	硬币找零箱钥匙、硬币回收箱钥匙、硬币回收箱支架钥匙、纸币找零安全门钥匙、纸币找零箱钥匙、纸币回收箱钥匙、纸币回收箱支架钥匙、保险柜钥匙、解行箱钥匙

(二)票务钥匙管理

票务钥匙的安全管理关系着车站车票、现金、设备的安全,进而影响运营企业的经济效益。因此,车站须严格按要求加强对票务钥匙的管理。

1. 票务钥匙的保管规定

（1）所有的票务钥匙均统一配发，统一管理，不得复制，不得私自接收，不得遗失。

（2）日常票务钥匙由车站值班员或以上级别人员保管，备用钥匙一般由站长与值班站长共同清点加封后交给站长保管。

（3）车站需设立"车站票务钥匙统计表"，记录车站所有票务钥匙的总数及各层级使用、保管的票务钥匙数量。车站各层级人员需设立台账，记录每班票务钥匙的保管、使用和交接情况，并定期盘点票务钥匙保管情况，做到账实相符。

（4）票务钥匙的保管过程中需注意防止折断、重压，以避免对钥匙造成损坏。损坏或丢失的钥匙要按故障处理流程进行报障，并在资产管理系统中录入工单。调查事件原因并采取相应补救措施后，对相关当事人按规定进行一定的处罚。

（5）票箱钥匙借用和归还必须办理交接手续，记入台账，钱箱钥匙、票柜钥匙及保险柜钥匙必须加锁保管，不能带离票务管理室。车站"客服中心"的门钥匙、BOM及现金抽屉钥匙由相关岗位人员负责对口交接保管，确保随时可用。

2. 票务钥匙的使用规定

（1）车站根据实际工作需要及收益安全管理需要，在一些直接涉及收益安全的操作环节，需遵守双人掌握不同钥匙共同完成操作的规则，以达到相互监督的目的。

（2）票务钥匙借出后，借用人负责钥匙的保管和使用安全，不得随意转借他人使用。使用完毕应立即归还，遵循"谁借用、谁归还"原则。借用票务钥匙必须在"票务钥匙使用记录本"上登记，并注明借用人、发放人、归还人、回收人、借用时间、归还时间、钥匙名称、钥匙数量等信息。

（3）TVM门钥匙与取出各类钱箱的钥匙，票务室门（防盗门）钥匙与各类钱箱钥匙，不得单人同时使用以上票务钥匙，以保证收益安全（有些城市地铁运营公司允许单人在监控摄录状态下清点钱箱的除外）。

（4）对TVM进行故障维修处理时，由车站工作人员持TVM维修钥匙配合AFC维修人员进行维修。

（5）运营结束后保管人需对所保管的钥匙进行清点，确认全部归还。

3. 票务钥匙的交接规定

（1）钥匙使用人和当班客运值班员直接交接日常票务钥匙（票务室门钥匙、保险柜钥匙、票柜钥匙、钥匙柜门钥匙及维修专用钥匙除外）。

（2）每班客运值班员之间负责当面交接票务室门钥匙、保险柜钥匙、票柜钥匙和钥匙柜门钥匙。

（3）行车值班员负责与维修部门AFC专业人员之间进行维修专用钥匙的交接。

（4）每班值班站长之间负责当面交接紧急按钮钥匙。

（5）值班站长负责携带保管和当面交接钱箱钥匙。纸币模块钥匙仅供维修人员使用，使用完毕由维修人员和值班站长共同加封后交由车站保管。

（6）交接人员应根据交接凭证当面清点，清点内容包括钥匙种类、数量及钥匙状态等，确认无误后办理交接手续。若发现钥匙有误、破损或丢失等异常情况，交接双方需及时核查，无法查明原因的,立即报告上级部门组织调查。表5-8-2和表5-8-3为票务钥匙交接清单。

表5-8-2　票务钥匙交接清单　　　　　　　　　　　　　　　单位:把

序号	钥匙名称	日常使用		备用钥匙结存	日期	交班人	接班人	班次
		随身携带	钥匙柜					
1	车站票务管理室门钥匙							
2	大保险柜门钥匙							
3	大保险柜内抽屉钥匙							
4	小保险柜门钥匙(长)							
5	小保险柜门钥匙(短)							
6	小保险柜内抽屉钥匙							
7	票柜钥匙							
8	票务钥匙柜门钥匙							
9	库包锁钥匙B							
10	票务中心门钥匙							
11	临时票亭抽屉钥匙							
12	手推车门钥匙(方正)							
13	手推车推锁钥匙(分部)							
14	售票盒挂锁钥匙							
15	AGM维修门钥匙(A02)							
16	BOM维修门钥匙(B02)							
17	BOM钱箱钥匙(1001)							
18	TCM维修门钥匙(C02)							
19	车票回收箱钥匙							
20	票箱/废票箱钥匙(A001)							
21	TGM维修门钥匙(T02)							
22	TVM现金安全门钥匙(8202)							
23	硬币钱箱钥匙A(8009)							
24	硬币钱箱钥匙B(8201)							
25	纸币回收钱箱钥匙A(SHC-3)							
26	纸币回收钱箱钥匙B(SHC-9)							
27	纸币找零钱箱/废币箱钥匙(008)							
28								
29								
	合计							
备注								

表 5-8-3　票务钥匙交接清单（站长/值班站长/行车值班员）　　　　　　单位：把

清点日期：　　　　　清点人：　　　　　检查人：

序号	交接岗位	钥匙名称	结存	日期	站长		值班站长			行车值班员		
					有无异常	签名	交班人	接班人	班次	交班人	接班人	班次
1	站长	车票票务管理室门钥匙										
2		大保险柜门钥匙										
3		大保险柜内抽屉钥匙										
4		小保险柜门钥匙（长）										
5		小保险柜门钥匙（短）										
6		小保险柜内抽屉钥匙										
7	值班站长	库包锁钥匙 A										
8		车票回收箱钥匙										
9		票务中心门钥匙										
10	行车值班员	AGM 维修门钥匙（A02）										
11		BOM 钱箱钥匙（1001）										
12		硬币钱箱钥匙 B（8201）										
13		纸币回收钱箱钥匙（SHC-9）										
14		纸币找零钱箱/废币箱钥匙（008）										
15		AFC 紧急模式钥匙										
		合计										
		备注										

清点日期：　　　　　清点人：　　　　　监察人：

▶【知识链接】某地铁公司对设备钥匙/门禁卡使用规定

岗位	保管范围	使用要求	同岗位交接要求
厅巡岗	临时借用的钥匙/门禁卡	① 上、下班需从行车值班员处借出、归还闸机门钥匙进行闸机简单故障处理； ② 借出和归还均需在"门禁卡、钥匙借用登记表"上登记； ③ 紧急情况下（如在《AFC 系统应急预案》中规定的情况）可以向行车值班员借出所有维修钥匙和门禁卡	

续表

岗位	保管范围	使用要求	同岗位交接要求
客服中心岗	临时借用的收银钱箱钥匙	① 上、下班需从客运值班员处借出、归还 BOM 收银钱箱钥匙；② 借出和归还均需在"票务钥匙使用记录表"上登记	
客运值班员	自动售票机/自动增值机后门钥匙、闸机门钥匙、硬币补币箱钥匙、纸币钱箱到位钥匙和单程票回收箱钥匙各一把；BOM 收银钱箱钥匙若干（视本站 BOM 台数而定）；自动售票机/自动增值机后门门禁卡一张	① 钱箱清点工作需向值班站长借用纸币钱箱钥匙和硬币回收箱钥匙，且只能在车站票务室使用；② TVM 加币加票、TVM/AVM 钱箱更换、闸机票箱更换、票箱清点工作时可以使用自己保管的钥匙和门禁卡	两班客运值班员交接所有钥匙和门禁后在"车站票务交接班记录表"进行相关登记；如发生数量不符或损坏的情况，需及时报站长处理
行车值班员	自动售票机/自动增值机后门钥匙、纸币钱箱到位钥匙、自动验票机钥匙、车控室服务器钥匙、客服中心机柜钥匙、AFC 机房机柜钥匙、闸机门钥匙两把，自动售票机/自动增值机禁卡一张	负责保管、登记维修钥匙及门禁的借用，不得自行使用	两班行车值班员交接所有钥匙和门禁后在"值班人员登记本"中的"交接情况说明"栏登记交接物品种类和数量；如有发生数量不符或损坏的情况，需及时报站长处理
值班站长	纸币钱箱钥匙和硬币回收箱钥匙各一把	① 钱箱清点时，使用纸币钱箱钥匙和硬币回收箱钥匙；② 上、下班可以从行车值班员处借出、归还闸机门钥匙进行闸机简单故障处理；③ 借出和归还均需在"门禁卡、钥匙借用登记表"上登记	两班值班站长交接所有钥匙后在"值班人员登记本"中"交接情况说明"栏登记交接物品种类和数量；如有发生数量不符或损坏的情况，需及时报站长处理
站长	剩余的其他钥匙和门禁卡	① 在"车站票务钥匙统计表"上记录各岗位保管的钥匙、门禁卡种类和数量；② 其他岗位保管的钥匙和门禁卡发生丢失或损坏的情况下，由站长从后备钥匙中及时补充并在《票务钥匙使用记录表》《车站票务钥匙统计表》中记录	站长岗位变动，新老站长要当面核对本站所有的 AFC 设备钥匙及门禁卡种类、数量后进行交接，交接完毕后在"车站票务钥匙统计表"进行相关登记

▶【任务解析】

（1）当发现备用钥匙破封时，应立即上报站长，清点无误后按规定双人加封。在每月规定时间进行清查时，由站长和值班站长负责，信封破封或非站长和值班站长加封的，应全部拆封并重新加封。

（2）票务钥匙在保管、使用时发现遗失，车站应及时上报管理部门并组织调查。若原因无法查明，该钥匙造成的经济损失原则上由当事人承担。

（3）票务室门钥匙、票务中心门钥匙自然折损、遗失或锁孔故障，由车站向设备部门提报锁头更换的申请，报管理部门备案，由部门统一联系维修和更换。站长将折损钥匙回收保管，待更换锁孔时，一并将旧锁及所有钥匙交由设备部门，并上报管理部门进行备案。

任务9　票务报表与台账

▶【任务导入】

任务名称	售票员违规操作
某日，某地铁车站一名乘客由于未搭乘上末班车，到客服中心办理退票，当班售票员正在处理另一名乘客的票务更新业务，于是告知客值有退票业务后，验票并先将备用金退给该乘客，但并未及时处理该乘客的单程票，等对其他乘客服务完后，再通过BOM操作单程票退票处理，直接在打印出的电脑小单上代乘客签了乘客的名字。	
思考问题	案例事件售票员操作有何不妥？

▶【学习任务相关知识点】

轨道交通运营企业的票务工作纷繁复杂，其中票务账务管理是票务工作中的重要作业之一。票务账务管理就是对自动售检票系统内的车票及收入进行汇缴、清算、入账过程的管理，主要的管理对象为各种报表和台账。因此，正确填写报表与台账，严格按照票务管理规定进行票务报表台账的交接、保管工作，能够有效地减少因报表台账填写不规范和保管不当而对车站票务收益安全造成的影响。

票务报表与台账是记录车站现金交接、收益汇总、车票交接、发售、站存车票的原始数据，作为企业进行票务收益计算的原始凭证，在车站票务工作中有着非常重要的地位。票务报表类似于财务报表，规范记录票务处理事项，可以计算车站的票务收入，进而作为运营企业收益计算的依据，因此，票务报表的相关作业有其重要性和严肃性。票务台账是票务报表的补充，通常用于即时记录车站票务运作相关情况。

车站票务报表与台账有手工填写和在计算机系统中录入后打印出来的两种形式。随着计算机技术与网络通信技术水平越来越先进，计算机录入的报表可直接流转至上级部门，无须打印，从而推进无纸化办公的实现。

一、票务报表的类型

车站票务报表的种类较多，通常是根据车站现金、车票管理需要及收益结算需要来确定报表种类的，由于各个城市轨道交通公司的管理模式和要求不同，票务报表的类型、名称也存在不同。

（一）售票员结算单

1. 适用范围

售票员结算单是在客运值班员给站务员（售票员）配车票、票据、备用金及中途追加车票、备用金时，售票员向值班员预交款和结账等情况下填写。其用于记录站务员（售票员）实收总金额与所配备用金总额的情况，从而核算站务员（售票员）的实际票款收入。

2. 填写要点

售票员结算单记录客服中心售票收益情况，由客服中心站务员填写，当班客运值班员负责审核。福州地铁"售票员结算单"如表5-9-1所示。

表 5-9-1　售票员结算单

_____线_____站　售票员结算单

BOM 编号：　　　　　　　　　　　　　　　　　　年　　月　　日

时间	从	备用金配备	¥		¥		¥		¥		¥
	至	值班员签名									
			配发张数	回收张数	出售			配发张数	回收张数	出售	
					张数	金额				张数	金额
普通单程票						-	2元				¥
榕城通	普通储值票					¥	3元				¥
	充值金额		-	-		¥	4元				¥
	小计金额（1）					¥	5元	应急纸票			¥
其他票种						¥	6元				¥
						¥	7元				¥
						¥	8元				¥
						¥	9元				¥
						¥	小计金额（3）				¥
						¥	2元				¥
						¥	3元				¥
						¥	4元				¥
						¥	5元	预制票			¥
						¥	6元				¥
						¥	7元				¥
						¥	8元				¥
	小计金额					¥	9元				¥
BOM 收入（5）			-	-	-	¥	小计金额（4）				¥
实收金额（6）						¥					
预收款金额	¥		收款人姓名				收款人工号				
预收款金额	¥		收款人姓名				收款人工号				
说明	1. 车票情况：上交纪念计次票废票____张，上交纪念单程票废票__张，乘客事务处理单程票废票____张，BOM 发售单程票废票____张； 2. 附 BOM 小单____张，附"乘客事务处理单"____张，附"车站退款记录表"____张； 3. 其他：										
售票员/工号							客运值班员/工号				

备注：1. 此表一式两联，第一联上交票务室，第二联车站留存；
　　　2. 实收金额（6）＝售票员上交的所有现金－备用金；
　　　3. BOM 收入（5）＝（6）－（1）－（2）－（3）－（4）。

（1）时间：当班时段，采用 24 h 制格式填写，如"08:00""20:00"。

（2）备用金配备：接班时客运值班员配发的备用金金额。

（3）配发张数：客运值班员配发给售票员各类型车票的数量。

（4）回收张数：售票员交班时客运值班员回收各类型车票的数量。

（5）出售张数：配发张数减去回收张数。

（6）出售金额：各类型车票出售金额。

（7）充值金额：对应车票的充值总额。

（8）BOM 收入：实收金额减去各票种出售金额（单程票除外）。

（9）实收金额：售票员上交的所有现金减去备用金。

（10）预收款金额：客运值班员从售票员处预收的现金总额，需盖章（或签字）确认。

（11）说明：反映车票情况、上交小单及其他特殊情况时填写。

3. 注意事项

（1）在运营日车站每一售票员上岗售卖行李票、应急纸票、预制单程票、营销类票卡时，在同一张"售票员结算单"上分区填写。

（2）票务处临时顶岗人员若在 BOM 上进行了涉及现金的操作，需单独填写一张"售票员结算单"。

（3）"开窗张数"和"关窗张数"栏原则上不允许更改，确实需更正的，在更改后必须由当班客运值班员、售票员双人共同确认并签章。

（4）"实收总金额"原则上不允许更改，确实需更改的，在更改后必须由当班客运值班员、值班站长及售票员本人三人共同签章确认。若客运值班员上客服中心岗时，则由值班站长与客运值班员双人确认更改的实收总金额。

（5）凡是有配票时，各种车票的开关窗张数、出售张数、押金（若有）及金额栏均须填写。若无业务发生，则该栏用斜线划掉。

（二）特殊票款退票记录表

表 5-9-2　特殊车票退款记录表

流水号：

编号：

＿＿＿＿车站　　＿＿＿＿班　　＿＿年＿＿月＿＿日

序号	票种	车票 ID	退票原因	金额	办理时间	乘客签名	确认人	备注
1				¥				
2				¥				
3				¥				
4				¥				
5				¥				
6				¥				
7				¥				
8				¥				
		合计金额		¥				
售票员		员工号			值班员		员工号	

备注：

1. 适用范围

本报表记录行政处理退款情况,一般在乘客所持地铁储值票、日期票等车票无效,无法使用,卡内仍有余值,需要办理退款手续时填写,如表 5-9-2 所示。

2. 填写要点

由客服中心售票员填写,当班客运值班员审核。

(1)"票种"栏按车票种类填写,包括:单程票、应急纸票、行李票。

(2)"车票 ID"栏按票面的编号填写。

(3)"金额"栏按实际退款的金额填写,若填写错误需修改时应要求乘客确认,并请乘客在更改后的内容旁签名。

(4)"办理时间"按实际办理的时间填写。

(5)"乘客签名"栏由乘客填写。

(6)"确认人"栏由值班员或以上级别人员签名确认。

(7)"备注"栏在车票处理情况需要报特批或其他特殊情况填写。

3. 注意事项

(1)在"列车晚点""运营故障需清客""火灾等紧急情况""启用公交接驳""车站运能不足"等特殊情况下,车站办理受影响单程票和应急纸票退款时,应填写特殊车票退款记录表。

(2)一般由地铁"列车晚点"等原因导致的单程票退票,需经售票员与值班员或以上员工共同确认后在车站客服中心办理。

(3)没有从边门出站而是经出闸机出站的乘客要求退回闸机所扣金额;列车越站时已持票出站乘客强烈要求退款;列车晚点时从延误列车下来且已持票出站的乘客强烈要求退款等情况由站长进行确认和处理,并在"备注"栏中注明事情详情。

(三)TVM 钱箱清点记录表

1. 适用范围

记录 TVM 硬币、纸币钱箱实点金额和补币金额,每天所有 TVM 钱箱实点金额扣去车站补币金额就是车站当日 TVM 票款收入,如表 5-9-3 所示。

表 5-9-3 TVM 清点记录

_____线_____站　　TVM 清点记录

序号	TVM 编号	硬币回收实点金额(1)	纸币回收实点金额(2)	纸币找零实点金额(3)				今日补币(4)				实收金额(5)=(1)+(2)+(3)-(4)	备注
				纸币找零箱1	纸币找零箱2	废钞箱	小计	硬币	纸币找零箱1	纸币找零箱2	小计		
1		¥	¥	¥	¥	¥	¥	¥	¥	¥	¥	¥	
2		¥	¥	¥	¥	¥	¥	¥	¥	¥	¥	¥	
3		¥	¥	¥	¥	¥	¥	¥	¥	¥	¥	¥	
4		¥	¥	¥	¥	¥	¥	¥	¥	¥	¥	¥	

续表

序号	TVM编号	硬币回收实点金额（1）	纸币回收实点金额（2）	纸币找零实点金额（3）				今日补币（4）				实收金额（5）=（1）+（2）+（3）-（4）	备注
				纸币找零箱1	纸币找零箱2	废钞箱	小计	硬币	纸币找零箱1	纸币找零箱2	小计		
5		¥	¥	¥	¥	¥	¥	¥	¥	¥	¥	¥	
6		¥	¥	¥	¥	¥	¥	¥	¥	¥	¥	¥	
7		¥	¥	¥	¥	¥	¥	¥	¥	¥	¥	¥	
8		¥	¥	¥	¥	¥	¥	¥	¥	¥	¥	¥	
9		¥	¥	¥	¥	¥	¥	¥	¥	¥	¥	¥	
10		¥	¥	¥	¥	¥	¥	¥	¥	¥	¥	¥	
11		¥	¥	¥	¥	¥	¥	¥	¥	¥	¥	¥	
12		¥	¥	¥	¥	¥	¥	¥	¥	¥	¥	¥	
13		¥	¥	¥	¥	¥	¥	¥	¥	¥	¥	¥	
14		¥	¥	¥	¥	¥	¥	¥	¥	¥	¥	¥	
15		¥	¥	¥	¥	¥	¥	¥	¥	¥	¥	¥	
合计													

TVM 票款收入：¥

| 客运值班员/工号 | | | 值班站长/工号 | |

备注：1. 此表一式两联，第一联上交票务室，第二联车站留存。

2. 填写要点

本报表由客运值班员填写，值班站长审核。

（1）TVM 编号：对应清点票款的 TVM 设备号。

（2）硬币回收实点金额：运营日回收的硬币总金额。

（3）纸币回收实点金额：运营日纸币回收箱回收的总金额。

（4）纸币找零实点金额：运营日纸币找零箱、纸币找零废钞箱回收的总金额，分币种录入。

（5）今日补币：当日实际所补硬币和纸币的总额。

（6）实收金额：当日该 TVM 的实际收入＝硬币回收实点金额＋纸币回收实点金额＋纸币找零实点金额－今日补币。

（7）备注：填写异常情况，如非标准币、实点与小单不符等。

（8）TVM 票款收入：各 TVM 实收金额的合计。

3. 注意事项

（1）当日已清点钱箱的"TVM 钱箱清点记录表"随当日报表上交线路级票务管理部门。

（2）一般情况下，隔夜清点的钱箱对应的"TVM 钱箱清点记录表"的日期按票款产生日期填写。

（3）同一张表中，"清点硬币"或"清点纸币"栏无业务发生时，该栏可用斜线表示，或在报表中标注"0"的栏中填"0"。

(四)乘客事务处理单

1. 适用范围

乘客在购票、进站乘车或出站过程中可能会遇到车票出现各种异常问题而需要处理的情况,按照票务管理规定,针对部分票务问题,需要售票员记录"事件情况",由乘客签名,并由客运值班员对站务员所办理的乘客事务予以确认。乘客事务处理报表就是用来记录各种乘客事务处理过程的报表,与"售票员结算单"一起构成站务员收益结算的依据。乘客事务处理报表中涉及的主要事务类型如下:

(1)储值票免费更新:一般在"列车晚点""运营故障需清客""火灾等紧急情况""启用公交接驳""车站运能不足"等特殊情况下导致持储值票乘客未能完整乘坐一次,在该乘客下次持车票进站时,可通过票务中心对车票免费更新,使乘客能够凭储值票进站乘车。

(2)单程票替换:一般是由TVM发售的单程票因车票本身原因不能使用的情况,发生该情况应给乘客免费发售一张单程票。

(3)因地铁运营故障等原因导致的退票。

(4)发生TVM卡币、卡票、少找零的情况,应给乘客退款。

(5)BOM全部故障时,付费区内超时、超程等乘客事务处理及车票无效等需发售付费出站票的情况。

(6)出闸机多扣费,应给乘客退款。

(7)发售出站票。

表 5-9-4 乘客事务处理单

_____线_____站　乘客事务处理单
　　　　　　　　　　　　　　　　　　　年　　月　　日

(　)打印机故障

事件详情	处理结果
(　)闸门被误用	(　)发售免费出站票____张
(　)车票无效不能进/出闸,车票ID	(　)免费发售____元单程票____张
(　)TVM卡币____元,设备编号	(　)收取现金____元,发售____元单程票____张
(　)TVM少出票,设备编号	(　)退回乘客____元
(　)TVM发售无效票,设备编号	(　)收取现金____元,发售____元付费出站票____张
(　)TVM少找币____元,设备编号	(　)卡内扣费____元
(　)乘客无票乘车	(　)收取现金____元,更新车票
(　)车票无出站信息	(　)收取现金_____元
(　)车票无进站信息	(　)其他:
(　)乘客车票超时	
(　)乘客车票超程	
(　)乘客车票超时又超程	
(　)车票卡内余额不足	
(　)其他:	
乘客确认:乘客姓名:	电话:
车站确认:售票员签章:	员工号:
客运值班员/值班站长签章:	员工号:

2. 填写要点

本报表为车站客服中心站务员处理非正常退票及乘客事务时使用，由客服中心站务员填写，乘客签字确认。

（1）打印机故障：当因打印机故障填写时勾选。

（2）事件详情：由站务员根据实际发生情况勾选，包含设备号、车票 ID、事务内容等信息。

（3）处理结果：由站务员根据实际处理情况勾选，若为其他处理情况则在空白处说明。

3. 注意事项

（1）"乘客事务处理单"须一事一单，严禁篡改、补单或出现将多起乘客事务合并操作等违章现象，经收益管理室核对后，对违章"乘客事务处理单"涉及的退款予以追缴。

（2）每日早班由客运值班员将该报表配发给客服中心站务员使用，与站务员结账时必须将其收回保管。

（3）运营结束客运值班员必须收回早班发出去的所有乘客事务处理单，每日使用本表格办理的手工退款数目及票务事务处理数目和金额必须与报表进行核对，保证正确无误。

（五）车站营收日报

1. 适用范围

车站收入日报于车站每日运营结束时填写，反映了每个车站每日所有的票务收入，主要包括售票员售票、补票收入、TVM 钱箱清点金额。福州地铁的"车站收入日报"如表 5-9-5 所示。

表 5-9-5　车站收入日报

_____线_____站　车站收入日报

项 目		班 次		合计
		白班	夜班	
TVM（1）	设备收入		¥	¥
BOM（2）	设备收入	¥	¥	¥
其他票种收入（3）	应急纸票	¥	¥	¥
	预制票	¥	¥	¥
		¥	¥	¥
		¥	¥	¥
		¥	¥	¥
		¥	¥	¥
		¥	¥	¥
		¥	¥	¥
		¥	¥	¥
	小计	¥	¥	¥

续表

项目		班次		合计
		白班	夜班	
榕城通（4）	售卖收入	¥	¥	¥
	充值金额	¥	¥	¥
	小计	¥	¥	¥
补短款（5）	设备短款	¥	¥	¥
	银行短款	¥	¥	¥
	小计	¥	¥	¥
特殊票款（6）		¥	¥	¥
非标准币（7）		¥	¥	¥
应收总金额（8）		¥	¥	¥
解行金额（9）		-	-	¥
客运值班员/工号		白班		夜班
值班站长/工号		白班		夜班

说明：1. 补短款情况；2. 其他。

备注：1. 此表一式两联，第一联上交票务室，第二联车站留存；
2. 应收总金额（8）=（1）+（2）+（3）+（4）+（5）+（6）-（7）。

2. 填写要点

本报表由客运值班员负责填写，当班值班站长负责审核。

（1）TVM 设备收入：来源为"TVM 钱箱清点记录"，即 TVM 票款收入。

（2）BOM 设备收入：来源为"售票员结算单"，即 BOM 收入之和。

（3）其他票种收入：来源为"售票员结算单"。

（4）储值卡售卖收入、充值金额：来源为"售票员结算单"。

（5）补短款：

① 设备短款：当日补交的设备短款金额。

② 银行短款：当日补交的银行短款金额。

（6）其他收入：来源为"特殊票款登记表"。

（7）非标准币：清点 TVM 回收箱发现的非标准币。

（8）应收总金额 = TVM 设备收入（1）+ BOM 设备收入（2）+ 其他票款收入（3）+ 储值卡（4）+ 补短款（5）+ 特殊票款（6）- 非标准币（7）。

（9）解行金额：车站当日实际装箱送行的票款。

（10）说明：

① 短款情况：说明所补短款的日期及补款人（除 TVM 清点外发现的非标准币）及滞留票款情况。

② 其他。

（六）车站票卡售存日报

1. 适用范围

本报表中的数据能体现车站每日各类车票的发售数量、站存数量。福州地铁的"车站票卡售存日报"如表 5-9-6 所示。

表 5-9-6 车站票卡售存日报

_____线 _____站 站票卡售存日报

票种	状态	上日结存（1）	增加值（+）						小计（2）	减少数（-）						小计（3）	本日结存（4）
			中心配票	站间调入	TVM回收	AGM回收	售票员上交	异常增加	调整		上交中心	站间调出	TVM补票	售票员配票	异常减少	调整1		

说明：

客运值班员： 工号：

值班站长： 工号：

备注：1. 此表一式两联，第一联上交票务室，第二联车站留存；
      2. 本日结存（4）=（1）+（2）-（3）。

2. 填写要点

由客运值班员根据本日的"售票员结算单"、SC 报表、"车票上交单""配票明细单"等报表填写，当班值班站长审核。

（1）票种：车站现存所有车票的种类，包括普通单程票、预制单程票（注明余额）等。

（2）状态：有效或无效。

（3）上日结存（1）：根据前一日的"车站票卡售存日报"中"本日结存"数填写。

（4）中心配票：当日票务室配发车票的数量。

（5）站间调入：本车站因车票库存不足申请调拨后，调入的车票数量。

（6）TVM、AGM 回收：由 TVM、闸机回收的车票数量。

(7)售票员上交:售票员上交的原配发车票的剩余数量。

(8)异常增加:非正常增加的车票,如车票回收箱回收的车票、售票员上交的乘客事务处理车票等。

(9)调整数(+):因车站库存<实际清点而进行调整增加的车票数量。

(10)小计(2):中心配票+站间调入+TVM回收+AGM回收+售票员上交+异常增加+调整数(+)。

(11)上交中心:当日票务室回收车票的数量。

(12)站间调出:其他车站因车票库存不足申请调拨后,调出的车票数量。

(13)TVM补票:可根据"TVM加票记录本"填写。

(14)售票员配票:客运值班员配给当班售票员的各类型车票数量。

(15)异常减少:非正常减少的车票,如车票被劫等。

(16)调整数(-):因车站库存>实际清点而进行调整减少的车票数量。

(17)小计(3):上交中心+站间调出+TVM补票+售票员配票+异常减少+调整数(-)。

(18)本日结存(4):填写实点数,若不等于"上日结存+小计(2)-小计(3)",在说明栏备注实点数及应结存数。

(19)说明:异常车票的来源和张数、其他情况说明等。

3. 注意事项

采用黑色钢笔或圆珠笔填写,字迹必须清晰、完整。填写错误,采用划线更正法,先将错误内容用一单红线划去,并盖上本人姓名章,将正确内容填写于错误内容的上方。

(六)车票调拨单

1. 适用范围

当车站间存在调票时,需要填写车票调拨单。福州地铁"车票调拨单"如表5-9-7所示。

表5-9-7 车票调拨单

年　　月　　日

调入线路名称				调入车站名称	
调出线路名称				调出车站名称	
序号	票种	金额/次数	有效期	数量	起号	止号
1						
2						
3						
4						
5						
6						
7						
调入车站客运值班员:				工号:	
调出车站客运值班员:				工号:	

备注:此表一式三联,第一联上交票务室,第二联调入车站留存,第三联调出车站留存。

2. 填写要求

本报表由调出车站客运值班员填写，调入车站和调出车站内客运值班员共同签章确认。调出站客运值班员依据车票调拨单据标明的调出票种、调出数量上交车票。

（1）票种：根据实际调拨的车票种类填写。

（2）金额/次数：车票可用金额或可用次数。

（3）有效期：车票的使用期限。

（4）数量：调拨的车票数量，单位：张。

（5）起号、止号：调拨车票卡号（ID号）的起止范围。

3. 注意事项

（1）票卡组配送员到调出站，与客运值班员双方在车票调拨单据签名确认，单据第三联由车票调出站留存。客运值班员在车站票务交接班记录上登记，现场录入SC。

（2）票务管理室人员到调入站，客运值班员依据车票调拨单据当面检查单程票包装及封条是否完好，与车票调配单据核对无误后在单据上签名确认，单据第二联由车票调入站留存。客运值班员将车票存放在票柜，在车站票务交接班记录上登记，现场录入SC。

（3）如调入站客运值班员与本站人员清点单程票种类或数量与加封数不符，应立即报告值班站长，按相关规定处理。

（七）车票上交单

1. 适用范围

车票上交单中记录车站上交车票的票种、数量、上交原因等，作为双方交接的凭证。福州地铁"车票上交单"如表5-9-8所示。

表5-9-8　车票上交单

线＿＿＿站　　车票上交单
年　月　日

序号	票种	金额/次数	有效期	数量	起号	止号	上交原因
1							
2							
3							
4							
5							
6							
7							
客运值班员：					工号：		
车票配收员：					工号：		

备注：此表一式两联，第一联上交票务室，第二联车站留存。

2. 填报要求

本报表在车站上交车票时由当班客运值班员填写。
（1）票种：根据实际上交的车票及发票种类填写。
（2）金额/次数：有值车票的余值或次数。
（3）有效期：车票的使用期限。
（4）数量：上交的车票数量，单位：张。
（5）起号、止号：上交车票卡号（ID号）的起止范围。
（6）上交原因：对车票上交原因的说明，如库存过量、无效车票等。

3. 注意事项

（1）客运值班员在车票回收单据签名确认，单据第二联由车站保存。
（2）如果通过SC系统录入数据，客运值班员在车站票务交接班记录上登记，并录入SC，打印"车站上交车票清单"，票务室配送人员签名确认。

（八）配票明细单

1. 适用范围

车票配送部门指派的配送员到站配送车票时，随车票一起将配票明细单交给车站，由客运值班员与配送员进行交接后填写。

2. 填写要点

本报表在票务室由客运值班员根据配票明细单与配送人员当面交接各种车票，确认无误后在配票明细单上签名，所配车票记入车站售票存票日报。

3. 注意事项

车站客运值班员需在车站AFC票务室与票卡配送员当场交接，车站客运值班员确认封装完好，核对封条上的信息与"车票配送明细单"上的信息是否一致，确认无误后，双方签字确认。

（九）现金缴款单

1. 适用范围

票款解行时填写现金缴款单，记录车站送交银行的实际票款金额，并随解行的票款一起交给银行，银行在次日清点完收到的票款后，在现金缴款单上加盖公章作为已收款凭证，填写时应注意缴款人全称、账号、开户行、金额等信息的正确性，确保票款能准确存入企业在银行的专用账户。福州地铁"现金缴款单"如表5-9-9所示。

2. 填写要点

本单据由客运值班员负责填写，当班值班站长负责审核。

表 5-9-9 现金缴款单

线_____站现金缴款单

年 月 日

客运值班员	员工号	班次	封箱编号	封签号								
金额（大写）：人民币			千	百	十	万	千	百	十	元	角	分
面值	张数	金额	面值			张数			金额			
100 元		¥							¥			
50 元		¥							¥			
20 元		¥							¥			
10 元		¥							¥			
5 元		¥							¥			
说明：												
值班站长						员工号						
银行清点金额						签章						

备注：此表一式三联，第一联上交银行，第二联上交票务室，第三联车站留存。

（1）金额（大写）。

① 统一格式 "×万×仟×佰×拾×元×角×分整"。

② 1壹，2贰，3叁，4肆，5伍，6陆，7柒，8捌，9玖，10拾，0零。

（2）将金额用阿拉伯数字填入对应单位处，最高单位数字前加 "¥"；

（3）金额：面值×张数，如 "¥1500.00"。

3. 注意事项

车站收到的"现金缴款单"回单随当天报表上交票务管理部门。

（十）车票/现金借出明细表

1. 适用范围

车站在发生车票或现金的借出、归还业务时填写"车票/现金借出明细表"。该表由借出部门填写（车站需由当班客运值班员填写），并由借入部门签章确认，作为借出和借入部门双方交接车票或现金的凭证，主要由借出车票、归还车票、借出现金金额、借出现金原因、归还现金金额栏等要素组成。福州地铁"车票/现金借出明细表"如表 5-9-10 所示。

表 5-9-10　车票/现金借出明细表

借出车票							
车票类型	数量	车票ID		借出原因：			
发放人		请借人		借出部门		请借部门	
工号		工号		请借时间			
归还车票							
车票类型	数量	车票ID		备注：			
归还人		签收人		归还部门		接收部门	
工号		工号		归还时间			
借出现金金额	¥			借出原因：			
发放人		请借人		借出部门			
工号		工号		请借时间			
归还现金金额	¥			备注：			
归还人		签收人		归还部门		接收部门	
工号		工号		归还时间			

备注：此表一式三联，第一联上交票务室，第二联车站留存，第三联借用部门留存。

2. 填写要点

（1）车票类型：根据实际借出的车票种类填写。

（2）数量：借出的车票数量，单位：张。

（3）车票 ID：借出车票卡号。

（4）借出原因：借出车票用途。

（5）借出现金金额：按照实际借出金额填写。

（6）归还现金金额：按照实际归还金额填写。

3. 注意事项

报表中的相关项目需填写得清楚、详细，关键项目若有更改，必须由发放人和请借人双方签章确认。

(十一)车站报表上交明细表

1. 适用范围

填报每日对应上交票务主管部门的报表信息,福州地铁"车站报表上交明细表"如表5-9-11所示。

表 5-9-11 车站报表上交明细表

_____线____站 车站报表上交明细表

年　月　日

序号	项目名称	数量	备注	票务室清点数	票务室确认人
1	车票上交单	张			
2	① 乘客事务处理废票	张			
	其中:单程票废票	张			
	计次票废票	张			
	榕城通废票	张			
		张			
		张			
	② 设备废票	张			
	其中:BOM 废票	张			
	TVM 废票	张			
	AGM 废票	张			
	③ 其他废票	张			
	④ 非标准币	张			
	其中:残损币/伪钞/外币	张			
	游戏币	张			
3	乘客事务处理单	张			
4	BOM 小单	张			
5	售票员结算单	张			
6	车站退款记录表	张			
7	TVM 清点记录	张			
8	车站收入日报	张			
9	特殊票款登记表	张			
10	现金缴款单	张			
11	车站票卡售存日报	张			
12	车票调拨单	张			
13	车票/现金借出明细表	张			
客运值班员:			工号		
值班站长:			工号		
车票配收员:			工号		

备注:此表一式两联,第一联上交票务室,第二联车站留存。

2. 报表上交的规定

（1）需要上交的报表单据包括：售票员结算单、车站退款记录表、乘客事务处理单、TVM 清点记录、特殊票款登记表、收入日报、车票上交单、车票调拨单、车站报表上交明细表、车票/现金借出明细表的上交票务室联、所有 BOM 小单及 TVM 小单。数据根据各项报表上交的具体数量填写。

（2）BOM 小单需按照业务类型分类装订在"售票员结算单上"，各类型装订的小单的第一张上注明"共×张"。

（3）TVM 小单需按照每台设备分别装订，每台 TVM 打印的小单按照小单类型归整后再一起装订（已办理退款的 TVM 故障小单与退款 BOM 小单一起装订，其他 TVM 故障小单按照 TVM 顺序一起装订）。

二、票务台账

票务台账是车站票务工作的记录，不同的台账有不同的相对固定的格式和填记的模板，填报要求也是不同的。票务台账完整记录票务作业的完成情况，是票务工作统计、分析和调整的主要依据。

车站的票务台账包括值班站长交接班记录本、客运值班员交接班记录本、售票员交接记录本及票务钥匙、票务工器具交接记录本等。车站票务台账的填写与保管和车站票务报表的填写与保管要求相同，具体填写规定见票务报表的填写规定。

（一）主要的票务台账

1. 客服中心交接班记录本

（1）适用范围：车站客服中心岗站务员之间交接时填写，福州地铁"客服中心交接班记录本"如表 5-9-12 所示。

（2）填写要点：

① 日期：填报实际交接日期。

② 交班班别：早班、夜班、日班。

③ 交接员工：签字/盖章。

④ 接班员工：签字/盖章。

⑤ 发票数量：填写客服中心发票存量情况。

⑥ 物品状态：列出一个客服中心物品清单放于客服中心内，交接班时客服中心站务员根据物品清单进行清点，若齐全则写"物品齐全"；若有借用或者遗失则须注明情况。

⑦ 其他情况：填记当班重要事项、文件及上级通知传达内需要交班的内容等。

⑧ 交班值班员：签字/盖章。

（3）注意事项。

填写时必须使用黑色圆珠笔，严禁字迹潦草，填写错误需用红笔沿中部划水平"—"线并签章或签名确认。

表 5-9-12　客服中心交接班记录本

日期	交接时间	交班员工	接班员工	交接值班员
月　日	至	1. 发票数量： 客运　元发票：　　至　　，剩余　　张，存根　　张。 客运　元发票：　　至　　，剩余　　张，存根　　张。 客运　元发票：　　至　　，剩余　　张，存根　　张。 客运　元发票：　　至　　，剩余　　张，存根　　张。 2. 物品状态： 3. 其他情况：		
月　日	至	1. 发票数量： 客运　元发票：　　至　　，剩余　　张，存根　　张。 客运　元发票：　　至　　，剩余　　张，存根　　张。 客运　元发票：　　至　　，剩余　　张，存根　　张。 客运　元发票：　　至　　，剩余　　张，存根　　张。 2. 物品状态： 3. 其他情况：		
月　日	至	1. 发票数量： 客运　元发票：　　至　　，剩余　　张，存根　　张。 客运　元发票：　　至　　，剩余　　张，存根　　张。 客运　元发票：　　至　　，剩余　　张，存根　　张。 客运　元发票：　　至　　，剩余　　张，存根　　张。 2. 物品状态： 3. 其他情况：		
月　日	至	1. 发票数量： 客运　元发票：　　至　　，剩余　　张，存根　　张。 客运　元发票：　　至　　，剩余　　张，存根　　张。 客运　元发票：　　至　　，剩余　　张，存根　　张。 客运　元发票：　　至　　，剩余　　张，存根　　张。 2. 物品状态： 3. 其他情况：		

2. 客运值班员交接班记录本

（1）适用范围。

客运值班员交接班记录本是客运值班员票务交接情况的台账，交班客运值班员与接班客运值班员要清点现金、车票、钥匙及备品，并填写交接班记录表（见表5-9-13和表5-9-14）。

表 5-9-13　客运值班员交接班本

交班客运值班员		交班值班站长				交班时间	
接班客运值班员		接班值班站长				接班时间	TVM清点开始时间
解行金额	银行返单金额	交班票款	备用金				
			标配金额	票务室	TVM内	客服中心	总差额
票种项目	上班结存	中心增配	中心上交	本班配出	本班回收	站间调整	本班结存	
普通单程票（有效）								
普通单程票（无效）								
榕城通（有效）								交接内容：
							票务钥匙	件
								详见"车站票务钥匙清单"
							票务备品	件
								详见"车站票务备品清单"

表 5-9-14　客运值班员与售票员交接情况表

客运值班员与售票员交接情况	日期	时间	交接类型	备用金	乘客事务处理单		车票、备品（名称数量）	当班票款	售票员确认
					起止号	张数			
					-				
					-				
					-				
					-				
					-				

（2）填写要点。

① 交接班前，交班值班员需详细在值班员交接班本上记录票务室内所有现金、车票、票务钥匙、票务备品的数量及状态，并在"交班值班员"栏签名确认。

② 接班值班员需对照值班员交接班本记录的情况，清点、检查票务室内的现金、车票、票务钥匙、票务备品的数量及状态是否与记录相符，确认相符后，在"接班值班员"栏签名确认。

（3）注意事项。

客运值班员之间交接班的记录凭证，一般车站留查，不需上交上级管理部门。

3. TVM 补币/补票记录本

（1）适用范围。

客运值班员在每次进行 TVM 补充找零钱箱加币时填写实际加币金额，以及给 TVM 票箱加票时填写实际加票数量。福州地铁"TVM 补币记录本"和"TVM 加票记录本"如表 5-9-15 和 5-9-16 所示。

表 5-9-15　TVM 补币记录本

日期：

时间	TVM 编号	补币金额			客运值班员	值班站长
		硬币	纸币	小计		
合计					—	—

表 5-9-16　TVM 加票记录本

日期：

时间	TVM 编号	加票数	售出数	废票数	结余数	加票人	确认认
合计						—	—

（2）填写要点。

① TVM 补票/补币工作由车站客运值班员和另一名站务员工共同负责，并由客运值班员完成 TVM 补票/补币记录本的填报。

② 填报过程中核对机打小单与实际操作的一致性，按照记录本上的各栏项目进行填报，最后由客运值班员和另一名实际操作人共同签字确认。

（3）注意事项。

填写时必须用黑色圆珠笔，字迹严禁潦草，填写错误需用红笔沿中部划水平线。

4. 车站备用金使用台账

（1）适用范围：车站备用金使用台账主要用于登记车站备用金使用情况。福州地铁"车站备用金记录本"如表 5-9-17 所示。

（2）填写要点。

① "日期"填写实际发生的日期。

② "原有金额"根据表格前一行的"现有金额"填报。"财务调整""银行兑零""借入/借出""退款""其他差额""现有金额"均填写当天运营具体涉及的金额，总差额＝现有金额－（原有金额＋/－财务调整＋/－银行兑零＋/－借入/借出－退款＋/－其他差额）。

③ 夜班客运值班员负责填写车站备用金使用台账，由客运值班员和当班值班站长共同签字确认。

（3）注意事项。

① TVM 领出的备用金需定期交回（例如：在每次盘点当日，将本周期补充备用金统一交回）。

② BOM 操作员的备用金，每个班次单独配发、上交，不得累计或循环使用。

表 5-9-17　车站备用金记录本

日期	原有金额	财务调整（＋/－）	银行兑零（＋/－）	借入/借出（＋/－）	退款（－）	其他差额（＋/－）	现有金额（＋/－）	总差额（＋/－）	客运值班员	值班站长	备注

（二）票务台账的保管要求

（1）各类台账、报表填写完整后，由车站按月分类进行保存。

（2）车站票务台账按照账册保管两年，报表保管两年，原始记录及其他结算单据保管一年的原则进行管理。报表必须存放车站 AFC 票务室内保管。报表保管期满后由车站按月份打包，并列出清单，同时由站务室统一回收，经票务室、车务中心、财务部会签同意后，可以进行注销、销毁，销毁时须有财务人员在场。严禁私自对票务报表进行注销、销毁。

三、电子票务报表/台账

车站为了提高票务收益核算的准确性，随着票务管理系统的完善，各轨道运营公司已逐步用电子报表替代手工填写的票务报表。电子报表主要由相关人员通过登录车站票务管理系统，选择相应功能模块，并按照系统提示，填报票务数据，再通过系统自动汇总、核算，自动形成票务报表。登录人员必须输入本人工号和密码登录票务管理系统，经系统识别后方可进入。某地铁公司票务系统 BOM 班次结算界面如图 5-9-1 所示。

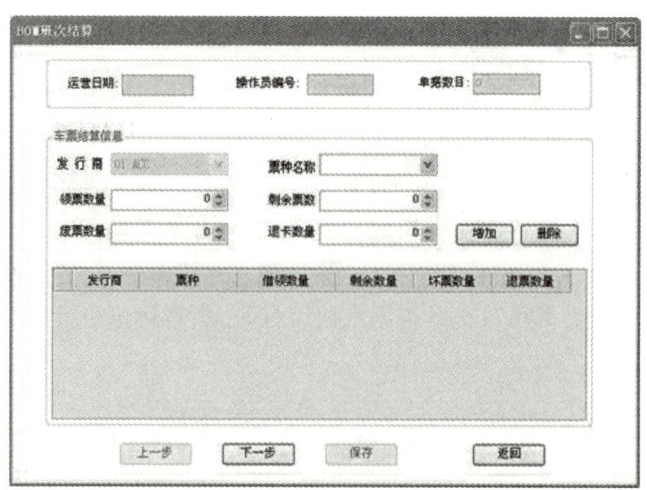

图 5-9-1　票务系统 BOM 班次结算界面

▶【任务解析】

1. 事件分析

（1）售票员违反"车站票务运作手册"中"备用金的借用仅限于规定情况下的退票处理及乘客事务处理，发生金额必须在 BOM 上操作，由乘客、经手售票员、当班客运值班员或值班站长审核签名确认"的规定。

（2）当事售票员工作责任心不强，未意识到票务报表填写的严肃性，面对乘客单据没有签名的情况，选择在 BOM 打印单据上代替乘客进行签名。

2. 事件处理

（1）加强票务规章培训，严格执行各项规章制度。使用备用金时必须征得当班客运值班员或值班站长的同意，通过 BOM 操作将相关款项退与乘客。

（2）车站各岗位员工需认识到票务工作的严肃性，要严格按照票务规章规定进行操作。对于需要乘客签认的单据，更应严肃认真对待，务必要请乘客配合签认，如遇不愿签名的乘客，操作售票员必须备注，坚决杜绝售票员私自代签或在未要求乘客签认的情况下就擅自备注的情况出现。

任务 10 票务账务填报及管理

▶【任务导入】

任务名称	顶岗流程不规范
	某日某站，客服中心早班站务员因事离岗 10 min，由厅巡站务员顶岗，顶岗期间双方未进行注销、重登 BOM 操作。中午发现这一疏忽后，值班站长指示车站客运值班员按 SC 报表记录重新做账。客运值班员便根据 SC 报表推算出两人的车票及现金交易金额，制作了假账。
思考问题	分析案例事件，并提出处理方法。

▶【学习任务相关知识点】

票务账务填报工作在车站票务工作中起着非常重要的作用。车站必须在报表的填写、保管等方面严格执行相关收益安全管理规定，避免因报表填写不规范和保管不当而对票务收益安全造成影响。

一、报表管理基本要求

（一）报表内容填写/录入基本原则

报表填写/录入是一项细致而又严肃的工作，填制人员必须遵守票务规章制度，报表填写/录入必须真实、准确、完整、及时。报表填写完毕，填写人员必须加盖私章；录入报表时必须使用自己的员工号及密码进行操作。

（1）真实：报表填写/录入必须由相关人员填写且内容能如实反映票务情况，不得捏造事实、弄虚作假。

（2）准确：报表在填写/录入前须认真核对实际情况，以确保数据的正确性，并要仔细复核。

（3）完整：必须按报表所列事项填写/录入，不得遗漏，以保证报表的完整性。

（4）及时：报表必须在规定期限内填制/录入完毕，并按规定时间上交，不得故意拖延。

（二）纸质报表书写要求

（1）填写文字时必须用黑色或蓝色笔填写，字迹必须清晰、工整，不得潦草，填写人必须签字确认。

（2）属于过底的纸质报表用圆珠笔填写，且一定要写透，不要上面清楚，下面模糊；属于非过底的纸质报表可用圆珠笔、钢笔或签字笔填写。

（3）报表的各项指标必须填报齐全，不得随便空格不报，若因客观原因出现不产生数字的空格，用"—"符号表示。

（4）填写数字时用阿拉伯数字，并且要一个一个地写，不得连笔书写。金额的小数点后无数时，应写"00"或"-"。

（三）纸质报表改错规定

（1）当纸质报表填写发生错误时，确需更改时，需通知相关当事人确认，采用"划线更正法"当面进行更改,即在报表中错误文字或数据上划一红线,要求划去整个错误数字,并由更改人在该处签名或盖人名章以示负责。不得刮擦、挖补、涂抹或用化学药水更改字迹。

(2)若一张报表更改较多(有些地铁公司规定更改次数不得超过8次),相关记录已不清晰时,应另填写一份,该报表作废,作废各联应注明"作废"字样或加盖"作废"戳记,车站留存保管,不得撕毁或随意丢弃。作废报表随当日报表于次日上交票务管理部门。重填时非本人的员工签章无须填写,但更改人在报表空白处时需签章。

(四)纸质报表遗失规定

(1)车站遗失票务报表时,发现人员应立即先上报当班值班站长,再上报车站上级相关部门组织调查。

(2)若车站只遗失报表的其中一联,则将情况备注在另一联的空白处。

(3)车站补填遗失报表时,需根据台账、录像等原始资料,重新统计、补填票务报表,在相关补填报表的备注栏注明"报表遗失补填",遗失报表中涉及乘客签名的,"乘客签名"栏无须填写。

(五)票务报表的管理

(1)运营结束后,车站工作人员及客运值班员应将相关票务账册与值班站长进行交接。需要拍照上传的纸质报表,应在规定时间内将拍摄到的清晰、完整的照片发送至指定部门,原件由车站留存。票务主管部门和车站应保证票务台账的完整性和时效性。

(2)报表需在一定期限内留存,以备结算部门、审计部门提取相关数据。具体保管期限按统计范畴规定执行(一般保管年限定为1年),并列出清单,保管期满后由所属部门统一回收、注销、销毁,严禁私自进行注销、销毁。

(3)车站应定期按报表分类归整,检查报表是否完整、齐全,并按月装订成册,装订时要加具专用封面、封底,封面注明加封车站、加封报表名称、加封时间及装订人姓名、员工号,并设立专门的报表保管区域对报表进行保管(一般放在AFC票务室内保管),以确保报表的安全。未使用的新报表必须存放在指定位置,每月最后一天进行盘点。

(六)SC报表填报要求

(1)运营当天,客运值班员按照票务管理规则在规定的数据上传时间内完成票款、备用金和车票的清点录入。

(2)站厅拾币、补短款或其他异常票款的情况,分别将站厅拾币总金额、补短款总金额、异常票款录入SC系统"异常票款变动登记",并在"车站营收日报"备注栏分项注明。

(3)晚班客运值班员、值班站长负责核对报表数据,如票款差异在规定金额(比如有些地铁公司规定50元)及以上,在"车站营收日报"(SC)差异原因栏备注说明。晚班客运值班员负责报表的整理打包工作。

(4)SC出现故障无法录入数据、生成报表时,车站手工填写相关报表,按正常程序上交规定的报表。填写手工报表"售票员结算单"时,若部分栏目的系统数据无法填写,则不予填写。

（5）SC 系统修复后，车站当班客运值班员按钱箱回收、售票员上班配票、下班结算补录 SC 数据。若当天已修复，当班客运值班员、售票员、厅巡在 SC 报表签名确认并备注说明"系统已修复"，若隔日修复，SC 故障日的当班客运值班员、售票员、厅巡不再补签名。

二、发票管理

（一）发票类型

城市轨道交通运营企业所使用的票据有纸质发票和电子发票之分。城市轨道交通企业发行、使用的车票（储值票、单程票等）纸质报销凭证由公司自行印刷，城市一卡通发票由一卡通公司提供。纸质发票主要有定额发票、手写发票和机打发票，由于定额发票使用方便、快捷、规范，因此使用频率较高。

1. 手写发票

手写发票由于使用不便，一般来说使用较少。开票人员需要按照手写发票的具体填写要求正确、真实、如数填写，做到填写内容完整，大小写金额一致。手写发票如需作废，应在四联一起写上"作废"字样，不可撕下丢弃（已撕下发票也应重新贴上）。车站对用完的发票应保证整本发票联号，不得缺号、缺张。发票作为票卡报销凭证，票务员不得开具与票卡销售无关的报销内容。

2. 定额发票

定额发票是票面已印制固定金额的发票。轨道交通运营企业使用的定额发票主要包括一卡通定额发票和单程票定额发票两种。分别有不同面值，如一卡通定额发票通常包含 5 元、10 元、20 元、50 元、100 元；单程票定额发票通常包含 2 元、3 元、4 元、5 元、6 元、7 元、8 元、9 元等。车站应将各类定额发票存放在车站 AFC 票务室指定票柜中。

3. 电子发票

电子发票近年来在许多地铁公司逐步普及，乘客通过自助服务终端购票后，通过电子发票开票操作指引直接在 App、小程序上或采用扫码方式均能方便获取电子发票，减少了纸质发票的使用量，管理上也更简便。

（二）发票配发

负责发票配发的部门通常会参考各客运部需求、客流及充值情况制定配发计划，将发票配送到车站，发票管理员在"定额发票领用存台账"上登记配送时间、配送车站、配送数量等。发票通常按发票编号顺序整本配发，不得抽发、跳发、拆解配发。

发票配送到车站后，由发票管理员和车站值班站长双方共同确认发票数量、面值和号段，无误后车站值班站长在"定额发票领用存台账"上签字确认。

（三）发票保管

发票的保管是指对尚未填用的发票以及已经开具的发票存根联进行专门的保存管理。

（1）报销凭证和发票的保管，必须专人负责，妥善保管。开具发票的部门和个人应当建立发票使用登记制度，设置发票使用登记簿，一年一簿，及时记载发票领用、移交、使用、保管等情况。

（2）一般每个季度后第一个月的15号（如遇节假日则顺延），业务部门需填写发票使用情况表经所在部门的财务部审核后上报到财务部。月末各业务部门需对结存未使用的发票进行清点，填写发票盘点表。

（3）加强保全措施，做好防盗、防火、防潮，不得丢失。发票保管过程中出现被盗、遗失、损毁或其他导致发票无法使用的情况，应及时通知上级部门，同时将残损发票上交；上级相关部门经了解情况并核实后应及时反映给税务机关，按税务机关要求办理相关后续手续。

（4）开具发票的单位和个人应当按照国家税务机关的规定存放和保管发票，不得擅自损毁。定额发票使用完，应按号码顺序按每10本为一批次的标准进行十字加封，同时填写发票缴销登记簿及发票存根登记簿。已经开具的发票存根联、车站收执联和发票登记簿，应当保存5年。保管期限从开具发票的会计年度终了后的第一天算起。

（5）根据规定时间，各车站应将已使用完的发票存根上交至车务中心统一保管，车务中心在回收发票存根时，应将发票存根与发票领用登记簿上的发放数量进行对照检查。年度终了规定期限内，车务中心将回收的发票存根上交到财务部。

（6）发票存根联等保存期满，由业务部门负责填报缴销申请，报财务部，经税务机关查验后销毁。

（四）存根回收

（1）整本发票使用完毕后，售票员将发票存根上交客运值班员，客运值班员负责更换新的发票，双方核对无误后在"发票领用交接台账"上进行签字确认。

（2）客运值班员将发票存根上交票务主管部门，票务主管部门指派配收员负责为其更换新的发票，双方核对无误后在车站"发票领用交接台账"上进行签字确认；单程票报销凭证的领用、发放情况应填记"发票领用交接台账"。

（五）发票使用

（1）原则上只在出站处（客服中心）提供乘客购买单程票定额发票，持单程票的乘客在出站前索取当次车程票额的单程票发票时，应当主动为其提供，不得以任何理由推诿。一卡通在售卖和充值时提供一卡通专用发票。向乘客收取押金时按实际收取金额开具发票。车站工作人员向乘客提供发票时，应按实际票价开给乘客，如遇车站出现排队，派发给每个乘客的发票面值不得超过本站的最高单程票价，不得由乘客自行撕取，应按发票编号顺序发放，不得抽发、跳发。

（2）手写发票是需要人工填写的普通发票。手写发票用于提供交易金额较大或非整数的客运服务（如出售团体票）以及出售纪念票时使用。如有折扣，应在发票上同时填写原价与折扣额，发票金额按实收金额填写，大小写需一致，否则作废。

（3）填写发票必须真实、准确、完整（发票上应记载的所有事项），不得涂改、挖补或撕毁；必须使用双面复写纸复写，不得用墨水笔直接填写；如填写有误，应将发票的所有联次加盖"作废"字样并完整粘贴、保存在其原来位置，并另行开具发票。

（4）使用电子计算机开具发票，必须经主管税务机关批准，并使用税务机关统一监制的机外发票，开具后的存根联应当按照顺序号装订成册。

（5）任何部门和个人不得转借、转让、代开发票或收据，未经税务机关批准，不得拆本使用发票或收据，不得自行扩大专业发票使用范围。

（六）监督与考核

任何人如有侵吞、私售、故意损毁发票等行为，按照地铁公司相关规定给予其相应处罚，情节严重的应移交司法机关处理。

必须有真实的交易事项才能开具发票，严禁虚开、多开发票，对虚开、多开发票的人员经核实后，应给予处罚。

▶【任务解析】

1. 案例事件分析

两名站务员票务安全意识薄弱，缺乏岗位责任心，违章顶岗，是导致此次票务事故的主要原因。

值班站长缺乏正确的管理认知，缺乏岗位责任心，发现问题后不是积极处理，而是指挥车站员工弄虚作假；客运值班员缺乏正确的是非观念，未能坚持工作原则，听从值班站长的错误领导亲拟假账，是导致此次票务事故的主要原因。

2. 事件处理

按四类票务事故处理给予值班站长、客运值班员撤职处分，给予两名站务员总部级诫勉处理。

▶【知识链接】福州地铁关于发票领取规定

（1）一卡通：地铁均不提供因客服中心购买榕城通普通卡、TVM 及 BOM 充值的发票，乘客需要时，需在 30 天之内前往榕城通网点领取发票，领取时需提供以下其中一种凭证：① 所购买或充值的榕城通卡；② TVM 或 BOM 充值单据；③ 榕城通 App、福州市民卡微信公众号绑定的卡号信息或充值记录。车站需做好正确的指引和解释工作，具体发票领取细节可咨询榕城通网点。

（2）单程票领取发票流程：出闸前凭票到客服中心领取，询问乘客进站车站，向乘客提供本次行程同等面值发票。

（3）二维码车票领取发票流程：出闸前到客服中心领取，询问乘客进站车站，向乘客提供本次行程同等面值发票。

（4）乘客强烈要求索要半年或一整年发票等特殊情况：值班站长现场确认，并留存乘客姓名、联系方式和纸质版行程单据等信息，并礼貌告知乘客该类特殊情况需要申报，会于 3 个工作日内联系当事人进行回复。车站及时将"特殊情况发票领取申报表1216"提报至站务中心。

注意事项：

若乘客已出闸，在乘客提供本次行程凭证后车站提供同等面值发票，同时提醒乘客下次在出闸前领取。

解释口径：由于发票为有价报销凭证，为避免重复领取、误领取等情况的发生，乘客可以在出站前凭所购车票到客服中心领取本次行程的等额发票。

▶【实训练习】

一、单选题

1. 同线路内调拨由调入车站至指定车站调配车票，由（　　）编制《车票调拨单》，双方签名确认后进行车票调拨。

　　A. 调入站　　　　B. 调出站　　　　C. 票务车间　　　　D. 票卡组

2. 票务主管部门给车站配票过程中出现数量、票内信息不符，车站以（　　）接收，票务主管部门进行核查。

　　A. 实际数量　　　B. 票内数量　　　C. 登记数量　　　　D. 记账数量

3. 运营时间除当班站务员、车站票务检查人员外，其他人员必须得到当班（　　）或以上级别人员的许可，方可进入客服中心。

　　A. 站务员　　　　B. 客运值班员　　C. 行车值班员　　　D. 值班站长

4. 站务员上岗前到（　　）领取配票款，并清点配票款，确认所配各类车票和备用金数量与"售票员结算单"上记录的开窗张数、备用金数量一致后，签字确认。

　　A. 客服中心　　　B. 车控室　　　　C. 票务室　　　　　D. 会议室

5. （　　）是指车站将票款收入存入企业在银行的专用账户上的过程，以确保票款的安全。

　　A. 票款解行　　　B. 票款加封　　　C. 票款结账　　　　D. 票款统计

6. 在客运值班员给站务员（售票员）配车票、票据、备用金及中途追加车票、备用金时，售票员向值班员预交款和结账等情况下应填写（　　）。

　　A. TVM机补票补币记录　　　　　　B. 售票员结算单
　　C. 客运值班员交接班记录本　　　　D. TVM 钱箱清点记录表

7. （　　）记录 TVM 硬币、纸币钱箱实点金额和补币金额。

　　A. TVM机补票补币记录　　　　　　B. 售票员结算单
　　C. 客运值班员交接班记录本　　　　D. TVM 钱箱清点记录表

8.（　　）报表就是用来记录各种乘客事务处理过程的报表，与"售票员结算单"一起构成站务员收益结算的依据。

　　A. TVM机补票补币记录　　　　　　B. 乘客事务处理
　　C. 客运值班员交接班记录本　　　　D. TVM 钱箱清点记录表

9. （　　）体现车站每日各类车票的发售数量、站存数量。

　　A. TVM机补票补币记录　　　　　　B. 乘客事务处理
　　C. 车站票卡售存日报　　　　　　　D. TVM 钱箱清点记录表

10. （　　）是客运值班员之间交接班的记录凭证，一般车站留查，不需要上交上级管理部门。

  A. TVM 机补票补币记录   B. 客运值班员交接班记录本
  C. 乘客事务处理   D. TVM 钱箱清点记录表

  11. 乘客因网络异常导致电子单程票无法出站，则车站按规定填写(　　)，记录乘客 App 上的账号，为乘客发售免费出站票出站。

  A.《车票上交单》   B.《乘客票务事务处理单》
  C.《乘客事务处理单》   D.《特殊乘客事务处理单》

二、多选题

1. 车票根据种类、性质等需要，有以下哪些车票加封方法。(　　)

  A. 信封   B. 票盒   C. 砂纸   D. 布袋

2. 轨道交通车站车票盘点工作由(　　)双人进行。

  A. 站务员   B. 客运值班员   C. 行车值班员   D. 值班站长

3. 轨道交通车站现金包括(　　)。

  A. 票款   B. 备用金   C. 电子现金   D. 预制票

4. 车站现金的管理规定包括(　　)。

  A. 备用金和票款必须专款专用，不得挪作他用
  B. 必须严格按照"账实相符"的管理规定执行，严禁弄虚作假、虚报瞒报
  C. 应对现金的使用和保管设立安全区域
  D. 现金安全区域内允许存放私人现金，但是要求分区管理

5. 车站现金原则上只能存放在专门的现金安全区域，主要包括(　　)，以保证车站现金的安全。

  A. 票务室   B. 客服中心   C. 临时售票亭   D. 自动售票机

6. 以下属于轨道交通车站票款收益来源的有(　　)。

  A. 自助售票设备售票与充值的票款收益
  B. 客服中心站务员售票、处理车票事务所得的票款收益
  C. 二维码车票进账票款
  D. 人脸识别车票进账票款

7. 票务工器具可以分为(　　)。

  A. 票务钥匙   B. AFC 设备工器具
  C. 消耗类工器具   D. 其他票务工器具

三、名词解释

1. 票款
2. 结账
3. 直接解行
4. 打包返纳
5. 票务钥匙

四、简答题

1. 简述车站客服中心的车票安全管理要求。
2. 简述车站对备用金的管理要求。
3. 简述车站现金交接应遵循的原则。
4. 简述票务钥匙的使用规定。

项目五实训练习答案

项目六　城市轨道交通票务事务处理

【项目描述】

城市轨道交通车站日常票务工作中经常会遇到车票超程超时、车票无效、进出次序错误等车票异常的票务事务，也可能发生票务设备工作异常引起的乘客票务事务。为了保障乘客能够顺利地正常进站、乘车及出站，车站工作人员要能够分析乘客票务事务，并正确地办理车票超程、超时、无效、进出次序错误等车票异常的票务事务，以及办理票务设备工作异常所引起的乘客票务事务，进而达到车站客运组织工作有序良好运行的目的。

【教学目标】

1. 知识目标

（1）认知票卡类的乘客票务事务详情及处理流程。
（2）认知设备类的乘客票务事务详情及处理流程。
（3）理解票务设备故障对车站运营带来的影响。
（4）认知票务设备故障的应急处理流程。

2. 能力目标

（1）能够规范正确处理各种票卡类的乘客票务事务。
（2）能够规范正确处理各种设备引起类的乘客票务事务。
（3）能够判断各种票务设备故障带来的影响。
（4）能够规范正确地完成票务设备故障的应急处理。

3. 素质目标

（1）培养学生实事求是的科学态度和严谨细致的工作作风。
（2）培养学生安全生产、优质服务的工作意识。
（3）培养学生认识问题、分析问题和解决问题的能力。

4. 思政目标

通过本项目的学习，使学生在认知车站运作过程中各种乘客票务事务及影响的基础上，树立"以人为本、安全服务"和"使命担当、为民服务、安全第一"的理念，引导学生形成严谨治学和认真负责的职业操守，使学生牢记自己的职业使命和责任担当。

任务 1　票卡类的普通乘客票务处理

▶【任务导入】

任务名称	乘客超程补款
	某日，一名乘客手持一张单程票无法出站，拿到票亭经 BOM 分析为超时，需补款 6 元，该名乘客拒绝补款，并称自己坐车已经给过钱，为什么还要另外交钱，而且车票超时只是工作人员自己说的，又或者是电脑出错，拒不承认自己是超时乘车，售票员的连番解释也说服不了乘客。乘客拒不付款，并要跳闸出站，经过公安、保安的协助和站务员长时间的劝导，乘客才不情愿地补钱出站，但在处理的过程中也引起了其他乘客围观。
思考问题	如何做好乘客超程事务处理？

▶【学习任务相关知识点】

在车站日常运营中，车站客服中心不仅可以完成售票、兑零、充值及问询等正常业务外，还需要完成各种异常情况下的乘客票务事务处理。乘客票务事务处理是指乘客在乘坐轨道交通工具的过程中，因乘客自身原因或其他特殊原因造成无法正常进出车站时所引起的票务事务处理。

在实行计程票价制的轨道交通企业，常见的乘客票务事务包括车票超时、超程、票卡无效、进出次序错误，以及自动售票机卡币、卡票、找零不足和充值不成功、闸门被误用、出站吞票等。付费区与非付费区都会发生乘客无法正常进出站的票务事务，因此，在处理乘客票务事务时根据车票的种类不同、发生的情况不同，其处理的方法也是完全不一样的。

一、超　时

（一）车票超时的定义

车票超时是指乘客验票刷卡进入付费区后，因逗留时间过长，导致车票在付费区内的时间超过了城市轨道交通企业规定的有效乘车时限（为避免乘客在列车上或车站付费区内长时间逗留，造成不必要的拥塞），车票无法正常通过出站检票机的情况。

（二）车票超时的处理

1. 乘客单程票超时

付费区乘客所持单程票超时时，客服中心站务员向乘客收取超时补款（相关要求由各城市轨道交通运营公司自行规定）后，通过半自动售票机上操作更新车票，乘客可以持原单程票出站。如福州地铁公司规定，乘客每次从入闸至出闸的时限为 180 min，除支付本次车费以外，还须按出闸站线网最高单程票价补交票款。

2. 乘客储值票超时

付费区乘客所持储值票超时时，若票卡分析车票为是当日进站，则向乘客收取超时补款后，通过半自动售票机上的操作更新车票，乘客持票刷卡出站。

若票卡分析车票为非当日进站，扣除上次乘车费用（一般是最短车程费）后，再在半自动售票机的操作界面输入进站码更新车票，乘客持票刷卡出站。

二、超　程

（一）车票超程的定义

车票超程是按里程计价时，付费区乘客所持车票余额不够支付按标准计算所得的起始站至终点站之间的单程车费，车票不能正常通过出站检票机的情况。

（二）车票超程的处理

1. 单程票超程

付费区乘客所持单程票超程时，客服中心站务员向乘客收取超程车费后，通过半自动售票机上的操作更新车票，乘客持原来的单程票出站。

2. 储值票超程

付费区乘客所持储值票超程时，客服中心站务员可以向乘客推荐进行充值；若乘客不充值，则收取超程车费，通过半自动售票机操作更新车票，乘客持票刷卡出站。

三、车票无效

（一）车票无效的定义

车票无效是指车票在使用过程中，由于轨道交通设备原因或乘客自身原因造成车票异常（读卡器无法读取车票内的信息），车票无法正常通过进/出检票机，也无法通过半自动售票机进行更新处理的情况。

（二）车票无效的处理

车票无效时需要分非付费区和付费区两种情况分别处理。

1. 单程票无效处理

（1）非付费区。

乘客持无效单程票要求乘车时，站务员需判断造成车票无效是轨道交通设备原因还是乘客自身的人为原因，若属于乘客自身的人为原因，则回收乘客手中的无效车票，请乘客重新购票乘车；若属于轨道交通设备原因，如自动售票机发售了无效车票，则回收无效车票，按规定办理乘客事务处理单，在半自动售票机上给乘客免费发售一张等值普通单程票（因为自动售票机发售无效票时已收取了相应的车费，所以通过人工在半自动售票机上发售一张等值普通单程票时必须在相应票务报表上做记录）。

（2）付费区。

乘客持无效单程票不能出站时，客服中心站务员应进行判断，若属于乘客自身人为原因，则回收无效车票，并请乘客按规定补款后，按规定办理乘客事务处理单，在半自动售票机上发售一张付费出站票供乘客出闸；若属于轨道交通设备原因，则回收无效车票，按规定办理乘客事务处理单，在半自动售票机上发售一张免费出站票供乘客刷卡出站。

2. 储值卡无效处理

（1）非付费区。

乘客持无效储值票乘车时，售票员可以为乘客办理非即时退款，回收无效储值票，请乘客填写无效票处理申请单，在规定的若干个工作日后，来车站领取车票余值和办理押金的退款。

（2）付费区。

乘客持无效储值票乘车无法出站时，客服中心站务员应先给乘客发放免费出站票，再为乘客办理非即时退款，回收无效储值票，请乘客填写无效票处理申请单，在规定的若干个工作日后，来车站领取车票余值和押金的退款。

其他纪念票、计次票等储值类票卡在使用有效期内出现无效等情况，票面完好，无人为破坏痕迹，却无法正常使用且无法通过半自动售票机更新的，可参照储值票退票处理方式办理非即时退款。

乘客所持城市公交一卡通车票无效时，应当指引乘客拨打一卡通公司的咨询电话，到其指定服务网点办理。

四、车票过期

（一）车票过期的含义

车票过期是指车票超过了规定使用有效期，无法正常通过自动检票机的情况。

（二）车票过期的处理

车票过期时根据票种进行相应处理。

1. 单程票过期

单程票通常限定为当日或购票时间 24 h 以内使用，非当日或超过购票时间 24 h 的车票即为过期票，无论乘客在非付费区还是付费区，工作人员都应向乘客说明原因，请乘客重新购票。

2. 储值票过期

当乘客所持储值票超过有效期限时，若其在非付费区，应直接为乘客免费办理车票的延期手续；若乘客在付费区，应在非付费区模式下为乘客办理车票延期手续后，再询问乘客进站车站，输入进站车站信息更新车票后，乘客持票出站。

五、车票进出站次序错误

（一）车票进出次序错误的定义

车票进出次序错误是指车票所处付费区或非付费区模式与乘客实际所在的区域不一致的情况。主要表现为以下两种形式：

（1）乘客处于非付费区，但车票已经有通过进站检票机验票进站的记录，显示为付费区模式，无法再次验票进站，这种情况一般是由于乘客持票在进站检票机验票后未及时进闸所致。

（2）乘客处于付费区，但所持车票没有进站检票机验票记录，显示仍为非付费区模式，车票不能正常通过出站检票机，这种情况一般是由于乘客进站检票时没有成功验票，与其他乘客一起并闸进站或没有经进站检票机验票直接从其他通道进入付费区所致。

（二）车票进出次序错误的处理

处理车票进出次序错误要分非付费区和付费区两种情形处理。

1. 单程票进出次序错误

（1）非付费区。

当乘客处于非付费区，其所持单程票为"已入站"状态，客服中心站务员在半自动售票机上选择非付费区模式下分析车票：若车票上次验票时间与当前时间之差在系统允许的更新时间（20 min）范围内，则免费对车票进行标志信息更新，改为"未入站"，乘客持原票重新进站；若车票上次验票时间与当前时间之差已超出系统允许的更新时间范围，或者分析出上次进站不是本站，则按运营公司规定回收单程票，请乘客重新购票乘车。

（2）付费区。

当乘客处于付费区，其所持单程票为"未入站"状态，客服中心站务员在半自动售票机上的付费区模式下分析车票：根据分析显示的单程票发售车站名，输入进站车站后更新为"已入站"，乘客持票出站。

2. 储值票进出次序错误

（1）非付费区。

当乘客在非付费区而其所持储值票为"已入站"状态时，客服中心站务员在半自动售票机上的非付费区模式下分析车票：若车票上次验票时间与当前时间之差在系统允许的更新时间（20 min）范围内，则免费对车票进行标志信息更新，改为"未入站"，乘客持票刷卡进站；若车票上次验票时间与当前时间之差已超出系统允许的更新时间范围或上次进站不是本站，则按规定收取费用，并对车票进行标志信息更新，改为"未入站"，乘客持票进站。

（2）付费区。

当乘客处于付费区而其所持储值票为"未入站"状态时，客服中心站务员在半自动售票机上的付费区模式下分析车票：询问乘客进站的车站，输入进站站点信息，进行标志信息更新，改为"已进站"，乘客持票出站。

当乘客处于付费区而其所持储值票为"已出站"状态时，客服中心站务员在半自动售票机上的付费区模式下分析车票：乘客所持储值卡已经在出站检票机刷卡扣费，但乘客未出闸，通常判断为闸门误用，核实情况后，可向乘客发放免费出站票，并由值班员以上级别人员确认，乘客持免费出站票刷卡出站。

六、退票退款

车票是乘客乘坐城市轨道交通的凭证，是一种有价凭证，乘客购买后如果需要退票，应符合企业退票的规定要求。不同城市的轨道交通公司对于能否退票以及退票时的规定条件各不相同。从退票责任的角度看，退票可分为乘客责任退票和城市轨道交通企业责任退票两种。

（一）乘客责任退票

乘客责任退票是由于乘客自身原因造成的不能继续使用车票、产生退票的情况。

1. 单程票退票

不同轨道交通运营企业对已售单程票的退票规定是不同的。有些轨道交通运营公司规定单程票一经售出，概不退票（乘客自身原因退票的），如北京地铁、京港地铁。大部分城市轨道交通运营公司规定符合规定条件的单程票可以申请退票，如福州地铁规定当日购买且无进、出站记录的单程票可在发售站办理退票。客服中心站务员可单人在 BOM 上办理退款，由乘客签字确认。

还有因特殊原因造成乘客进站后但不能乘车的情况，比如：乘客已在本站进站，但无法搭乘末班车而要求退票；乘客携带危险品、宠物、禽畜、超限物品等违禁物品进站，但被车站人员发现并制止其乘车，等等。发生以上特殊情况，乘客要求退票，需要值班站长现场确认属实后方可办理退票。

2. 储值票退票

乘客所持储值票还有余额，但不再继续使用，申请退票时按以下情况进行处理。

（1）储值票卡内信息可读，可读取车票 ID 号和余值，可由客服中心站务员通过半自动售票机办理退款手续；票面无损坏，车票余额和票卡押金全部退还给乘客；票面有人为折损，只退还卡内余额，而票卡押金不退。

（2）储值票卡内信息不可读，或者半自动售票机无法识读，应按无效车票办理非即时退款手续。客服中心站务员应回收无效车票，请乘客填写无效车票处理申请表，按规定将车票和报表一并上交上级票务部门审核是否能退款以及退款的具体金额，并请乘客在若干工作日之后，凭车票处理申请表收据到指定车站取回退款。

（二）城市轨道交通运营企业责任退票

轨道交通运营过程中可能由于运营公司的原因发生不可预料的事件，如设备故障、列车晚点、越站停车、火灾等事故，而导致乘客无法乘车，要求退票，这些情况就属于轨道交通企业的责任退票。一般在这些情况下，乘客可以在任何车站，无论所持何票种，均可在规定期限内办理退票、退款或免费更新手续。

（三）退票退款作业

乘客应到车站客服中心办理退票退款。客服中心站务员应根据乘客诉求先分析车票状态，确认车票是否符合办理退票退款的标准，再依据公司对退票退款的相关规定为乘客办理退票手续。

1. 即时退款

若车票符合即时退款条件，客服中心站务员应在半自动售票机选择非付费区模式，为乘客办理即时退款，并回收车票，按规定要求填写乘客事务处理单，请乘客签认。在半自动售票机上办理退款后，应再次分析车票，确认车票已退款且余额为零。若退款出现异常，售票员需立即通知客运值班员或以上级别人员到现场处理。通过 BOM 办理退款后的车票，应按要求加封上交。

2. 非即时退款

若车票属于非即时退款，客服中心站务员回收车票，再根据具体情况在半自动售票机上办理退款申请，或填写纸质无效车票处理申请表，上交车票及表单后由上级票务部门审批确定车票可退款金额，并请乘客于若干个工作日之后持有效凭证到指定车站领取退款。乘客持有效凭证来站领取退款时，车站应根据半自动售票机非即时退款查询结果界面，或无效票处理通知书显示的退款金额给乘客办理退款，并请乘客在报表上签认。

在对由于地铁原因导致的车票进出次序错误的处理方面，福州地铁的相关规定如下：① 因地铁运营故障、突发事件等原因未能完成运输服务时，受影响乘客可在当日起七日内至任意地铁车站办理退款（期限票和免费票种除外）或者免费更新业务。② 车站故障当天客服中心站务员核对车票信息与故障时间一致时，可在非付费区模式下单人办理单程票退票、榕城一卡通免费更新。单程票在 BOM "行政处理"界面选择"其他"进行退款；榕城一卡通则在非付费区模式下选择"现金付款"为乘客免费更新。相应的小单上备注故障原因和处理结果，乘客签字确认；③ 对非当日退票，客服中心站务员核对确认车票时间信息与故障时间信息一致时，通知值班员或以上岗位人员确认属实后在 BOM 上办理退票、榕城一卡通免费更新。相应的小单上备注故障日期、故障原因、处理结果，乘客签字确认。

▶【任务解析】

1. 案例事件分析

（1）售票员在处理此事时，虽然认真执行票务政策，向乘客耐心地解释相关规定，但对乘客问题处理得比较生硬，从而引发了矛盾。

（2）售票员没有根据 BOM 显示的内容向乘客做好解释工作，因而引起冲突。

2. 处理措施

（1）在乘客提出异议时，售票员应向车控室汇报，确认乘客进站时车站是否有设备发生故障，导致信息错误。

（2）售票员在处理乘客问题时态度要诚恳，向乘客说明："我们计算机能检验到车票上的内容，车票在使用的过程中进闸和出闸，我们的计算机上都有记载而且有正确数据，我们不会乱说话，请您相信。我们公司票务政策的第四条是单程票须在进闸后××min（比如180 min）出闸，否则按超时处理。请您合作并按规定补交全程票价"。

（3）加强对车票使用时间及规定的宣传，让更多的乘客了解票卡使用规则，防止类似问题发生。

▶【知识链接】福州地铁票务规则

第一章 总 则

第一条 为明确福州地铁票务规定，规范车票使用、乘车规范及票务处理等要求，依据"福州市轨道交通条例""福州市轨道交通运营管理办法""福州市轨道交通乘客守则"以及福州地铁票价政策等相关规定，特制定本规则。

第二条 本规则适用于以下车票的正常使用和异常处理，包括：

由福州地铁发行的车票，包含单程票、期限票、计次票等；

由福州市民卡公司发行的榕城一卡通储值卡，包含榕城通普通卡、榕城通学生卡、福州市敬老卡等；

由全国各相关城市发行的符合交通运输部互联互通标准的交通联合卡；

由e福州及其他第三方平台发行或开通的福州地铁出行乘车二维码车票；

由e福州平台开通刷脸出行功能的福州地铁人脸车票；

其他与福州地铁签订协议准许在福州地铁使用的车票或特别车票。

第三条　车票按福州地铁发布的票务规则及相关公告规定使用，并由发行方负责维护。特别车票的发行公告在票务方面有特别规定的，适用特别规定。

第四条　符合法律法规和相关政策规定的特殊人群，可享受地铁乘车优惠待遇。

第二章　基本票价

第五条　福州地铁票价实行里程分段计价票制。

（一）起步价：5 km（含）2元。

（二）里程价：超过5 km后，5～15 km（含），按每5 km加收1元计价（不足5 km按5 km计价）；15～29 km（含），按每7 km加收1元计价（不足7 km按7 km计价）；29 km以上，按每9 km加收1元计价（不足9 km按9 km计价）。

第三章　乘车优惠

第六条　优惠政策

（一）伤残警察、现役军人、残疾军人、离退休军人、国家综合性消防救援队伍人员、残疾人凭本人有效证件免费乘车。

（二）65周岁及以上老年人，不分国籍、不分地域，持本人"福州市敬老卡"或本人有效身份证件免费乘车。

（三）一名成年人可免费携带一名身高不足1.3 m或身高超过1.3 m但未达到法定入学年龄的学龄前儿童（凭有效证件）乘车，超过一名按超过人数购买车票。

（四）持榕城通普通卡刷卡乘坐地铁可享受单程票价9折优惠。

（五）福州市中小学生持本人"榕城通学生卡"刷卡乘坐地铁可享受单程票价5折优惠。

（六）法律法规规定应减免车费的按规定执行。

（七）其他票价优惠按市政府相关规定执行。

第四章　使用规则

第七条　车票使用通用规则

（一）乘客须凭有效车票进入地铁付费区，实行"一人一票、一进一出"制，即乘客须使用同一张车票或使用同一客户端的二维码车票或使用同一人脸车票进、出闸机，不可多人同时使用同一票卡，不可多个票卡混用。

（二）单程票，在地铁车站发售，仅限发售当日、当站进站乘车有效，出闸时投入出站闸机回收。

（三）计次票，在使用有效期限内限定次数使用，每次乘车不限里程。

（四）期限票，分为实体期限票和电子期限票，在固定使用有效期限内不限次数使用，每次乘车不限里程。

（五）储值类车票余额低于线网最低票价时将不能刷卡进站，须充值或使用其他车票。

第八条　车票使用的事务处理

（一）车票无法正常过闸时，请到地铁车站客服中心处理。车票内金额不足以支付所到达车站的实际车费时，持单程票的须补交超过部分的票款，持榕城通的须充值或单独支付本次车费，非卡内扣款不享受折扣优惠。

（二）乘客每次乘车从进闸到出闸的有效时限为180 min。若出闸超过有效时限，除支付本次车费以外，还须按出闸站线网最高单程票价补交票款。持单程票超程又超时的，按超时处理。

（三）乘客在验票20 min内未进闸的，可在进闸车站客服中心免费处理。验票超过20 min未过闸的，下次乘车时将不能正常进闸，单程票作废回收，计次票扣1乘次，期限票和免费票种免费更新，其他车票须补交上次乘车费用。

（四）二维码车票、人脸车票出闸后将扣取本次车费。若进、出闸行程记录不完整，当日在车站客服中心处理，次日至第七日可在相应乘车App客户端或者车站客服中心补登；若未补登，逾期将自动扣除线网最高单程票价一半的票款金额。

（五）乘客在同一个车站进、出闸时，单程票直接回收，计次票扣1乘次，其余票种按该票种最低票价扣款。

第九条 退票、换票、补票规定

（一）单程票没有进闸记录且票内信息可以读取的，购买当日内可在发售站办理退票；单程票有使用记录的，不予退票。

（二）计次票、实体期限票在有效期内非人为原因失效（须票面编号完整），可在任意地铁站客服中心办理免费更换手续。

（三）榕城一卡通退、换票请向福州市民卡公司服务网点咨询办理。

（四）因地铁运营故障、突发事件等原因未能完成运输服务的情况，受影响乘客可在当日起七日内至任意地铁车站办理退款（期限票和免费票种除外）或者免费更新业务。

（五）乘客须持有效车票乘车，并保管好车票，对无票、持无效车票的乘客，由运营单位按出闸站线网最高单程票价收取票款；持伪造或者变造的优惠乘车证件及冒用他人优惠乘车证件的，由运营单位按出闸站线网最高单程票价收取票款，并按出闸站线网最高单程票价的5倍加收票款。

有下列情况之一，视为无票或持无效车票乘车：

1. 使用的车票过期（含证件过期）；
2. 出闸时没有车票的；
3. 所用的车票或车票的记录被人为篡改、破坏的；
4. 利用其他手段违规乘车的。

第十条 发票领取

（一）购买地铁单程票需报销凭证的乘客在出闸前凭所购车票到车站客服中心索取等额发票。购买计次票、期限票的乘客，在购买时一次性索取等额发票。

（二）榕城一卡通充值、乘车消费发票领取请向福州市民卡公司服务网点咨询办理。

第五章 附 则

第十一条 其他

（一）本规则由福州地铁集团有限公司负责解释。

（二）本规则自发布之日起生效。

任务 2　设备类的乘客票务处理

▶【任务导入】

任务名称	乘客无法顺利出闸事务处理
	某日晚上，某地铁车站有一乘客出闸，将车票插入出站闸机看到显示余值为 18 元，但转杆不能转动，无法出闸，于是向客服中心售票员反映。售票员分析车票后对乘客说："车票未经进站闸机进站，所以不能出站"。乘客确认当时曾进闸并反映刚才出不了站的经过，但售票员坚持称乘客未进站，并对车票重新扣费，乘客出闸后认为售票员做法不合理，投诉了该售票员。 　　乘客认为自己车票已扣费，没有理由被多扣一次，马上向乘客服务总台投诉售票员的做法。
思考问题	客服中心如何更好地处理乘客事务？

▶[学习任务相关知识点]

城市轨道交通交通运营过程中车站的票务终端设备出现异常情况，进而导致乘客无法正常乘车或处理相关票务事务，车站工作人员必须采取应对措施进行妥善处理，保障车站的票务日常运作。在处理车站票务终端设备异常引起的票务事务时，需由值班员检查确认，再根据确认结果，由车站客服中心站务员通过半自动售票机进行相应处理。

一、自动售票机卡票

（一）自动售票机卡票的含义

自动售票机卡票主要指自动售票机在发售单程票的过程中，因自动售票机自身原因或单程票变形、变厚等原因，导致单程票卡在自动售票机的某个部位，出现不出票或出票数量不足，且自动售票机自动进入"暂停服务"模式的情况。

（二）自动售票机卡票的处理

当乘客反映自动售票机出现卡票问题时，客运值班员首先检查自动售票机的出票口是否有票卡堵塞或显示屏是否显示卡票故障的代码，或是否有卡票故障小单，确认是否发生卡票的情况并做相应处理。

（1）核实现场情况与乘客反映情况是否一致，一致时，则按规定办理乘客事务处理单，以多退少补的原则结合乘客需要，通过半自动售票机发售同等面值车票或退还相应钱款给乘客，并上报专业维修人员进行处理。

（2）核实现场情况与乘客反映情况不一致，则询问乘客购票情况，由客运值班员和另一名车站员工共同打开自动售票机维修门，或由车控室行车值班员查看自动售票机的最近交易记录，确认是否与乘客反映的情况一致，并根据查询情况进行处理。

① 若情况一致，则按规定办理乘客事务处理单，以多退少补的原则结合乘客需要，通过半自动售票机发售同等面值车票或退还相应款额给乘客，并上报专业维修人员进行处理。

② 若自动售票机显示正常，并没有查询到与乘客反映情况一致的交易记录，则表示没有发生卡票，由客运值班员负责向乘客做好解释工作。

二、自动售票机卡币

（一）自动售票机卡币的定义

自动售票机卡币是指乘客在投币购票时，因自动售票机自身原因或乘客所投纸币（硬币）边缘变形、粘有胶带物等原因，导致纸币（硬币）被卡在自动售票机的某个部位，进而出现自动售票机不再接收纸币（硬币）的情况。

（二）自动售票机卡币的处理

当乘客反映自动售票机出现卡币问题时，客运值班员首先检查自动售票机投币口是否有纸币（硬币）堵塞、显示屏是否显示卡币故障的代码、是否有卡币故障小单，从而判断是否发生卡币的情况并做出相应处理。

（1）核实现场情况与乘客反映情况一致时，则按规定填写乘客事务处理单，以多退少补的原则结合乘客需要，通过半自动售票机发售同等面值车票或退还相应钱款给乘客，并上报专业维修人员进行处理。

（2）核实现场情况与乘客反映情况不一致，则询问乘客购票情况，如购票设备号、投币金额、车票类型、面额、数量和已获得车票的数量等，由客运值班员和另一名车站员工共同打开自动售票机维修门，或由车控室行车值班员查看自动售票机的最近交易记录，确认是否与乘客所反映的情况一致，并根据查询情况进行处理。

① 若情况一致，则按规定填写乘客事务处理单，以多退少补原则并结合乘客需要，通过半自动售票机发售同等面值车票或退还相应钱款给乘客，并上报专业维修人员进行处理。

② 若自动售票机显示正常，并没有查询到与乘客反映情况一致的交易记录，则表示没有发生卡币，由客运值班员负责向乘客做好解释工作。

三、自动售票机未找零或少找零

（一）自动售票机未找零或少找零的定义

自动售票机未找零或少找零是指当乘客投入自动售票机的现金金额大于实际购票金额，因自动售票机自身原因或找零硬币边缘变形、粘有胶带物等原因，导致找零硬币被卡在自动售票机的某个部位，自动售票机出现不找零或少找零问题，造成乘客找零金额不够的情况。

（二）自动售票机未找零或少找零的处理

如果有乘客反映自动售票机出现未找零或少找零问题，客运值班员首先检查自动售票机显示屏是否显示未找零或少找零故障的代码，或是否有未找零、少找零的故障小单，从而确认是否发生未找零或未找零的情况并做相应处理。

（1）核实现场情况与乘客反映情况一致，按规定填写乘客事务处理单，通过半自动售票机的处理退还相应现金给乘客，并上报专业维修人员进行处理。

（2）核实现场情况与乘客反映情况不一致，则询问乘客购票情况，由客运值班员和另一名车站员工共同打开自动售票机维修门,或由行车值班员查看自动售票机的最近交易记录,确认是否与乘客反映的情况一致,并根据查询情况进行处理。

四、自动售票机充值不成功

(一)自动售票机充值不成功的定义

自动售票机充值不成功是指乘客通过自动售票机进行储值卡(一卡通)充值时,由于自动售票机自身原因或其他原因,出现自动售票机收取乘客投入的充值金额,票卡却没有充进充值金额票卡余额的情况。

(二)自动售票机充值不成功的处理

当有乘客反映存在自动售票机充值不成功的情况,应由值班员与值班站长共同打开自动售票机维修门或报行车值班员通过车站 AFC 系统查看最近交易记录,确认是否存在与乘客反映一致的充值交易记录,并根据查询情况进行处理。

(1)核实现场情况与乘客反映情况一致,通过半自动售票机分析车票,根据情况核实是否的确出现自动售票机已收款但充值不成功的情况。

① 若 BOM 分析票卡余额及历史记录均显示没有该次充值,则表明 TVM 确实已收款但充值不成功,客服中心站务员按规定办理乘客事务处理单,根据乘客需要在半自动售票机上办理等额充值或退还乘客充值金额。

② 若 BOM 分析票卡已成功充值,请乘客通过乘客显示屏确认票卡充值成功,确认票卡充值前后余额,做好乘客解释工作,并退还乘客票卡。

(2)核实现场情况与乘客反映情况不一致,则上报专业维修人员到现场处理,查询 TVM 是否发生已收款但充值不成功的情况,值班员根据维修人员的判断结果进行事务处理。

五、出站闸机吞票

付费区内,如有乘客反映出站闸机存在吞票的情况,在乘客已投入单程票但未出站时,由车站人员询问乘客出闸情况,确认乘客出闸闸机是否确实处于暂停服务状态或是否存在出闸机显示正常但投票口却有卡票的现象。

(1)由车站人员通过车站计算机系统(SC)查询到结果与乘客提供的信息一致,或检查确为闸机卡票所致,由值班员以上级别人员现场确认后,免费发售出站票,并按规定填写乘客事务处理单,BOM 小单上备注事件详情、处理结果,由乘客签名确认。同时报专业维修人员进行处理。

(2)若车站计算机系统(SC)无法查询到与乘客反映相应的记录,则按无票乘车办理,并向乘客解释说明。

六、出闸机扣费错误

如有乘客反映其所持的储值票(一卡通)在通过闸机时存在扣费有误的情况,由值班员以上级别人员确认情况属实后,在半自动售票机上办理退款,在 BOM 小单备注设备号、车票 ID、事件详情、处理结果，并请乘客签名确认。车站工作人员立即停用该台闸机，报维修中心生产调度。

▶【任务解析】

1. 案例分析

（1）由于售票员不熟悉业务，没有认真看清楚车票上次使用车站及日期，对乘客车票再次扣费，造成乘客不满。

（2）发生问题后，售票员没有认识到自己的错误，没有重视乘客反映的问题。

2. 处理方法

（1）在处理出站车票时，必须看清楚上次使用日期、使用车站等，确认是否需要更新。

（2）在发现对乘客车票错误扣费时要及时向乘客道歉，并返还多扣车费，必要时应立即向车控室汇报，由值班站长出面处理。

▶【知识链接】西安地铁乘车问题处理指南

序号	问题概况	处理指南
1	在自动售票机（TVM）或者互联网售票机（STM）上使用二维码购票时，扣款成功但出票失败	正常情况下，设备会打印异常交易单据，系统会自动退款给乘客进行重新购票；如未能自动退款，请您携设备自动打印的异常交易单据前往客服中心求助（如遇其他异常，请按压设备右上方的"招援"按钮呼叫工作人员）
2	在自动售票机（TVM）上使用现金购票时，收钱但未出票	正常情况下，设备会打印异常交易单据，请您携异常交易单据前往客服中心求助（如遇其他异常，请按压设备右上方的"招援"按钮呼叫工作人员）
3	在自动售票机（TVM）上使用现金购票时，正常出票但未找零或者少找零	正常情况下，设备会打印异常交易单据，请您携异常交易单据前往客服中心求助（如遇其他异常，请按压设备右上方的"招援"按钮呼叫工作人员）
4	在自动售票机（TVM）或者互联网售票机（STM）上使用付款码给长安通卡充值，扣款成功但充值失败	正常情况下，设备会打印异常交易单据，系统会自动退款，请您更换设备重新充值或者携异常交易单据前往客服中心求助（如遇其他异常，请按压设备右上方的"招援"按钮呼叫工作人员）
5	在自动售票机（TVM）上使用现金给长安通卡充值，收钱但充值失败	正常情况下，设备会打印异常交易单据，请您携异常交易单据前往客服中心重新充值即可（如遇其他异常，请按压设备右上方的"招援"按钮呼叫工作人员）
6	使用单程票、长安通、纪念票等实体卡刷卡进站时，闸机亮红灯无法通行	一是更换闸机重试；二是观察闸机屏幕提示信息，如显示屏大字提示"请到客服中心处理"，屏幕左下角黄色小字提示"已进站"，说明该票已刷过进站，或者上次出站未刷卡导致无法二次进站，请您前往客服中心验票补登

续表

序号	问题概况	处理指南
7	使用长安通刷卡出站时，闸机亮红无法出站	一是更换闸机重试；二是观察闸机屏幕提示信息，如显示屏大字提示"请到客服中心处理"，屏幕左下角黄色小字提示"未进站"，说明该乘客进站未刷卡，请您前往客服中心验票补登；如显示屏大字提示"请到客服中心处理"，屏幕左下角黄色小字提示"超程"，说明您的长安通卡内余额不足，请前往客服中心验票补票或者充值后重新刷卡出站
8	闸机扫描乘车二维码，设备无任何反应	一是更换闸机重试；二是请您将手机屏幕亮度调至最大，并变换手机角度尝试，切勿来回晃动手机；三是前往客服中心求助

任务 3　票务设备故障应急处理

▶【任务导入】

任务名称	车站 AFC 设备无法满足大客流需求
	某日，某城市某地铁车站出现大客流，由于值班站长没有做好 SC 监控作业，未及时安排人员进行钱箱票箱的更换工作而导致 TVM 停用，造成大量乘客排队现象。同时，AFC 设备出现断电造成站厅一端设备停用，加剧了排队购票现象，引起乘客不满。刚好有记者乘客，将现场情况进行拍照，并刊登在报纸上，损害了公司形象。
思考问题	车站应该如何开展票务应急处置工作？

▶【学习任务相关知识点】

轨道交通日常运营过程中自动售检票设备都是以正常运营模式运行的。当 AFC 系统终端设备出现故障、设备能力不足或其他系统设备故障、突发大客流、火灾、列车晚点等紧急情况时，车站各岗位人员要在值班站长的统一指挥下，完成车站的票务应急处理工作。特殊情况下的票务工作，站务工作人员必须掌握售检票类设备故障、降级运营模式下的票务应急处理办法。

一、自动售票机故障应急处理

自动售票机故障是指自动售票机停止出售车票，导致乘客无法在自动售票机上购票的情况。自动售票机出现故障时，会使得车站自动售票机出现售票能力不足的现象，进而影响车站正常的客运服务。自动售票机故障时，故障车站首先应及时向维修中心生产调度报修，并做好报修记录。

自动售票机能力不足是指当车站出现突发大客流等特殊情况时，由于现有的自动售票机数量有限，不能满足乘客的购票需要，从而导致大量乘客在车站非付费区滞留并等候购票的情况。

（一）部分自动售票机（TVM）故障或能力不足

当站内部分自动售票机 TVM 出现故障时，若为职责范围内的故障情况，客运值班员或综合巡检员应进行简单故障处理，若不在自己职责范围内或遇到无法处理的设备故障，应及时向维修中心生产调度报修，并做好报修记录。车站站务人员做好乘客的引导宣传工作。若自动售票机售票能力无法满足乘客需求，根据客流情况，值班站长可下令增开半自动售票机 BOM，安排客服中心站务员在半自动售票机上出售单程票，以增强售票能力。

（二）自动售票设备（TVM）全部故障

当车站出现自动售票机（TVM）全部故障的情况时，客运值班员要立即通知值班站长，同时向维修中心生产调度报修，做好记录，并在站厅进行宣传疏导工作。

自动售票机设备全部故障的时候，值班站长安排开启所有半自动售票机出售单程票，增派售票人员，增加售票窗口，加大车站的售票能力；根据客流情况，当半自动售票机售票能力无法满足乘客的购票需求时,值班站长需要报站长确定客服中心站务员是否在半自动售票机上出售"预销售"(指从半自动售票机上提前按票价发售单程票卡,用于应对大量乘客购票的一种票务作业方式)或纸票,并报告控制中心 OCC 的行调,由行调通知沿线其他车站做好乘客检票的准备工作;同时安排车站工作人员引导持纸票的乘客从边门进站;车站在设备恢复正常或客流有效缓解后恢复正常运作,值班站长决定停止售卖纸票并上报控制中心 OCC 的行调。

二、半自动售票机与自动售票机全部故障时的应急处理

当车站发生自动售票机和半自动售票机全部故障时将无法出售单程票,乘客所持车票也不能在半自动售票机上进行分析、处理操作。自动售票机和半自动售票机全部故障时,客运值班员应立即向值班站长汇报车站设备情况,向公司相关维修部门报修,并做好报修记录。值班站长立即将车站现场运营处置情况上报中心站站长,并由中心站站长逐级上报公司。

(一)发售预制票

若车站客运组织安全有序且在运力允许的条件下,车站站存预制票可以满足发售需求时,经值班站长下令,车站发售预制票。

1. 故障车站的票务处置

(1)车站通过调度电话通知控制中心行车调度员,由行车调度员告知沿线其他车站做好乘客出站准备。

(2)客运值班员至票务管理室将封存预制票配发给各售票员,并做好相关台账报表记录。

(3)客运值班员配发好预制票后,至站厅开展宣传引导工作。

(4)售票员领取预制票,在车站"客服中心"内依照预制票的票价表发售预制单程票。

(5)车站工作人员做好宣传引导工作,组织乘客有序进出车站。

(6)车站通过广播、提示牌、人工宣传等方式提醒乘客暂停单程票售卖和充值业务,引导乘客购买预制单程票。

(7)车站部分设备恢复正常后,值班站长根据客流情况决定停止售卖预制票,并上报控制中心调度员。

2. 故障发生影响站的票务处置

控制中心行车调度员告知故障车站沿线车站故障车站发售预制票后,沿线各车站的值班站长要立即安排车站工作人员做好故障车站进站乘客出站引导工作。如:有无进站标记且无售票站信息的预制票,按发售预制票车站进行相应更新处理;非当日的单程票回收票卡,并按过期票进行相应补票作业。

(二)乘客票务事务处理

车站出现自动售票机和半自动售票机全部故障的情况时,车站可立即启用手持验票机,对需进行乘客票务事务处理的车票进行验票,并根据乘客所处的区域按票务规定进行处理。

1. 乘客在非付费区的处理

乘客在非付费区持储值票和预制票无法通过进站检票机正常进闸时,引导其从边门进站,并告知乘客出站时要前往客服中心进行车票的票务事务处理。

2. 乘客在付费区的处理

乘客在付费区无法正常通过出站检票机时,持单程票的乘客,由车站工作人员回收其单程票并引导其从边门出站;持储值票的乘客,告知乘客本次车费在下次乘车时先到客服中心扣除,再引导其从边门出站。

三、部分自动检票机故障应急处理

当车站部分自动检票机出现故障时,车站客运值班员应及时到现场进行查看,对于其职责范围内的故障情况,应及时进行简单的故障处理,而对于非职责范围内或超出能力范围无法处理的设备故障,车站行车值班员应及时向维修中心生产调度报修,做好报修记录,并在故障检票机通道处摆放"暂停使用"的提示牌,引导乘客选用正常检票机进/出站。如果出现乘客进出速度缓慢,影响车站客流疏散速度的情况,视车站客流情况,将双向闸机人工设置为所需方向。

(一) 部分进站检票机故障

当车站出现部分进站检票机故障时,车站值班站长要根据车站实际客流情况,通过减缓或减少售票窗口的方式,减缓进站客流;如有需要,可适当关闭站内自动售票机及售票窗口,以减少车站进站压力。

(二) 部分出站检票机故障

当车站出现部分出站检票机故障时,如果车站条件允许,可以打开故障出站检票机的阻挡装置,开放通道,组织持回收类车票的乘客出站,安排工作人员进行人工回收车票,宣传引导持非回收类票卡的乘客刷卡出站。

四、全部自动检票机故障应急处理

(一) 全部进站检票机故障

全部进站检票机故障是指全部进站检票机停止检票,乘客无法通过进站检票机正常进站。当发生全部进站检票机故障时,故障车站容易出现严重的客流滞留情况,导致车站拥挤,这种情况也同时会影响沿线其他车站,造成其他车站有较多持有无进站码的车票无法正常通过出站检票机的情况。

当车站全部进站检票机故障或能力不足时按以下程序处理。

1. 故障发生站的票务处置

(1)客运值班员到现场查看情况,立即向值班站长汇报车站的设备情况,向维修中心生产调度报修,做好报修记录。

（2）值班站长根据车站实际情况指挥车站工作人员，通过调度电话通知控制中心行车调度员，行车调度员确认后，告知沿线其他车站做好持无进站码车票乘客出站的工作准备。

（3）车站工作人员做好宣传引导工作，引导乘客从边门进站，若客流过大，边门无法满足需求，则将部分闸机设为常开状态，人工验票，组织持票乘客进站。

（4）设备恢复正常或进站客流有效缓解后，车站恢复正常运作，并上报控制中心行车调度员。

2. 受影响车站的票务处置

受影响车站在接到行车调度员通知后，引导乘客到客服中心进行车票进站码更新工作，若车票超程，则收取超程费用后更新。并引导乘客持更新后的车票通过出站检票机正常出站。

（二）全部出站检票机故障

全部出站检票机故障是指全部出站检票机停止检票，出现大量本站乘客无法通过出站检票机正常出站的情况，或是车站出站检票机全部出现故障，使得出站检票机无法满足乘客的出站需要，导致大量乘客滞留在付费区无法出站的情况。

动画：全部出站检票机故障

当车站发生全部出站检票机故障或出站检票机能力不足时按以下程序处理：

（1）客运值班员要立即向值班站长汇报车站设备情况，向AFC调度报修，做好报修记录。

（2）值班站长及时报控制中心行车调度员，安排车站工作人员引导乘客从边门出站，对持单程票的乘客，应回收其单程票并记入当天站存；对持储值票/一卡通的乘客，应告知其本次车费在下一次乘车时到客服中心扣除。

（3）出站检票恢复正常或出闸客流有效缓解后，车站恢复正常运作，并上报控制中心行车调度员。

▶【任务解析】

1. 案例事件分析

（1）值班站长没有通过SC监控AFC设备的运作，思想放松，不重视客流组织工作。

（2）车站没有分析客流特点，把握好更换钱箱票箱的时机，在工作分配上，没有注意轻重缓急、重点区域和重要设备。

（3）厅巡员工对车站设备巡视监督不够。

（4）AFC设备突然断电。

2. 事件处理方法

（1）车站应根据本站的客流特点做好客流分析，掌握更换钱箱票箱的最佳时机，满足高峰期的需要，避免出现排长队现象。

（2）车站要重视客流的组织，合理分配岗位工作，把握主次、轻重、缓急，布置的重要工作应预先完成。

（3）车控室要加强对AFC设备的监控，经常查看SC，发现异常，立即处理。

（4）厅巡员工要加强对设备的巡视。

任务4　非正常运营模式下的票务应急处理

▶【任务导入】

任务名称	车站大面积票务设备故障处理
	某年某日，某地铁某线进出闸机和自助售票机系统发生故障，多个站点闸机无法使用，改为人工售票，后又改为直接免费放行，这种情况一直持续了2个多小时才恢复正常。经了解，故障与线网中心测试有关。
思考问题	当地铁车站出现大面积票务设备故障的情况，车站应该如何处理？

▶【学习任务相关知识点】

当地铁列车在运营过程中出现列车故障、火灾、电力供应中断等意外故障时，自动售检票系统的中央计算机或者车站计算机可以下达命令，将某车站或全部车站的终端设备设置为自动售检票系统降级运营模式，配合车站降级运营情况下的票务组织和客流组织，提高城市轨道交通降级运营时的处理效率和管理水平。

车站对 AFC 系统的模式管理分为模式控制和模式通知。其中，模式控制使用"模式命令"进行，指当前车站与中央计算机系统（CC）断开连接时，车站计算机系统（SC）命令本站进入选定的模式（如进站免检、出站免检、紧急模式等）；模式通知是指当前车站与中央计算机系统（CC）断开连接时，中央计算机系统（CC）无法接收到其他站模式变更信息，这时操作员可以通过"模式通知"的操作，告知其他车站的终端设备当前站的模式变更信息。

一、降级运营模式下的设备表现

设置降级运营模式前，应上报部门领导，征得同意后，方可下发。如果车站情况特别紧急，也可直接先设置紧急模式再上报。当自动售检票系统设置为降级运营模式时，其设备表现不同于正常运营模式的设备表现，具体表现如下：

（1）中央计算机系统工作站上通过字体或颜色闪烁等方式，明显地显示降级运营模式的车站名称及模式，以便进行监控。

（2）降级运营模式的车站计算机系统应在显著的位置用明显的文字或符号显示所设置的模式，并用明确的文字或符号显示车站中进入该模式的设备。

（3）车站计算机系统下达降级运营模式命令后，车站终端设备按模式要求进入相应的状态，按模式要求对车票进行处理。

二、降级运营模式下的车票处理

自动售检票系统常见的降级运营模式主要包括：列车故障模式、进站免检模式、出站免检模式、时间免检模式、日期免检模式、超程免检模式，福州地铁票务系统界面如图6-4-1所示。

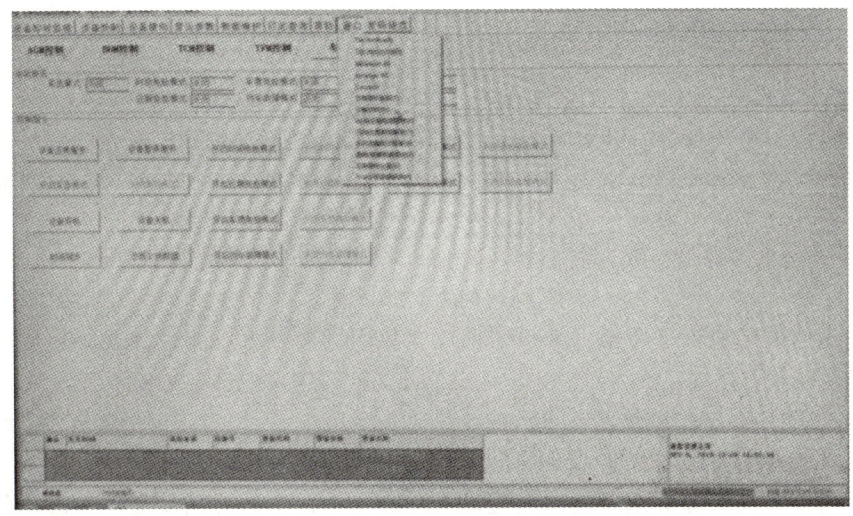

图 6-4-1　福州地铁票务系统界面

(一) 列车故障模式

1. 设置时机

当列车出现运营故障,使部分车站暂时中止运营服务时,根据相关规定暂停服务的车站可通过中央计算机系统、车站计算机系统,将车站终端设备设置为"列车故障模式"。在"运营故障模式"下,进站检票机不允许乘客进入暂停运营的车站。

2. 设备表现

(1) 中央计算机系统工作站上通过字体或颜色闪烁等方式,明显地显示该车站名称及模式,以便进行监控。

(2) 设置了"运营故障模式"的车站计算机系统应在显著位置用明确的文字或符号显示所设置的模式,并用明确的文字或符号显示车站中进入该模式的设备。

(3) 车站计算机系统下达"列车故障模式"命令后,车站终端设备按模式要求进入相应的状态,按模式要求对车票进行处理。

3. 车票处理

(1) 设置"列车故障模式"时,出站检票机应根据车票的票种及进站地点做不同处理。

① 对本站或其他车站进站的单程票及乘次票不扣除车费或乘次,单程票不回收,并写入"列车故障模式"的标志信息。

② 对本站或其他车站进站的其他类型车票不扣除车费,写入出站码和"列车故障模式"的标志信息。

(2) 模式结束后,所有车站的检票机对车票做以下处理:

① 若单程票或计次票具有列车故障模式信息,并在规定时间段内(系统设置),则应允许在任何车站进站使用,出站时根据实际车费进行检查,车费不足时应到客服中心进行超程更新处理。

② 储值票等其他车票则正常使用和进行扣费。

（二）进站免检模式

1. 设置时机

当车站出现突发大客流、进站检票机能力不足或全部故障无法立即修复而导致大量进站乘客在非付费区聚集等候进站的情况下，可以允许乘客不通过进站检票机进站。通过中央计算机系统、车站计算机系统将车站终端设备设置为"进站免检模式"。

2. 设备表现

（1）中央计算机系统工作站上通过字体或颜色闪烁等方式，明显地显示该车站名称及模式，以便进行监控。

（2）设置了"进站免检模式"的车站计算机系统应在显著位置用明确的文字或符号显示所设置的模式，并用明确的文字或符号显示车站中进入该模式的设备。

（3）车站计算机系统下达"进站免检模式"命令后，车站终端设备按"进站免检模式"的要求进入相应状态，并对车票进行处理。

3. 车票处理

（1）在设置免检模式的车站，所有进站检票机开放，不检验所有车票，乘客可直接进站。

（2）当对某个车站的车票实行进站免检时，车票未写入进站信息。在其他车站或本站出站时：

① 单程票可通过半自动售票机分析其售票车站，系统以售票车站作为进站车站进行单程票更新，乘客可持更新后的单程票通过出站检票机出站。

② 储值票以设置进站免检模式的车站为进站车站进行票卡更新，乘客可持更新后的单程票通过出站检票机出站。

（三）出站免检模式

1. 设置时机

当车站的出站检票设备故障达到一定程度或遇到集中大规模客流出站，出站检票能力严重不足，危及乘客安全时，根据相关规定可以通过中央计算机系统、车站计算机系统将车站终端设备设置为"出站免检模式"。

2. 设备表现

（1）中央计算机系统工作站上通过字体或颜色闪烁等方式，明显地显示该车站名称及模式，以便进行监控。

（2）设置了"出站免检模式"的车站计算机系统应在显著位置用明确的文字或符号显示所设置的模式，并用明确的文字或符号显示车站中进入该模式的设备。

（3）车站计算机系统下达"出站免检模式"命令后，车站终端设备按"出站免检模式"的要求进入相应状态，并对车票进行处理。

3. 车票处理

（1）进站闸机正常处理车票，出站闸机开启，不检票。

（2）单程票等回收类票卡不能再次使用，应通知工作人员到乘客出站处进行人工收回。

（3）储值票由工作人员告知乘客在系统规定的时间内到车站客服中心处进行票卡更新处理后，才能重新刷卡进站。

（四）时间免检模式

1. 设置时机

在由于列车延误、时钟错误或其他轨道交通企业自身原因导致大量持票乘客超时无法出站的情况下，为了使这部分乘客能正常离开车站而不受影响，应通过中央计算机系统、车站计算机系统将车站终端设备设置为"时间免检模式"。

2. 设备的表现

（1）中央计算机系统工作站上通过字体或颜色闪烁等方式，明显地显示该车站名称及模式，以便进行监控。

（2）设置了"时间免检模式"的车站计算机系统应在显著位置，用明确的文字或符号显示所设置的模式，并用明确的文字或符号显示车站中进入该模式的设备。

（3）车站计算机系统下达"时间免检模式"命令后，车站终端设备按"时间免检模式"的要求进入相应状态，并对车票进行处理。

3. 车票处理

设置"时间免检模式"车站的出站检票机对所有车票不检查车票上次的进站时间，但仍检查车票的票值、进站码、日期等，所有车票按正常票价扣费。

（五）日期免检模式

1. 设置时机

由于轨道交通企业自身原因导致乘客所持车票过期的，应根据运营工作需要及相关规定的要求，通过中央计算机系统、车站计算机系统将车站终端设备设置为"日期免检模式"。在此模式下允许过期的车票继续使用。

2. 设备的表现

（1）中央计算机系统工作站上通过字体或颜色闪烁等方式，明显地显示该车站名称及模式，以便进行监控。

（2）设置了"日期免检模式"的车站计算机系统应在显著位置用明确的文字或符号显示所设置的模式，并用明确的文字或符号显示车站中进入该模式的设备。

（3）车站计算机系统下达"日期免检模式"命令后，车站终端设备按"日期免检模式"的要求进入相应状态，并对车票进行处理。

3. 车票处理

设置"日期免检模式"车站的出站检票机对所有车票不检查车票上的有效日期，但仍检查车票的票值、进站码等其他信息，所有车票按正常票价扣费。

(六) 超程免检模式

1. 设置时机

由于某个车站因为事故或者故障而关闭，导致列车越过该站后才停车，从而使部分乘客所持车票可能出现超程的现象，可根据相关规定的要求，通过中央计算机系统、车站计算机系统将车站终端设备设置为"超程免检模式"。

2. 设备的表现

（1）中央计算机系统工作站上通过字体或颜色闪烁等方式，明显地显示该车站名称及模式，以便进行监控。

（2）设置了"超程免检模式"的车站计算机系统应在显著位置用明确的文字或符号显示所设置的模式，并用明确的文字或符号显示车站中进入该模式的设备。

（3）车站计算机系统下达"超程免检模式"命令后，车站终端设备按"超程免检模式"的要求进入相应状态，并对车票进行处理。

3. 车票处理

设置"超程免检模式"的车站的出站检票机不检查车票的余值，但仍检查车票的进站码、时间、日期等其他信息，储值票扣最少车费，乘次票扣除一个乘次，单程票回收。

▶【知识链接】列车"跳停"后的处理

1. 当列车越站时，控制中心行车调度员应及时通知列车越站后运行前方的第一个车站。车站接到控制中心行车调度员的通知后，安排车站员工引导乘客出站。

2. 对越站列车上受影响的乘客应进行如下处理：

（1）单程票超程：回收车票并记入当天站存车票，引导乘客从边门出站。

（2）储值票、一卡通超程：给车票进行免费超程更新，填写乘客事务处理单，记为负差额乘客从闸机出站。

（3）在付费区持票乘客强烈要求退票时，值班站长及以上级别员工确认车票与当天发生特殊情况的时间相符，单程票按车票实际票价即时退票，填写乘客事务处理单，记为负差额；储值票则转到非付费区模式下免费更新后，给乘客发放免费出站票出站，填写乘客事务处理单，记为负差额。

（4）除以上情况外的其他车票应按规定办理。

当车站或设施发生火灾、地震、爆炸等危及乘客和工作人员生命安全、需及时疏散乘客出站的紧急情况时，可通过中央计算机系统、车站计算机系统、车站控制室紧急按钮及检票机本机控制等多种方式将车站终端设备设置为"紧急放行模式"。

三、紧急放行模式下的票务应急处理

当车站或设施发生火灾、地震、爆炸等危及乘客和工作人员生命安全、需及时疏散乘客出站的紧急情况时，可通过中央计算机系统、车站计算机系统、车站控制室紧急按钮及检票机本机控制等多种方式将车站终端设备设置为"紧急放行模式"。

（一）设置方法

车站值班站长可根据现场情况，通过车站计算机系统或车控室的紧急按钮，直接设置该模式。由于紧急按钮的操作时间更短，所以优先选用紧急按钮操作设置，若紧急按钮设置无效，再通过车站计算机系统设置"紧急放行模式"。车站计算机将车站设置为紧急放行模式的信息传送到中央计算机系统，中央计算机将向其他车站广播这一信息，并记录被设置为紧急放行模式的时间。

在紧急情况处置结束后，确认紧急按钮复位，通过车站计算机系统取消该模式。车站计算机系统保存相关的故障和修复信息，并形成相关报表。

（二）设备的表现

（1）中央计算机系统工作站上通过字体或颜色闪烁等方式，明显地显示该车站名称及模式，以便进行监控。

动画：紧急放行模式下的设备表现

（2）设置了"紧急放行模式"的车站计算机系统应在显著位置用明确的文字或符号显示所设置的模式，并用明确的文字或符号显示车站中进入该模式的设备。紧急放行模式下检票机服务界面显示内容如图6-4-2所示。

（3）在收到车站计算机系统下达的命令后，车站终端设备按"紧急放行模式"的要求进入相应状态，并对车票进行处理。

（4）半自动售票机可正常运作，但操作员显示器上显示紧急状态的信息。自动售票机自动退出服务。

图6-4-2 紧急放行模式下检票机服务界面

（5）自动检票机扇门全部打开或所有转杆可自由转动、落杆，保证乘客无阻碍地离开付费区。同时，所有检票机的乘客显示器显示紧急信息，所有进站检票机方向指示器闪烁显示"禁止通行"标志，所有出站检票机方向指示器闪烁显示"允许通行"标志。

（三）车票处理

在紧急放行模式下，车站的所有检票机不对车票进行处理，乘客不需要通过检票就可以离开车站，系统将允许这些车票能在一段时间内正常使用。

（1）在设置紧急模式期间，在模式车站购买的单程票能在所有车站使用，以乘坐与车票票值相符的车程。

（2）在模式车站进站的所有车票，在下一次进站时进站检票机将自动更新车票的进、出站标记，并不收取任何费用；在当天设置紧急模式前，在其他车站进站而没有出站码的所有车票，在下一次进站时进站闸机将自动更新车票的进、出站标记，并不收取任何费用。

（3）车票通过出站检票机时根据实际车费进行检查、回收，车费不足或不符合条件的问题车票应到客服中心进行更新。

（四）紧急放行模式下各部门执行规定

（1）车站工作人员应停止本站所有售票设备售票，通过广播宣传、车站出入口悬挂提示牌、组织人员疏散等方式引导乘客快速出站，并阻止乘客进站。在确保安全的情况下，及时确认通信是否正常。工作人员应认真履行本岗职责，做到沉着、果断，遵守纪律，服从指挥，严禁擅自离开指定岗位，并及时向上级领导汇报情况，做好相应记录。

（2）维修部门应确保设备正常执行模式指令，保证系统网络通畅，其他车站已接收到本站模式信息，并提供相关技术保障。

（3）其他车站工作人员应做好目的站为来自紧急放行模式站乘客的退票工作，做好宣传解释，在模式履历日期内为不回收类车票补出站记录。

（4）各线路负责模式设置的部门应切实履行职责，及时对车站模式设置情况进行确认。设置模式的线路在确认所辖车站全部收到模式信息后，及时上报控制中心；如未收到，应立即通知维修部门。

（5）其他线路收到控制中心下发的模式信息和通知后，应迅速确认所辖车站是否收到模式信息；如未收到，应立即通知维修部门。

（6）控制中心在收到线路的报告后，需立即查看系统，确认是否收到模式信息，并通知路网值班调度；如未收到，应立即通知维修部门，并通知其他线路，确认路网全部车站是否都已收到模式信息。

▶【任务解析】

当地铁车站出现大面积或者全部票务设备故障的情况，应立即启动应急预案，采取以下措施：

（1）在沿线各车站售票点及进出闸机处增派工作人员，疏导站内乘客，加大车站广播通报力度，引导乘客利用专用通道通行。

（2）对已购买单程票的乘客，引导其由专用通道进入车站付费区，提醒其在目的车站闸机出口处回收单程票。

（3）对持储值类车票刷卡成功进入付费区的乘客，在抵达目的车站后，引导其由专用通道出站，提醒其下次搭乘轨道交通时，到客服中心进行更新（扣除最低里程票价2元）。

（4）对无法购票进站及持储值类票卡未能刷卡进入付费区的乘客，由车站工作人员引导至客服中心，购买纸质单程票，经专用通道进、出车站。

（5）如果车站早高峰客流较大，为避免站内过度拥堵，进站乘客直接由专用通道进入付费区，无须购票。

任务 5　票务应急处理预案与实施

▶【任务导入】

任务名称	暴雪天气影响下的城市轨道交通应急处理方案
	暴雪天气容易造成道路、铁路交通运营中断，机场关闭等，也会对城市轨道交通造成恶劣影响，影响到城市居民的安全出行。
思考问题	请分析在暴雪天气下，城市轨道交通运营企业各岗位工作人员的应急处理方案是怎样的。

▶【学习任务相关知识点】

一、票务应急处理预案

（一）票务应急处理原则

为了保证应急处理预案的可操作性和可行性，提高对突发事件处理的效率，应急预案的编制及 AFC 设备故障时的应急处理方法应该遵循以下原则。

1. 安　全

运营安全包括乘客的安全和地铁员工的安全，任何城市轨道交通运营都是以安全生产为首位；任何应急处理程序都必须首先考虑安全因素，在保证安全的前提下开展后续的工作。

2. 最小区域

故障应急处理时要尽量缩小故障所影响的区域，避免故障影响的扩散。

3. 最小中断

应急处理要尽量缩短故障影响正常运营的时间，这就要求高效地解决故障。

4. 事件发生的时间

不同运营时段的处理方法有所不同，如果发生在高峰期，就要求更快速地反应。

5. 事件发生的地点

事件发生的地点不同，应采取的应急措施也不同，在站厅和站台乃至站外的处理方式都有所不同。

6. 做好事后总结

及时对以往的事件及处理结果进行总结，事件处理经验有助于解决运营过程中的各种问题。

7. 客户服务

事件处理期间要提供良好的客户服务，做好对乘客的解释和引导工作。

除了以上总的原则，各车站的站长还应根据本站的情况，制定契合本站实际的应急预案细则，因为站长比公司总部更加了解车站的情况，所制定的方案也更加适用于该车站实际情况。

（二）应急组织结构及职责

1. 应急领导组及职责

（1）应急领导组。

① 组长：总经理。

② 副组长：分管票务中心副总经理、总工程师、总调度长。

③ 组员：票务中心、站务中心、机电中心和党群办公室主任。

（2）领导组成员职责。

① 组长：全面负责指挥轨道运营、设备抢修和客运调整工作。

② 副组长：配合组长进行设备故障抢修和客运调整的指挥工作。

③ 组员：按任务分工负责所辖范围的相关工作。

2. 现场处置小组及职责

（1）现场处置小组。

① 现场处置小组组长：票务中心主任。

② 副组长：站务中心副主任。

③ 组员：AFC 设备抢修小组、站务保障小组、配电设备抢修小组。

（2）现场处置小组成员职责。

① 组长：负责抢险救援的组织、指挥、协调，发布抢修终止命令。

② 副组长：协助组长完成抢修与运营保障工作。

③ AFC 设备抢修小组：由 AFC 设备部相关人员组成，组长为 AFC 设备部部长。负责处理 AFC 时大面积故障发生的抢修与恢复工作。

④ 站务保障小组：由站务部相关人员组成，组长为站务各分部部长。负责组织现场的票务与客运组织。

⑤ 配电设备抢修小组：由车站设备部相关人员组成，组长为车站设备部部长。负责处理车站 AFC 机房配电柜的上级供电设备的故障或异常情况。

3. 指挥权移交

应急领导组是应急事件的最高指挥机构。现场处置小组在应急领导组的指挥下负责现场的应急处置工作。现场指挥到达现场后，临时现场指挥主动向现场指挥汇报事态发展情况，将指挥权移交现场指挥并接受现场指挥的领导。

（三）应急预案的培训和演练

1. 培 训

轨道运营单位要将应急教育培训纳入日常管理工作中，定期或不定期地举办应急管理和救援人员培训班，重点加强对运营人员的应急处理培训，使运营人员熟练掌握各类应急事件的处理程序，提高应急处理能力。

2. 演 练

应急预案演练是对预案编制的有效性和实用性的检验，通过实战演练，易于发现问题，进而修正和完善应急预案。演练应从实战角度出发，组织各专业队伍进行协同演习，深入发动群众参与，达到普及应急知识和提高应急技能的目的，提高防范和处置运营突发事件的技能。

3. 执 行

车站一旦发生票务紧急情况，车站最高指挥者应立即启动相应应急预案进行处理。

除此之外，还要根据有关标准和内外部实际情况变化，定期或不定期地修订和更新应急预案，不断提高和完善应急预案水平。应急预案制订和实施的关键，在于努力提高决策层和执行层对突发事件或事故的判断能力和处理能力，为乘客提供安全、高效、满意的运营服务。

二、应急预案实施

（一）应急预案响应

1. 信息上报

（1）AFC 巡检员或站务人员发现 AFC 设备出现大面积故障后，第一时间上报运营控制中心（OCC）。

（2）运营控制中心根据了解到的故障影响范围，通知站务保障小组做好应急准备。必要时，通知配电设备抢修小组做好抢险准备。中央监控员告知 AFC 设备抢修小组故障险情。

（3）中央监控员按 AFC 设备抢修小组组长指挥组织相关人员赶赴现场。

（4）站务保障小组成员密切关注故障影响，将现场客流情况、乘客状态等信息及时向站务保障小组组长汇报，及时进行车站的客运和票务业务处理。

（5）中央监控员实时关注故障处理情况，建立与 AFC 设备抢修小组的信息互通机制，将故障处理进展及时汇报给 AFC 设备抢修小组组长和控制中心。

（6）车站设备部调度员接到控制中心故障通报后，成立配电设备抢修小组，立刻到达现场开展抢修工作。

2. 信息通报内容

（1）报告人及关系人姓名、部门、职务。
（2）发生时间。
（3）发生地点。
（4）事故概况、对运营的影响及初判原因。
（5）是否需要救援及需要救援的内容。
（6）其他需要说明的内容及要求。

3. 前期处置

（1）AFC 设备抢修小组。

先期处置人员到达现场后，根据故障情况初步判断故障发生原因，利用随身携带的设备确认并及时将后期抵达人员所需应急工具、故障影响范围、抢修时间等信息反馈给中央监控员和 AFC 设备抢修小组组长。在得到组长许可后，可进行前期故障处理或故障处理的准备工作。例如，如果确定故障是由机房上一级的配电设备引起的，应立即向控制中心说明情况。

（2）站务保障小组。

站长或值班站长根据现场客流大小，预估大面积故障可能对乘客疏导造成的影响，与站务保障小组组长沟通协调疏导准备工作，准备必要的应急疏导工具，同时组织人员就位维持车站秩序。

（3）配电设备抢修小组。

抢修人员抵达车站 AFC 机房，向 AFC 设备抢修小组了解故障情况，初步判断故障原因。

4. 预案启动

根据现场故障影响情况和范围，控制中心值班主任宣布启动本预案，并报告应急领导组组长。

5. 各级机构响应

（1）应急领导组响应。

领导组成员赶赴控制中心了解、掌握故障发生时间、原因、影响范围、已采取的措施等，进行故障抢修和客运调整的指挥工作。

（2）现场处置小组响应。

所有接到相关部门调度通知的抢修人员，在接到抢修指令后 5 min 内出发，赶赴现场投入应急抢修处理工作。相关部门调度与抢修人员做好信息沟通，及时跟进故障维修进展和影响范围。站务保障小组组长立即组织人员开展乘客疏导、维持车站秩序等应急工作。

6. 过程处置

AFC 设备抢修小组与配电设备抢修小组按照"安全第一、先通后复、先主后次、先现场后中央"的原则配备专业防护装备，采取安全防护措施，按照安全操作规程进行应急处置，确保人身和设备安全。

站务保障小组故障车站及时做好人员调配，放好引导牌，必要时要摆放疏导围栏。

（1）Ⅰ级故障抢修：Ⅰ级故障为由于参数错误、软件版本错误等 AFC 的系统错误导致全线车站无法进行售票、进/出站甚至引起主要 AFC 终端设备在运营期间内暂停服务或关机休眠。中央监控员接到控制中心或车站通知后，应立即通知 AFC 设备抢修小组组长，并在组长的协调下由工程师对系统可能存在的问题进行排查，确认故障原因后，通过将参数或软件恢复到前一版本、重新启动系统相关服务等方式恢复各站全部 AFC 设备正常运行。

（2）Ⅱ级故障抢修：先期到达事发现场的 AFC 设备抢修小组成员要初步判断终端设备断电原因，并向 AFC 设备抢修小组组长和中央监控员说明现场故障状况。如果由于单台设备线路短路引起的机房总空开断电，应立即断开单台设备的空气开关，并将机房内总空气开关合闸。后续人员携带抢险工具抵达后，与先期人员共同判定故障，以尽快恢复供电为原则进行救援。

① 机房上级供电设备故障：由中央监控员上报运营控制中心要求配电设备抢修小组支援。

② 一级负荷电源配电箱输出端至机房配电柜输入端间线缆损坏：配电设备抢修小组应协助打开一级负荷电源配电箱并进行拉闸/推闸操作。AFC 设备抢修小组人员确认一级负荷电源配电箱断电后，将应急备用线缆跨接在一级负荷电源配电箱与机房配电柜 UPS 之间。

③ 机房内的 UPS 损坏：将 UPS 调至维修旁路模式，转为直接由一级负荷电源为 AFC 终端设备供电。

④ 机房内配电柜内空气开关损坏：可直接将空气开关输入端线缆连接在空气开关输出端。

⑤ 机房配电柜输出端和客服中心配电箱输入端间线缆短路：先断开故障端线缆，恢复另一端 AFC 终端设备供电。使用距离故障端客服中心最近的一级负荷电源，通过应急备用线缆，为故障端 AFC 终端设备供电。接线操作过程中，需配电设备抢修小组对应急一级负荷电源箱进行推闸/倒闸操作。中央监控员收到 AFC 设备抢修小组汇报后，报控制中心并提出配合要求。

⑥ 客服中心内输入总空气开关损坏：将空气开关输入端线缆与空气开关输出端连接。

7. 站务保障小组应急处置

（1）发生 AFC 大面积故障后，站务人员应尽快确认现场情况及故障影响范围，并向站务保障小组组长说明情况。

（2）站务保障小组组长组织站务员、保安等做好站内乘客疏导工作，必要时使用铁马、伸缩式隔离栏引导客流。

（3）在客流较小车站，组织站务人员售卖预制票，并利用手持验票机，安排乘客从边门刷卡进出站；在客流较大车站，当预制票数量难以满足运营，且无任何其他类型车票可用时，需准备数量充足纸票，安排乘客从边门进出站，同时需上报控制中心行车调度员，行车调度员将发放纸票情况通知沿线其他各车站，要求予以配合。

8. 配电设备抢修小组应急处置

（1）发生大面积故障后，经 AFC 设备抢修小组确 AFC 机房配电柜的上级电源无输出或需要对上级供电设备进行停、送电等操作时，通过控制中心指令参与抢修。

（2）车站设备部调度员接到控制中心指令要求后，第一时间通知配电设备抢修小组组长，组长根据就近原则安排人员参与救援，救援人员要备齐常用救援工具和防护用品迅速赶往故障现场。

（3）在现场与 AFC 设备抢修小组人员确认上级电源无电后，佩戴好防护用品开始抢修。

（4）上级电源恢复供电后，应向配电设备抢修小组组长汇报，经确认可以撤除安全防护，同时向车站设备部调度员汇报可以恢复供电。

9. 应急预案终止

故障全部修复结束后，现场处置小组组长报告 AFC 系统大面积故障已经修复，车站 AFC 设备可以正常使用，AFC 系统恢复正常工作。现场处置人员修复故障并通过测试确定设备满足恢复运营条件后，经 AFC 设备抢修小组组长确认并上报控制中心，控制中心通知全线各车站某车站 AFC 设备恢复正常。值班主任宣布应急预案终止，并向应急领导组报告相关情况。

AFC 系统大面积故障预案终止后，现场处置小组及各相关部门按照事件调查和处理程序要求，在 24 h 内完成对事件初步调查报告和事件最终调查报告的提交。调查报告应包括以下内容：事件的原因、规模、采取的措施、设备状况、人员表现、不足之处、改进建议等。

（二）保障措施

1. 人力资源保障

票务中心设备部负责组建 AFC 设备抢修小组。站务中心站务部负责组建站务保障小组。必要时，车站设备部负责组建配电设备抢修小组。各组人员保持 24 h 通信畅通。

2. 救援设备和物资保障

AFC 设备抢修小组的应急抢修物资放置在各 AFC 巡检工区。乘客应急疏导专用器材等为车站客运组织所用物资应由车站正常管理。

3. 技术保障

开展日常重大故障处理的学习与培训工作，加深 AFC 技术人员对自动售检票系统运行原理、组成原理的认识，提高故障处置能力。

4. 监督与检查

部门对各工班组日常应急演练的组织和执行进行每月定期检查，紧密结合近期重大故障的处置，设定演练内容，加强针对性。

（三）抢修组织

（1）故障期间，组织人员进行抢修，合理调配 AFC 设备，抢修小组人员掌握故障处理情况，可将抢修指挥权委托给设备部部长。

（2）及时向应急领导组组长汇报抢修进展情况。

（3）故障期间，组织人员进行现场乘客疏导、运营秩序维护，可将指挥权委托给站务部部长。

（4）及时向应急领导组组长汇报车站运营保障情况。

（5）对抢修工作进行全局安排、协调、资源配置。

（6）根据故障处理情况和故障影响，进行协调和相关安排。

（7）将抢修过程的重要事项上报票务中心主任后决策。

（8）接到通知后立即赶往现场。

（9）协同维修人员处理故障。在现场观察故障设备的运转情况是否恢复正常，确认恢复正常后向现场处置小组组长汇报情况。

（10）对抢修工作进行全局安排、协调、资源配置。根据故障处理情况和故障影响，进行协调和相关安排。

▶【任务解析】

1. 现场接报定情

（1）电客车司机。

① 发生暴雪，立即报信号楼或 OCC。

② 接 OCC 启动相应专项应急处理预案命令。

（2）行车值班员。

① 发生暴雪，立即报 OCC、值班站长。
② 接 OCC 启动相应专项应急处理预案命令，报值班站长。

2. 前期应急处理

（1）值班站长。
启动应急处理预案，组织员工扫雪、除冰。
（2）行车值班员。
做好应急处理的广播工作；联系车站应急处理抢险队员，做好支援安排。
（3）客运值班员。
准备相应的应急处理的备品（如铲雪锹、大竹扫把等）。
（4）站务员。
做好应急处理的抢险准备，并提醒乘客地面湿滑。
（5）电客车司机。
加强瞭望，及时向 OCC 汇报暴雪造成的影响。

3. 现场应急处理

（1）值班站长。
① 安排人员在出入口、电梯口等湿滑的地点做好防护工作，加强乘客引导，做好现场应急处理的指挥协调。
② 组织人员对出入口、电梯口、露天站台等地点进行除雪、除冰。
③ 根据 OCC 命令组织人员对车站范围的线路、道岔进行除雪、除冰。
（2）行车值班员。
做好与 OCC、车站各岗位、救援部门之间的信息传递。
（3）客运值班员。
① 在出入口、电梯口、露天站台乘客候车处等湿滑地点放置防滑警示牌等。
② 协助值班站长做好除雪、除冰工作。
（4）站务员。
协助客运值班员设置防滑警示牌，引导站台乘客安全乘车。
（5）电客车司机。
① 影响行车安全时，立即停车，向信号楼或 OCC 汇报，做好乘客安抚工作。
② 做好续报。

4. 应急处理终止

（1）值班站长。
接到 OCC 应急处理终止命令且完成除雪、除冰工作后，通知各岗位终止本方案，撤除防护设施设备、清理现场。
（2）客运值班员。
撤除防滑警示牌等设施设备。
（3）站务员。
协助值班站长撤除防护设施设备。

（4）电客车司机。

接到信号楼或 OCC 应急处理终止命令，按信号楼或 OCC 命令，恢复正常驾驶。

▶【实训练习】

一、单选题

1. 地铁公司一般规定，乘客每次在付费区的时间超过规定的入闸到出闸的时限，除支付本次车费以外，还须按（　　）补交票款。

  A. 出闸站线网最高单程票价　　　　B. 线网最高单程票价

  C. 按超程费用　　　　　　　　　　D. 本次车费两倍

2. 付费区乘客持一卡通无法正常出站，BOM 分析显示"超时"，以下处理错误的是（　　）。

  A. 按票务规定向乘客收取超时补款

  B. 为乘客发售付费出站票，对一卡通不做处理

  C. 通过 BOM 对一卡通进行更新操作

  D. 乘客持更新后的一卡通出站

3. 乘客在非付费区持单程票无法正常进站，经 BOM 分析，无任何车票信息，经询问乘客购票信息，并且在 TVM 上查询信息与乘客所说相符，乘客要到某站下车，此时票务员处理不包括（　　）。

  A. 回收无效车票　　　　　　　　　B. 请乘客另行购票进站

  C. 退还乘客购票车费

  D. 从边门放入乘客，让乘客继续使用原票至出闸站处理

4. 乘客在付费区无票或遗失车票，一般按（　　）补收票款。

  A. 线网最低票价　　　　　　　　　B. 出闸站线网最高单程票票价

  C. 线网平均票价　　　　　　　　　D. 乘客所述进站站点至出站站点票价

5. 付费区一乘客持单程票无法出闸，客服中心 BOM 进行分析该单程票是在本站进站，但却是非当日发售的单程票，以下处理中正确的是（　　）。

  A. 对原票进行更新

  B. 回收原票，发售一张免费出站票

  C. 回收原票，按线网最低票价发售一张付费出站票

  D. 回收原票，按出闸站线网最高票价发售一张付费出站票

6. A 站付费区一乘客持单程票无法正常出站，BOM 分析显示"超时"，票卡余额显示"5 元"，当日进站站点为 B 站，B 站至 A 站应收车票为 5 元，A 站线网最高票价为 10 元，线网最低票价为 2 元，则票务员应核收（　　）元。

  A. 2　　　　　　B. 6　　　　　　C. 10　　　　　　D. 5

7. 一乘客在 A 站非付费区内持单程票无法正常进站，经 BOM 分析显示当日本站"已入站"，已入站时间在系统设定范围内，此时售票员处理中正确的是（　　）。

  A. 收回原票　　　　　　　　　　　B. 让乘客另行购票

  C. 收取最低票价　　　　　　　　　D. 对票卡进行免费更新

8. 一乘客在 A 站非付费区内持单程票无法正常进站，经 BOM 分析显示该单程票非当日

发售的单程票，以下售票员的处理中正确的是（　　）。
A. 回收原票，请乘客另行购票　　　B. 对票卡进行免费更新
C. 回收原票，按线网最低票价发售一张单程票
D. 不做任何处理

9. 一乘客在 A 站非付费区内持单程票无法正常进站，经 BOM 分析显示当日本站"已入站"，已入站时间超出了系统设定范围，此时售票员处理中正确的是（　　）。
A. 收取线网最低票价　　　　　　　B. 收取线网最高票价
C. 收回原票、让乘客另行购票　　　D. 对票卡进行免费更新

10. 如有乘客反映其所持的储值票（一卡通）车闸扣费有误的情况，由（　　）以上级别人员确认情况属实，在半自动售票机上办理退款。
A. 站务员　　B. 保安　　C. 值班员　　D. 售票员

11. 车站票务终端设备异常引起的票务事务，需由（　　）检查确认，再根据确认结果，由车站客服中心站务员通过半自动售票机进行相应处理。
A. 站务员　　B. 保安　　C. 值班员　　D. 售票员

12. 某乘客在某地铁站购买了单程票后，因临时改变行程需要退票，属于（　　）。
A. 乘客责任退票　　　　　　　　　B. 企业责任退票
C. 无理由退票　　　　　　　　　　D. 以上都不对

13. 当乘客反映购票 TVM 出现少出票、卡币或找零不足，由（　　）核实设备现场。
A. 售票员　　　　　　　　　　　　B. 站厅站务员
C. 行车值班员　　　　　　　　　　D. 值班员或以上级别人员

14. TVM 卡币、少出票的票务事务处理，原则上优先以（　　）为原则为乘客发售相应面值的车票。
A. 直接退款　　B. 多退少补　　C. 以事实为依据　　D. 双人办理

15. 处理 TVM 乘客事务时，AFC 维修人员从 TVM 中取出的现金一律上交（　　）。
A. 站区长　　B. 值班站长　　C. 客运值班员　　D. 客运部主任

16. 列车越站停车，需要设置车费免检模式的车站是（　　）。
A. 全线所有车站　　　　　　　　　B. 全网所有车站
C. 列车越站的前方站　　　　　　　D. 列车越站的后方站

17. 以下情况可设置日期免检模式的有（　　）。
A. 列车延误导致乘客手中的车票超时　　B. 地铁原因导致乘客手中车票过期
C. 车站运营故障需清客　　　　　　　　D. 地铁时钟错误导致乘客手中的车票超时

18. 以下情况中可设置车费免检模式的有（　　）。
A. 接到行调有关"列车越站"的通知　　B. 地铁原因导致乘客手中车票过期
C. 车站运营故障需清客　　　　　　　　D. 地铁原因导致乘客手中的车票超时

二、多选题

1. 车票进出次序错误的票务事件包括（　　）。
A. 付费区单程票未入站　　　　　　B. 付费区储值票未入站

C. 付费区乘客票卡丢失　　　　　　D. 非付费区单程票已入站

2. 车站票务终端设备异常引起的票务事务主要包括（　　）。
   A. TVM 卡票、卡币　　　　　　　B. TVM 未找零
   C. 充值不成功　　　　　　　　　D. 闸机误用

3. 以下付费区乘客的车票事务中，不需要发售出站票的有（　　）。
   A. 车票超时　　B. 车票超程　　C. 单程票过期　　D. 储值票失效

4. 以下需要给付费区乘客发售出站票的有（　　）。
   A. 无票乘车　　B. 单程票过期　　C. 单程票失效　　D. 闸门误用

5. 现在时间是 11:35，非付费区一乘客持单程票有 11:25 从某站进闸的记录，以下说法中正确的是（　　）。
   A. 进站次序错误　　　　　　　　B. 出站次序错误
   C. 一般地铁公司对这种车票进行免费更新，乘客可持更新后车票进闸
   D. 一般部分地铁公司需要乘客付费更新，乘客可持更新后车票进闸

6. A 站当前时间为 11:10，非付费区一乘客单程票有 10:55 从邻站 B 站进站的信息，以下说法中正确的有（　　）。
   A. 回收单程票，请乘客重新购票进站　　B. 乘客付 2 元，售票员收取后更新车票
   C. 免费更新车　　　　　　　　　　　　D. 属于进站次序错误

7. A 站当前时间为 1 月 18 日的 13:15，非付费区一乘客持单程票无法入站，BOM 分析显示该票无入站标志，记录显示为该票于 1 月 17 日在 A 站购买，以下说法正确的是（　　）。
   A. 该车票是进站次序错误　　　　B. 车站回收该车票
   C. 该车票为过期票　　　　　　　D. 该车票为无效票

8. A 站当前时间 15:37，非付费区一乘客持储值票无入站标志，余额仅有 1 元，以下说法正确的有（　　）。
   A. 进站次序错误，储值票需免费加进站码才能进闸
   B. 余额不足，乘客需充值才可持储值票刷卡进闸
   C. 可直接刷储值票进闸，出闸时处理即可
   D. 乘客可以购买单程票进闸

9. A 站当前时间 14:47，非付费区一乘客单程票无法通过 BOM 读取到任何信息，以下说法中正确的是（　　）。
   A. 查看票面情况，若单程票为人为原因损坏，则回收车票，收取全线网最高票价，发付费出站票
   B. 查看票面情况，若单程票为非人为原因损坏，则回收车票，发免费出站票
   C. 查看票面情况，若单程票为人为原因损坏，回收车票
   D. 查看票面情况，若单程票为非人为原因损坏，回收车票，BOM 发售等值单程票

10. 当前时间 11:25，付费区持储值票乘客无法正常出闸，BOM 验票验不出任何信息，以下说法正确的是（　　）。
    A. 办理非即时退款　　　　　　　　　　　　　　　　　　B. 办理即时退款
    C. 给乘客发售一张普通单程票给乘客使用
    D. 给乘客发售一张出站票给乘客使用

11. A站站台出现火灾，火势较大，上下行列车越站通过A站，运行至B站和C站。以下说法正确的是（　　）。

　　A. A站设紧急放行模式　　　　　　B. A站设列车故障模式

　　C. A站设车费免检模式　　　　　　D. C站设时间免检模式

12. 紧急放行模式下，以下说法正确的是（　　）。

　　A. TVM处于仅充值状态　　　　　　B. 闸机保持开放状态。

　　C. 所有向付费区放行的指示器显示禁止通行标识

　　D. 所有向非付费区放行的指示器显示通行标识

13. 设置紧急放行模式的方法有以下哪几种（　　）。

　　A. IBP上按压闸机紧急释放按钮　　　B. SC上发送紧急放行模式指令

　　C. 车站票务终端下发　　　　　　　D. 现场开启闸机维修门对闸机关机断电

14. 列车故障模式下对车票的处理，以下说法正确的是（　　）。

　　A. 设置车站，持票乘客不刷卡直接进闸

　　B. 乘客可持票通过出站闸机出站，单程票不回收，其他票种不扣费

　　C. 乘客留存的单程票，若选择继续使用，可以在一段时间内在系统中的任一车站继续使用，重新通过进站闸机进站

　　D. 受影响的乘客储值票等其他车票可在规定时限内到任一车站客服中心免费更新

15. 以下情况可设置紧急模式的有（　　）。

　　A. 车站发生列车轧人事故　　　　　B. 车站出现火灾，需要及时疏散乘客出站

　　C. 车站运营故障需清客

　　D. 车站发生恐怖袭击，需要及时疏散乘客出站

16. 车站自动售票机全部故障，以下说法正确的有（　　）。

　　A. 及时报修　　　　　　　　　　　B. 视情况在BOM上出售单程票

　　C. 视客流情况加开临时售票亭出售预制票或纸票

　　D. 若出售纸票应汇报行调，由行调通知其他车站做好人工检票的准备

17. 车站全部BOM故障时，以下说法正确的是（　　）。

　　A. 引导全部持票乘客由边门进站

　　B. 引导全部持储值票乘客由边门出站，提醒乘客下次进闸前需扣费更新

　　C. 引导非付费区无票乘客需买票/扫码方能进闸

　　D. 引导付费区无票乘客需按规定补款方能出闸

18. 乘客反映出闸机未按折扣扣款时，以下说法正确的是（　　）。

　　A. 在BOM上查验车票　　　　　　B. 查看最近一笔交易记录，核对扣费金额

　　C. 若确定未按折扣扣款，则在行政事务中给乘客退款

　　D. 若确定是按折扣扣款，则给乘客解释说明

19. 车站全部出站闸机故障，以下说法正确的是（　　）。

　　A. 持单程票乘客，全部从边门出，单程票需回收

　　B. 持储值票乘客，全部从边门出，下次进闸时需扣费更新储值票

　　C. 持免费乘车票种乘客，全部从边门出，下次进闸时需免费更新车票

　　D. 无票乘客需按规定补票才能出站

20. 当乘客反映在购票时 TVM 出现少出票、卡币或少找零，以下哪些情况需要给乘客办理退款（   ）。

  A. 核实现场与乘客反映情况一致，打印设备单据

  B. TVM 显示屏显示相应故障代码

  C. TVM 的最近交易记录显示已正确发售车票且实际找零数量与对应找零数量一致

  D. TVM 的最近交易记录显示实际找零数量与应找零数量不一致或未发售车票或发售车票与乘客购买数量不一致

三、名词解释

1. 超时
2. 超程
3. 车票无效
4. 过期票
5. 自动售票机卡币
6. 自动售票机卡票
7. 模式控制

四、简答题

1. 简述部分自动售票机（TVM）故障或能力不足时是如何处理的。
2. 简述出站闸机吞票事务是如何处理的。
3. 简述全部出站检票机故障的时是如何处理的。

项目六实训练习答案

项目七　票务违章与票务事故处理

【项目描述】

城市轨道交通运营的日常票务工作中，由于票务工作人员的主观或非主观行为导致票务差错、票务违章甚至票务事故，会对城市轨道交通运营企业的票务工作和票务收益产生不同程度的影响、损失。为减少票务差错、票务违章与事故带来的影响与损失，杜绝票务违章行为，票务工作人员必须掌握票务差错、票务违章及票务事故管理的相关规定，以便在票务工作中，规范操作票务设备，正确贯彻执行票务规章制度，保障票务工作的顺利开展和确保公司票务收益的安全。

【教学目标】

1. 知识目标

（1）认知票务差错的定义及定性原则。
（2）认知票务违章的定义及定性原则。
（3）认知票务事故的定义及定性原则。
（4）理解票务差错、票务违章及票务事故的区别与不同。

2. 能力目标

（1）能够分析判断常见的票务差错。
（2）能够规范正确处理常见的票务差错事件。
（3）能够规范正确处理票务违章事件。
（4）能够规范正确处理票务事故事件。

3. 素质目标

（1）培养学生实事求是的科学态度和严谨细致的工作作风。
（2）培养学生安全生产、优质服务的工作意识。
（3）培养学生规范作业、遵纪守法的职业操守。

4. 思政目标

通过本项目的学习，使学生在认知常见票务差错、票务违章和票务事故的基础上，树立"法治规范、心存敬畏"和"严谨敬业、团结协作、遵纪守法"的理念，引导学生形成规范作业和遵纪守法的职业操守，增强学生服务社会的职业认同感和安全生产的责任感。

任务 1　票务差错处理

▶【任务导入】

任务名称	值班员通过 SC 进行结算未保存
	某站某日凌晨 4:30 客值打印"设备车票差异日报""车站营收日报",打印完毕后发现车票差异为 327 张。经查,前一天晚上,客值与站员进行出站检票机回收票卡,并清点回收数量为 327 张,进行 SC 系统操作。输机过程中,核对数量正确后,却未进行保存步骤就直接将页面关闭,以致造成 327 张车票数额差异。随后,待早班接班时由接班客值对库存进行了调整。
思考问题	请分析案例中事故的发生原因,并描述案例中作业的注意事项。

▶【学习任务相关知识点】

一、票务差错定义

票务差错是指与票务有关的各岗位人员在日常票务运作过程中,因工作疏忽违反票务管理规章制度或设备操作过程中不规范、疏忽,而造成轻微损失和不良影响的票务违规行为。

二、票务差错的定性原则

票务差错的大部分问题主要是由于车站工作人员对票务规章不熟悉、操作过程中不够仔细造成的。在日常工作中发现任何票务问题要及时上报,并在报表和台账上进行备注说明。票务差错的定性原则包括以下两点:
(1)违反票务规章制度,但未给票务工作造成较大影响或损失。
(2)违反票务规章制度,其行为非当事人主观故意,且未构成个人或集体获取利益。

三、常见的票务差错

常见的票务差错主要有如表 7-1-1 所示的分类。

表 7-1-1　常见的票务差错

差错种类	差错行为
现金管理	1. 未按规定交接、保管、清点现金,尚未造成金额差异或造成 10 元及以下的金额差异
	2. 未按规定时间处理长、短款
	3. 未按规定解行当日所有票款(票款滞留在车站)或解行金额不符
	4. 站务员(售票岗)遗漏现金在客服中心(包括临时售票亭)
	5. 未按规定使用备用金,造成 10 元及以下的经济损失
	6. 未按规定上交捡到的乘客丢弃或遗留的现金
报表管理	1. 未按规范填写、更正票务台账、报表,或未及时上交或漏交票务报表
	2. 未按规定整理、保管票务报表、台账
	3. 未按规定审核、查实车站票务报表内容或发现报表错误后未及时更正、跟踪,但尚未造成票款流失或金额差异

续表

差错种类	差错行为
报表管理	4. 未按规定交接不清、填写交接班台账，尚未造成不良影响或经济损失
	5. 未及时按照通知纠正票务报表
	6. 未按规定审核、查实车站票务报表内容
	7. 未按整改通知书的整改要求及时整改的
车票管理	1. 未按要求核对、封装、配送车票
	2. 配发或上交车票不及时，对票务运作造成了不良影响
	3. 站务员（售票岗）将车票遗漏在客服中心（包括临时售票亭）
	4. 未在规定时间上报车站上日车票结存量，对车站票务运作尚未造成或已造成不良影响
	5. 未按规定交接、保管、清点车票，尚未造成金额差异或造成 10 元及以下的金额差异（车票按成本计算）
	6. 未按规定填写、签收车票出入库单工作，尚未造成数额差异或按车票成本计算造成 10 元及以下的金额差异
	7. 客值配票错误，尚未造成不良影响或经济损失或金额差异，或造成了不良影响但经济损失或金额差异在 10 元及以下
	8. 车站原因致使车票表面有污渍（例如：使用透明胶粘贴车票，使车票票面粘胶等）
	9. 车票加封数与实点数、票种不一致，尚未造成金额差异或造成 10 元及以下的金额差异（车票按成本计算）
	10. 车票（含各类车票）丢失，按车票成本计算造成 10 元及以下的经济损失
	11. 未按规定上交捡到乘客丢弃或遗留的车票（含单程票和储值票）
	12. 未按规定领取、上交车票
乘客事务处理（含售票操作）	1. 未按规定填写或代替乘客在乘客事务处理单签字
	2. 多起乘客事务汇总一张处理单填写，或篡改"乘客事务处理单"，但经查实非舞弊行为
	3. 未按规定处理乘客事务，或误操作造成 10 元及以下的经济损失（如付费出站票按照免费出站票处理等）
	4. 乘客务处理单填写的金额与 BOM 操作金额不相符
AFC 设备管理	1. 错误操作票务设备，导致设备故障，但未造成经济损失，或造成损失在 10 元及以下的
	2. 未按规定交接、保管、使用票务钥匙
	3. 误用他人员工号操作票务设备及系统
	4. 票务钥匙（钱箱钥匙除外）、设备操作卡丢失、损坏
	5. 未按规定巡站检查票务设备，尚未造成不良影响或经济损失，或造成了不良影响但经济损失在 10 元及以下
	6. 未及时报障、销障票务设备故障、损坏
其他	1. 未执行双人操作、双人确认有关规定
	2. 票务规章及规范性文本等规定或列示的属于票务差错的条款

四、票务差错的处理

（一）票务差错的处理原则

（1）严格管理票务差错事件，即明确事件原因、确定事件责任人、开展员工教育、制定防范措施四项。

（2）处理票务差错要实事求是，以规章为准绳、以事实为依据，力求客观公正。

（3）票务差错事件实行层级管理，制定考核指标及方法，逐级考核、落实到人。

（4）因票务差错造成公司经济损失，应由责任人进行赔偿。

（5）票务相关人员须认真履行本岗位工作职责，对发现问题隐瞒不报、不如实反映情况，或对差错分析处理拖延时间、推脱责任、姑息纵容不配合调查的各级人员，要追究其经济、管理责任。

（二）票务差错的处理程序

票务差错原则上由当事部门负责调查处理，并根据本部门相关的考核细则对当事人进行考核，制定规范和整改措施，处理结果报票务稽查部门备案。票务差错中大部分的问题都是由于车站工作人员对票务规章不够熟悉、操作过程中不够仔细造成的。因此，要求车站工作人员在日常工作中，认真填写台账，仔细核对数字，发现错误要按照规章进行更改，录入系统时要进行反复确认。发现任何票务问题都要及时上报，并在报表和台账上进行备注说明。

▶【任务解析】

（1）事件分析。

夜班客运值班员回收完检票机并清点完毕后，在输入 SC 时操之过急，未完成保存就直接关闭操作界面，并没有注意提示界面的信息，导致 SC 数据漏输，从而出现单程票账实不符。

（2）注意事项。

① 客运值班员每日回收检票机清点完钱、票后，进行 SC 输机保存前必须双人核实。

② 保存后应重新打开保存记录进行复核，确保所有的操作闭环，减少错误。

③ 如果由于设备原因造成车票账实不符的，应填写"车站票务事件说明"（值班站长签名）于第二日 9:30 前传真至票务部收益及车票管理室。

▶【实践案例】

案例：客运值班员重复配票。

某日凌晨夜班客运值班员忘记已给夜班站务员在 SC 上做过配票了（备用金 1 000 元、单程票 10 张、储值卡 5 张），由于不确定故又在 SC 上重新做了一次配票，导致站务员下班结算后备用金短款 1 000 元、单程票 10 张、储值卡 5 张。早班交接班时接班客运值班员按实点数调整库存。根据案例描述分析案例事件的原因，并描述案例工作的注意事项。

（1）事件分析。

客运值班员忘记已经给站务员在 SC 上做了配票，根据自行臆测再次给站务员重新配票，导致结算备用金和车票出现差异。

（2）工作注意事项。

① 客运值班员若忘记是否在 SC 给站务员配过票、款，可直接在 SC 上查询站务员配票款记录，不应臆测行事。

② 为避免票务差错，应严格执行双人确认制度，不提倡夜班客运值班员在运营结束后提前为夜班站务员配好次日早上的票款，却留待开站前打印配票单据。客运值班员对相关票务操作流程应尽量保证连贯性，以避免类似差错再次出现。

任务 2　票务违章与票务事故

▶【任务导入】

任务名称	客运值班员违规填平账目
	某年某月某日某车站多名员工同时在点钞室进展纸币钱箱清点及硬币归整，值班站长某 A 在清点硬币时错误将一袋 888 元的硬币加封为 1 000 元，导致长款 112 元。当班客运值班员 B 发现长款后，没有认真地核查，而是将保险柜中的两袋散币重新拆封归整清点，在加封时使用其他员工遗留在点钞室的私章，通过修改硬币加封金额和日期，填平账目。
思考问题	案例中客运值班员工作中存在哪些问题？

▶【学习任务相关知识点】

一、票务违章

票务违章是指在日常票务运作中，票务工作人员违反票务规章制度和设备操作规范，给票务工作造成轻微影响或损失，其行为非当事人主观故意，且未构成个人或集体获取利益。

根据企业制定的各种票务规章制度和工作流程等要求，评估票务违章所导致的直接或间接损失大小，可划分为一类和二类票务违章。

（一）一类票务违章

（1）一类票务违章为在公司的票务运作中，凡是由于管理、设备操作、作业等过程中出现的违章，造成直接经济损失 10~20（包括 20 元）元或因人为原因导致数据差异在 500 元以下的。

（2）一类票务违章的行为：

① 未按要求加封现金和车票，车票和现金的保管不符合安全管理规定。

② 未按规定办理现金、车票、票务钥匙的交接或外借手续，或违反保管要求。

③ 售检票员当班期内身上带有私款（备用金除外）或地铁车票（本人员工票除外）。

④ 未在指定的地点按规定双人同时负责开封清点车票、现金，清点钱箱中的票款，尚未造成数据差异或造成 500 元以下的数据差异。

⑤ 错误操作 AFC 设备，造成设备故障。

⑥ 未按规定用摄像头摄取收钱箱过程，双人同时负责收取车站 TVM 钱箱。

⑦ 丢失"银行代收费凭证"，未及时报财务部并进行跟进。

⑧ AFC 专业人员没有做好车票测试记录。

⑨ 因人为原因造成票务数据统计有误或其他人为原因导致账目不平。

（二）二类票务违章

（1）二类票务违章在公司的票务运作中，凡是由于管理、设备操作、作业等过程中出现的违章，造成直接经济损失 20（不包括 20）~50（包括 50）元或因人为原因导致数据差异 500 元以上的。

（2）二类违章的行为如下：

① 车票编码人员错误编码车票或现金数额出错，涉及金额在20（不包括20）~50（包括50）元的行为。

② 接收车票人员丢失车票（含各类车票），涉及金额在20（不包括20）~50（包括50）元的。

③ 丢失含有数据的票务报表（含空白报表）、账册或其他记账的原始凭证及价值在20（不包括20）~50（包括50）元的AFC系统备品。

④ 相关人员未按规定认真审核、查实车站票务报表的内容或发现报表错误后，没有及时跟踪、更正，造成价值20（不包括20）~50（包括50）元票款流失或导致数据差异500~1 000元（包括1 000元）的。

⑤ 损坏、误操作AFC设备，造成公司财产损失，金额在20（不包括20）~50（包括50）元的。

⑥ 其他非舞弊行为造成金额在20（不包括20）~50（包括50）元的收入流失或账目不清的。

⑦ 没按规定审核、发放、回收员工票等地铁专用车票。

⑧ 票务相关岗位人员违章使用测试车票或违章利用BOM赋值。

⑨ 未按规定程序使用备用金或将备用金、票款挪作他用，金额在20（不包括20）~50（包括50）元的。

（三）票务违章事件处理程序

票务违章事件的处理原则同票务差错的处理原则一样。票务相关部门应严格遵守票务规章制度、严格履行票务管理工作职责，形成自检、互检、他检和自控、互控、他控的机制，加强票务工作的管理。

票务违章原则上由违章中心自行处理，制定规范和整改措施。当事部门根据部门考核细则对当事人进行考核，并将票务违章处理结果报安全保卫部。安全保卫部将根据实际情况，按照"部门绩效考核管理办法"纳入管理绩效考核项目。

二、票务事故的概念

票务事故是指在日常票务运作过程中，票务工作人员违反票务规章制度、设备操作规范，给票务工作造成较大影响或损失，其行为是当事人主观故意造成，为获取个人或集体利益，造成运营公司票务收益损失或严重危及票务收益安全的行为或操作。

根据企业制定的各种票务规章制度和工作流程等要求，评估票务事故对票务收益安全的危害程度，视危害程度由低至高分为一、二、三、四类票务事故。

（一）一类票务事故

（1）违规操作票务设备，造成直接票务收益损失50元以上500元及以下。

（2）丢失自动售票机钱箱门钥匙、钱箱钥匙、补币箱钥匙、保险柜钥匙等影响票务收益安全的钥匙。

（3）丢失价值 50 元以上 500 元及以下的票务备品。

（4）丢失车票，成本、押金、余额合计 50 元以上 500 元及以下（含 500 元）的。

（5）违规使用备用金或将备用金、票款挪作他用，金额在 50 元以上 500 元以下。

（6）违规审核、发放、回收员工票等地铁专用车票，造成发放错误、回收遗漏的情况。

（7）违反票务管理制度，擅自挪用各类车票。

（8）采取不正当的手段，填平车票、现金上的差额，金额在 50 元以上 500 元以下。

（二）二类票务事故

（1）违规修改或设置 AFC 系统 EOD 参数，给票务日常工作造成较大影响的。

（2）违规操作票务设备，造成票务收益损失 500 元以上 1 000 元及以下。

（3）丢失车票（含纸票），成本、押金、余额合计 500 元以上 1 000 元及以下的。

（4）丢失价值 500 元以上 1 000 元及以下的票务备品。

（5）违规使用备用金或将备用金、票款挪作他用，金额在 500 元以上 1 000 元以下。

（6）配票、发售、上交车票信息出错（预制票除外），且由主观原因造成乘客投诉 5 起以上 10 起及以下。

（7）边门使用违反企业边门管理办法，私自放行人员从边门出入。

（8）车站对查收/保管的乘客各类一卡通车票应立即建立台账，如三十日后无人来认领，各类一卡通车票必须及时上交客运部，各站应明确专人做好移交手续。对上述物品逾期不交或挪作私用的。

（三）三类票务事故

（1）伪造账目、报表或其他虚假行为填平账目的，未造成票务收益损失的行为。

（2）违规操作票务设备，造成票务收入损失 1 000 元以上 10 000 元及以下。

（3）丢失价值 1 000 元以上 10 000 元及以下的票务备品。

（4）丢失车票、成本、押金，余额合计 1 000 元以上 10 000 元及以下的。

（5）违规使用备用金或将备用金、票款挪作他用，金额在 1 000 元以上 10 000 元以下。

（6）利用票务终端设备违规操作，引起数据混乱、丢失的。

（7）遗失车票设计样稿磁盘、车票印制样版等。

（8）私自配备票务设备钥匙、票务系统密钥卡。

（9）盗用他人密码，在票务设备上进行涉及现金的交易或擅自修改、删除票务及系统数据等方面的操作。

（10）配票、发售、上交车票信息出错（预制票除外），且由主观原因造成乘客投诉 10 起以上 20 起及以下。

（四）四类票务事故

（1）伪造账目和报表或用其他手段，被查处有个人或集体违规获利事实的行为。

（2）因违规操作票务设备，造成票务收益损失金额 10 000 元以上。

（3）丢失车票，成本、押金、余额合计价值 10 000 元以上的。

（4）丢失票务备品，合计价值 10 000 元以上的。

（5）违规使用备用金或将备用金、票款挪作他用，涉及金额 10 000 元以上。

（6）擅自将公司票款和车票等有价证券转移出监控范围，以规避各级票务管理人员监控管理的行为。

（7）利用职务便利擅自用设备进行涉及现金的交易或擅自进行修改、删除票务及交易相关数据等方面的操作。

（8）蓄意破坏 AFC 设备造成公司财产损失的。

（9）无论是否造成公司财产收益流失的任何舞弊行为。

（10）员工配票、发售、上交车票信息出错（预制票除外），且由主观原因造成乘客投诉 20 起以上。

（五）票务事故处理程序

1. 票务事故的定性原则

违反票务规章制度，且符合以下任意一项的，定性为票务事故：

（1）给票务正常工作造成较大影响或损失。

（2）其行为是当事人主观故意为之的。

（3）获取个人或集体利益。

2. 票务事故的处理

票务事故原则上由管理部门处理。车站管理部门负有对车站票务事故进行检查、统计、分析，以及制订控制措施的职责。对事故的处理视情节的严重程度分级别处理。

（1）一类票务事故：给予当事人在企业范围内通报，扣发当月绩效工资 50%，并由其承担全部或部分经济损失。

（2）二类票务事故：给予当事人警告处分，在企业范围内通报，扣发当月绩效工资 70%，并由其承担全部或部分经济损失。

（3）三类票务事故：视情节轻重给予当事人记过、记大过处分，在企业范围内通报，扣发一个当月绩效工资，并由其承担全部或部分经济损失。

（4）四类票务事故：由于主观原因贪污票款、造成企业重大损失或恶劣影响，给予解除劳动合同处理，情节严重并触犯法律的，移交司法机关依法处理。其他行为由客运部组织调查后报委员会，根据性质或实际损失程度，由委员会确定处理意见。

▶【任务解析】

1. 事故分析

（1）客运值班员 B 票务遵章意识淡薄，发现现金长款时，没有按规定上报及认真核查原因，也未按规定在报表上备注情况，而是隐瞒长款情况，擅自使用他人私章，私自修改硬币加封金额填平账目，对此事件负主要责任。

（2）某票务值班站长安全意识淡薄，违章进行硬币清点及加封操作；对本班人员的操作没有起到监控管理的作用,未及时发现客运值班员违章操作。

(3)车站工作人员未按规定保管私章,将私章遗留点钞室,给主要责任人制造虚假封条提供了便利。

2. 事件处理

此事件定性为三类票务事故,值班员 B 负主要责任,给予总部诫勉处理。

▶【实践案例】

1. 伪造报表加补票款以填平账目

某日某站某售票员在办理乘客事务时,错误将退款 49.9 元办理为退款 36.6 元。事后,该售票员发现了错误并将情况报告值班站长。值班站长为避免产生票务差错,将退款金额更改为 49.9 元,并虚假填写备注。售票员按 49.9 元退款金额完成了票务报表。一周后,值班站长收到了解此笔退款金额更改情况的调查函后,立即向站长如实汇报实际情况,两人并无获取退款差额的意图。事后经调度票务部结算,售票员当天长款 13.45 元。

(1)事故分析。

① 值班站长没有按规章要求如实反映乘客事务办理情况,而是擅自修改实际退款金额、虚假备注退款金额修改原因来填平账目。

② 售票员在清楚知道实际退款金额的情况下,按照值班站长要求确认票务凭证的虚假数据。

(2)事故处理。

值班站长和售票员未如实反映乘客事务的办理情况,通过修改实际办理金额和虚假备注内容的方法来填平账目。根据票务事故管理规定,此事件定性为三类票务事故。

2. 假冒乘客资料重填报表

某日某站某客运值班员整理票务报表期间,发现早班一名售票员的"售票员结算单"及"乘客事务处理单"(涉及金额 3 元)不在点钞室内,四处寻找未果。该客运值班员马上通知了票务部报表核对人员,留意车站上交的票务报表中是否夹有当天的报表,同时将报表遗失的情况上报当班值班站长,并询问应如何处理,值站让其再仔细找一找,如真的找不到便重新填写一份报表。当日,客运值班员在票务分部及车站都无法找到这两份报表,于是重新填写"售票员结算单"及"乘客事务处理单",凭印象填写"乘客事务处理单"中应由乘客亲笔填写的"乘客资料"一栏,并要求售票员在重新填写的报表上盖章。

(1)事故分析。

客运值班员在遗失报表后,私自重新填写报表,并在报表"乘客数据"一栏上假冒乘客填写,对事件负直接责任。售票员明知报表虚假,仍在报表上盖章,对事件负直接责任。值班站长责任心不强,对车站出现遗失票务报表的情况不上报,在未经调查、核实的情况下,直接授意客运值班员重新填写报表,对事件负直接责任。

(2)事故处理。

员工有意隐瞒报表遗失情况,假冒乘客填写报表,构成伪造报表及虚假平账的事实,造成三类票务事故。

3. 售票员盗用他人账号占用乘客充值票款

某年某日某地铁车站售票员 A 在操作 BOM 上票期间，退出自己的操作账号，用同站售票员 B 的 BOM 操作账号给一位乘客充值 50 元，占有该 50 元票款后重新用自己的账号操作 BOM，造成售票员 B 短款 50 元。

（1）事故分析。

售票员 A 盗用他人账号密码擅自用票务设备进行涉及现金的交易，明知此行为违反了票务规章，还故意为之。

（2）事故处理。

售票员 A 盗用他人账号密码擅自用票务设备进行涉及现金的交易，此事件定性为三类票务事故，分公司决定对售票员 A 予以（记过处分，并扣发一个当月绩效工资）直接解除劳动合同的处理。售票员 A 补交私自占用的票款 50 元，弥补售票员 B 短款现象，并向售票员 B 赔礼道歉。

4. 车站员工违规售卖福利票导致票务收益流失

某年某地铁车站的某值班站长利用职务之便，指示售票员违章售卖福利票，或直接到客服中心违章购买福利票给不符合福利票使用条件的家人或朋友使用。经过对以上车票的使用记录的核算，结果为共造成公司 1 145.9 元的票款收益流失。

（1）事故分析。

该值班站长作为车站票务工作人员，蓄意协助他人购买或直接违规购买福利票给不符合使用身份的人使用，导致公司票务收益流失。

（2）事故处理。

该事件定性为四类票务事故，该值班站长为主要责任人，对此事件负全部责任，按相应的票款流失责成补款，并解除其劳动合同。违规发售福利票的售票员作为次要责任人，给予警告处分。

▶【实训工作任务】

1. 实训准备

票务差错、票务违章、票务事故的定义、分类和处理程序。

2. 实训目的

通过实训案例的分析与探讨，认知票务日常作业的标准要求，掌握票务日常作业的关键要点，明确票务作业的规范性与严谨性。

3. 实训案例概况

（1）乘客弃置一卡通被消费。

2011 年 12 月 29 日，某站接收总部稽查小队上交的一卡通车票两张，保管于值班站长专用抽屉，对于该两张车票，车站进行交班，仅以口头方式交班给 29 日夜班值班站长，夜班值班站长也未将情况交班给 30 日早班。

2011 年 12 月 30 日 11:00 左右，早班值班站长发现了车控室值班站长专用抽屉内的一卡通车票，便提议用来买水，随后值班站长拿着其中一张学生一卡通，两次到站厅便利店消费 28.10 元购买食品。

（2）违章使用他人密码修改票务报表。

2011 年 6 月 7 日某站值班员 A 交班时发现一卡通车票少了一张，未按要求上报核查原因，臆测为售票员 B 结账错误，在未告知 B 的情况下，尝试使用原始密码修改票务数据填平账目，由于售票员 B 未修改密码，值班员 A 得以保存成功。

接班值班员 C 曾提醒 A 确认核实后，再修改票务管理系统数据，但未制止 A 单人修改报表的行为，事后两人均未向值班站长反映该问题。至 7 月 28 日车站在点钞室清扫到一张一卡通车票才发现值班员 A 的违规事实。

（3）值班员陈某侵占票款事故。

2011 年 3 月 16 日上午因票务系统故障，某站夜班值班员 A 把未录入系统的 1 份早班报表及 2.4 元票款交给接班值班员 B。B 打包票款时未将这 2.4 元录入票务系统，导致长款 2.4 元。随后，B 将 2.4 元拿出点钞室占为己有。次日值班站长审核时，发现系统报表少录入 1 份报表及票款 2.4 元的问题。

▶【实训练习】

一、单选题

1. 每月盘点一次站存车票、现金、票务备品、票务钥匙，是（　　）的职责。
   A. 票务处　　　　B. 客运处　　　　C. 站务中心　　　　D. 车站
2. 在日常票务管理、设备操作、票务运作过程中，车站员工因疏忽违反相关规章制度造成轻微影响的行为，属于（　　）。
   A. 票务差错　　　B. 票务违章　　　C. 票务事故　　　D. 票务事件
3. 在票务管理、设备操作、现场票务运作过程中，车站员工因违反票务政策、规章制度或设备操作规范，尚未造成票务事故的行为或操作，属于（　　）。
   A. 票务差错　　　B. 票务违章　　　C. 票务事故　　　D. 票务事件
4. 在票务管理、设备操作、现场票务运作过程中，车站员工因违反票务政策、规章制度、技术设备状态不良或蓄意谋利等原因，造成公司票务收益流失或严重危及公司票务收益安全的行为属于（　　）。
   A. 票务差错　　　B. 票务违章　　　C. 票务事故　　　D. 票务事件
5. 将 15 000 元票款挪作他用，属于（　　）。
   A. 一类票务事故　　　　　　B. 二类票务事故
   C. 三类票务事故　　　　　　D. 四类票务事故
6. 纸币钱箱钥匙丢失属于（　　）。
   A. 一类票务事故　　　　　　B. 二类票务事故
   C. 三类票务事故　　　　　　D. 四类票务事故
7. 边门使用违反企业边门管理办法，私自放行人员从边门出入属于（　　）。
   A. 一类票务事故　　　　　　B. 二类票务事故
   C. 三类票务事故　　　　　　D. 四类票务事故

8. 虚假填平账目,未造成票务收益损坏或流失的行为,属于(   )。
   A. 一类票务事故　　　　　　　　B. 二类票务事故
   C. 三类票务事故　　　　　　　　D. 四类票务事故
9. 私自制作票务钥匙,属于(   )。
   A. 一类票务事故　　　　　　　　B. 二类票务事故
   C. 三类票务事故　　　　　　　　D. 四类票务事故
10. 违规将现金、车票等有价证券转移出票务安全区域,并且规避监控管理的行为,属于(   )。
    A. 一类票务事故　　　　　　　　B. 二类票务事故
    C. 三类票务事故　　　　　　　　D. 四类票务事故
11. 盗用他人密码擅自用票务设备进行涉及现金的交易,属于(   )。(   )。
    A. 一类票务事故　　　　　　　　B. 二类票务事故
    C. 三类票务事故　　　　　　　　D. 四类票务事故
12. 发生(   )时,给予当事人警告处分,在企业范围内通报,扣发当月绩效工资70%,并由其承担全部或部分经济损失。
    A. 一类票务事故　　　　　　　　B. 二类票务事故
    C. 三类票务事故　　　　　　　　D. 四类票务事故

二、多选题

1. 票务稽查工作"四不放过原则"指的是(   )。
   A. 事故原因未查清不放过　　　　B. 责任人员未处理不放过
   C. 整改措施未落实不放过　　　　D. 有关人员未受到教育不放过
2. 以下哪些票务事务属于票务差错(   )。
   A. 售票员使用15元票款支付外卖费用,20 min后补上
   B. 未及时按通知纠正票务报表
   C. 未按规定向乘客提供交易凭证情况
   D. 客运值班员一人在票务室清点硬币
3. 以下哪些票务事务不属于票务差错(   )。
   A. 售票员在客服中心遗漏车票
   B. 售票员在客服中心的票款被乘客盗走
   C. 乘客事务处理单冒充乘客签名
   D. 盗用他人员工号操作票务设备
4. 以下哪些票务事务属于一类票务违章(   )。
   A. 未按要求加封现金和车票
   B. 未按规定办理现金、车票、票务钥匙的交接或外借手续
   C. 售检票员当班期内身上带有私款
   D. 未按规定程序使用备用金或将备用金、票款挪作他用,金额在20(不包括20)~50(包括50)元的

5. 以下哪些票务事务属于二类票务违章（　　）。
   A. 未按要求加封现金和车票
   B. 没按规定审核、发放、回收员工票等地铁专用车票
   C. 损坏、误操作 AFC 设备，造成公司财产损失，金额在 20（不包括 20）~ 50（包括 50）元的
   D. 未按规定程序使用备用金或将备用金、票款挪作他用，金额在 20（不包括 20）~ 50（包括 50）元的

三、名词解释

1. 票务差错
2. 票务违章
3. 票务事故

四、简答题

1. 简述票务差错的处理原则。
2. 简述票务事故的处理方法。

项目七实训练习答案

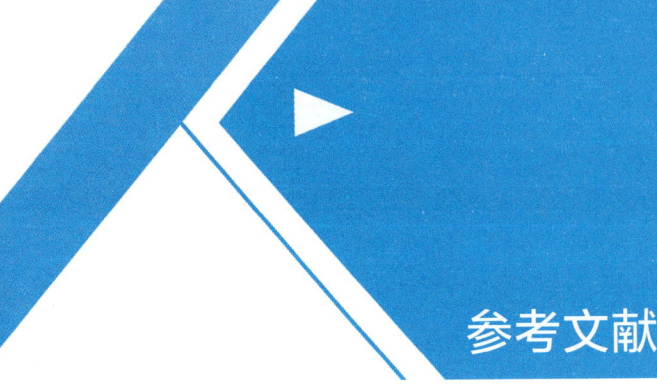

参考文献

[1] 管莉军，城市轨道交通票务管理：第2版[M]. 北京：人民交通出版社，2023
[2] 谢淑润，张美晴，城市轨道交通票务管理[M]. 北京：人民交通出版社，2021.
[3] 方振龙，贺丽萍，城市轨道交通票务管理实务[M]. 北京：北京理工大学出版社，2020.
[4] 张建如，城市轨道交通票务管理[M]. 西安：西安交通大学出版社，2018.
[5] 于涛，城市轨道交通票务管理：第2版[M]. 北京：人民交通出版社，2018.
[6] 吴献文，言海燕，城市轨道交通自动售检票系统[M]. 北京：机械工业出版社，2017.
[7] 贾文婷，李京平，城市轨道交通票务管理[M]. 北京：北京交通大学出版社，2015.

高等职业技术教育校企合作双元教材
高等职业技术教育轨道交通类专业系列教材

城市轨道交通票务管理
实训工单

主　编　陈燕琴　郑世燚
副主编　江衍煊　黄　虹　季　芳　游铠威　丁爱珍

西南交通大学出版社
·成　都·

图书在版编目（CIP）数据

城市轨道交通票务管理：含实训工单. 2，城市轨道交通票务管理实训工单 / 陈燕琴，郑世燊主编. -- 成都：西南交通大学出版社，2024.11. -- ISBN 978-7-5774-0144-7

Ⅰ. U293.22

中国国家版本馆 CIP 数据核字第 2024GU2725 号

目 录
CONTENTS

▶ 实训任务 1——TVM 基础认知 ………………………………………… 1
▶ 实训任务 2——TVM 更换硬币找零钱箱 ……………………………… 4
▶ 实训任务 3——TVM 更换硬币回收钱箱 ……………………………… 7
▶ 实训任务 4——TVM 更换纸币钱箱 …………………………………… 10
▶ 实训任务 5——TVM 更换票箱 ………………………………………… 13
▶ 实训任务 6——出站闸机票箱回收作业 ……………………………… 16
▶ 实训任务 7——自动售票机开站作业 ………………………………… 19
▶ 实训任务 8——自动售票机关站作业 ………………………………… 22
▶ 实训任务 9——半自动售票机乘客事务处理 ………………………… 25

实训任务 1——TVM 基础认知

工作任务单如表 1-1 所示。

表 1-1 TVM 基础认知工作任务单

序号	作业流程	操作内容	配分	得分
1	TVM 机功能介绍	能够熟练描述 TVM 机的功能	6	
2	TVM 机配置	能够详细描述车站 TVM 机配置要求	6	
3	TVM 机外观介绍	1. 状态显示器； 2. 乘客显示器； 3. 硬币投币口； 4. 取票/找零口； 5. 纸币投币口（每项 2 分）	10	
4	TVM 机内部结构	1. 主控单元； 2. 纸币钱箱； 3. 纸币找零钱箱； 4. 硬币找零钱箱； 5. 硬币钱箱； 6. 单程票发售模块； 7. 单程票箱； 8. 废票箱； 9. 打印机； 10. 维修面板； 11. 维修键盘； 12. 不间断电源； 13. 电源（每项 2 分）	26	
5	TVM 开机流程	开机操作流程	8	
6	TVM 关机流程	关机操作流程	8	
7	TVM 简单故障原因分析及处理	1. 开机无显示故障； 2. 乘客显示屏故障； 3. 票卡发售单元故障； 4. 硬币找零钱箱故障； 5. 硬币钱箱故障； 6. 纸币钱箱故障； 7. 纸币找零钱箱故障； 8. 打印机故障； 9. 维修面板故障（每项 4 分）	36	

📝 任务分组

表 1-2 学生任务分配单

班级		组号		指导老师	
组长		学号			
组员	姓名	学号		姓名	学号

任务分工：

工作计划：

📝 工作实施

☛引导问题 1：互联网时代下 TVM 机包括哪些功能？

_____
_____
_____
_____

☛引导问题 2：TVM 机运营过程中常见的问题有哪些？

📞 评价反馈

（一）学生评价

评价等级	A—优	B—良	C—中	D—及格	E—不及格
学生自评					
组内互评					
他组互评					

（二）教师评价

评价等级	A—优	B—良	C—中	D—及格	E—不及格
专业能力					
方法能力					
社会能力					
评价结果					

（三）综合评价

评价等级	A—优	B—良	C—中	D—及格	E—不及格
评价结果					

注：按照学生自评占 10%、组内互评占 10%、他组互评占 20%，教师评价占 60% 的比例计分。其中 A—100 分，B—85 分，C—75 分，D—60 分，E—50 分。

实训任务 2——TVM 更换硬币找零钱箱

工作任务单如表 2-1 所示。

表 2-1　TVM 更换硬币找零钱箱工作任务单

序号	作业流程	操作内容	配分	得分
1	操作人员介绍	1. 客运值班员（1 号口呼：我是客运值班员××）； 2. 站务员（2 号口呼：我是站务员××）	4	
2	接收任务	1. 教师担任值班站长下达任务：请客运值班员给 TVM01 更换硬币找零箱；	—	
		2. 客运值班员复诵（1 号口呼：给 TVM01 更换硬币找零箱，明白）	3	
3	作业准备	1. 客运值班员（1 号）介绍作业时机（1 号口呼：SC 显示 TVM01 硬币找零箱硬币不足；或现金盘点日次日运营前）； 2. 客运值班员（1 号）在票务室按作业规范完成空的硬币找零箱的补币作业；	10	
		3. 站务员（2 号）清点备品： ① 待更换的硬币找零箱；② TVM 维护门钥匙；③ 硬币找零箱钥匙；④ 暂停服务告示牌；⑤ 笔；⑥ 报表（每项 2 分）	12	
4	更换作业流程	登录	1. 站务员确认 TVM（2 号）：查看 TVM 编号是否正确，通过状态显示器和乘客操作显示器确认 TVM 状态是否正常；	4	
			2. 站务员（2 号口呼：TVM01 状态正常，确认无误）；	2	
			3. 摆放暂停服务告示牌（2 号）：将暂停服务告示牌摆放于 TVM 机的前方；	2	
			4. 打开维护门（1 号）：用 TVM 维护门钥匙打开维护门；	2	
			5. 登录系统（1 号）：用本人的 ID 账号和密码登录 TVM 维护系统，进入操作主界面；	2	
			6. 安全作业（2 号）：客运值班员登录系统时，站务员回避	2	
		更换	1. 进入更换硬币找零箱界面（1 号）：按菜单选项依次进入更换硬币找零箱界面；	2	
			2. 取出空硬币找零箱（1 号）：用硬币找零箱钥匙开锁，取出硬币找零箱（各 2 分）；	4	
			3. 装入新的硬币找零箱（1 号）：放入新的硬币找零箱，并用钥匙锁上（各 2 分）；	4	
			4. 操作系统补币数量更新（1 号）：系统菜单下输入硬币补充数量，进行更新（各 2 分）；	4	
			5. 报表填写（1 号）：填写 TVM 机补币记录本（TVM 机编号、硬币找零箱编号、补币数）（填写内容各项 3 分）	9	

续表

序号	作业流程		操作内容	配分	得分
4	更换作业流程	退出	1. 设备自检（1号）：系统菜单选择设备自检，等设备自检结束；	2	
			2. 退出系统（1号）：通过维护键盘按菜单选项退出维护系统；	2	
			3. 关闭维护门（1号）：关闭维护门，并确认锁紧，各2分	4	
		清场	1. 确认TVM状态（1号）：手指状态显示屏和乘客显示屏，并口呼确认设备状态正常（各2分）；	4	
			2. 现场备品清场（1号和2号清理并口呼）：① 空的硬币找零钱箱；② TVM维护门钥匙；③ 硬币找零钱箱钥匙；④ 暂停服务告示牌；⑤ 笔；⑥ 报表（每项2分）；	12	
			3. 回票务室，完善报表：票务室相关报表继续完善，值班站长（教师）进行确认，双人签名确认，并将相关备品进行归位保管	10	
总计			——	100	
备注			限时4 min，超时扣分：超过0~20 s，扣2分；超过20~40 s，扣4分；超过40~60 s，扣6分；超过60~90 s，扣8分；超过90 s以上，扣10分		

任务分组

表2-2 学生任务分配单

班级		组号		指导老师	
组长		学号			
组员	姓名		学号	姓名	学号

任务分工：

工作计划：

工作实施

☛引导问题 1：TVM 机的运营状态显示屏出现"只收硬币"信息的原因。

_____

_____

☛引导问题 2：TVM 机更换硬币找零钱箱的时机。

_____

_____

☛引导问题 3：TVM 机更换硬币找零钱箱的注意事项。

_____

_____

评价反馈

（一）学生评价

评价等级	A—优	B—良	C—中	D—及格	E—不及格
学生自评					
组内互评					
他组互评					

（二）教师评价

评价等级	A—优	B—良	C—中	D—及格	E—不及格
专业能力					
方法能力					
社会能力					
评价结果					

（三）综合评价

评价等级	A—优	B—良	C—中	D—及格	E—不及格
评价结果					

注：按照学生自评占 10%、组内互评占 10%、他组互评占 20%、教师评价占 60% 的比例计分。其中 A—100 分，B—85 分，C—75 分，D—60 分，E—50 分。

▶ 实训任务 3——TVM 更换硬币回收钱箱

工作任务单如表 3-1 所示。

表 3-1　TVM 更换硬币回收钱箱工作任务单

序号	作业流程	操作内容	配分	得分
1	操作人员介绍	1. 客运值班员（1号口呼：我是客运值班员××）； 2. 站务员（2号口呼：我是站务员××）	4	
2	接收任务	1. 教师担任值班站长下达任务：请客运值班员给 TVM01 更换硬币回收钱箱； 2. 客运值班员复诵（1号口呼：给 TVM01 更换硬币回收钱箱，明白）	3	
3	作业准备	1. 客运值班员（1号）介绍作业时机（1号口呼：SC 显示 TVM01 硬币钱箱满，或现金盘点日运营结束后）； 2. 客运值班员（1号）在票务室按作业规范准备待更换的空硬币回收钱箱；	10	
		3. 站务员（2号）清点备品： ① 待更换的空硬币回收钱箱；② TVM 维护门钥匙；③ 硬币回收钱箱钥匙；④ 暂停服务告示牌；⑤ 笔；⑥ 报表（每项2分）	12	
4	更换作业流程	登录：1. 站务员确认 TVM（2号）：查看 TVM 编号是否正确，通过状态显示器和乘客操作显示器确认 TVM 状态是否正常；	4	
		2. 站务员（2号口呼：TVM01 状态正常，确认无误）；	2	
		3. 摆放暂停服务告示牌（2号）：将暂停服务告示牌摆放于 TVM 机的前方；	2	
		4. 打开维护门（1号）：用 TVM 维护门钥匙打开维护门；	2	
		5. 登录系统（1号）：用本人的 ID 账号和密码登录 TVM 维护系统，进入操作主界面；	2	
		6. 安全作业（2号）：客运值班员登录系统时，站务员回避	2	
		更换：1. 进入更换硬币回收钱箱界面（1号）：按菜单选项依次进入更换硬币回收钱箱界面	2	
		2. 硬币盘点（1号）：按照菜单选择硬币盘点，完成设备硬币盘点作业，并得出硬币清点数量（各2分）	4	
		3. 填写报表（1号）：填写钱箱清点记录表（TVM 机编号、硬币回收钱箱编号、系统显示硬币数量）（填写内容各项3分）	9	
		4. 取出硬币回收钱箱（1号）：用硬币钱箱回收钥匙开锁，取出硬币回收钱箱（各2分）	4	
		5. 装入空硬币回收钱箱（1号）：装入空硬币回收钱箱，并用硬币回收钱箱钥匙锁上	2	
		6. 系统更新（1号）：点击数据更新，等设备显示更换成功	2	

续表

序号	作业流程		操作内容	配分	得分
4	更换作业流程	退出	1. 设备自检（1号）：系统菜单选择设备自检，等设备自检结束；	2	
			2. 退出系统（1号）：通过维护键盘按菜单选项退出维护系统；	2	
			3. 关闭维护门（1号）：关闭维护门，并确认锁紧，各2分	4	
		清场	1. 确认TVM状态（1号）：手指状态显示屏和乘客显示屏，并口呼确认设备状态正常（各2分）	4	
			2. 现场备品清场（1号和2号清理并口呼）：①硬币回收钱箱②TVM维护门钥匙③硬币回收钱箱钥匙④暂停服务告知牌⑤笔⑥报表（每项2分）	12	
			3. 回票务室，完善报表：票务室相关报表继续完善，值班站长（教师）进行确认，双人签名确认，并将相关备品进行归位保管	10	
总计			——	100	
备注			限时4 min，超时扣分：超过0~20 s，扣2分；超过20~40 s，扣4分；超过40~60 s，扣6分；超过60~90 s，扣8分；超过90 s，扣10分		

任务分组

表3-2 学生任务分配单

班级		组号		指导老师	
组长		学号			
组员	姓名		学号	姓名	学号

任务分工：

工作计划：

工作实施

☛ 引导问题 1：TVM 机中的硬币回收钱箱的作用。

_____
_____

☛ 引导问题 2：TVM 机更换硬币回收钱箱的时机。

_____
_____

☛ 引导问题 3：TVM 机更换硬币回收钱箱的注意事项。

_____
_____

评价反馈

（一）学生评价

评价等级	A—优	B—良	C—中	D—及格	E—不及格
学生自评					
组内互评					
他组互评					

（二）教师评价

评价等级	A—优	B—良	C—中	D—及格	E—不及格
专业能力					
方法能力					
社会能力					
评价结果					

（三）综合评价

评价等级	A—优	B—良	C—中	D—及格	E—不及格
评价结果					

注：按照学生自评占 10%、组内互评占 10%、他组互评占 20%，教师评价占 60% 的比例计分。其中 A—100 分，B—85 分，C—75 分，D—60 分，E—50 分。

实训任务 4——TVM 更换纸币钱箱

工作任务单如表 4-1 所示。

表 4-1 TVM 更换纸币钱箱作业评价表

序号	作业流程	操作内容	配分	得分
1	操作人员介绍	1. 客运值班员（1 号口呼：我是客运值班员××）； 2. 站务员（2 号口呼：我是站务员××）	4	
2	接收任务	1. 教师担任值班站长下达任务：请客运值班员给 TVM01 更换纸币钱箱； 2. 客运值班员复诵（1 号口呼：给 TVM01 更换纸币钱箱，明白）	— 3	
3	作业准备	1. 客运值班员（1 号）介绍作业时机（1 号口呼：SC 显示 TVM01 纸币钱箱满，或现金盘点日运营结束后）； 2. 客运值班员（1 号）在票务室按作业规范准备待更换的空纸币钱箱； 3. 站务员（2 号）清点备品：① 待更换的空纸币钱箱；② TVM 维护门钥匙；③ 纸币钱箱钥匙；④ 暂停服务告示牌；⑤ 笔；⑥ 报表（每项 2 分）	10 12	
4	更换作业流程 登录	1. 站务员确认 TVM（2 号）：查看 TVM 编号是否正确，通过状态显示器和乘客操作显示器确认 TVM 状态是否正常； 2. 站务员（2 号口呼：TVM01 状态正常，确认无误）； 3. 摆放暂停服务告示牌（2 号）：将暂停服务告示牌摆放于 TVM 机的前方； 4. 打开维护门（1 号）：用 TVM 维护门钥匙打开维护门； 5. 登录系统（1 号）：用本人的 ID 账号和密码登录 TVM 维护系统，进入操作主界面； 6. 安全作业（2 号）：客运值班员登录系统时，站务员回避	4 2 2 2 2 2	
	更换作业流程 更换	1. 进入更换纸币钱箱界面（1 号）：按菜单选项依次进入更换纸币钱箱界面，显示纸币钱箱的编号、纸币数量及金额信息； 2. 填写报表（1 号）：填写钱箱清点记录表（TVM 机编号、纸币钱箱编号、系统电子读数）（填写内容各项 3 分）； 3. 取出纸币钱箱（1 号）：用纸币钱箱钥匙开锁，取出纸币钱箱（各 2 分）； 4. 装入空纸币钱箱（1 号）：装入空纸币钱箱，并用钥匙锁紧（各 2 分）； 5. 系统更新（1 号）：点击数据更新，等设备显示更换成功	4 9 4 4 2	
	退出	1. 设备自检（1 号）：系统菜单选择设备自检，等设备自检结束； 2. 退出系统（1 号）：通过维护键盘按菜单选项退出维护系统； 3. 关闭维护门（1 号）：关闭维护门，并确认锁紧，各 2 分	2 2 4	

续表

序号	作业流程		操作内容	配分	得分
4	更换作业流程	清场	1. 确认TVM状态（1号）：手指状态显示屏和乘客显示屏，并口呼确认设备状态正常（各2分）	4	
			2. 现场备品清场（1号和2号清理并口呼）：① 纸币钱箱；② TVM维护门钥匙；③ 纸币钱箱钥匙；④ 暂停服务告示牌；⑤ 笔；⑥ 报表（每项2分）；	12	
			3. 回票务室，完善报表：票务室相关报表继续完善，值班站长（教师）进行确认，双人签名确认，并将相关备品进行归位保管	10	
总计			——	100	
备注			限时4 min，超时扣分：超过0~20 s，扣2分；超过20~40 s，扣4分；超过40~60 s，扣6分；超过60~90 s，扣8分；超过90 s，扣10分		

任务分组

表4-2 学生任务分配单

班级		组号		指导老师	
组长		学号			
组员	姓名	学号	姓名	学号	

任务分工：

工作计划：

工作实施

☛ 引导问题1：TVM 机纸币钱箱满时运营状态显示屏会出现什么提示信息。

_____
_____
_____

☛ 引导问题2：TVM 机更换纸币钱箱的时机。

_____
_____
_____

☛ 引导问题3：TVM 机更换纸币钱箱的注意事项。

_____
_____
_____

评价反馈

（一）学生评价

评价等级	A—优	B—良	C—中	D—及格	E—不及格
学生自评					
组内互评					
他组互评					

（二）教师评价

评价等级	A—优	B—良	C—中	D—及格	E—不及格
专业能力					
方法能力					
社会能力					
评价结果					

（三）综合评价

评价等级	A—优	B—良	C—中	D—及格	E—不及格
评价结果					

注：按照学生自评占10%、组内互评占10%、他组互评占20%，教师评价占60%的比例计分。其中A—100分，B—85分，C—75分，D—60分，E—50分。

实训任务 5——TVM 更换票箱

工作任务单如表 5-1 所示。

表 5-1　TVM 更换票箱工作任务单

序号	作业流程	操作内容	配分	得分
1	操作人员介绍	1. 客运值班员（1号口呼：我是客运值班员××）； 2. 站务员（2号口呼：我是站务员××）	4	
2	接收任务	1. 教师担任值班站长下达任务：请客运值班员给 TVM01 更换票箱；	—	
		2. 客运值班员复诵（1号口呼：给 TVM01 更换票箱，明白）	3	
3	作业准备	1. 客运值班员（1号）介绍作业时机（1号口呼：SC 显示 TVM01 票箱空，或车票盘点日次日运营前）；	10	
		2. 客运值班员（1号）在票务室按作业规范准备待更换的单程票箱；		
		3. 站务员（2号）清点备品：① 待更换的单程票箱；② TVM 维护门钥匙；③ 暂停服务告示牌；④ 笔；⑤ 报表（每项2分）	10	
4	更换作业流程	登录　1. 站务员确认 TVM（2号）：查看 TVM 编号是否正确，通过状态显示器和乘客操作显示器确认 TVM 状态是否正常；	5	
		2. 站务员（2号口呼：TVM01 状态正常，确认无误）；	2	
		3. 摆放暂停服务告示牌（2号）：将暂停服务告示牌摆放于 TVM 机的前方；	4	
		4. 打开维护门（1号）：用 TVM 维护门钥匙打开维护门；	2	
		5. 登录系统（1号）：用本人的 ID 账号和密码登录 TVM 维护系统，进入操作主界面；	4	
		6. 安全作业（2号）：客运值班员登录系统时，站务员回避	3	
		更换　1. 进入更换单程票箱界面（1号）：按菜单选项依次进入更换单程票箱界面，输入更换单程票数量；	4	
		2. 填写报表（1号）：填写票箱记录表（TVM 机编号、原单程票箱编号、现单程票箱编号、原单程票数、现单程票数）（填写内容各2分）；	10	
		3. 取出原单程票箱（1号）：取出原单程票箱；	3	
		4. 装入现单程票箱（1号）：装入现单程票箱	3	
		退出　1. 设备自检（1号）：系统菜单选择设备自检，等设备自检结束；	2	
		2. 退出系统（1号）：通过维护键盘按菜单选项退出维护系统；	3	
		3. 关闭维护门（1号）：关闭维护门，并确认锁紧，各2分	4	

续表

序号	作业流程	操作内容	配分	得分
4	更换作业流程	清场 1. 确认 TVM 状态（1号）：手指状态显示屏和乘客显示屏，并口呼确认设备状态正常（各2分）；	4	
		2. 现场备品清场(1号和2号清理并口呼)：① 换下的单程票箱；② TVM 维护门钥匙；③ 暂停服务告示牌；④ 笔；⑤ 报表（每项2分）；	10	
		3. 回票务室，完善报表：票务室相关报表继续完善，值班站长（教师）进行确认，双人签名确认，并将相关备品进行归位保管	10	
总计		——	100	
备注		限时 4 min，超时扣分：超过 0~20 s，扣 2 分；超过 20~40 s，扣 4 分；超过 40~60 s，扣 6 分；超过 60~90 s，扣 8 分；超过 90 s，扣 10 分		

任务分组

表 5-2　学生任务分配单

班级		组号		指导老师	
组长		学号			
组员	姓名	学号		姓名	学号

任务分工：

工作计划：

工作实施

☛引导问题1：TVM机更换票箱的时机。

_____
_____
_____
_____

☛引导问题2：TVM机更换票箱的注意事项。

_____
_____
_____
_____

评价反馈

（一）学生评价

评价等级	A—优	B—良	C—中	D—及格	E—不及格
学生自评					
组内互评					
他组互评					

（二）教师评价

评价等级	A—优	B—良	C—中	D—及格	E—不及格
专业能力					
方法能力					
社会能力					
评价结果					

（三）综合评价

评价等级	A—优	B—良	C—中	D—及格	E—不及格
评价结果					

注：按照学生自评占10%、组内互评占10%、他组互评占20%，教师评价占60%的比例计分。其中A—100分，B—85分，C—75分，D—60分，E—50分。

实训任务 6——出站闸机票箱回收作业

工作任务单如表 6-1 所示。

表 6-1　出站闸机票箱回收作业评价表

序号	作业流程	操作内容	配分	得分
1	操作人员介绍	1. 客运值班员（1号口呼：我是客运值班员××）； 2. 站务员（2号口呼：我是站务员××）	4	
2	接收任务	1. 教师担任值班站长下达任务：请客运值班员给AGM01更换票箱； 2. 客运值班员复诵（1号口呼：给AGM01更换票箱，明白）	— 3	
3	作业准备	1. 客运值班员（1号）介绍作业时机（1号口呼：SC显示AGM01票箱满或将满，或车票盘点日运营结束后）； 2. 客运值班员（1号）在票务室按作业规范准备待更换的空单程票箱；	10	
		3. 站务员（2号）清点备品： ① 待更换的空单程票箱；② AGM维护门钥匙；③ 暂停服务告示牌；④ 笔； ⑤ 报表（每项2分）	10	
4	更换作业流程	登录　1. 站务员确认AGM（2号）：查看AGM编号是否正确，通过乘客显示器和方向指示器确认AGM状态是否正常；	4	
		2. 站务员（2号口呼：AGM01状态正常，确认无误）；	3	
		3. 摆放暂停服务告示牌（2号）：将暂停服务告示牌摆放于AGM01的前方；	3	
		4. 打开维护门（1号）：用AGM维护门钥匙打开维护门；	3	
		5. 登录系统（1号）：用本人的ID账号和密码登录AGM维护系统，进入操作主界面；	3	
		6. 安全作业（2号）：客运值班员登录系统时，站务员回避	3	
		更换　1. 进入更换单程票箱界面（1号）：按菜单选项依次进入更换单程票箱界面，选择票箱1ID和票箱1数量可查看票箱1的ID号和票箱1中车票数量；	4 8	
		2. 填写报表（1号）：填写闸机票箱回收记录表（回收日期、AGM机编号、票箱1、2回收数）（填写内容各项2分）；	3	
		3. 取出原单程票箱（1号）：取出原单程票箱；	3	
		4. 装入现单程票箱（1号）：装入现单程票箱；	3	
		5. 进入更换单程票箱界面（1号）：按Enter键，确认票箱计数清零	3	
		退出　1. 设备自检（1号）：系统菜单选择设备自检，等设备自检结束；	2	
		2. 退出系统（1号）：通过维护键盘按菜单选项退出维护系统；	3	
		3. 关闭维护门（1号）：关闭维护门，并确认锁紧，各2分	4	

续表

序号	作业流程	操作内容	配分	得分
4	更换作业流程	清场 1. 确认AGM状态（1号）：手指乘客显示屏和方向指示器，并口呼确认设备状态正常（各2分）；	4	
		2. 现场备品清场（1号和2号清理并口呼）：① 换下的单程票箱；②AGM维护门钥匙；③ 暂停服务告示牌；④ 笔；⑤ 报表（每项2分）；	10	
		3. 回票务室，完善报表：票务室相关报表继续完善，值班站长（教师）进行确认，双人签名确认，并将相关备品进行归位保管	10	
总计		——	100	
备注		限时4 min，超时扣分：超过0~20 s，扣2分；超过20~40 s，扣4分；超过40~60 s，扣6分；超过60~90 s，扣8分；超过90 s，扣10分		

任务分组

表 6-2 学生任务分配单

班级		组号		指导老师	
组长		学号			
组员	姓名	学号	姓名	学号	

任务分工：

工作计划：

工作实施

▶引导问题1：出站闸机更换单程票箱的时机。

_____
_____
_____
_____

▶引导问题2：出站闸机更换单程票箱的注意事项。

_____
_____
_____
_____

评价反馈

（一）学生评价

评价等级	A—优	B—良	C—中	D—及格	E—不及格
学生自评					
组内互评					
他组互评					

（二）教师评价

评价等级	A—优	B—良	C—中	D—及格	E—不及格
专业能力					
方法能力					
社会能力					
评价结果					

（三）综合评价

评价等级	A—优	B—良	C—中	D—及格	E—不及格
评价结果					

注：按照学生自评占10%、组内互评占10%、他组互评占20%，教师评价占60%的比例计分。其中A—100分，B—85分，C—75分，D—60分，E—50分。

▶ 综合实训任务 7——自动售票机开站作业

工作任务单如表 7-1 所示。

表 7-1 自动售票机的开站作业任务单

序号	作业流程	操作内容	配分	得分
1	操作人员介绍	1. 客运值班员（1号口呼：我是客运值班员××）； 2. 站务员（2号口呼：我是站务员××）	4	
2	接收任务	1. 教师担任值班站长下达任务：请客运值班员开展自动售票机开站作业； 2. 客运值班员复诵（1号口呼：开展自动售票机开站作业，明白）	— 3	
3	作业准备	1. 站务员（2号）清点备品：① 手推车；② TVM 维护门钥匙；③ 硬币找零钱箱钥匙、硬币钱箱钥匙、纸币钱箱钥匙、票箱钥匙；④ 待更换的硬币找零钱箱、空的硬币回收钱箱、空的纸币钱箱、待更换的纸币找零钱箱、装有单程票的票箱；⑤ 笔	15	
4	开站作业流程	登录	1. 站务员确认 TVM（2号）：查看 TVM 编号是否正确，通过状态显示器和乘客操作显示器确认 TVM 状态是否正常；	4	
		2. 站务员（2号口呼：TVM 状态正常，确认无误）；	2	
		3. 打开维护门（1号）：用 TVM 维护门钥匙打开维护门；	2	
		4. 登录系统（1号）：用本人的 ID 账号和密码登录 TVM 维护系统，进入操作主界面；	2	
		5. 安全作业（2号）：客运值班员登录系统时，站务员回避	2	
	补充单程票	1. 进入更换单程票箱界面（1号）：按菜单选项依次进入更换单程票箱界面，输入更换单程票数量；	2	
		2. 装入装有单程票的票箱（1号）：装入单程票箱	2	
	补充硬币	1. 进入更换硬币找零钱箱界面（1号）：按菜单选项进入更换硬币找零钱箱界面；	2	
		2. 装入新的硬币找零钱箱（1号）：放入新的硬币找零钱箱，并用钥匙锁上；	2	
		3. 操作系统补币数量更新（1号）：系统菜单下输入硬币补充数量，进行更新	2	
	装入纸币找零钱箱及纸币钱箱	1. 进入更换纸币钱箱界面（1号）：按菜单选项进入更换纸币钱箱界面；	2	
		2. 装入空纸币钱箱（1号）：装入空纸币钱箱，并用钥匙锁紧；	2	
		3. 进入更换纸币钱箱界面（1号）：按菜单选项进入更换纸币找零钱箱界面；	2	
		4. 装入新的纸币找零钱箱（1号）：放入新的纸币找零钱箱，并用钥匙锁上；	2	
		5. 系统更新（1号）：点击数据更新，等设备显示更换成功	2	

续表

序号	作业流程		操作内容	配分	得分
4	开站作业流程	装入硬币回收钱箱	1. 进入更换硬币回收钱箱界面（1号）：按菜单选项进入更换硬币回收钱箱界面；	2	
			2. 装入空硬币回收钱箱（1号）：装入空硬币回收钱箱，并用硬币回收钱箱钥匙锁上；	2	
			3. 系统更新（1号）：点击数据更新，等设备显示更换成功	2	
		退出	1. 设备自检（1号）：系统菜单选择设备自检，等设备自检结束；	2	
			2. 退出系统（1号）：通过维护键盘按菜单选项退出维护系统；	2	
			3. 关闭维护门（1号）：关闭维护门，并确认锁紧	2	
		清场	1. 确认TVM状态（1号）：手指状态显示屏和乘客显示屏，并口呼确认设备状态处于正常服务模式；	8	
			2. 现场备品清场（1号和2号清理并口呼）：①手推车②TVM维护门钥匙③硬币找零钱箱钥匙、硬币钱箱钥匙、纸币钱箱钥、票箱钥匙④笔⑤报表；	16	
			3. 回票务室，完善报表：票务室相关报表继续完善，值班站长（教师）进行确认，双人签名确认，并将相关备品进行归位保管	10	
总计			——	100	
备注			限时10 min，超时扣分：超过0~20 s，扣2分；超过20~40 s，扣4分；超过40~60 s，扣6分；超过60~90 s，扣8分；超过90 s，扣10分		

任务分组

表7-2 学生任务分配单

班级		组号		指导老师	
组长		学号			
组员	姓名		学号	姓名	学号

任务分工：

工作计划：

工作实施

▶引导问题1:车站自动售票机开站作业的时机。

_____
_____
_____
_____

▶引导问题2:车站自动售票机开站作业的注意事项。

_____
_____
_____
_____

评价反馈

(一)学生评价

评价等级	A—优	B—良	C—中	D—及格	E—不及格
学生自评					
组内互评					
他组互评					

(二)教师评价

评价等级	A—优	B—良	C—中	D—及格	E—不及格
专业能力					
方法能力					
社会能力					
评价结果					

(三)综合评价

评价等级	A—优	B—良	C—中	D—及格	E—不及格
评价结果					

注:按照学生自评占10%、组内互评占10%、他组互评占20%,教师评价占60%的比例计分。其中A—100分,B—85分,C—75分,D—60分,E—50分。

实训任务 8——自动售票机关站作业

工作任务单如表 8-1 所示。

表 8-1　自动售票机关站作业

序号	作业流程	操作内容	配分	得分
1	操作人员介绍	1. 客运值班员（1号口呼：我是客运值班员××）； 2. 站务员（2号口呼：我是站务员××）	4	
2	接收任务	1. 教师担任值班站长下达任务：请客运值班员开展自动售票机关站作业；	—	
		2. 客运值班员复诵（1号口呼：开展自动售票机关站作业，明白）	2	
3	作业准备	1. 站务员（2号）清点备品：① 手推车；② TVM维护门钥匙；③ 硬币找零钱箱钥匙；④ 硬币钱箱钥匙；⑤ 纸币钱箱钥匙；⑥ 票箱钥匙；⑦ 笔；⑧ 报表（每项2分）	16	
4	关站作业流程	登录		
		1. 站务员确认TVM（2号）：查看TVM编号是否正确，通过状态显示器和乘客操作显示器确认TVM状态是否正常；	4	
		2. 站务员（2号口呼：TVM01状态正常，确认无误）；	2	
		3. 打开维护门（1号）：用TVM维护门钥匙打开维护门；	2	
		4. 登录系统（1号）：用本人的ID账号和密码登录TVM维护系统，进入操作主界面；	2	
		5. 安全作业（2号）：客运值班员登录系统时，站务员回避；	2	
		6. 在维护面板"主菜单"中选择相应命令，执行下班盘点或结账列印操作	2	
		清空或取出硬币找零钱箱		
		1. 进入更换硬币找零钱箱界面（1号）：按菜单选项依次进入更换硬币找零钱箱界面；	2	
		2. 取出空硬币找零钱箱（1号）：用硬币找零钱箱钥匙开锁，取出硬币找零钱箱（各2分）	4	
		取出硬币回收钱箱		
		1. 进入更换硬币回收钱箱界面（1号）：按菜单选项依次进入更换硬币回收钱箱界面；	2	
		2. 硬币盘点（1号）：按照菜单选择硬币盘点，完成设备硬币盘点作业，并得出硬币清点数量（各2分）；	2	
		3. 取出硬币回收钱箱（1号）：用硬币钱箱回收钥匙开锁，取出硬币回收钱箱（各2分）	2	
		取出纸币钱箱		
		1. 进入更换纸币钱箱界面（1号）：按菜单选项依次进入更换纸币钱箱界面，显示纸币钱箱的编号、纸币数量及金额信息；	2	
		2. 取出纸币钱箱（1号）：用纸币钱箱钥匙开锁，取出纸币钱箱	2	

续表

序号	作业流程		操作内容	配分	得分
4	关站作业流程	取出单程票回收钱箱	1. 进入更换单程票箱界面（1号）：按菜单选项依次进入更换单程票箱界面，输入更换单程票数量；	2	
				2	
			2. 取出单程票箱（1号）：取出单程票箱；		
				2	
			3. 检查废票箱（1号）：检查废票箱，取出废票		
		运营统计	确认运营统计清单，单程票、硬币、纸币数量清零（各2分）	6	
		退出	1. 设备自检（1号）：系统菜单选择设备自检，等设备自检结束；	2	
			2. 退出系统（1号）：通过维护键盘按菜单选项退出维护系统；	2	
			3. 关闭维护门（1号）：关闭维护门，并确认锁紧	2	
		清场	1. 确认TVM状态（1号）：手指状态显示屏和乘客显示屏，并口呼确认设备状态正常（各2分）；	4	
				16	
			2. 现场备品清场（1号和2号清理并口呼）：① 手推车；② TVM维护门钥匙；③ 硬币找零钱箱钥匙；④ 硬币钱箱钥匙；⑤ 纸币钱箱钥匙；⑥ 票箱钥匙；⑦ 笔；⑧ 报表（每项2分）（每项2分）；	10	
			3. 回票务室，完善报表：票务室相关报表继续完善，值班站长（教师）进行确认，双人签名确认，并将相关备品进行归位保管		
总计			——	100	
备注			限时4 min，超时扣分：超过0~20 s，扣2分；超过20~40 s，扣4分；超过40~60 s，扣6分；超过60~90 s，扣8分；超过90 s，扣10分		

任务分组

表8-2 学生任务分配单

班级		组号		指导老师	
组长		学号			
组员	姓名		学号	姓名	学号

任务分工：

工作计划：

工作实施

☛引导问题 1：TVM 机关站作业的时机。

_____
_____
_____
_____

☛引导问题 2：TVM 机关站作业注意事项。

_____
_____
_____
_____

评价反馈

（一）学生评价

评价等级	A—优	B—良	C—中	D—及格	E—不及格
学生自评					
组内互评					
他组互评					

（二）教师评价

评价等级	A—优	B—良	C—中	D—及格	E—不及格
专业能力					
方法能力					
社会能力					
评价结果					

（三）综合评价

评价等级	A—优	B—良	C—中	D—及格	E—不及格
评价结果					

注：按照学生自评占 10%、组内互评占 10%、他组互评占 20%，教师评价占 60% 的比例计分。其中 A—100 分，B—85 分，C—75 分，D—60 分，E—50 分。

实训任务 9——半自动售票机乘客事务处理

工作任务单如表 9-1 所示。

表 9-1 半自动售票机乘客事务处理工作任务单

序号	作业流程	操作内容		配分	得分
1	操作人员介绍	1. 客运值班员（1号口呼：我是客运值班员××）； 2. 站务员（2号口呼：我是站务员××）		2	
2	接收任务	1. 教师担任值班站站长下达任务：请站务员完成乘客事务处理；		—	
		2. 站务员复诵（2号口呼：完成乘客事务处理，明白）		2	
3	作业准备	1. 站务员（2号）介绍半自动售票机组成（2号口呼并手指：主机、操作员显示器、读卡器、打印机、付费区和非付费区乘客显示屏、键盘、鼠标、单程票发卡模块）		18	
4	作业流程	登录	1. 站务员登录BOM（2号）：在操作界面中选择登陆按钮，输入操作员号及密码；	3	
			2. 站务员核对登录界面（2号口呼：BOM操作员号信息确认无误，登录界面正常）	3	
		发售车票及办理退票	1. 发售单程票（2号）：根据乘客需求，按照站点或票价要求发售一张单程票；	6	
			2. 发售储值票（2号）：根据乘客需求，发售一张储值票；	6	
			3. 单程票退款（2号）：符合退款条件的单程票办理退票，并解释退款规则	8	
		乘客票务事务 / 乘客付费区持票不能出站	1. 分析车票（2号）：乘客在付费区咨询票务事务，操作界面选择"付费区"分析车票；	4	
			2. 确认车票信息（2号）： 单程票：确认票价信息、日期信息、进站信息等； 储值票（含一卡通等）：确认票卡种类、车票余额、进站信息，进站日期等，根据车票实际情况，向乘客说明车票不能出站的原因。	10	
			3. 处理车票（2号）（在BOM上处理车票，情景任选一）： 情景1：进出站码顺序错误，在BOM上给车票设置进站信息并更新； 情景2：余额不足，收取差额后，对车票进行更新。	8	
			4. 确认车票处理情况（2号）：车票处理过程及车票处理后，请乘客确认处理结果	3	

续表

序号	作业流程	操作内容		配分	得分
4	作业流程	乘客非付费区持票不能进站	1. 分析车票（2号）：乘客在非付费区咨询票务事务，操作界面选择"非付费区"分析车票；	4	
			2. 确认车票信息（2号）： 单程票：确认票价信息、日期信息、购票车站、车票状态等； 储值票（含一卡通等）：确认票卡种类、车票余额、车票状态，上次扣款信息等，根据车票实际情况，向乘客说明车票不能进站的原因	10	
			3. 处理车票（2号）（在BOM上处理车票，情景任选一）： 情景1：进出站码顺序错误，判断车票符合免费更新条件，对车票进行免费更新； 情景2：进出站码顺序错误，判断车票不符合免费更新条件，对车票进行相应处理；	8	
			情景3：储值票余额不足，为乘客车票进行充值。	3	
			4. 确认车票处理情况（2号）：车票处理过程及车票处理后，请乘客确认处理结果		
		注销BOM	注销BOM（2号）操作结束后，注销登陆，并确认注销成功	2	
总计		—		100	
备注		—			

任务分组

表9-2 学生任务分配单

班级		组号		指导老师	
组长		学号			
组员	姓名	学号	姓名		学号

任务分工：

工作计划：

工作实施

☛ 引导问题1：车站非付费区乘客无法进站的原因主要有哪些。

_____
_____
_____
_____

☛ 引导问题2：车站付费区乘客无法进出站的原因主要有哪些。

_____
_____
_____
_____

评价反馈

（一）学生评价

评价等级	A—优	B—良	C—中	D—及格	E—不及格
学生自评					
组内互评					
他组互评					

（二）教师评价

评价等级	A—优	B—良	C—中	D—及格	E—不及格
专业能力					
方法能力					
社会能力					
评价结果					

（三）综合评价

评价等级	A—优	B—良	C—中	D—及格	E—不及格
评价结果					

注：按照学生自评占10%、组内互评占10%、他组互评占20%，教师评价占60%的比例计分。其中A—100分，B—85分，C—75分，D—60分，E—50分。